André Krischer
Barbara Stollberg-Rilinger
(Hrsg.)

TYRANNEN

Eine Geschichte von
Caligula bis Putin

C.H.Beck

Mit 32 Abbildungen

Das vorliegende Buch wurde mit freundlicher Unterstützung des Exzellenzclusters 2060 «Religion und Politik», Münster, gedruckt.

© Verlag C.H.Beck oHG, München 2022
www.chbeck.de
Umschlaggestaltung: Rothfos & Gabler, Hamburg
Umschlagabbildungen: (v. l. n. r.) *Caligula*, Marmorbüste,
Carlsberg Glyptotek Museum, Kopenhagen. © akg-images/Album/Prisma;
Richard III., Ölgemälde, 16. Jahrhundert; © bpk/National Portrait Gallery, London;
Wladimir Putin (Juni 2017), © REUTERS/Sergei Karpukhin/File Photo
Satz: Fotosatz Amann, Memmingen
Druck und Bindung: CPI – Ebner & Spiegel, Ulm
Gedruckt auf säurefreiem und alterungsbeständigem Papier
Printed in Germany
ISBN 978 3 406 79080 5

⸜myclimate
klimaneutral produziert
www.chbeck.de/nachhaltig

Inhalt

Einleitung

Von Barbara Stollberg-Rilinger
und André Krischer

Zur Verarbeitung des Schocks, in die der russische Präsident die westliche Welt mit seinem kriegerischen Überfall auf die Ukraine am 24. Februar 2022 versetzt hat, gehört es auch, Wladimir Putin als einen «Tyrannen» zu bezeichnen. Angesichts seiner Skrupellosigkeit, die Ukraine mit Tod und Verwüstung zu überziehen, erscheint der Begriff vielen Beobachtern genau passend. Wer das Gemeinwohl zerstöre, Kritiker vernichte, Hass, Zwietracht und Misstrauen säe, sei ein Tyrann im Sinne von Aristoteles, hieß es etwa in der Zeitschrift *The Spectator* (Jones 2022). Zumal in Deutschland verdrängt der Tyrannen-Begriff den «Putin-Kitsch» (Karl Schlögel), mit dem der Präsident der Russischen Föderation als «strategischer Partner» oder als «lupenreiner Demokrat» tituliert wurde.

Die Figur des Tyrannen hat aber schon länger Konjunktur. «Ohne Rückhalt aus dem politischen Establishment war er an die Spitze gekommen. [...] Niemand wusste, was er als Nächstes sagen würde. In welche Richtung seine Ausfälle gehen könnten. Aber genau das brachte ihm Sympathien beim Volk ein. Machte ihn stark. Zu seinem Programm erklärte er, die alten Strukturen aufzubrechen und vom machtkorrupten Establishment zu säubern.» So hieß es im Februar 2016 im Feuilleton der *Frankfurter Allgemeinen Zeitung* kurz nach der Wahl des amerikanischen Präsidenten (Strauß 2016). Der Artikel handelte von dem römischen Kaiser Caligula, aber es war kaum misszuverstehen, wer da eigentlich gemeint war. Bundeskanzlerin Angela Merkel soll 2019 zu dem Buch *Der Tyrann* des Literaturwissenschaftlers Stephen Greenblatt gegriffen haben, um sich mit dem Regierungsstil ihres amerikanischen Amtskollegen auseinanderzusetzen. In Greenblatts Buch geht es darum, anhand von Shakespeares Schurken Richard III. besser zu verstehen, «wie es kommt, dass eine große Nation in die Hände eines Tyrannen fällt» (Greenblatt 2018). Auch der Historiker Timothy Snyder, der mit Büchern über die Verbrechen Hitlers und Stalins bekannt geworden ist, hat die Wahl Trumps 2016 zum Anlass genommen, «Über Tyrannei» zu schreiben und zum Widerstand dagegen aufzurufen (Snyder 2017).

Das sind drei Beispiele von vielen. Es liegt auf der Hand, warum historische Tyrannen gegenwärtig in der Öffentlichkeit so präsent sind. Wenn nicht nur Putin alle Masken fallen lässt, sondern auch der Präsident des Landes, das sich als Geburtsort, Vorbild und Führungsmacht der modernen westlichen Demokratien versteht, mit klassischen Horrorgestalten der Geschichte wie Caligula oder Richard III. auf eine Stufe gestellt wird, dann zeugt das von tiefer Verunsicherung. Denn wir neigen ja dazu, Tyrannei – und ihren Zwilling, die Despotie – als das ganz andere, das Fremde, «Unzivilisierte» und «Barbarische» von uns fernzuhalten und in vergangenen Epochen oder fremden Weltgegenden zu lokalisieren. Nun ist mit einem Mal das Barbarische mitten im Kernland der modernen Demokratie angekommen und bedroht das schmeichelhafte Bild, das wir von uns selbst und vom historischen Fortschritt hatten. Der bis Januar 2021 amtierende amerikanische Präsident reiht sich ein in die stetig wachsende Zahl der Autokraten, die der Illusion vom unaufhaltsamen Siegeszug der Demokratie und Rechtsstaatlichkeit auf der Welt ein Ende machen: Lukaschenko oder Duterte, Maduro oder Bolsonaro, Orbán oder Erdoğan.

Doch die Frage ist: Was haben diese beunruhigenden Machthaber von heute tatsächlich mit klassischen historischen Bösewichtern wie Caligula, Nero, Richard III. oder Ivan dem Schrecklichen gemeinsam? Haben sie überhaupt etwas gemeinsam – außer dem Umstand, dass sie alle als Tyrannen oder Despoten bezeichnet werden? Die Antwort ist nicht einfach. Denn «Tyrannei» und «Despotie» sind ja keine neutralen empirischen Begriffe, es sind Werturteile, politische Argumente. Als Tyrannen und Despoten bezeichnet man Machthaber, von denen man sich abgrenzen, gegen die man Widerstand organisieren, derer man sich entledigen oder gegen die man Krieg führen will. In diesem Buch kann es daher nicht einfach um die Frage gehen, ob eine Person – Mann oder Frau – *wirklich* ein Despot oder Tyrann *war*, sondern vielmehr darum, warum und von wem sie so wahrgenommen und bezeichnet wurde. Die Frage ist also eine doppelte. Zum einen: Was qualifizierte Machthaber über die Jahrhunderte hinweg zu Tyrannen oder Despoten? Gegen welche Regeln und Normen legitimer Herrschaft verstießen sie? Und zum anderen: In wessen Augen machte sie das zu Tyrannen – und in wessen Augen womöglich zum Helden? Mit anderen Worten: Wer wann, warum und von wem als Tyrann bezeichnet wird, ist immer auch eine Frage der Zeitumstände und sagt etwas über diese Umstände selbst aus. Eine Geschichte der Tyrannen ist zugleich eine Geschichte der sich wandelnden Vorstellungen von unrechter Herrschaft, und es ist eine Geschichte der Konflikte um die politische Deutungshoheit über diese Frage. Das heißt allerdings nicht, dass es keinen über die Zeit hinweg stabilen Minimalkonsens darüber gäbe, was Tyrannei war und ist.

Eine kleine Begriffsgeschichte

Historische Traditionen beeinflussen die Art und Weise, wie wir unsere Gegenwart wahrnehmen. Aber das gilt auch umgekehrt: Unsere in der Gegenwart gemachten Erfahrungen wirken auf unsere Sicht der Vergangenheit zurück. Wenn wir Donald Trump als «neuen Caligula» bezeichnen, dann beeinflusst das Bild dieses römischen Kaisers unser Bild des Präsidenten – und umgekehrt. Solche Spiegelungen und Wechselwirkungen sind es, die wir in diesem Band sichtbar machen wollen.

Die Begriffe «Tyrann» und «Despot» sind wie Zeitkapseln: Sie transportieren sehr alte historische Erfahrungen und Werturteile in die heutige Zeit und verbinden unsere politische Gegenwart mit der von vor über 2000 Jahren. Die Jahrtausende sind selbstverständlich nicht spurlos an den Begriffen vorübergegangen. Mit dem historischen Wandel verändern sich auch die normativen Maßstäbe, und mit den Maßstäben die Bedeutungen der Begriffe – meistens schleichend, manchmal abrupt. Aber in den Begriffen bleiben zugleich historische Spuren ihrer früheren Verwendungsweisen enthalten.

«Tyrannos» (τύραννος) und «despotes» (δεσπότες) sind Begriffe der griechischen Antike (Mandt 1990). Folgt man Aristoteles, einer der größten und wirkmächtigsten Autoritäten der europäischen Geistesgeschichte, so ist der Tyrann ein Machthaber, der nach Willkür statt nach

Barbara Stollberg-Rilinger und André Krischer

den Gesetzen herrscht. Es gibt ihn sowohl in der Monarchie als auch in der Demokratie. Hier ist es der Monarch, der seine Willkür über das Gesetz stellt, dort der Demagoge, der die Menge manipuliert und mithilfe von Volksbeschlüssen die gesetzmäßige Ordnung unterhöhlt (Aristoteles Pol. IV, 4). In beiden Fällen ist die Tyrannis eine pervertierte, widernatürliche Form der Herrschaft (Pol. III, 14–18). Zwar gab es in der griechischen Frühzeit auch eine Sonderform der Tyrannis, die Aisymnetie – eine Art absoluter Schiedsrichterstellung, wie sie im 6. Jahrhundert v. Chr. Solon in Athen innehatte –, die ähnlich wie die Diktatur bei den Römern eine auf Zeit verliehene unumschränkte Herrschaft zur Überwindung einer Krise darstellte. Doch sie gehörte schon zu Aristoteles' Zeiten der Vergangenheit an und wurde für die Geschichte des Begriffs kaum relevant.

Im Gegensatz zum Begriff der Tyrannis, der der Sphäre des Politischen angehört und dessen Pervertierung bezeichnet, bezieht sich der Begriff des *despotes* auf die Sphäre des Hauses (*oíkos*). Der Despot ist der Herr über die Sklaven. Die Unterscheidung beider Sphären – des Haushalts und des politischen Gemeinwesens (*koiné politiké*) – ist für Aristoteles zentral: Das Haus ist die Sphäre der wirtschaftlichen Notwendigkeit, das Gemeinwesen die Sphäre der Freiheit (Pol. I, 1–7). Wer nun als König über die Bürger herrscht wie ein Hausherr über seine Sklaven, ist ein Tyrann. Nach Aristoteles lassen sich nur Barbaren – also Nicht-Griechen – eine solche Tyrannei freiwillig gefallen, mehr noch: Sie bedürfen ihrer sogar, weil sie wie Sklaven von Natur aus zur Freiheit nicht fähig sind. Despotische Herrschaft jenseits des Hauses ist daher etwas Barbarisches, und umgekehrt sind barbarische Völker dadurch gekennzeichnet, dass sie despotisch beherrscht werden und auch beherrscht werden müssen. Diese Identifikation der Freiheit mit dem eigenen Volk und der Despotie mit den barbarischen Anderen prägte die Begriffsgeschichte nachhaltig (Koebner 1951; Mandt 1990; Osterhammel 1998; Sonderegger 2008; Panou / Schadee 2018).

Aristoteles' *Politik* wurde im frühen Mittelalter zunächst im arabischen Raum überliefert und weiterentwickelt, bis sie im christlichen Europa zu Beginn des 13. Jahrhunderts wiederentdeckt und ins Lateinische übersetzt wurde. An den mittelalterlichen Universitäten war Aristoteles *die* Autorität, *der* Philosoph schlechthin. Die Scholastiker interpretierten seine politische Philosophie im Licht der christlichen Herrscherethik, wie sie die spätantiken Kirchenväter entwickelt hatten. In der Frage, was einen Tyrannen kennzeichnet, weist die alteuropäische Tradition von Aristoteles über Augustinus bis weit in die Neuzeit hinein eine erstaunliche Kontinuität auf. Der Tyrann ist in allem das Gegenbild des gerechten und weisen Monarchen, wie er in der Gattung der ‹Fürstenspiegel› den Herrschern vor Augen gehalten wurde. Der gute Herrscher folgt nicht seinen Affekten und seiner Willkür, sondern dem Recht und hört auf seine Ratgeber. Er übt die Herrschaft nicht zu seinem eigenen Vorteil, sondern zum Vorteil des Landes aus und respektiert Leben und Gut seiner Untertanen. Er ist fromm, friedliebend, gerecht, milde und barmherzig. Der Tyrann hingegen ist habgierig, wollüstig und grausam. Seine Herrschaft gründet sich auf Furcht und Gewalt statt auf Vertrauen, guten Rat und Konsens. Er behandelt Land und Leute wie sein Eigentum und verschont selbst die Großen nicht. Er folgt seinen wechselnden Affekten und ist unberechenbar auch für seine engste Umgebung, ja selbst seine eigene Familie. Seine Leidenschaften machen ihn zum Spielball seiner Mätressen. Niemand kann ihm trauen, weshalb er keine guten Ratgeber, sondern nur Schmeichler um sich hat. Seine Feinde sind zahlreich, sein Leben ist jederzeit in Gefahr. Deshalb kennzeichnet es den Tyrannen auch, dass er seinerseits von Misstrauen und Verschwörungsangst umgetrieben wird.

Dieses Bild des ungerechten Herrschers war keineswegs auf das christliche Europa beschränkt; es handelt sich vielmehr um ein weit verbreitetes Muster vormoderner Herrscherethik. Ganz ähnliche Lasterkataloge gab es etwa im islamischen Raum oder im alten China, wie die Beiträge von Christine Vogel und Daniel Leese in diesem Band zeigen. Die Maßstäbe guter und schlechter Herrschaft waren über Epochen und Weltregionen hinweg erstaunlich stabil. Sie hatten gemeinsam, dass sie sich vor allem auf den Charakter des individuellen Herrschers bezogen, denn der Normalfall der Herrschaft war die (meist erbliche) Monarchie. Die Fürstenspiegel stammten in der Regel aus dem Kreis der jeweiligen Herrschaftseliten, die sich durch den schlechten Herrscher in ihren angestammten Mitwirkungsansprüchen bedroht sahen. Das Problem war allerdings, dass die Urteile darüber, wer ein guter und wer ein schlechter Herrscher sei, weit auseinandergehen konnten. Ob es sich im Einzelfall

Barbara Stollberg-Rilinger und André Krischer

um willkürliche Grausamkeit oder gerechte Strafjustiz handelte, um Verschwendung oder Großzügigkeit, krankhaftes Misstrauen oder berechtigte Vorsicht, Geiz oder Sparsamkeit, das war nicht selten eine Sache der Perspektive. Die moralische Frage, wer ein Tyrann sei, ist tatsächlich schwer zu trennen von der politischen Frage, wer die Macht hat, darüber zu urteilen und diesem Urteil Geltung zu verschaffen.

Dieses Problem hat Thomas Hobbes, der radikalste Kritiker der alteuropäischen aristotelisch-scholastischen Tradition, in aller Klarheit auf den Punkt gebracht. Für Hobbes ging es um die existenzielle Alternative Ordnung oder Chaos, nicht um die Frage nach besserer oder schlechterer politischer Ordnung. Für ihn beruht jede Souveränität auf bedingungsloser Unterwerfung, und jeder Souverän ist im Besitz unumschränkter Macht. Der Souverän definiert, was Recht und Unrecht ist, und kann daher per definitionem gar kein Unrecht tun. Despotie oder Tyrannis sind folglich keine entarteten Regierungsformen, sondern nur andere Namen für eine Monarchie, die einem nicht gefällt (Leviathan II, 18 ff.). Den Unterschied zwischen einem Monarchen und einem Tyrannen erklärte Hobbes damit zu einer Frage der Perspektive. Diese radikale Position erklärt sich aus dem Chaos der konfessionellen Bürgerkriege im Europa des 16. und 17. Jahrhunderts. Die Wortführer der jeweiligen Rebellen – ob Protestanten oder Katholiken – lehrten, dass das Volk ein Recht zum gewaltsamen Widerstand habe, wenn ein Monarch sich in einen Tyrannen verwandelt, indem er sich die Herrschaft über die Seelen und Gewissen der Untertanen anmaßt. Denn, so lehrten sie, jede legitime Herrschaft beruht auf einem wechselseitigen Vertrag zwischen Monarch und Volk, und der Monarch, der gegen diesen Vertrag verstößt, wird zum Tyrannen. Diese Lehre spiegelte die tiefgreifende politische Destabilisierung in vielen Ländern Europas, die oft erst nach blutigsten Exzessen zu einem Ende kam, indem der Minderheit vertraglich konfessionelle Freiheiten zugestanden wurden.

Als der Sonnenkönig Ludwig XIV. in Frankreich nach einer längeren Phase der Toleranz wieder die Verfolgung der Protestanten auf die Agenda setzte, führte das zu einer neuen Konjunktur der Herrschaftskritik. Im Französischen wurde der Begriff *despotisme* im 18. Jahrhundert zu einem Schlagwort und zu einem Kristallisationskern aufklärerischer Debatten in ganz Europa. Die größte Wirkung entfaltete die Staatsformenlehre des Barons de Montesquieu, Gerichtspräsident und Mitglied des gelehrten Beamtenadels, dessen Werk *De l'Esprit des lois* schon zu seiner Zeit ein Bestseller war und bis heute ein Klassiker der westlichen politischen Tradition geblieben ist. Montesquieu definiert Despotie als die pervertierte Staatsform schlechthin, die auf Furcht, *terreur*, gegründet ist – im Unterschied zur Monarchie, die sich auf das Prinzip der Ehre, und zur Republik, die sich auf das Prinzip der Tugend stützt (*Esprit des lois* III, 1, 8 f.). Der Despot herrscht willkürlich und schrankenlos, ohne sich um Gesetze, Erbfolgeregeln oder Eigentumsrechte zu kümmern. Seine Herrschaft ist allerdings instabil, weil sie nicht auf freiwillige Akzeptanz der Bürger zählen kann. Er hält sich nur durch ständige Gewaltdrohung an der Macht und muss sich dazu auf das Militär stützen, dem er zugleich selbst ausgeliefert ist. Allenfalls die Religion trägt zur Aufrechterhaltung der Despotie bei, indem auch sie das Volk in Furcht und Schrecken hält (*Esprit des lois* V, 13 ff.). Montesquieus Art, die Staatsformen zu unterscheiden, war erstens originell, weil sie nicht mehr bei den Eigenschaften der Herrscher, sondern bei den Motiven der Herrschaftsunterworfenen ansetzte. Sie war zweitens auch originell, weil sie die Staatsformen systematisch zu allen erdenklichen Umweltbedingungen in Beziehung setzte. Montesquieu fragte sich, wieso die Despotie, die eigentlich der menschlichen Natur zuwiderlaufe, trotzdem so weit verbreitet sei, und kam zu dem Schluss, dass das an bestimmten klimatischen Gegebenheiten liege. Die Despotie war für Montesquieu ein Phänomen der heißen Klimazonen (*Esprit des lois* XVI, 9–12, XVII, 1–8). Bei genauerem Hinsehen zeigt sich, dass er dabei ein Zerrbild der «orientalischen», vor allem islamisch geprägten Herrschaften Asiens und Afrikas vor Augen hatte, deren wesentliches Merkmal er in der Vielweiberei erblickte. Diese Lehre war von größter Anziehungskraft für die Europäer, die sich damit ihrer eigenen, gleichsam naturgegebenen zivilisatorischen Überlegenheit versicherten (Osterhammel 1998; Sonderegger 2008). Wie Aristoteles die Nicht-Griechen als von Natur zum Despotismus geneigte Barbaren bezeichnet hatte, so beschrieb nun Montesquieu die Bewohner wärmerer Klimazonen als von Natur aus zur Sklaverei veranlagte Völker. Sein Despotismusbegriff, der sich schnell durchsetzte und ungeheuer populär wurde, diente zur Selbsterhöhung der Europäer und lieferte eine willkommene Rechtfertigung der kolonialistischen «Zivilisierungs-

Barbara Stollberg-Rilinger und André Krischer

mission». Die französische *Encyclopédie*, eines der erfolgreichsten Druckerzeugnisse der Aufklärung überhaupt, nannte als exemplarische Despotien die Türkei, das Mogulreich, Japan und Persien, «ja im Grunde ganz Asien», wo die meisten Menschen lebten wie Tiere und nur ihrem Instinkt und ihrer Furcht vor Strafe folgten (*Encyclopédie* IV, 1754, 886–889). Dieses exotisierte Bild eines Despoten und seiner Untertanen rechtfertigte nicht nur die Unterwerfung anderer Völker, sondern prägte auch die Kritik an den absolutistischen Höfen in Europa selbst, die nun als Abziehbilder orientalischer Haremsherrschaft erschienen. Ein Volk, das sich nicht dem Vorwurf aussetzen will, sklavisch zu sein, muss sich gegen den Despoten erheben, war der implizite Appell.

Der Despotismusbegriff der Aufklärung war allerdings ambivalent. Er konnte durchaus auch ins Positive gewendet werden. Denn, so hieß es, zur Überwindung der jahrhundertealten Missstände und Vorurteile, Traditionen und Privilegien benötige man eben einen unumschränkten Monarchen, einen *despote éclairé*, um die Widerstände der Privilegierten zu brechen und der Herrschaft der Vernunft zum Durchbruch zu verhelfen. Während der Französischen Revolution beanspruchte Robespierre für sich einen «Despotismus der Freiheit gegen die Tyrannei» (Mandt 1990, 678). Auf die gleiche Weise hat anderthalb Jahrhunderte später auch Mao Zedong sich selbst als Despoten (*ba*) bezeichnet und den «Großen Sprung nach vorn» mit der Gründung des chinesischen Kaiserreiches durch den traditionell als Gewaltherrscher verrufenen Kaiser Qin Shihuang auf eine Stufe gestellt (Leese, s. S. 199 f.). Während die einen sich den alten Despotiebegriff selber aneigneten, um gewaltsamen Umsturz von oben zu legitimieren, fanden andere, für die Moderne seien die traditionellen Begriffe gar nicht mehr angemessen, zu fundamental und irreversibel sei der revolutionäre Umbruch.

In der Revolutionsepoche um 1800 veränderten sich die politischen Begriffe grundlegend. Die Ideen des demokratischen Rechtsstaats, der Volkssouveränität, der bürgerlichen Gleichheit und der Menschenrechte breiteten sich aus und veränderten die Maßstäbe, an denen legitime Herrschaft gemessen wurde. Das Modell der parlamentarischen Demokratie löste nach und nach die Monarchie als politischen Normalfall ab – auch wenn die neuen Regimes oft nur dem Namen nach demokratisch und rechtsstaatlich waren. Alexis de Tocqueville, der Kritiker der Französischen Revolution, fand 1835, dass «die alten Wörter Despotismus und Tyrannei nicht mehr passen», weil die Unterdrückung, der die Völker unter demokratischer Herrschaft ausgesetzt seien, sich grundlegend von allem Früheren unterscheide. Willkürherrschaft unter dem bloßen Schein der Demokratie und «Tyrannei der Mehrheit» eröffneten ganz andere Möglichkeiten der Unterdrückung, als sie die unumschränkten Monarchen des Alten Europa je besessen hätten (vgl. Schönpflug, S. 154 f.). Tatsächlich spielen die Begriffe Despotie und Tyrannis in der Staatsformenlehre des 20. und 21. Jahrhunderts kaum noch eine Rolle. Sie sind abgelöst worden von Begriffen wie Diktatur oder Autokratie, Totalitarismus oder Faschismus, Autoritarismus oder Populismus, die sich nicht auf die individuellen Laster einzelner Machthaber beziehen, sondern auf politische Strukturen. Deshalb sind auch in diesem Band manche Autorinnen und Autoren zurückhaltend, ihre Figuren «Despoten» oder «Tyrannen» zu nennen, sondern sprechen lieber von «Autokraten» oder «Faschisten», oder sie verzichten ganz auf solche Etikettierungen (vgl. s. v. Marx, Rothauge, Schlögel). Dass die totalitären Regimes des 20. Jahrhunderts Katastrophen von ganz anderen Ausmaßen herbeigeführt und Verbrechen von ganz anderer Qualität begangen haben, als sämtliche vormodernen Tyrannen sich vorstellen konnten, ist kaum zu bestreiten. Die Lasterkataloge der alten Fürstenspiegel wirken angesichts solcher Phänomene anachronistisch und sind analytisch nicht sehr hilfreich. Wenn die alten Begriffe heute in der öffentlichen Debatte trotzdem wieder Konjunktur haben, so ist das vielleicht ein Zeichen der allgemeinen Hilflosigkeit, die sich breitgemacht hat, seit die demokratische Fortschrittsgeschichte der Moderne an ihr Ende gekommen ist.

Kippfiguren

Klassische Tyrannen und Despoten tragen meist ein Doppelgesicht. Wer für die einen ein Tyrann, ist für die anderen oft ein Held – ein Reichsgründer, Eroberer oder Freiheitskämpfer. Solche historischen Gestalten polarisierten meist schon ihre Mitwelt und nicht selten die Nachwelt bis heute. Die Personen, die in diesem Band versammelt sind, liefern dafür zahlreiche Beispiele. Einige galten für die zeitgenössischen Eliten als Tyrannen und wurden später von den Historikern zu Nationalhelden,

Barbara Stollberg-Rilinger und André Krischer

Staatsbaumeistern oder Volkserziehern geadelt, so etwa Kaiser Heinrich IV. oder Friedrich Wilhelm I. von Preußen. In anderen Fällen war es erst die nachfolgende Generation, die das Bild eines Tyrannen prägte, wie im Falle von Gaius Caesar Germanicus, der erst später zu Caligula, dem Inbegriff des wahnsinnigen Herrschers stilisiert wurde, als der er bis heute gilt. Umstritten waren die hier versammelten Gestalten fast alle. Das liegt meist daran, dass ihre Herrschaft in Zeiten tiefer Krisen und Konflikte fiel, die sie selbst verschärften, so dass das Urteil über sie ebenso gespalten war wie die Gesellschaft als Ganze – so war es bei Richard III. in den englischen Rosenkriegen oder Katharina von Medici im französischen Bürgerkrieg, und so ist es bei Donald Trump im «culture war» der USA von heute. Ähnliches gilt auch für postkoloniale Machthaber wie Robert Mugabe oder Idi Amin, die zumindest eine Zeitlang als Freiheitskämpfer gegen die Kolonialherrschaft durchgingen, bis unübersehbar wurde, dass sie ihr eigenes Land in den Ruin trieben. Es gilt aber auch für einen kolonialistischen Gewaltherrscher wie Leopold II. von Belgien, der den Kongo wie eine private Sklavenplantage ausbeutete, während er zu Hause als konstitutioneller Monarch und Sozialreformer gefeiert wurde. Derzeit erlebt der Tyrannenbegriff auch deshalb eine beispiellose Konjunktur, weil er ‹von unten› gegen Politikerinnen und Politiker mobilisiert wird, die demokratisch beschlossene, aber unpopuläre Maßnahmen durchsetzen.

Machthaber in Umbruchszeiten sind zwangsläufig dann ambivalente Figuren, wenn sie selbst zu den historischen Veränderungen maßgeblich beigetragen haben, die einen tiefgreifenden Wandel der gesellschaftlichen Normen und Werte zur Folge hatten. Sie sind wie Kippfiguren: Misst man sie an den alten Maßstäben, gegen die sie verstoßen haben, dann erscheinen sie als Tyrannen. Misst man sie dagegen an den neuen Maßstäben, die sie selbst durchgesetzt und zur neuen Norm erhoben haben, dann erscheinen sie als visionäre Wegbereiter der neuen Zeit, und man verzeiht ihnen die dabei begangenen Grausamkeiten. Zar Peter «der Große», Napoleon Bonaparte oder Mao Zedong sind solche Fälle. Wer in die Kategorien Gesetzgeber, Reichsgründer oder Revolutionsführer fällt und die spätere Entwicklung auf seiner Seite hat, dem wird nachträglich gern verziehen und «historische Größe» bescheinigt. Wenige Historiker widersetzen sich diesem Sog der Nachrationalisierung und der normativen Kraft des Faktischen – so wie Jacob Burckhardt, der das Phänomen in seinen *Weltgeschichtlichen Betrachtungen* auf den Punkt gebracht hat: «Wer also einer Gesamtheit Größe, Macht, Glanz verschafft, dem wird das Verbrechen nachgesehen.» Es gilt nur, «das gewaltsam Gewonnene so lange zu behaupten, bis alle Welt daran als an ein Recht gewohnt ist. Auf den Erfolg kommt hier Alles an» (Burckhardt 1956, 176). Dass Bashar al-Assad und Kim Jong Un zukünftig einmal in diese Kategorie fallen werden, ist unwahrscheinlich. Im Falle von Donald Trump erscheint es derzeit zumindest zweifelhaft – so steht jedenfalls zu hoffen. Wenn Wladimir Putin als «großer Mann» in die Geschichte einginge, so bedeutete das den Bankrott aller universellen Werte seit der Aufklärung.

Zur Auswahl der Beiträge

Bei der Auswahl der Personen für diesen Band hatten wir die Qual der Wahl. Es gibt Fernsehserien, frivole Quartettspiele und Rankings, die die «Top-Tyrannen der Weltgeschichte» aufzählen. Damit wollen wir nicht konkurrieren. Tyrannei lässt sich nicht quantifizieren, Despotismus nicht messen. Über jede Wahl und jede Auslassung lässt sich streiten. Auch ist bei weitem nicht jeder grausame Gewaltherrscher in die Weltgeschichte eingegangen und im kollektiven Gedächtnis heute noch präsent. Man hätte auch Herodes I. statt Nero, Dschingis Khan statt Sultan Ibrahim, Wilhelm II. statt Friedrich Wilhelm I., Pol Pot statt Mao Zedong, Mussolini statt Franco, Videla statt Pinochet, Mobutu statt Mugabe auswählen können. Und mancher wird die aktuellen Despoten vermissen: von Maduro in Venezuela über Bolsonaro in Brasilien und Duterte auf den Philippinen bis zu Xi Jinping in China oder Lukaschenko in Belarus. Auf sie mussten wir aus Platzgründen leider verzichten. Hitler und Stalin dagegen haben wir bewusst ausgelassen. Diese Entscheidung haben wir uns nicht leicht gemacht. Beide galten und gelten als Tyrannen par excellence. Dennoch wollten wir sie mit den anderen hier behandelten Tyrannen-Figuren nicht in einem Atemzug nennen; ihre Verbrechen erschienen uns mit denen der anderen inkommensurabel.

Und was ist mit den Frauen? Gab es in der Weltgeschichte nicht auch Tyranninnen und Despoten-Paare? Wenn in diesem Buch nur zwei Frauen vorkommen – Katharina von Medici und Jiang Qing, die Gattin

Barbara Stollberg-Rilinger und André Krischer

Maos, nicht aber Maria die Katholische oder Margaret Thatcher, Elena Ceaușescu oder Imelda Marcos –, dann hat das seinen Grund. Es gab in der Geschichte einfach sehr viel weniger selbstständige Herrscherinnen als Herrscher, so dass die Frauen weniger Gelegenheit zum Despotismus hatten. Das heißt aber nicht, dass das Thema nicht eine geschlechtergeschichtliche Dimension hätte, ganz im Gegenteil. Zum einen wurde in der alteuropäischen Tradition das «Weiberregiment» per se als monströses «Staatsgebrechen» und daher als tyrannisch betrachtet. Frauen in Machtpositionen sind bis heute wesentlich mehr obszönen Schmähungen ausgesetzt als Männer. Zum anderen wurde politische Normverletzung traditionell mit sexueller Normverletzung in Verbindung gebracht – sowohl bei Herrscherinnen wie bei Herrschern. Es kennzeichnet das Stereotyp des männlichen Despoten, dass er sich sexueller Ausschweifung hingibt und den Einflüsterungen seiner Favoritinnen ausgeliefert ist. Die Beiträge von Mona Garloff, Christine Vogel und Daniel Leese liefern dafür reichlich Anschauungsmaterial.

Karikaturisten versammeln all diese historischen Figuren gern an einem gemeinsamen Ort im Jenseits – der Hölle (vgl. Abb. 23 im Beitrag Ruderer). Hier geschieht etwas Ähnliches zwischen zwei Buchdeckeln. Doch liest man die einzelnen Fallstudien nacheinander, dann sollte zweierlei deutlich werden. Zum einen, dass die Strukturen und Normen sich verändert haben und mit ihnen auch die Maßstäbe, anhand derer man legitime von illegitimer Herrschaft unterscheidet. Zum anderen zeigen die Beiträge aber auch, dass das Tyrannen-Etikett nicht eine Sache beliebiger Zuschreibung ist. Es lässt sich durchaus über die Epochen hinweg ein gewisser Kern dessen identifizieren, was als Tyrannei gilt. Und es zeigt sich schließlich auch, dass manche historischen Topoi über die Jahrhunderte fortwirken und dazu dienen, die Gegenwart mit Sinn zu versehen. Allerdings nicht nur in kritischer, sondern auch in affirmativer Absicht: Putin bezieht sich rhetorisch auf Zar Peter I., Erdoğan imitiert einen osmanischen Sultan, Mao berief sich auf den ersten chinesischen Kaiser. Friedrich Wilhelm I. erschien seinen Zeitgenossen als kleiner Nero, und Donald Trump erscheint als neuer Caligula. Jeder Leser, jede Leserin kann sich fragen, was die verschiedenen Figuren in diesem Buch vielleicht doch gemeinsam haben – außer dem Umstand, dass man sie als Tyrannen oder Despoten bezeichnet hat. Auch wenn in diesem Buch sehr verschiedene Geschichten von sehr unterschiedlichen Tyrannen versammelt sind, so lässt sich doch eine verflochtene Geschichte der Tyrannei erzählen, die die Jahrhunderte miteinander verbindet. Was wir im Frühjahr 2022 in der Ukraine erlebt haben, zeigt auf bedrückende Weise, dass diese Geschichte nicht zu Ende ist.

Barbara Stollberg-Rilinger und André Krischer

I

Gaius Caesar Germanicus
alias Caligula – wie aus einem Kaiser
ein wahnsinniger Tyrann wurde

Von Aloys Winterling

Ein idealer Tyrann?

Ein Zerstörer der traditionsreichen republikanischen Ordnung Roms, der sein Pferd zum Konsul machen wollte, ein grausamer Autokrat, der unliebsame Senatoren skrupellos ermorden ließ, ein ungeheurer Verschwender, der durch megalomane Bauprojekte hervortrat, eine unberechenbare, sprunghafte Figur, die die Aristokratie Roms willkürlich demütigte und entehrte, ein Lustmolch, der anderen Männern die Frauen wegnahm und sogar inzestuöse Beziehungen zu seinen drei Schwestern unterhielt, ein despotischer Herrscher, der die Proskynese, die fußfällige Verehrung, einforderte und sich schließlich selbst für einen Gott hielt, ein Wahnsinniger und Geisteskranker, der in exzentrischen Kostümen auftrat, der das Zentrum des Reiches von Rom nach Alexandria verlegen wollte und der zu Recht nach nur drei Jahren und zehn Monaten seiner Herrschaft (März 37 bis Januar 41 n. Chr.) ermordet wurde – so wird der römische Kaiser Gaius Caesar Germanicus, bekannt unter dem Namen Caligula, in den einschlägigen antiken Quellen geschildert, und so hat sich das Bild von ihm im nachantiken Europa bis in die heutige Zeit stetig verfestigt. Auch wenn er in den antiken Berichten nur selten als Tyrann bezeichnet wird, verfügte er demnach doch in geradezu idealer Weise über nahezu sämtliche negativen Eigenschaften, die Tyrannen, d. h. ursprünglich unrechtmäßigen städtischen Alleinherrschern, in der klassischen griechisch-römischen Antike üblicherweise zugeschrieben wurden (vgl. Luraghi 2018), wobei sein Wahnsinn noch in besonderer Weise herausragte.

Der Sachverhalt scheint allerdings nur auf den ersten Blick eindeutig. Die moderne quellenkritische Forschung hat längst festgestellt, dass viele der antiken Nachrichten über den Kaiser Caligula «Fakes» sind, also nicht kulturell bedingte zeitgenössische Deutungen, die auch anders möglich wären, sondern postume, bewusst platzierte Unwahrheiten (Willrich 1903; Barrett 1989; Winterling 2019). Durch den Vergleich von früheren mit späteren Berichten, durch Überprüfung der jeweiligen Texte auf interne Stimmigkeit sowie anhand von zufällig berichteten Informationen aus anderen Kontexten lässt sich nachweisen: Die Berichte über Caligula, allen voran die Biographie des Sueton, verfasst etwa achtzig Jahre nach dem Tod des Kaisers, sind hochgradig tendenziös. Im Bestreben, ihn als wahnsinnigen Tyrannen darzustellen, wurden nachweisbare Falschaussagen gemacht (z. B. über den Inzest); es wurden wichtige Informationen verschwiegen, die dem Bild widersprechen und den Sinn seiner Taten deutlich machen könnten (z. B. die Verschwörungen gegen den Kaiser); stattdessen wurden seine Handlungen aus dem Kontext gerissen, so dass es schwer ist, ihren ursprünglichen Sinn zu erkennen (z. B. die Berichte über seine eingebildete Göttlichkeit); schließlich gaben die Autoren Wertungen ab, die dem von ihnen selbst Berichteten widersprechen (z. B. über seine Geisteskrankheit). Dieser Befund ist zwar extrem, insgesamt aber nicht überraschend. Schon Tacitus, ein anderer Historiograph des frühen 2. Jahrhunderts (dessen Bücher über Caligula nicht erhalten sind), berichtet über die Schwierigkeiten, sich den Nachfolgern des Augustus zu nähern: «Des Tiberius und Gaius wie des Claudius und Nero Taten sind zu ihren Lebzeiten aus Furcht verfälscht, nach ihrem Tod mit frischem Hass niedergeschrieben worden» (Tacitus, *Annales* 1, 1, 2).

Vor allem zwei Fragen stellen sich, denen im Folgenden nachgegangen werden soll. Erstens: Wann und in welchem Zusammenhang entstand das denunziatorische Konstrukt eines wahnsinnigen Tyrannen Caligula, und wie erklärt sich die Übernahme und die dauerhafte Plausibilität dieses Konstrukts in der spätantiken und nachantiken Geschichte bis in die Gegenwart? Zweitens: Was ist im antiken Rom in der kurzen Herrschaftszeit dieses Kaisers tatsächlich vorgefallen? Welche seiner Taten führten dazu, dass er postum als Tyrann denunziert wurde?

Der damit gegebenen Unterscheidung zweier Untersuchungsebenen

entsprechen die zwei Namen des Kaisers: Mit seinem kindlichen Kose-
namen Caligula («Soldatenstiefelchen») ließ sich der Kaiser nicht an-
reden, und auch in den Texten der frühen und hohen Kaiserzeit – von
Seneca bis Cassius Dio – wird er durchgängig als Gaius Caesar oder als
Gaius bezeichnet. Erst ab den sogenannten Breviarien, römischen «Kurz-
geschichten» des 4. nachchristlichen Jahrhunderts, setzt sich seine Bezeichnung Caligula durch, die in der nachantiken Rezeption bis heute
dominiert.

Ursprung und Erfolg des «Tyrannen Caligula»

Die Etablierung des Kaisertums im Rom des 1. Jahrhunderts n. Chr. war
geprägt von blutigen Auseinandersetzungen zwischen der alten republikanischen Aristokratie und den neuen Cäsaren. Sieben der zehn Kaiser
aus der Zeit vom Tod des Augustus bis zur Ermordung Domitians
(14–96) starben definitiv, ein weiterer vermutlich eines gewaltsamen
Todes, an dem direkt oder indirekt – durch Anschläge, Verschwörungen,
Palastintrigen oder Usurpationen – Mitglieder der senatorischen Aristokratie beteiligt waren. Im Gegenzug verschwanden etwa im gleichen
Zeitraum nahezu vollständig die Familien der *nobilitas*, des alten republikanischen Hochadels, der faktisch jahrhundertelang das Konsulat
monopolisiert hatte, aus der Geschichte Roms – aufgrund tatsächlicher
oder vermeintlicher Beteiligung an Verschwörungen gegen den Kaiser
sowie durch Verarmung und damit zusammenhängende Kinderlosigkeit, die indirekt durch die kaiserliche Herrschaft bedingt waren (Hopkins / Burton 1983; Alföldy 2011).

Zu Beginn des 2. Jahrhunderts, als die römische Aristokratie bereits
zum größten Teil aus «neuen» Personen und deren Nachkommen aus
Italien oder den Provinzen bestand und als auch die Kaiser keinen republikanischen Adelshintergrund mehr vorweisen konnten, zeichnete sich
ein Arrangement zwischen beiden Seiten ab. Führende Vertreter der
senatorischen Gesellschaft, so der Konsular Plinius in seinem *Panegyri-
cus* auf Trajan, propagierten ein Kaisertum, das sich zurücknahm und
äußerlich als solches nicht zu erkennen gab – bei gleichzeitiger senatorischer Anerkennung der Machtverhältnisse und mit deutlichen Unter-
werfungsgesten. Auch die kaiserliche Seite übte sich in Zurückhaltung.

Aloys Winterling

Abb. 1   Gaius Caesar Caligula. Marmorbüste.

Charakteristisch ist der Schwur des Trajan, er werde nie einen Senator töten. Der kollektive Versuch, das politische Problem durch Eliminierung aus der manifesten Kommunikation und durch eine Art Gewaltverzicht beider Seiten zu lösen, war tatsächlich eine Zeitlang, unter den «guten» Kaisern Nerva, Trajan, Hadrian, Antoninus Pius und Mark Aurel (96–180), weitgehend erfolgreich.

In dieser Zeit entstand die Geschichte des wahnsinnigen Caligula. C. Suetonius Tranquillus, dem Plinius in patronaler Freundschaft verbunden und zeitweise Sekretär des Kaisers Hadrian, verfasste im Rahmen seiner Biographien der Herrscher von Julius Caesar bis Domitian auch die des «Gaius Caligula». Die von den Zeitgenossen wahrgenommene Botschaft, die von dieser Lebensbeschreibung ausging, verdeutlicht eine Episode aus der Zeit nach dem Zusammenbruch des Arrangements. Nach einem misslungenen senatorischen Anschlag auf den Kaiser Commodus (180–192), den Sohn Mark Aurels, brach erneut eine offene Feindschaft zwischen Kaiser und Senatsaristokratie aus. Unter Commodus, so berichtet die *Historia Augusta*, eine spätantike Sammlung von Biographien der Kaiser ab Hadrian, wurde ein Römer den wilden Tieren vorgeworfen, weil er die Caligula-Biographie Suetons gelesen hatte. Deren Aussage lautete demnach: Ein Kaiser, der im Konflikt mit der Aristokratie steht und eine offene Alleinherrschaft anstrebt, ist ein wahnsinniger Tyrann, der früher oder später ermordet wird.

Auch Commodus *wurde* ermordet, so dass Suetons Caligula-Biographie gewissermaßen den ersten Plausibilitätstest bestand. Das Bild des wahnsinnigen Tyrannen blieb in den folgenden Jahrhunderten im Kern unverändert, wie die Behandlung des Kaisers in Cassius Dios *Römischer Geschichte* vom Anfang des 3. Jahrhunderts und in den spätantiken Breviarien zeigt.

Schon Seneca hatte (nach Gaius' Tod) geschrieben, dieser Kaiser habe die freie Bürgerschaft Roms in eine persische Knechtschaft verwandelt. Während der «Tyrann Caligula» in der Antike vor allem als Argument gegen die Durchsetzung einer neuen Monarchie innerhalb einer formal weiterbestehenden, aristokratisch geprägten *res publica* ins Feld geführt worden war, eignete er sich als Argument gegen die Monarchie auch unter den ganz anderen sozialen und politischen Bedingungen späterer Zeiten. Dies lässt sich exemplarisch anhand zweier Autoren aus dem England um die Mitte des 17. Jahrhunderts zeigen (Kewes 2006).

John Milton (1608–1674), Dichter und zeitweise hoher politischer Funktionsträger unter Oliver Cromwell, kommt in zwei Schriften des Jahres 1649, die im unmittelbaren Kontext der in diesem Jahr erfolgten Hinrichtung Karls I. stehen, verschiedentlich auf die römischen Kaiser zu sprechen. Den Kaiser Caligula führt er als Beispiel dafür an, dass es sich auf die geistige Gesundheit eines Monarchen auswirke, wenn er glaube, seine Herrschaft sei schrankenlos und vom Parlament unabhängig: «Welche andere Vorstellungen als diese konnten Caligula derart aufblähen, dass er sich für einen Gott hielt?» (Milton 1876, 89). Milton rechtfertigt die Hinrichtung Karls I. mit dem Argument, dass «die ausgezeichnetesten Männer unter den Römern nicht nur, sooft sie konnten, die Tyrannen getötet, sondern diese Tat auch [...] des höchsten Lobes wert erachtet haben», und er illustriert dies mit der Ermordung des Caligula (Milton 1874, 254).

Algernon Sidney (1623–1683), ein bedeutender politischer Theoretiker, der im Jahre 1683 der Beteiligung an einer Verschwörung gegen Karl II. beschuldigt und hingerichtet wurde, nutzt in seinem Hauptwerk *Discourses concerning Government* an vielen Stellen Caligula als historisches Argument. Er führt den antiken Kaiser als Beleg für die These an, dass die menschliche Natur aufgrund ihrer Lasterhaftigkeit generell zu schwach sei, den Verführungen unumschränkter Gewalt zu widerstehen: Erst der Mangel an Beschränkung seiner Macht habe Caligula zu einer «Bestie» (*beast*) gemacht, während er sonst vielleicht weiterhin ein «Mensch» geblieben wäre (Sidney 1763, 308, 302).

Beide Autoren nutzen also den antiken «Tyrannen Caligula» als Argument gegen ein unumschränktes, durch kein Parlament rechtlich gebundenes Königtum und zur Legitimation der Beseitigung eines unumschränkt herrschenden Königs, die als Tyrannenmord gerechtfertigt wird. Während der antike Kaiser bei Sueton wegen seiner Geisteskrankheit zum Tyrannen wird, deuten Milton und Sidney den Wahnsinn des Kaisers im umgekehrten Sinne als erwartbare Folge einer unbeschränkten Herrschergewalt. In Form eines produktiven Missverständnisses wird somit das römische Kaisertum, das als Militärmonarchie aus der Krise einer traditionsreichen aristokratischen *res publica* entstanden war und daher unter Legitimationsdefiziten litt, mit dem jahrhundertealten, traditional legitimierten englischen Königtum parallelisiert und als Argument für eine konstitutionelle Einhegung des Letzteren genutzt. Dabei verlieh der «Wahnsinn» des Caligula dem Argument von der Gefährlichkeit unumschränkter Alleinherrschaft besondere Plausibilität.

Die Autorität der «Alten» und ihre Instrumentalisierbarkeit waren offenbar so überzeugend, dass kritische Fragen gegenüber den Quellen nicht aufkamen. Dies galt auch für die in der frühen Neuzeit beginnende wissenschaftliche Erforschung des antiken Kaisertums. Die einflussreiche römische Kaisergeschichte des Lenain de Tillemont, erstmals erschienen 1690, versucht zwar, die gesamte antike literarische Überlieferung zu berücksichtigen, das Werk orientiert sich bei der Deutung des

Caligula jedoch ganz an den Wertungen der Sueton'schen Biographie. Dasselbe gilt für den Artikel über den Kaiser im 5. Band von Zedlers Universallexikon von 1733, der das Allgemeinwissen im deutschsprachigen Raum dokumentieren dürfte. Der mittlerweile fest etablierten Tradition folgend werden unter anderem Verschwendung, Grausamkeit, sinnlose Militäraktionen und der wahnhafte Beischlaf des Kaisers mit der Mondgöttin referiert.

Bedenken gegenüber dem Bild des «wahnsinnigen Tyrannen Caligula» scheinen die Ausnahme gewesen zu sein. Friedrich der Große meldete anlässlich der Lektüre von Montesquieus *Überlegungen zu den Ursachen der Größe und des Niedergangs der Römer* Zweifel an dem Urteil über Gaius und andere der frühen Cäsaren an. Montesquieu hatte geschrieben, dass sich zwischen Augustus und Vespasian (14–69) «nacheinander sechs Tyrannen» des römischen Reiches bemächtigt hätten, «die alle gleich grausam, fast alle rasend, häufig schwachsinnig und, um das Unglück voll zu machen, bis zum Irrsinn verschwenderisch» gewesen seien. Der preußische König notierte dazu: «Es ist gleichwohl seltsam, dass das Gesamte der römischen Geschichte uns einen sehr umfangreichen Katalog großer Männer bietet und dass die Geschichte der Kaiser nur so von Ungeheuern zu wimmeln scheint. Sollte es bei der Aufzählung der schlechten Eigenschaften, die man den Kaisern zuschreibt, nicht einige Übertreibungen geben [...]?» (Montesquieu 1734/1980, 99).

Der Einsatz des «wahnsinnigen Tyrannen Caligula» als Waffe gegen die Monarchie ging weiter. Der wohl bekannteste Schlag erfolgte in Form einer Parodie, die einen konstitutionellen Monarchen am Ende des 19. Jahrhunderts lächerlich machen sollte. Der Historiker Ludwig Quidde publizierte 1894 einen 17-seitigen Aufsatz mit dem Titel *Caligula. Eine Studie über römischen Cäsarenwahnsinn*. Darin definierte er «Cäsarenwahnsinn» als eine besondere «Form geistiger Erkrankung» mit den Merkmalen «Größenwahn, gesteigert bis zur Selbstvergötterung, Missachtung jeder gesetzlichen Schranke und aller Rechte fremder Individualitäten, ziel- und sinnlose brutale Grausamkeit». Während sich diese «auch bei anderen Geisteskranken» zeigten, liege das Besondere cäsarischen Wahnsinns darin, «dass die Herrscherstellung den Keimen solcher Anlagen einen besonders fruchtbaren Boden bereitet und sie zu einer

Aloys Winterling

sonst kaum möglichen ungehinderten Entwicklung kommen lässt» (Quidde 1894, 7).

Die kleine Schrift über Caligula war für die Zeitgenossen in so eindeutiger Weise auf den damaligen deutschen Kaiser Wilhelm II. gemünzt, dass sie innerhalb kürzester Zeit 30 Auflagen erfuhr und einen Skandal entfachte, der Quidde letztendlich eine Gefängnisstrafe von drei Monaten und das Ende seiner wissenschaftlichen Karriere einbrachte (Holl u. a. 2001). Quidde konnte sich dabei auf eine Reihe überraschender biographischer Parallelen beziehen, wobei er beider autokratisches Bestreben (Caligulas unbeschränkten Machtanspruch und das «persönliche Regiment» Wilhelms) ins Zentrum rückte. Anders als bei den frühneuzeitlichen Theoretikern wurde der antike «wahnsinnige Tyrann» nicht als Argument für eine Einbindung der Monarchie in eine staatliche Rechtsordnung genutzt, sondern der Angriff richtete sich gegen die Monarchie insgesamt, auch gegen die konstitutionelle Variante.

Das Ende der Monarchien (und der Stigmatisierung psychischer Krankheiten) im 20. Jahrhundert öffnete die Figur des «wahnsinnigen Caligula» für neue Deutungszusammenhänge – auch ohne den antimonarchischen Impetus. Hanns Sachs, zeitweise Mitarbeiter Sigmund Freuds, legte 1930 eine Biographie des Kaisers vor, die die unbewussten Seiten von dessen Handeln zu klären versuchte. Sie zeigt einerseits die medizinhistorische Problematik einer retrospektiven Diagnose: Die Schilderungen Suetons werden beim Wort genommen, und die Angemessenheit des Befundes – Ich-Verlust und unbewusster Todestrieb – für die Psyche eines antiken Aristokraten wird als selbstverständlich vorausgesetzt. Trotzdem kommt der Psychoanalytiker zu dem Schluss, der Kaiser habe «keine Spur von Wahnsinn» gezeigt (Sachs 1932, 84). Auch Albert Camus näherte sich dem Stoff mit einer modernen Deutung: Er machte Caligula zum Helden seines ersten, 1945 uraufgeführten existentialistischen Bühnenstücks. Der junge Kaiser erscheint dort als ein Mensch, der unter der Sinnlosigkeit und Absurdität der Gesellschaft seiner Zeit litt und sich durch Brutalität und Mord vergeblich gegen Lüge und Heuchelei aufzulehnen versuchte. Camus selbst bezeichnete sein Stück als «Geschichte eines Selbstmordes auf höherer Ebene». Ebenso wie Existenzialisten fühlten sich auch Surrealisten von der Figur des

Abb. 2 David Lapham, German Nobile, Caligula, Volume 1 (Cover).

Aloys Winterling

römischen Kaisers angesprochen. So malte Salvador Dalí 1983 das Pferd, von dem berichtet wird, dass Caligula es zum Konsul machen wollte.

Zu großer Bekanntheit des «wahnsinnigen Tyrannen Caligula» in der Populärkultur dürfte vor allem Robert Graves' auch als Fernsehserie produzierter historischer Roman *Ich, Claudius, Kaiser und Gott* (1934; dt. 1947) beigetragen haben. Er erzählte aus der Perspektive des späteren Kaisers Claudius (auch) die Geschichte der kurzen Herrschaft von dessen Neffen und folgte dabei ganz den Berichten Suetons, die in bunten Farben ausgemalt wurden. Unkontrollierte Gewaltausübung und Grausamkeit, sexuelle Monstrosität und Wahnsinn waren schließlich auch die Merkmale des Kaisers in dem Film *Caligula* (1979) der sich unter dem Einfluss des Produzenten zu einem Pornofilm entwickelte, von dem sich Regisseur (Tinto Brass) wie auch Hauptdarsteller (Malcolm McDowell) schließlich distanzierten. Der grausame, verrückte, sexuell deviante Tyrann Caligula ist spätestens im 21. Jahrhundert im globalen Allgemeinwissen angekommen, was die bluttriefenden US-amerikanischen Graphic Novels von David Lapham und German Nobile, die australische Progressive-Metal-Band «Caligula's Horse» oder auch die Figur des jungen tyrannischen Königs Joffrey Baratheon – eine deutlich erkennbare Caligula-Kopie – in der Buch- und Fernsehreihe *Game of Thrones* zeigen.

Die gegenwärtige Präsenz des antiken Kaisers war auch die Voraussetzung für eine am 12. November 2016 im Feuilleton der *Frankfurter Allgemeinen Zeitung* erschienene, «Caligula» überschriebene Glosse. Darin hieß es, der antike Kaiser habe die «Massen» gegen die «alteingesessenen Führungseliten» aufgehetzt. Er habe den «traditionellen Wertekanon» verachtet und sich klar zu einer «autokratischen Herrschaftsform» bekannt. «Seine rhetorische Unberechenbarkeit war schon früh seine schärfste Waffe. Niemand wusste, was er als nächstes sagen würde. In welche Richtung seine Ausfälle nun gehen könnten. Aber genau das brachte ihm Sympathien beim Volk ein. Machte ihn stark.» Für die Leser war der Artikel von Simon Strauß in eindeutiger Weise auf den wenige Tage zuvor, am 8. November 2016, gewählten amerikanischen Präsidenten Donald Trump gemünzt.

Das Konstrukt des «Tyrannen Caligula» erfuhr somit eine ganze Reihe politischer Transformationen: Entworfen in der Antike, um die überkommenen aristokratischen Strukturen der römischen *res publica* gegen die unumschränkte Cäsarenherrschaft zu stützen, benutzt im früh-modernen Europa, um die traditionelle Alleinherrschaft zu delegitimie-ren und eine konstitutionell abgesicherte, durch politische Institutionen gebundene Monarchie auf den Weg zu bringen, am Ende des 19. Jahr-hunderts zum Einsatz gebracht, um in Form einer bewussten, als sol-che erkennbaren Parodie eine konstitutionelle Monarchie lächerlich zu machen und eine moderne demokratische Gesellschaft zu befördern, erweist es sich gegenwärtig – in ironischer Brechung – als geeignet, den populistischen Führer einer modernen, medial gesteuerten Massen-demokratie als potentiellen Autokraten zu kennzeichnen.

Der «Tyrann Caligula» hat sich damit zu einem zeit-, orts-, verfas-sungs- und gesellschaftsunabhängigen, universell verwendbaren Exem-plum illegitimer Herrschaft schlechthin verselbständigt. Darüber hinaus ist er geeignet als Medium für individuelle und kollektive Selbstdeutun-gen, Projektionen und Obsessionen in der modernen Welt. Gerade die am Anfang stehende Denunziation und ihre Realitätsferne sowie der Inkonsistenzen zulassende und vielfältige Deutungsmöglichkeiten eröff-nende «Wahnsinn» scheinen dieses breite Anwendungsspektrum er-möglicht zu haben.

Es stellt sich allerdings die Frage, was die teilweise produktiven Miss-verständnisse und Aneignungen, die der «wahnsinnige Tyrann Cali-gula» über die Jahrhunderte erfahren hat, noch mit dem historischen Kaiser zu tun haben. Anders gesagt: Will man wissen, wie der Kaiser Gaius und seine möglicherweise autokratischen Ambitionen einzuschät-zen sind, muss man hinter die Geschichte der Denunziationen, Rezep-tionen und Transformationen zurückgehen und somit den Blick von der gegenwärtigen Vergangenheit auf die vergangene Gegenwart richten: von Caligula auf Gaius Caesar. Dass dies aufgrund der denunziatori-schen Quellenlage ein schwieriges Unternehmen ist, liegt auf der Hand. Als methodische Prinzipien können dabei angewandt werden: die be-sondere Berücksichtigung derjenigen Informationen, die der denunzia-torischen Aussageabsicht der Quellen, die sie berichten, widersprechen, und die Einordnung der Ereignisse in einen (aus weiteren, «unbeteilig-ten» Quellen rekonstruierbaren) Kontext der politischen, sozialen und kommunikativen Strukturen jener Zeit (Winterling 2012).

Die römischen Kaiser waren in der durch Augustus nach dem Ende der Bürgerkriege offiziell wiederhergestellten *res publica* mit einer in mehrfacher Hinsicht merkwürdigen, paradoxen Situation konfrontiert. Zwar konnten sie sich ihre im Kern usurpatorische, auf der Monopolisierung militärischer Gewalt basierende Stellung durch die alten politischen Institutionen in rechtsförmigen Verfahren legitimieren lassen, zwar konnten sie durch ihre überlegene faktische Macht die magistratischen Stellen mit ihnen genehmen (aristokratischen) Personen besetzen und damit die Zusammensetzung der vornehmen Oberschicht beeinflussen. Die alte Ordnung als solche stand dagegen nicht zu ihrer Disposition.

In politischer Hinsicht ergab sich daraus die Paradoxie, dass die Kaiser, gerade indem sie sich von den alten Institutionen ihre Stellung bestätigen ließen, ihrerseits implizit bestätigten, dass sie aus sich selbst heraus keine legitime monarchische Stellung besaßen. Die Bedeutung der weitgehend unverändert fortbestehenden alten republikanischen politischen Organisation, deren Sinn gerade gewesen war, die Alleinherrschaft eines Einzelnen zu verhindern, wurde dadurch immer wieder aufgewertet. So delegitimierten sich die Kaiser, indem sie sich legitimieren ließen.

Auch hinsichtlich ihrer sozialen Stellung waren sie mit einer paradoxen Situation konfrontiert. Zwar wurden sie aufgrund ihrer unumschränkten Machtposition mit Ehren überschüttet – mehrfache Konsulate, Ehrungen im städtischen Raum, ehrende Namen, zeremonielle Vorrechte wie Sondersitze im Senat und im Theater –, doch alle diese Ehrungen entstammten dem Kontext der auf abwechselnd bekleideten Ämtern basierenden traditionellen republikanischen Rangordnung. Verliehen wurden sie wiederum von den alten, explizit nicht-monarchischen Institutionen, vor allem vom Senat. Indem sich die Kaiser also ehren ließen, stabilisierten sie die traditionelle aristokratische Rangordnung, in der ein Monarch nicht vorgesehen war, und dokumentierten, dass sie aus sich heraus über keine von den traditionellen Institutionen unabhängige Ehrenstellung verfügten. Indem sie sich ehren ließen, trat ihre Ehrlosigkeit zutage.

Der gemeinsame Umgang mit dieser schwierigen kommunikativen

Situation erfolgte unter dem ersten Kaiser Augustus in Form einer Doppelbödigkeit, die die monarchische Realität aus dem Bereich des manifest Gesprochenen verbannte: Der Kaiser vermied es peinlich, neue Ämter, die nicht mit der Tradition übereinstimmten, zu bekleiden, verzichtete auf besondere Ehren, behandelte Senat und Senatoren hochachtungsvoll, vermied jeglichen Befehlston – ließ jedoch stets hinreichend durchblicken, was er in Entscheidungssituationen befürwortete. Gleichzeitig baute er systematisch seine militärische und ökonomische Machtposition aus. Auch die Senatoren blendeten die monarchische Wirklichkeit aus der offiziellen Kommunikation aus. Die Magistrate agierten, der Senat beriet und entschied scheinbar wie immer – und alle taten das, was der Kaiser wollte. Niemand wurde getäuscht. Es handelte sich eher um eine Art kollektiver Heuchelei, die es allen gestattete, Rang und Gesicht zu wahren, die allerdings auf kaiserlicher Seite mit beträchtlichem Ehrverzicht einherging, mit dem Verzicht darauf, als der, der er war, auch in Erscheinung zu treten.

Schon unter Tiberius, der nicht willens oder in der Lage war, auf diese Weise zu kommunizieren, kollabierte das System. Es kam zu einem Überhandnehmen von schmeichlerischer Unterwürfigkeit gegenüber dem als persönlich schwierig beschriebenen Kaiser. Auf diese Weise konnte man aus senatorischer Sicht nichts falsch machen, obwohl dem Kaiser Schmeichelei, so heißt es, verhasst war. Als Tiberius sich schließlich ganz aus der Interaktion mit der Aristokratie zurückzog, die letzten zwölf Jahre seines Lebens hauptsächlich auf der Insel Capri verbrachte und Rom nicht mehr betrat, hatte dies für die senatorische Gesellschaft extrem desintegrative Folgen. Im Bestreben, die Aufmerksamkeit des fernen Kaisers zu erringen, kam es zu einer Flut von gegenseitigen Denunziationen und Verschwörungsanzeigen, von Majestätsprozessen und von Todesurteilen seitens des Senats gegen einzelne seiner Mitglieder. Nutznießer war der Prätorianerpräfekt Sejan, der den Zugang zum abwesenden Kaiser kontrollierte und durch geschickte Intrigen potentielle Nachfolger aus der kaiserlichen Familie von willfährigen Senatoren anklagen und beseitigen ließ, um schließlich selbst das Kaisertum anzustreben. Sein Sturz erfolgte im Jahre 31 und zeigte die desaströsen Folgen der gestörten Kommunikation zwischen Kaiser und Aristokratie. Eine Welle von Anzeigen und Prozessen gegen tatsächliche oder vermeintliche Anhänger Sejans setzte ein, die beide Seiten in Angst und Schrecken versetzte. In Rom, so schildert Tacitus die dramatischen Ereignisse, habe es Berge von Leichen der Hingerichteten gegeben, zugleich Spitzel, die die Trauer Nahestehender um die Toten als Zeichen potentieller Verschwörungsbereitschaft aufzeichneten.

In jener Zeit machte der spätere Kaiser Gaius als Jugendlicher seine ersten Erfahrungen mit der römischen Senatsaristokratie. Der jüngste Sohn Agrippinas der Älteren, Enkelin des Augustus, und des beliebten, früh verstorbenen Germanicus verlor durch die Intrigen Sejans und durch die von ihm initiierten senatorischen Denunziationen und Majestätsprozesse seine Mutter und seine zwei älteren Brüder. Auch gegen ihn selbst waren schon Beschuldigungen in Umlauf gebracht worden. Überraschend wurde er dann als 18-Jähriger im Jahre 30 von Tiberius nach Capri geholt, vermutlich, um seine Instrumentalisierung als Thronfolger durch andere zu verhindern. Dort lebte er sieben Jahre im Umfeld des Kaisers, bis er im Jahre 37 tatsächlich von den Prätorianern zum Kaiser ausgerufen und vom Senat als solcher bestätigt wurde.

Nach übereinstimmendem Bericht der Quellen verliefen die ersten beiden Jahre seiner kurzen Herrschaft weitgehend konfliktfrei im Stile des augusteischen Kaisertums und wurden allgemein gelobt: Die Majestätsprozesse wurden beendet; die unter Tiberius Verbannten oder Inhaftierten wurden begnadigt; alte Prozessakten, auch die der Prozesse gegen seine Mutter und Brüder, wurden verbrannt; eine Verschwörungsanzeige, die dem jungen Kaiser überreicht wurde, wies er ungelesen zurück. Er bezeichnete sich in einer Rede vor dem Senat als Mündel der Senatoren, mit denen er seine Herrschaft teilen wolle, und wurde im Gegenzug von ihnen durch eine Inschrift im Senat geehrt.

Eine aufschlussreiche, auf den ersten Blick merkwürdig erscheinende Episode wird aus dem ersten Regierungsjahr berichtet. Als der Kaiser im Herbst 37 ernsthaft erkrankte, schwor ein römischer Bürger namens Afranius Potitus, sein Leben zu opfern, wenn der Kaiser wieder gesund werde, und ein römischer Ritter namens Atanius Secundus gelobte, in diesem Fall als Gladiator aufzutreten. Wieder genesen, bestand Gaius auf der Einhaltung der Versprechen, damit sie nicht eidbrüchig würden. Beide verloren ihr Leben. Der Sinn dieses Vorfalls erschließt sich, wenn man die Besonderheit der aristokratischen Kommunikationsverhältnisse bedenkt. Es handelte sich um eine heuchlerische Schmeichelei im Eigeninteresse: Die beiden Schmeichler erwarteten im Fall der Genesung eine Belohnung des Kaisers für ihr scheinbar selbstloses Verhalten; für den Fall seines Todes gingen sie vermutlich davon aus, dass die Sache in Vergessenheit geriet. Gaius' Reaktion zeigte, dass er zwar an der augusteischen Doppelbödigkeit im Senat teilnahm, aber nicht bereit war, individuelle aristokratische Unterwürfigkeit und Falschheit zu dulden, Verhaltensweisen also, die unter Tiberius schreckliche Folgen gehabt hatten. Und seine Reaktion darauf bestand darin, dass er die Schmeichler zynisch beim Wort nahm und dadurch zwang, für die Folgen ihres Verhaltens selbst einzustehen.

Sachpolitisch entfaltete Gaius von Anfang an umfangreiche Aktivitäten, die nahezu allen Gruppen der Bürgerschaft zugute kamen. Er wertete die alten republikanischen Strukturen auf, indem er zum Beispiel den Volksversammlungen das Recht zurückgab, die jährlichen Magistrate zu wählen, und wieder regelmäßig die *rationes imperii*, Berichte über die Reichsfinanzen, veröffentlichte; ganz Italien wurde die Verkaufssteuer von 0,5 Prozent erlassen; der Ritterstand wurde ergänzt; er ließ einen neuen Hafen für die Getreideversorgung Roms anlegen und den Bau zweier neuer Wasserleitungen beginnen; anlässlich der Einweihung des von ihm fertiggestellten Augustustempels feierte er ein großartiges Fest in der Stadt mit herausgehobener Beteiligung des Senatorenstandes und mit Spielen in nie da gewesener Pracht; für den Alltag verfügte er zeremonielle Erleichterungen des Umgangs mit ihm im städtischen Raum, so dass er fortan auftrat wie ein normaler Bürger.

Anfang des Jahres 39 ereignete sich dann eine folgenreiche Verschwörung gegen den jungen Kaiser, über die – wie über alle Verschwörungen gegen ihn mit Ausnahme der letzten, erfolgreichen – nur in unklaren Andeutungen berichtet wird. Es sei eine größere Zahl führender Senatoren – also Konsulare –, die schon unter Tiberius in Majestätsprozessen verfolgt worden waren, wegen ähnlicher Delikte verurteilt und hingerichtet worden. Der senatorische Anschlag auf sein Leben hatte einen grundsätzlichen Verhaltenswandel des Kaisers zur Folge. Er hielt eine Rede im Senat, die von Cassius Dio ausführlich zitiert wird. Dabei ließ er von seinen Freigelassenen, das heißt von ehemaligen Sklaven, aus den (nur angeblich verbrannten) Protokollen der Majestätsprozesse unter

Aloys Winterling

Tiberius vorlesen, wie sich die Senatoren gegenseitig denunziert und der Senat seine eigenen Mitglieder zum Tode verurteilt hatte. Er hielt den Senatoren ihre heuchlerischen Ehrungen des alten Kaisers zu dessen Lebzeiten vor und erklärte, dass er von ihnen dasselbe zu erwarten habe, denn sie hassten ihn und beteten um seinen Tod, und wenn sie in der Lage dazu wären, würden sie ihn ermorden. Deshalb werde er in Zukunft nicht mehr auf ihr Gerede hören, sondern sich um seine eigenen Interessen und um seine Sicherheit kümmern.

Durch diese Rede riss der Kaiser die augusteische Fassade des Arrangements zwischen ihm und der Aristokratie ein und sprach die zweifellos allen Beteiligten bekannte Wahrheit aus, die bisher durch die doppelbödige Kommunikation latent gehalten worden war und die man als das Problem jener Zeit bezeichnen kann: die Unvereinbarkeit von kaiserlicher Alleinherrschaft und aristokratischer Republik und die fehlende Akzeptanz der kaiserlichen Herrschaft innerhalb der Aristokratie. Zugleich bedeutete seine Rede eine offene Ankündigung künftiger Alleinherrschaft ohne Rücksicht auf den Senat. Und dies alles vollzog sich in einer Weise, die die Senatoren in aller Offenheit als Heuchler bloßstellte, demütigte und zugleich hilflos machte. Aufgrund der realen Gewaltverhältnisse konnten sie nicht antworten: «Ja, wir hassen dich.» Vielmehr versammelten sie sich tags darauf wieder und priesen die Menschenfreundlichkeit des Gaius.

In jener Zeit, so wird berichtet, habe der Kaiser seinem Lieblingsrennpferd Incitatus neben Purpurdecken und elfenbeinerner Krippe auch eine *domus*, einen Palast mit großer Dienerschaft und kostbarem Hausrat, geschenkt, damit die im Namen des Pferdes empfangenen Gäste stilvoll bewirtet werden könnten. Er habe außerdem vorgehabt, dem Pferd das Konsulat zu verleihen. Der Adressat dieses zynischen Witzes ist leicht zu ermitteln: Wir wissen zum Beispiel aus einem Bericht des Tacitus, dass gerade in jenen Jahrzehnten die Mitglieder des alten republikanischen Hochadels ihren Statusverlust dadurch zu kompensieren suchten, dass sie in ihren Häusern eine extreme, mitunter in den finanziellen Ruin führende Pracht entfalteten. Das Konsulat, obwohl durch die kaiserliche Macht politisch entwertet, blieb nach wie vor aufgrund der damit verbundenen Ehre das höchste Ziel einer aristokratischen Laufbahn. Was Gaius mit der angeblichen Ausstattung seines Pferdes sagen wollte, ist klar: Es war eine spöttische Karikatur, die die wichtigsten aristokratischen Lebensinhalte symbolisch abwertete und der Lächerlichkeit preisgab. Zugleich wurde ein für die Aristokratie unangenehmer Sachverhalt offen benannt: Der Kaiser konnte nahezu beliebig entscheiden, wem aristokratischer Status, Reichtum und Ehre verliehen wurde und wem nicht.

Angesichts der Demütigung und Erniedrigung, die die Senatsaristokratie durch die kaiserliche Reaktion auf die Verschwörung der Konsulare erfuhr, ist es nicht überraschend, dass der nächste Versuch, den Kaiser zu beseitigen, nicht lange auf sich warten ließ. Im Sommer des Jahres 39 entstand eine groß angelegte Verschwörung, die über militärische Ressourcen im Reich und Unterstützung aristokratischer Kreise in Rom einschließlich der amtierenden Konsuln verfügte, an der aber vor allem auch die wichtigsten Mitglieder der engsten Umgebung des Kaisers beteiligt waren: seine beiden Schwestern Agrippina und Livilla sowie sein engster senatorischer Vertrauter M. Aemilius Lepidus. Dem 27-jährigen Kaiser gelang es, die extrem gefährliche Verschwörung durch eine militärische Blitzaktion niederzuschlagen.

Während eines sich anschließenden kurzen Germanienfeldzugs und eines Aufenthaltes in Gallien reorganisierte er die Zentrale seiner Herrschaft – ohne Mitglieder der römischen Aristokratie oder seiner Verwandtschaft. Neben seiner Gattin Caesonia und den beiden Prätorianerpräfekten waren es fortan Freigelassene, die als Sekretäre die zentralen Schaltstellen der Macht besetzten. Seinen Prokuratoren – ritterlichen, ursprünglich privaten Vermögensverwaltern – gab er den Auftrag, in Rom nach Belieben Gelder für seine Rückkehr zu konfiszieren.

Diese erfolgte in unerwarteter Weise. Er ließ dem Senat mitteilen, dass er Ehrungen seiner Person verbot. «Denn er wünschte ganz und gar nicht den Eindruck zu erwecken, dass irgendetwas, das ihm Ehre bringe, in den Händen der Senatoren liege; man könnte sonst glauben, sie seien stärker als er und in der Lage, ihm wie einem Niedrigerstehenden Gefälligkeiten zu erweisen. Und deshalb hatte er oftmals an verschiedenen ihm erwiesenen Ehren etwas auszusetzen, da sie nicht zur Erhöhung seines Glanzes, sondern vielmehr zur Vernichtung seiner Machtstellung führten.» (Cassius Dio 59, 23, 3 f.) Die klaren Worte zeigen, dass sich Gaius seiner paradoxen Lage als Monarch innerhalb einer republikani-

Aloys Winterling

schen Rangordnung nicht nur bewusst war, sondern dass er daranging, diese Paradoxie aufzulösen.

Als Alternative zu einer Ehrung, die eigentlich angestanden hätte, einem Triumph (für dessen Genehmigung traditionell der Senat zuständig war), inszenierte er eine Art Ritt übers Meer, der so imposant war, dass er ein großes zeitgenössisches Echo auslöste. Dazu wurde am Golf von Baiae eine ca. fünf Kilometer lange Schiffsbrücke angelegt, auf der eine Straße gebaut wurde, die aufwendig wie die Via Appia befestigt war und über Zwischenstationen mit Rastplätzen und Unterkünften mit fließendem Trinkwasser verfügte. Über diese Brücke ritt Gaius, der den Brustpanzer Alexanders des Großen und einen gold- und edelsteinverzierten Feldherrnmantel trug, mit großem militärischem Gefolge. Am folgenden Tag führte er in entgegengesetzter Richtung einen großen Zug mit der Präsentation von Beutestücken an, bekleidet mit einer goldbestickten Tunika als Wagenlenker, gezogen von den berühmtesten Rennpferden der Zeit. Er habe über die Perserkönige Dareios und Xerxes gespottet, wird berichtet, die (ein halbes Jahrtausend vorher) mit Schiffsbrücken über Bosporus und Hellespont nur viel kürzere Strecken überwunden hätten.

Das Ganze ist zu deuten als eine Form der Repräsentation seiner alle anderen überragenden Stellung, die zwar Elemente des römischen Triumphes erkennen lässt, darüber hinaus aber Bezüge zu orientalischen Königen und zu Alexander, dem Welteroberer, herstellte und die vor allem ohne jede Beteiligung republikanischer Institutionen ablief.

Zurück in Rom, nach einer erneuten (der dritten) Verschwörung, ging der Kaiser gegen die alte republikanische Ehrhierarchie vor: Die besonderen Plätze für Senatoren und Ritter bei Zirkus- und Theateraufführungen wurden abgeschafft, so dass sich die hohen Herren im Gedränge mit Mitgliedern des einfachen Volkes um die Sitze streiten mussten. Dieser Aufhebung der Inszenierung der traditionellen Rangordnung im öffentlichen Raum dienten auch die Entfernung der Statuen berühmter Vertreter der republikanischen Adelsfamilien, die Augustus auf dem Marsfeld hatte aufstellen lassen, und das Verbot traditioneller Ehrenzeichen der vornehmsten alten Geschlechter.

In jener Zeit ähnelten die Verhältnisse innerhalb der Senatsaristokratie denen in der Spätzeit des Tiberius. Extreme Unterwürfigkeit dem

Kaiser gegenüber und die Bereitschaft zu gegenseitiger Denunziation scheinen stark zugenommen zu haben. Gaius ließ in der letzten Phase seiner Herrschaft diesem Verhalten und damit den Selbstzerstörungskräften der Aristokratie nicht nur freien Lauf – er förderte sie. Dies ist etwa daran erkennbar, dass die pauschalen Vorwürfe, der Kaiser habe in großem Stil Senatoren verfolgt und beseitigt, sich als nicht stichhaltig erweisen, sobald in den Quellen konkrete Namen genannt werden. Es war der Senat selbst, der vorauseilenden Gehorsam bei der Verhängung von Todesurteilen gegen seine eigenen Mitglieder an den Tag legte.

Noch in einer weiteren Hinsicht ließ der Kaiser die aristokratische Unterwürfigkeit gewähren: «Lucius Vitellius [der Vater des späteren Kaisers] war es, der als erster die Sitte einführte, Gaius Caesar als Gott zu verehren; als er nämlich aus Syrien zurückkehrte, wagte er es nicht, anders vor ihn zu treten als mit verhülltem Haupt, wobei er sich herumdrehte und dann zu Boden warf.» Dies berichtet Sueton in der Lebensbeschreibung des Kaisers Aulus Vitellius (2, 5). Das Zeremoniell, das Vitellius vollzog, beinhaltete Elemente römischer Kultpraxis (verhülltes Haupt) und orientalisch-hellenistischer fußfälliger Verehrung des vergöttlichten Herrschers (Proskynese). Die Verehrung des Gaius als Gott machte Schule. Es wird berichtet, dass ihm auf Senatsbeschluss ein Tempel mit einer Priesterschaft für den Kaiserkult errichtet wurde. Den Vorsitz im Priesteramt hätten sich abwechselnd immer die Reichsten verschafft, die einander aus Ehrgeiz mit großen Geldbeträgen zu überbieten versuchten.

Die Berichte sind weniger merkwürdig, als es zunächst den Anschein hat. Von so gut wie allen Kaisern, Julius Caesar eingeschlossen, wird überliefert, dass ihnen von senatorischer Seite in schmeichelnder Weise göttliche Verehrung angetragen wurde. Der antike Götterhimmel hing tief, und die im Osten übliche göttliche Verehrung von Herrschern war bekannt, den Senatoren, die dort Statthalter gewesen waren, sogar aus eigener Erfahrung. Während jedoch die meisten anderen Kaiser eine göttliche Verehrung nur in provinzialen Kaiserkulten zuließen, war Gaius der Erste, der sich in Rom von der Aristokratie entsprechend verehren ließ. Er erweiterte einen Teil seines Palastes zum Forum hin und ließ sich im Tempel des Castor und Pollux zwischen den beiden Götterbrüdern stehend von den Besuchern anbeten. Bei solchen Gelegenheiten – es scheint sich um das morgendliche Begrüßungsritual der *salutatio* gehandelt zu haben – habe er Gewänder unterschiedlicher Götter und Göttinnen getragen. Ansonsten sei er mit dem Triumphgewand, in Seidengewändern oder in mit Edelsteinen besetzten Mänteln aufgetreten.

Die neue Art des Umgangs mit der Aristokratie bei bestimmten Anlässen steht in offensichtlichem Zusammenhang mit den Maßnahmen des Kaisers, die die traditionelle, auf den magistratischen Ämtern beruhende gesellschaftliche Rangordnung betrafen. Er beließ es nicht bei den systematischen Entehrungen der Aristokratie und dem Verbot – paradoxer – Ehrungen seiner Person durch den Senat als der wichtigsten Institution der alten *res publica*. Die Destruktion der traditionellen Hierarchie ging vielmehr einher mit dem Versuch, eine neue monarchische Hierarchie mit dem Kaiser an der weit über allen anderen stehenden Spitzenposition durchzusetzen und diese in neuen zeremoniellen Formen gemeinsam mit der Aristokratie zu inszenieren.

Die Manifestation seiner überragenden kaiserlichen Stellung bei seinem Ritt über das Meer war also keine Einzelaktion des Kaisers, sie beinhaltete vielmehr eine Art Programm für die neuen Formen des Umgangs mit ihm auch innerhalb Roms. Gaius stand im Zentrum, hervorgehoben durch seine kostbare, außergewöhnliche, mit göttlichen Attributen versehene Kleidung, und die Senatoren hatten sich ihm unterwürfig zu nähern – in einigen Berichten wird von Proskynese gesprochen – und ihn anzubeten. Wie bei seinem Ritt über das Meer wurde auch hier auf Elemente hellenistischer und orientalischer Königsverehrung zurückgegriffen, die den Monarchen zeremoniell von allen anderen distanzierten. So etwas hatte es in Rom noch nicht gegeben. Aber es gab offensichtlich genügend Personen, die gern mitmachten, weil sie sich vom Kaiser Vorteile versprachen, andererseits auch solche, die aus Angst vor seiner Macht dabei waren.

Hielt sich Gaius für einen Gott? Von einem weiteren Treffen mit Lucius Vitellius wird Folgendes berichtet: Der Kaiser sagte zu Vitellius, er halte gerade Zwiesprache mit der Mondgöttin, ob er, Vitellius, die Göttin in seiner Nähe nicht auch sehen könne. Die Frage war typisch für sein Verhalten gegenüber senatorischer Unterwürfigkeit. Er nahm die Schmeichelei – von der alle Beteiligten wussten, dass es sich um eine Art Unterwerfungsgeste handelte – in zynischer Weise ernst und konfrontierte die Schmeichler dadurch mit der Absurdität ihres Handelns. In diesem Fall brachte er Vitellius in eine verzwickte Lage: Gab Vitellius die Schmeichelei zu, entlarvte er sich selbst als Heuchler, der den Kaiser tatsächlich gar nicht für einen Gott hielt, was den angestrebten Effekt der Schmeichelei in sein Gegenteil verkehrt hätte. Beharrte er aber auf seiner Schmeichelei und behauptete, die Mondgöttin zu sehen, so hätte er sich benommen, als wäre er verrückt. Vitellius' Antwort zeigte dann aber, dass er über ein in diesen Zeiten hilfreiches kommunikatives Geschick verfügte. Er senkte die Augen zu Boden, so berichtet Cassius Dio, und sagte mit leiser Stimme: «Euch Göttern allein, oh Herr, ist es gegeben, einander zu sehen» (59, 27, 6).

In der Caligula-Vita des Sueton bekommt die Mondgöttin eine ganz andere Rolle; sie dient als Beleg für die geistige Umnachtung des Kaisers: «Nachts lud er die Mondgöttin, wenn sie in vollem Licht erstrahlte, ständig in seine Umarmung und auf sein Lager ein.» (22, 4) Man spürt den «frischen Hass» (Tacitus) der frühen Berichte über den toten Kaiser. Zu diesem Hass mag nicht zuletzt auch beigetragen haben, dass es nicht eine senatorische Verschwörung war, der Gaius schließlich zum Opfer fiel, sondern dass die senatorische Aristokratie die Beseitigung des Kaisers dessen engster Umgebung überlassen musste, den nicht minder verhassten «tyrannengleichen» Freigelassenen und den Prätorianerpräfekten, die sich selbst bedroht fühlten, weil der Kaiser ihnen gegenüber misstrauisch geworden war.

War der Kaiser Gaius ein Tyrann?

Wie oben dargelegt, hängt es von den jeweiligen Zeitumständen ab, wer wann, warum und von wem als Tyrann tituliert wird. Dass die zeitgenössischen Quellen Gaius nur selten mit diesem Begriff bezeichnen, dürfte kein Zufall sein. Gleich zu Beginn seiner Herrschaft im Jahre 37 wurde ihm als erstem Kaiser vom Senat pauschal «das Recht und die Entscheidungsgewalt über alle Dinge» verliehen (*ius arbitriumque omnium rerum*; Suet. *Cal.* 14, 1). Wenn er später bekundete, man solle daran denken, dass ihm alles erlaubt sei, gegen alle, dann war das somit kein Ausdruck eines unrechtmäßigen, unumschränkten, tyrannischen Herrschaftsanspruchs, sondern es entsprach der beim Wort genommenen römischen Rechtslage. Es war ein Teil der Paradoxie des römischen Kaisertums, dass dieses in die rechtliche Form eines Amtes gebracht worden war, das der Legalisierung durch republikanische Institutionen bedurfte, denen es aber durch ebendiese Legalisierung rechtlich übergeordnet wurde – solange der Kaiser lebte. Und es war Teil der Doppelbödigkeit der aristokratischen Kommunikation, dass vom Kaiser erwartet wurde, dass er von seinen umfassenden, auf militärischer Gewalt basierenden und legalisierten Machtmöglichkeiten keinen Gebrauch machte, sondern dass er *civilitas*, bürgerliche Bescheidenheit, an den Tag legte und sich wie ein normaler Senator verhielt.

Beim Umgang mit der neuen, paradoxen Rolle ergaben sich zwei entgegengesetzte Strategien: das Streben nach Akzeptanz in der senatorischen Aristokratie durch Verzicht auf die Offenlegung der eingenommenen monarchischen Position – was die latente Gefahr der Schwächung der kaiserlichen Position in Folge ihrer Nicht-Sichtbarkeit in sich barg; oder die offene Manifestation der eigenen, allen anderen überlegenen Stellung, die auf aristokratische Akzeptanz verzichtete – die dem Kaiser aber zugleich die Feindschaft mit der aristokratischen Gesellschaft eintrug und dadurch die stets präsente Verschwörungsgefahr erhöhte.

Augustus nahm die erste Position ein und war damit sehr erfolgreich. Allerdings musste auch kein Zeitgenosse daran erinnert werden, dass es sich bei ihm um einen der brutalsten Akteure des vergangenen Bürgerkriegs handelte, der durch Proskriptionen in nie da gewesenem Umfang Gegner hatte ermorden und ihr Vermögen hatte einziehen lassen, von dem also jeder wusste, wozu er fähig war. Gaius, der als junger Mann und ohne eine solche Vorgeschichte zum Kaisertum gekommen war, nahm nacheinander beide Rollen ein: Die ersten beiden Jahre herrschte er im Stil des Augustus. Als statt Kooperation der Aristokratie Verschwörungen das Resultat waren, ging er – als Erster der römischen Kaiser – schrittweise zur entgegengesetzten Strategie über und nahm die offene Konfrontation mit der Senatsaristokratie in Kauf, ja suchte sie schließlich geradezu.

Will man Gaius Caesar zusammenfassend charakterisieren, so fällt einerseits seine analytische Fähigkeit auf, die Paradoxien der kaiserlichen Rolle zu erkennen und zu benennen, die zeitgenössische aristokratische Selbstsicht als hohl zu entlarven und ad absurdum zu führen.

Verbunden waren diese Einsichten mit einer rücksichtslosen Konsequenz bei dem Versuch, die paradoxen Bedingungen seiner Stellung als Kaiser in einer *res publica* aufzulösen und eine neue politische Organisation mit einer neuen gesellschaftlichen Rangordnung zu schaffen, die beide von der Unterordnung der Aristokratie unter das Kaisertum bestimmt waren.

Auffällig ist aber auch seine extreme Abneigung gegenüber allen Formen individueller oder kollektiver Heuchelei und Unterwürfigkeit, der zentralen kommunikativen Strategie, mit der die grundsätzlichen, bei den Verschwörungen sichtbar werdenden Konflikte zwischen Kaiser und Aristokratie latent gehalten und überdeckt werden konnten. Es ging ihm also um «Ehrlichkeit» statt Heuchelei, was verbunden war mit der Offenlegung seiner alle überragenden monarchischen Stellung ohne Rücksicht auf die erwartbaren Folgen.

Schließlich ist die verletzende Form seines «Humors» bemerkenswert. Er war Teil einer Hemmungslosigkeit, mit der er andere im persönlichen Kontakt mit der Absurdität ihrer Verhaltensweisen konfrontierte und zusätzlich durch zynische Kommentare erniedrigte. Gaius selbst soll als seine wichtigste Eigenschaft seine ἀδιατρεψία – Sueton übersetzt *inverecundia* (29, 1) –, das heißt seine Scheu- und Schamlosigkeit genannt haben. Vermutlich waren es seine frühen Erfahrungen mit aristokratischen Verhaltensweisen und ein Mangel an aristokratischer Sozialisation durch die Jahre unter Tiberius auf Capri, die seine Distanz und Exzentrizität gegenüber der aristokratischen Gesellschaft Roms bedingten.

Jedenfalls dürfte der extreme Hass gegen ihn, der sich in seiner Denunziation als grausamer, seine Schwestern schändender, wahnsinniger Tyrann bei Sueton niederschlug, nicht nur mit der Erfahrung kollektiver Ohnmacht zusammenhängen, sondern auch mit dem Erlebnis extremer persönlicher Demütigung und mit der Infragestellung ihrer sozialen Identität insgesamt, die die römische Senatsaristokratie während der kurzen Herrschaft dieses jungen Mannes erlitten hatte.

Die Denunziation machte Gaius unter dem Namen Caligula in späteren Jahrhunderten zu einer idealen Projektionsfläche für gegenwärtige Probleme und zu einem der heute bekanntesten antiken Römer überhaupt. Aber auch im Versuch des historischen Gaius, das römische Kaisertum auf eine neue Basis zu stellen, steckte Potential für die Zukunft:

Drei Jahrhunderte später, nach den Neuerungen des Diokletian und Konstantin, verfügten die römischen Kaiser über eine eigenständige, von alten magistratischen Strukturen unabhängige politische Organisation, sie trugen einen Edelsteinornat und wurden von der Aristokratie in einem als *adoratio* (Anbetung) bezeichneten Zeremoniell mit Proskynese und Kuss des kaiserlichen Purpurgewandes verehrt.

2
Nero – kaiserlicher Künstler oder Despot?

Von Mischa Meier

Ein Despot?

Spätestens am Ausgang der Antike glaubte man zu wissen, dass Nero (54–68 n. Chr.) ein ausgemachter Despot war. Als der Philosoph und Senator Boethius um die Mitte der 520er Jahre auf seine Hinrichtung wartete, spiegelte er in der Gestalt Neros das Gewaltregiment seines Königs Theoderich. Der wahre Despot, so sein Fazit, vollende sich im Zusammentreffen grenzenloser Macht und eines maßlosen Charakters (Boethius, *Consolatio Philosophiae* 2, *carmen* 6). Bereits ein Jahrhundert zuvor hatte der Historiograph Orosius Neros charakterliche Defizite sorgsam zusammengetragen und ihnen einzelne Verbrechen zugeordnet: Schamlosigkeit (*petulantia*), Wollust (*libido*), Ausschweifung (*luxuria*), Habsucht (*avaritia*) und Grausamkeit (*crudelitas*) begründeten in dieser Deutung die Liebe zu Kitharaspiel und Theater, den Inzest mit Mutter und Schwester, die Inbrandsetzung Roms, Enteignungen und Raub, die Ermordung zahlreicher Senatoren und nicht zuletzt die Christenverfolgung (Orosius, *Historiae* 7,7). Als Nero selbst im Jahr 65 den Prätorianertribun Subrius Flavus dazu befragte, warum er sich der großen Verschwörung gegen ihn angeschlossen habe, fasste dieser prägnant jene Vorwürfe zusammen, die bereits die antike Geschichtsschreibung prägten: «Ich hasste dich. [...] Ich begann dich zu hassen, nachdem du zum Mutter- und Gattinnenmörder, zum Wagenlenker und Schauspieler sowie zum Brandstifter geworden warst» (Tacitus, *Annales* 15,67). Plinius der Ältere, ebenfalls ein Zeitgenosse, sah in Nero sogar einen widernatürlichen «Feind des Menschengeschlechts» (*hostis generis humani*, Plinius 7,46). Von dort aus war es nicht mehr allzu weit zu seiner Charakterisierung als Antichrist in späteren christlichen Texten.

Diese Sicht auf den letzten Vertreter der julisch-claudischen Dynastie hat sich durch die Jahrhunderte stabil gehalten und einen Archetypus des Tyrannen geformt. Der Historiker Ernst Hohl brachte es 1918 in einem damals maßgeblichen Lexikonbeitrag zu Nero auf den Punkt: «In stets wachsendem Maß fühlt sich Nero als Despot, als absoluter Monarch» (Hohl 1918, 392). Spätestens seit Peter Ustinovs genialem Auftritt in der wohl berühmtesten Verfilmung von Henryk Sienkiewiczs 1895 erschienenem Roman *Quo vadis?* (1951) prägt die Vorstellung eines exzessiven, charakterlich verkommenen, grausam-egozentrischen Herrschers das populäre Nero-Bild.

Unter der Last dieses scheinbar eindeutigen Urteils aber droht die Tatsache zu verblassen, dass bereits Zeitgenossen auch anders über Nero zu urteilen vermochten. Natürlich habe man, so sein Biograph Sueton im frühen 2. Jahrhundert, nach seinem Tod die neugewonnene Freiheit ausgiebig in den Straßen Roms gefeiert, doch hätten andere noch lange sein Grab mit Blumen geschmückt und Bildnisse des Verstorbenen errichtet (Sueton, *Nero* 57). Ohnehin blieb die Erinnerung an positive Aspekte der Herrschaft Neros in Rom lebendig. Nur so erklärt sich die große Anzahl an Kontorniaten (nachgeprägte Münzen, die in der Spätantike als Geschenke verwendet wurden) mit Nero-Motiven in der zweiten Hälfte des 4. Jahrhunderts. Besonders im griechischsprachigen Osten des *Imperium Romanum* scheint der Princeps dauerhaft ein hohes Ansehen genossen zu haben. Davon zeugen der Erfolg, den nach seinem Tod mindestens drei falsche Neros kurzfristig zu erringen vermochten, und eine Bemerkung des Rhetors Dion Chrysostomos (um 100), wonach so mancher sich wünsche, Nero sei noch am Leben (Dion Chrysostomos 21,10). Im Osten entstand zudem eine Tradition, die (ausgerechnet!) Nero zum besonderen Freund der Christen stilisierte – jenen Herrscher, dem der Reiseschriftsteller Pausanias im ausgehenden 2. Jahrhundert eine edle Seele, die lediglich durch falsche Erziehung verdorben worden sei, attestierte (Pausanias 7,17,3). Moderne Versuche einer Rehabilitierung des Kaisers können hier ansetzen. Sie reichen von plumpen Versuchen, den Kaiser als Opfer bösartiger Verleumdungen zu zeichnen, bis hin zu differenzierten Überlegungen, die strukturelle Aspekte berücksichtigen und eine vertiefte Auseinandersetzung verdienen. Erst jüngst wurde darauf hingewiesen, dass die Politik der neronischen Administration durchaus pragmatische Züge aufweise, wenngleich sie nicht auf Nero selbst zurückzuführen sei, sondern auf wechselnde Beratergruppen in seiner Umgebung.

Die Ambivalenzen des römischen Prinzipats und die ‹Augustus-Falle›

Für diese unterschiedlichen Wahrnehmungen und Traditionen gibt es gute Gründe, und sie verweisen letztlich zurück auf den Schöpfer der römischen Monarchie: Augustus (31 v. Chr.–14 n. Chr.). Ihm war nach einer hundertjährigen Bürgerkriegsphase nicht nur die Befriedung des zerrütteten Reiches gelungen, sondern er verzeichnete auch spektakuläre außenpolitische Erfolge und nachhaltige Stabilisierungsleistungen im Innern. Damit avancierte er zum immerwährenden Vorbild all seiner Nachfolger – und bürdete ihnen eine gewaltige Last auf. Denn um die Alleinherrschaft für Zeitgenossen akzeptabel zu gestalten, hatte er eine politische Ordnung erschaffen, die ganz auf seine Person und sein Wirken ausgerichtet war: den Prinzipat. Jeder nachfolgende Herrscher war fortan gehalten, sich am augusteischen Vorbild zu orientieren, und jeder von ihnen musste – zumindest in der Frühzeit – daran scheitern, weil er nicht Augustus war und seinen Prinzipat jeweils nach eigenen Kriterien und Erfordernissen ausgestalten musste. Dies führte in einer Monarchie, die sich nicht offen als das präsentieren durfte, was sie war, zwangsläufig zu Reibungen, Spannungen, heftigen Konflikten und selbstverständlich auch zu politischen Morden – was wiederum die Wahrnehmung der Kaiser durch die Mitlebenden beeinflusste, die Grundlage späterer Beurteilungen. So geriet Tiberius zum grausam-vergrübelten Einzelgänger, Caligula zum wahnsinnigen, brutalen Tyrannen, Claudius zum verkümmerten Trottel und Nero zum besessenen, blutgierig-despotischen Monster. An diesen Urteilen strickte namentlich die ehemalige Führungsschicht der römischen Republik: die Senatoren, die unter der Monarchie politisch entmachtet waren, ihren universalen Führungsanspruch aber zunächst nicht aufgeben wollten und den Herrschern damit komplexe kommunikative Strategien aufnötigten, die letztlich nur Augustus zu bewältigen vermochte. Da Geschichtsschreibung traditionell von Senatoren betrieben wurde, ist es diese Gruppe, von deren

Mischa Meier

Wahrnehmungen wir ganz wesentlich abhängig sind. Die Senatoren Tacitus (frühes 2. Jh.) und Cassius Dio (frühes 3. Jh.) sowie der dem senatorischen Milieu nahestehende Biograph Sueton sind denn auch die wichtigsten Gewährsleute für den Prinzipat Neros. In ihren Werken spiegelt sich das Ringen um das Verstehen und die Bewertung eines Herrschers, der den Ambivalenzen, die der frühe Prinzipat generierte, ebenso ausgeliefert war wie seine Vorgänger – und der doch ganz anders mit ihnen umging.

Diese Ambivalenzen traten unmittelbar nach seiner Erhebung zum Kaiser am 13. Oktober 54 zutage. Vor dem Senat hielt der 16-jährige Princeps eine programmatische Antrittsrede – rhetorisch wohlgelungen, doch von seinem Erzieher und Berater, dem Rhetor und Philosophen Seneca, verfasst (was erstes Geraune über die Eignung des jungen Mannes hervorrief). Die Ansprache wartete mit hohen Versprechungen auf: Die neue Regierung werde sich strikt von dem schwer lastenden Prinzipat des Claudius abgrenzen; der Kaiser werde sich nicht mehr zum Richter über Senatoren aufschwingen; Günstlingswirtschaft und Korruption wurde eine Absage erteilt; Hof (*domus*) und Gemeinwesen (*res publica*) sollten fortan strikt voneinander geschieden sein – und vor allem: Der Senat werde seine alten Aufgaben behalten, der Kaiser sich allein um die Truppen kümmern. Kurzum: Eine Rückkehr zu den goldenen Zeiten des Augustus (oder dem, was man dafür hielt) wurde in Aussicht gestellt, und damit ein Ziel, dessen Unerreichbarkeit zwangsläufig Enttäuschungen und Frustrationen generieren musste. Schon im Moment seines Herrschaftsantritts befand sich Nero also in der ‹Augustus-Falle›. Wie würde er sich daraus befreien, insbesondere mit Blick auf seine drei Vorgänger, die an dieser Herausforderung gescheitert waren? Die Antwort lautet: gar nicht.

Um diese These zu begründen, sollten wir uns jene Momente und Vergehen vergegenwärtigen, die in besonderem Maße das negative Urteil über Nero geprägt und zu seinem Ruf als ‹Despot› beigetragen haben. Ihre Analyse und historische Einordnung wird zeigen, dass der Kaiser die Herausforderung nie wirklich angenommen hat, weil er seine Rolle als Princeps lediglich als zweitrangig hinter seiner eigentlichen Bestimmung sah: einem Leben als Künstler und Schöpfer groß angelegter Spektakel geradezu kosmischer Dimension. Ein Kaiser also, der nicht vorrangig Kaiser sein wollte – und der damit das Vorstellungsvermögen der Mitlebenden überforderte. Musste es sich dabei nicht zwangsläufig um ein Monster handeln?

Der Muttermord

Als Wendepunkt in Neros Biographie gilt das Jahr 59. Es war das Jahr des Muttermordes, ein Jahr, das einen radikalen Schlussstrich unter eine komplizierte Familiengeschichte zog. Neros Mutter Agrippina (die Jüngere) war eine Schwester Caligulas. Ihr Vater Germanicus, als tatkräftiger Heerführer eine der populärsten Gestalten der frühen Kaiserzeit, hatte schon unter Augustus besondere Förderung genossen, war aber im Jahr 19 unter ungeklärten Umständen in Syrien verstorben. Das Unglück, unter dem vor allem das Ansehen des Tiberius, dem finstere Eifersucht auf den Hoffnungsträger nachgesagt wurde, erheblich litt, legte sich wie ein schwerer Schleier über die Familie und führte zu blutigen Intrigen, zu Verbannungen und Morden, die nicht spurlos an Caligula, Agrippina und ihren Schwestern vorübergegangen sein können. Immerhin arrangierte Tiberius im Jahr 28 die Ehe Agrippinas mit Cn. Domitius Ahenobarbus, einem Verwandten des Augustus. Ihr Sohn L. Domitius Ahenobarbus – der spätere Nero – wurde am 15. Dezember 37 geboren. Der Vater soll das freudige Ereignis mit den bitteren Worten kommentiert haben, einer Verbindung zwischen ihm und Agrippina könne einzig ein Scheusal und Verderben für das Gemeinwesen entspringen (Sueton, *Nero* 6).

Tatsächlich ließ das Unheil nicht lange auf sich warten: Im Jahr 39 schickte Caligula Neros Mutter in die Verbannung, der Vater erlag wenig später einer Krankheit; der junge Nero wurde einer Tante übergeben und kehrte erst im Jahr 41, nach Caligulas Ermordung und der Rehabilitation Agrippinas, zur Mutter zurück. Diese setzte fortan alles daran, politischen Einfluss zu gewinnen und ihrem Sohn die höchste Position im Reich zu sichern. Nach einer kurzen Ehe mit dem wohlhabenden Konsular C. Passienus Crispus, der bald verstarb, suchte sie die Nähe des Claudius, der sie im Jahr 49 heiratete – möglicherweise mit dem Kalkül, seine ambitionierte Nichte so besser kontrollieren zu können. Der Senat machte den Weg für die innerfamiliäre Heirat mit einer Gesetzesänderung frei. Von nun an wurde Nero systematisch zum Thronfolger aufgebaut – und dies, obwohl Claudius in Britannicus einen eigenen Sohn aus früherer Ehe hatte. Schon im Jahr 47, als beide Knaben bei einem aristokratischen Reiterspiel erstmals öffentlich auftraten, hatte Nero größeren Beifall erhalten als der vier Jahre jüngere Stiefbruder. Am 25. Februar 50 schließlich wurde er offiziell von Claudius adoptiert und seitdem der Öffentlichkeit als präsumtiver Nachfolger präsentiert, so etwa durch die vorzeitige Verleihung der Männertoga, die Ernennung zum *princeps iuventutis* (Anführer der senatorischen Jugend), die Übertragung eines *imperium proconsulare*, die Designation zum Konsul für das Jahr 58 und die Aufnahme in die vier großen Priesterkollegien. Um die Verbindung zu Claudius zusätzlich zu stärken, erwirkte Agrippina die Verlobung ihres Sohnes mit Claudius' Tochter Octavia, deren bisheriger Verlobter umgehend mit einem Inzestvorwurf konfrontiert wurde und sich das Leben nahm. Die Hochzeit des fünfzehnjährigen Nero mit der zwölfjährigen Octavia fand im Jahr 53 statt; der zukünftige Princeps hat sich für seine Frau nie interessiert; er trennte sich im Jahr 62 von ihr, schickte sie in die Verbannung und ließ sie kurz darauf ermorden.

Man fragt sich indes, warum Claudius die Zurücksetzung seines Sohnes nicht nur toleriert, sondern sogar aktiv mitbetrieben hat, so etwa im Jahr 51, als Nero im Triumphalgewand neben Britannicus im Zirkus vorgestellt wurde. Um dies zu verstehen, muss man sich bewusst machen, dass adoptierte Kinder in Rom denselben Status besaßen wie leibliche Nachkommen. Überdies ist nicht ausgeschlossen, dass Claudius plante, Britannicus dieselben Ehrungen zukommen zu lassen wie Nero, und damit letztlich auf eine doppelte Nachfolge zielte, ähnlich den Plänen, die auch das große Vorbild Augustus zwischenzeitlich gehegt hatte. Claudius' plötzlicher Tod im Jahr 54 infolge einer Pilzvergiftung könnte die Umsetzung eines derartigen Vorhabens verhindert haben, und es ist nicht unwahrscheinlich, dass Agrippina aus diesem Grund bei der Auswahl der Pilze mitgewirkt hat.

Die Kaisererhebung Neros wurde jedenfalls von Agrippina und ihren Vertrauensleuten, dem Kommandeur der Prätorianergarde Burrus und dem Prinzenerzieher Seneca, perfekt orchestriert, und der frisch berufene Princeps setzte sogleich ein erstes programmatisches Zeichen: Er holte den berühmten Kitharöden Terpnos an den Hof und begab sich bei ihm in die Lehre – genau diese Attitüden hatte Agrippina einst mit der Berufung Senecas zu unterdrücken gehofft.

Die Römer erinnerten sich der ersten Jahre der Herrschaft Neros als einer besonders glücklichen Zeit, als *quinquennium Neronis*. Wohltaten für Volk und Armee und ein besonders umsichtiger Umgang mit den Senatoren kennzeichnen diese Phase, und vieles spricht dafür, dass Seneca und Burrus dabei im Hintergrund die entscheidenden Fäden zogen. Seneca selbst verfasste um 55/56 mit *De clementia* eine richtungsweisende Schrift, die Nero nicht nur die besondere Position eines Princeps, sondern auch dessen Pflichten und die an ihn gerichteten Erwartungen vor Augen führte. Darin findet sich auch der prägnante Satz «Abirren von deiner Stellung kannst du nicht» (Seneca, *De clementia* 1,8,2) – er sollte offenbar schon in diesen frühen Jahren den jungen Herrscher daran erinnern, dass Kithara- und Theaterspiel, Dichtung und Wagenlenken nicht zu den Kernaufgaben eines Kaisers gehörten. Doch Nero ließ sich nur schwer einfangen. Stattdessen drängte seine Mutter zunehmend auf Erweiterung ihres Handlungsspielraums. Als der Kaiser eine armenische Gesandtschaft empfangen wollte, konnte Seneca im letzten Moment verhindern, dass sie neben ihm Platz nahm. Doch spätestens als die erste unter der neuen Regierung geprägte Goldmünze in Umlauf kam, mussten Zeitgenossen erstarren: Sie zeigte den Princeps und seine Mutter auf gleicher Ebene mit einer Umschrift, die Letztere (durch den Nominativ) sogar hervorhob: *AGRIPP(ina) AVG(usta) DIVI CLAVD (ii uxor) NERONIS CAES(aris) MATER* (‹Agrippina Augusta, Gattin des vergöttlichten Claudius, Mutter von Nero Caesar›).

Die Münze wurde kurz darauf abgelöst durch einen neuen Typ, dessen Vorderseite nunmehr Agrippina hinter Nero zeigte und in der Umschrift den Kaiser hervorhob – und damit den raschen Machtverlust der *Augusta* andeutete, der sie bereits um die Jahreswende 54/55 ereilte. Er resultierte aus wachsenden Spannungen zwischen Seneca und Burrus auf der einen und Agrippina auf der anderen Seite. Nero selbst, das Objekt des Konflikts, beschäftigte sich derweil mit seiner neuen Geliebten, der Freigelassenen Acte. Als die Mutter ihm daraufhin damit drohte, an seiner Statt Britannicus zu fördern, hatte sie überreizt: Nero ließ den Stiefbruder am 11./12. Februar 55 vergiften und vollzog demonstrativ eine

Mischa Meier

Abb. 3 Nero und Agrippina, Eichenkranz. 54 n. Chr.

räumliche Trennung von der *Augusta*, die den Palast verlassen musste und zudem ihre Leibwache mitsamt den zwei Liktoren verlor.

Ob tatsächlich die nächste uns namentlich bekannte Frau, die Einfluss auf Nero ausübte – Poppaea Sabina –, ihn zum Muttermord anstiftete oder ob andere Gründe den Kaiser umtrieben, ist ungewiss; immerhin mussten auch Seneca und Burrus an der Beseitigung der gefährlichen Rivalin interessiert sein. Der Mordplan jedenfalls reifte, als Agrippina sich ihrem Sohn als Liebhaberin angedient haben soll, um ihren Einfluss zurückzugewinnen. Antike Historiographen beschreiben das Attentat in einer Weise, die Fiktion und Realität ineinander blendet: Nach einem vorgeblichen Versöhnungsmahl in Baiae sollte Agrippina ein Schiff besteigen, das eigens so konstruiert war, dass es auf hoher See auseinanderbrechen musste. Leider konnte sich die schiffbrüchige *Augusta* aber an Land retten, wo Neros Schergen sie dann brutal niedermachen mussten. Seneca verfasste im Anschluss eine Erklärung für den Senat, in der behauptet wurde, Agrippina habe ein Attentat auf ihren Sohn geplant und nach der Herrschaft gestrebt; eine bizarre Aufzählung weiterer wahrer und erdichteter Vergehen schloss sich dem an. Dem Senat blieb nichts anderes übrig, als die *damnatio memoriae* über die ehemalige *Augusta* zu verhängen. Lediglich der sittenstrenge Thrasea Paetus verließ schweigend die Sitzung.

Nach dem Muttermord – das Coming-out des Künstlers

Hätte der Schiffbruch funktioniert, so wäre Nero die perfekte Inszenierung gelungen. Cassius Dio merkt ausdrücklich an, dass die Anregung aus dem Theater kam, und spricht von einer *tragôdía*, und auch Tacitus verwendet die Bühnenmetapher. Und einmal mehr setzte der Kaiser programmatische Zeichen: Nach der Beseitigung der «schwer lastenden» (Tacitus, *Annales* 14,3,1: *praegravis*) Mutter kam es zum Coming-out des Künstlers, zur zunehmend öffentlichen Demonstration von künstlerischen und sportlichen Fähigkeiten und Beschäftigungen, die zwar so mancher Aristokrat gleichfalls pflegte, aber stets auf abgeschlossene Zirkel begrenzte. Nero hingegen präsentierte sich erstmals bei den *Iuvenalia* im Jahr 59 einem ausgewählten Publikum – eine Schande, wie der konservative Tacitus festhielt. Der Kaiser nutzte die Gelegenheit zur Aufstellung einer aus jungen Rittern bestehenden persönlichen Beifallstruppe (*Augustiani*) und führte im Folgejahr mit den *Neronia* alle vier Jahre stattfindende Wettspiele nach griechischem Vorbild ein. Für seinen ersten öffentlichen Auftritt im Jahr 64 wählte er die griechisch geprägte Stadt Neapel. Die Römer durften ihn anlässlich der zweiten *Neronia* 65 als Kitharöden in der Rolle der *Niobe* feiern; Zeitgenossen waren entsetzt, zumal der Princeps nicht einmal auf die üblichen Demutsgesten von Schauspielern, Kniefall und Kusshand, verzichtete und aristokratische Standesgenossen zwang, sich aktiv an den Spektakeln zu beteiligen – kurzum: ein Skandal.

Der Muttermord, so zeigt sich, hatte einen Bann gebrochen, denn Nero begann nun seine Leidenschaften offen auszuleben. Aber wenn wir den Quellen glauben dürfen, war der Preis hoch: Er fühlte sich von Rachegeistern verfolgt, wurde von Albträumen geplagt und lebte in ständiger Angst (Letzteres in der Antike eine typische Tyranneneigenschaft). «Wegen der Geschichte mit den Erinnyen» (Cassius Dio 63,14,3) soll er in Griechenland auf einen Besuch Athens, der Heimstätte dieser Rachegeister, verzichtet und die Eleusinischen Mysterien, die frei von Blutbefleckten bleiben mussten, gemieden haben. In der Bevölkerung kursierten Spottverse, die ihn als Mutter- und Brudermörder brandmarkten. Nero reagierte auffällig milde darauf und zeigte zunehmend die Neigung, Realität und Fiktion zu vermengen.

Mischa Meier

Abb. 4 Nero als Künstler. Überlebensgroßer Marmorkopf
(Typus 4). 64–68 n. Chr.

Seine Rolle als *Geblendeter Oedipus* (*Oedipus excaecatus*) verwies direkt
auf den angeblichen Inzest mit Agrippina, als der *Rasende Hercules*
(*Hercules insanus*) spiegelte er die Ermordung Octavias sowie – später
(65) – Poppaeas, und mit dem *Muttermörder Orest* (*Orestes matricida*)
schlüpfte er gar in die Rolle des schlechthin archetypischen Mutter-
mörders. Zu seinen Lieblingsrollen sollen jene des Oedipus, Thyestes,
Herakles und Alkmeon gehört haben – prominente Verwandtenmörder
des griechischen Mythos. Cassius Dio erklärt, die männlichen Masken,
in denen Nero auftrat, hätten teils die dargestellten Charaktere, teils den
Darsteller selbst abgebildet, die weiblichen hingegen stets die Züge der

von ihm ermordeten Poppaea; Sueton zufolge verwiesen die Masken der mythischen Figuren auf den Kaiser und seine Gespielinnen. Es ist unverkennbar: Darsteller und Dargestelltes, Mythos und Gegenwart, Realität und Fiktion flossen zunehmend ineinander. Das alles muss nicht unmittelbar durch den sorgfältig inszenierten Muttermord ausgelöst worden sein, aber dieser scheint signifikante Entwicklungen zumindest forciert zu haben.

Der Brand Roms und die Christenverfolgung

Der furchtbare Brand, der im Juli 64 große Teile Roms zerstört hat, wurde schon von Zeitgenossen Nero zur Last gelegt und gilt auch heute noch als eines seiner grauenhaftesten Verbrechen. Dieser Umstand hat nicht zuletzt in der Bezeichnung «Nerobefehl» ein gespenstisches Nachleben gefunden. Analysiert man hingegen das vorhandene Quellenmaterial, so erscheint eine Brandstiftung im Auftrag Neros höchst unwahrscheinlich, zumal der Kaiser mit wohlüberlegten, effektiven Eindämmungs- und Hilfsmaßnahmen reagierte, deren Popularität selbst sein Kritiker Tacitus anerkennen musste; es zeigt sich denn auch, dass der Vorwurf auf nerofeindliche senatorische Kreise beschränkt blieb. Das spricht dafür, dass man die Christenverfolgung wohl vom Brand Roms trennen muss. Die Verbindung beider Komplexe ist ein taciteisches Konstrukt, das bis in das 4. Jahrhundert nicht rezipiert wurde; Sueton jedenfalls führt beide Ereignisse getrennt an. Hätte Nero tatsächlich die Christen zu Sündenböcken gemacht, um einem angeblichen Gerücht, das ihn mit dem Brand Roms in Verbindung brachte, entgegenzutreten, so hätten die Christen sich später sicherlich gegen den Vorwurf der Brandstiftung verwahrt; das aber ist nie geschehen. Neros Motive, die Christen mit «ausgesuchtesten Strafen» (*quaesitissimae poenae*) zu martern – also gerade *nicht* den für Brandstiftung üblichen Strafen! –, waren anders gelagert. Aber wie?

Offenbar setzte der Kaiser bei dem bekanntesten Vorwurf an, der gegen die Christen (die damals noch als jüdische Splittergruppe wahrgenommen wurden) erhoben wurde: «Hass auf das Menschengeschlecht» (*odium humani generis*, Tacitus, *Annales* 15,44). Indem er diesen von weiten Teilen der römischen Bevölkerung verachteten Leuten entgegentrat,

Mischa Meier

konnte Nero seine umfassende Menschenliebe (*philanthropía*) demonstrieren. Er tat dies in der für ihn charakteristischen Weise, indem er für die *quaesitissimae poenae* seine eigenen Gärten zur Verfügung stellte und ein Spektakel (von einem solchen spricht Tacitus explizit) inszenierte, das er um ein Zirkusspiel bereicherte, bei dem er sich selbst in der Tracht eines Wagenlenkers unter das Volk mischte. Die Christenverfolgung stellt also ein weiteres Beispiel für Neros groß angelegte Inszenierungen dar. Dass dabei Christen als menschliche Fackeln das Nachtdunkel illuminieren sollten, dürfte – für Mitlebende leicht dechiffrierbar – auf Herakles' Selbstverbrennung auf dem Berg Oita, nachdem er seine Familie im Wahn ermordet hatte, angespielt haben, ein Element der populären *Heracles insanus*-Geschichte also, die Nero selbst gerne auf die Bühne brachte. Einmal mehr wurden durch die Evokation mythischer Verwandtenmorde Mythos und Realität ineinander geblendet. Zeitgenossen werden gleichermaßen die in Tierfelle eingenähten Christen, die Nero von Hunden zerfleischen ließ, mit dem Aktaion-Mythos in Verbindung gebracht haben, und im christlichen 1. *Clemensbrief* aus dem späten 1. Jahrhundert wird geschildert, dass Christinnen als Dirken und Danaiden sterben mussten. Für all diese mythischen Exempla (mit Ausnahme Aktaions) lässt sich der Verwandtenmord als durchgängiges Leitmotiv herausarbeiten. Die Christenverfolgung reflektiert also zunächst einmal eine weitere Facette des neronischen Künstlertums. Indem er zeitlose Mythen inszenierte und durch die Evokation vermeintlicher Archetypen seines eigenen Handelns auf sich selbst bezog, drang der selbsternannte Philanthrop mit der Beseitigung allgemein verhassten Gesindels in den Mythos ein. Die Raum- und Zeitlosigkeit dieses Mythos versprach zudem ein Weiterleben über die irdische Existenz hinaus: Nero präsentierte sich nicht als mythischer Heros, sondern er verwandelte sich allmählich in einen solchen – ein in der römischen Geschichte singulärer Transformationsprozess hatte begonnen.

Das ‹Gastmahl des Tigellinus› und die *domus aurea*

Die Inszenierung weiterer Spektakel sowie der eigenen Raum- und Zeitlosigkeit sollten denn auch in den wenigen Jahren, die Nero noch verblieben, als deutlichste Kennzeichen seiner Herrschaft hervortreten, die sich immer weiter von der Politik abkoppelte. Hatte er in seiner Antritts-rede noch die strikte Trennung von *domus* und *res publica* in Aussicht gestellt, so konterkarierte er dieses Versprechen nun in zunehmendem Maße selbst. Nach dem Tod des Burrus im Jahr 62 ernannte Nero seinen neuen Vertrauten Ofonius Tigellinus zum Kommandeur der Prätoria-ner – ein Aufsteiger aus kleinen Verhältnissen, dem bereits verschiedene Skandale anhingen und der in den folgenden Jahren die Geschicke des Römischen Reiches maßgeblich mitbestimmen sollte. Zweifelhafte Be-rühmtheit erlangte der Präfekt nicht zuletzt durch sein berühmtes Gast-mahl, das üppigsten Speiseluxus mit sexuellen Lustbarkeiten kombiniert haben soll, für die nicht nur Lustknaben und Huren, sondern auch aristo-kratische Frauen ihre Körper dargeboten haben sollen. Vor allem aber erstreckte sich dieses Gelage über große Teile der Hauptstadt, womit Nero, wie Tacitus (*Annales* 15,37) es ausdrückt, «die ganze Stadt gleich-sam zu seinem Haus machte» (*totaque urbe quasi domo uti*).

Diese Attitüde kennzeichnet auch die *domus aurea*, jenen gewaltigen Palast, den Nero sich nach dem Brand Roms inmitten der Stadt errichten ließ – eine ins Fantastische übersteigerte aristokratische Villa, die, voller kosmisch-mythologischer Elemente, allein aufgrund ihrer gigantischen Ausdehnung (mehr als 100 Hektar) ihrem zukünftigen Bewohner eine regelrechte Omnipräsenz verschaffen sollte und diesen damit jeglicher Gebundenheit an konventionelle Raumvorstellungen enthob. Die Decke des Speisesaals, so Sueton, drehte sich permanent wie das Weltall he-rum. Mit Bauprojekten dieser Art (man könnte die Durchstechung des Isthmos von Korinth und anderes hinzufügen) schien der mythische Held Nero alles, was Menschen bisher zu leisten imstande gewesen waren, endgültig hinter sich gelassen zu haben.

Anstelle einer Außenpolitik:
Der Empfang des Tiridates in Rom

Außenpolitisch blieb es unter Nero vergleichsweise ruhig, nicht zuletzt weil der Kaiser gerade in militärischen Fragen keinerlei Erfahrung besaß und auch kein Interesse hegte, diesem Defizit abzuhelfen. Dennoch musste seine Regierung sich mit außenpolitischen Brandherden ausei-nandersetzen. So konnte zu Beginn der 60er Jahre ein Aufstand der Icener und anderer Verbände unter der Königswitwe Boudicca in Britannien vom Statthalter C. Suetonius Paulinus unterdrückt werden, und in Iudaea kam es seit 66 zu heftigen Unruhen, mit deren Niederschlagung der spätere Kaiser Vespasian beauftragt wurde. Unruhig blieb es vor allem an der römischen Ostgrenze, wo man mit den Parthern um Armenien stritt. Der tatkräftige Feldherr Gn. Domitius Corbulo konnte in mehrjährigen Kämpfen erzwingen, dass der parthische Prinz Tiridates, den sein Halbbruder, der Partherkönig Vologaeses I., zum König von Armenien bestimmt hatte, die römische Oberhoheit anerkannte, indem er in Rom persönlich das Diadem aus Neros Händen entgegennahm.

Sueton (*Nero* 13) zählt den Rom-Besuch des Tiridates im Jahr 66 nicht ohne Grund zu den *spectacula* Neros und macht damit klar, dass dieser letztlich auch die Außenpolitik in den Dienst seiner Inszenierungen stellte. Der Parther war mit gewaltigem Gefolge auf dem Landweg nach Italien gereist; die Tatsache, dass Nero diesen ruinösen Zug durch die Provinzen finanzierte, verweist darauf, dass er das auf ihn selbst bezogene Schauspiel unbedingt für den gesamten Osten des Reiches erfahrbar machen wollte – die Inszenierung, die in Rom mit der Übergabe des Diadems ihren Höhepunkt fand, sollte also räumlich weit über die Hauptstadt hinausgreifen. Auch dabei verortete Nero sich demonstrativ in kosmologischen Bezügen und bot seine künstlerischen Fertigkeiten dar. Was von Politik übrig geblieben war, gerann zur Inszenierung.

Die Griechenlandreise

Letzteres manifestiert sich in besonderer Weise in der Griechenlandreise, zu der Nero mit seinem Hofstaat im Herbst 66 aufbrach. Es soll dabei weniger um die letztlich folgenlose, aber wiederum spektakulär inszenierte ‹Freiheitserklärung› für Griechenland oder die feierliche Eröffnung der Arbeiten am Isthmos gehen. Auch die 1808 Siegespreise, die der Kaiser bei all den Wettbewerben zusammentrug, die nun verschoben und so eingerichtet werden mussten, dass sie sich mit seinen Reiseplänen vereinbaren ließen, bedürfen nicht mehr als einer Erwähnung. Interessant ist in unserem Zusammenhang vor allem die Art, wie Nero aus Griechenland zurückkehrte – nach drängenden Appellen des zur Administration des Reiches zurückgelassenen Freigelassenen Helius, der sich mit zunehmendem Unwillen ersten Erhebungen und Rebellionen konfrontiert sah und den Kaiser, dessen Position nun sichtbar zu erodieren begann, zurückzukehren beschwor. Obwohl der Aufstand des Iulius Vindex in Gallien bereits begonnen hatte, zog Nero mit demonstrativer Ruhe in Italien ein – und er tat dies wie ein Eroberer, indem er eine Bresche in die Mauern seines ersten Aufenthaltsortes Neapel schlagen ließ. Der Held, der alles gewonnen (*Pantonikes*) und damit seine mythischen Qualitäten einmal mehr bewiesen hatte, konnte auf die Widerfahrnisse eines irdischen Herrschers gelassen herabblicken. Sein Einzug in Rom gab den traditionellen Triumph in einer Weise der Lächerlichkeit preis, dass Zeitgenossen entsetzt gewesen sein müssen. Griechische Elemente überformten nun eines der römischen Kernrituale: Anstelle des Purpurgewands des Triumphators trug Nero einen sternenbestickten griechischen Mantel, statt Siegestrophäen wurden die Preise der gewonnenen Wettkämpfe präsentiert; Inschriften mit den Wettkampforten und Namen der besiegten Konkurrenten traten an die Stelle von Kriegsbeute und Gefangenen, und dem Triumphator folgten nicht die siegreichen Soldaten, sondern die beflissenen *Augustiani*. Endete ein römischer Triumph traditionell am Jupitertempel auf dem Capitol, so lenkte Nero seinen Zug zum Heiligtum des Musengottes Apollon auf dem Palatin.

Damals befand sich Nero bereits in einer höchst prekären Lage. Die Aufstände und Abfallbewegungen hatten sich ausgeweitet, große Teile der Senatorenschaft, die insbesondere unter den maßlosen Strafmaßnahmen nach der Aufdeckung der Pisonischen Verschwörung 65 hatten bluten müssen – damals fanden u. a. auch Seneca, sein Neffe, der Dichter Lucan, und der angesehene, mit Nero eng verbundene Lebemann Petron ihr Ende –, hatten sich abgewendet, nachdem der Herrscher die zerstörerischen Majestätsprozesse wieder zugelassen und sich selbst zunehmend in Gewaltfantasien hineingesteigert hatte. Doch Nero blieb demonstrativ gelassen; von den Schmähungen, mit denen Vindex ihn zu provozieren suchte, verschreckte ihn einzig die Behauptung, er sei ein schlechter Kitharöde. Um den Kaiserthron scheint er sich hingegen bis kurz vor dem Ende nicht sonderlich gesorgt zu haben – denn dieser interessierte ihn nur, soweit er ihm die ungehinderte Zelebrierung seiner künstlerischen Leidenschaften ermöglichte, und selbst davon wollte er seine Existenz nicht vollends abhängig machen. «Uns ernährt die Kunst», soll er einmal geäußert haben (Sueton, *Nero* 40) – und hielt gelehrte Referate über neuartige Wasserorgeln, während sein Regime kollabierte.

Einem Künstler, der alles, was überhaupt möglich war, gewonnen hatte, der selbst bereits in den mythischen Raum eingedrungen war, dessen Transformation zum universalen, raum-zeitlichen Bezügen und damit auch den alltäglichen Widerfahrnissen enthobenen Heros längst begonnen hatte, mussten die drohenden Ereignisse nicht sonderlich beunruhigend erscheinen. Offenbar war Nero ohnehin nicht nach Italien zurückgekehrt, um seine Herrschaft zu konsolidieren, sondern um diese Transformation zu vollenden. Im heimischen Rom wollte er offenbar seinen Drang nach Ewigkeit (*aeternitatis cupido*) stillen, um endgültig der Zeitlichkeit enthoben zu werden. Selbst den Tod hatte er bereits überwunden, indem er die ermordete Poppaea zurückgeholt hatte: Den Freigelassenen Sporus, der Poppaea Sabina besonders ähnlich sah, hatte er kastrieren lassen, in Griechenland feierlich geehelicht und in Sabina umbenannt. Geplant war jetzt offenbar eine letzte, meisterhafte Inszenierung. In den Quellen scheint die Idee auf, Rom vollständig niederzubrennen. Das würde zum Gedanken einer *Ekpyrosis* passen, eines reinigenden Feuers als Tor zu der erstrebten Ewigkeit. Auf der Bühne trat Nero ein letztes Mal in der Rolle des Oedipus auf. Er soll die Darbietung mit dem Vers «Dass ich sterbe, fordern Gattin, Mutter, Vater» beendet haben – ein letzter Verweis auf das für ihn so wichtige Motiv des Verwandtenmordes.

Zu alldem kam es indes nicht mehr, da die sich zuspitzende Dynamik der Ereignisse die Protagonisten überrollte und der mythische Held schließlich doch allzu menschlich reagierte und in Panik geriet. Von nahezu allen Anhängern verlassen, vom Senat zum «Staatsfeind» (*hostis*) erklärt, gelang ihm mit wenigen Getreuen noch die Flucht aus Rom. Erst jetzt scheint er kurzfristig realisiert zu haben, dass das Ende des Kaisertums auch mit dem seines Inhabers verbunden war – trotz aller mythischen Erhöhungen. Es sind seine angeblich letzten Worte, die noch einmal prägnant die mutmaßliche Selbstsicht dieses Kaiserkünstlers, der sich der ‹Augustus-Falle› schlicht verweigert hatte, zusammenfassen: «Welch ein Künstler geht mit mir zugrunde!» (*qualis artifex pereo*, Sueton, *Nero* 49).

3
Kaiser Heinrich IV. – für seine Gegner ein Tyrann

Von Gerd Althoff

Im Mittelalter gerieten die antiken Einschätzungen tyrannischer oder despotischer Herrschaft nicht in Vergessenheit. Man kannte das Phänomen ungerechter Herrschaft, diskutierte und praktizierte ein Widerstandsrecht gegen Machthaber, denen tyrannische Attribute zugeschrieben wurden, und legitimierte vereinzelt ausdrücklich auch den Tyrannenmord (Miethke 1999). Über die Autoritäten Augustinus und Isidor von Sevilla war dieses Wissen schon im frühen Mittelalter verbreitet worden. Die Tyrannen unter den Königen erkannte man an ihren Verstößen gegen christliche Kardinaltugenden wie *pax, iustitia, caritas, humilitas* und *pietas*. Isidor war jedoch der Meinung, dass dies erst das Ergebnis einer Entwicklung gewesen sei. Zunächst seien starke Könige (*fortes reges*) Tyrannen genannt worden; erst später habe man den Begriff auf sehr schlechte Könige (*pessimos et improbos reges*) eingeschränkt, die ihre Herrschaft gierig, unzüchtig und grausam ausübten (Mandt 1990, 661 f.). Erst später kamen durch die Aristoteles-Rezeption weitere Kriterien für die Bewertung tyrannischer Herrschaft hinzu.

Im 11. Jahrhundert waren es jedoch vor allem zwei Institutionen, die den Möglichkeiten der Ausübung tyrannischer Herrschaft theoretisch und praktisch Widerstand entgegensetzten (Kern 1914). Zunächst einmal war das die christliche Kirche, die schon in der Karolingerzeit eine christliche Herrscherethik entwarf und sie den Herrschern seither mahnend und warnend vorhielt (Anton 1968). Diese Ethik verpflichtete Machthaber zu Tugenden, von denen ihr Seelenheil abhing: Dazu gehörten Selbstbeherrschung, Barmherzigkeit und Milde. Und sie deklarierte mehrere Verhaltensweisen zu Lastern, die auch Tyrannen und Despoten

Gerd Althoff

vorgeworfen wurden: Dazu gehörten Zorn, Wut, Heimtücke, Bosheit, sexuelle Übergriffe, aber auch Beratungsresistenz.

Die zweite der Tyrannei widerstrebende Kraft war der Adel, der seit der Karolingerzeit eine Mitsprache bei der Herrschaft dadurch erkämpfte, dass wichtige Fragen nicht ohne seinen Konsens entschieden werden konnten. Adlige waren den herrschenden Machthabern zu «Rat und Hilfe» verpflichtet, nicht zu bedingungslosem Gehorsam. Gegen den Rat des Adels und der Kleriker zu handeln erzeugte Gegenreaktionen, denn die Bereitschaft zur Hilfe hing nicht zuletzt davon ab, ob der zuvor gegebene Rat auch beachtet wurde. Solche Reaktionen nutzten regelmäßig die Form der *coniuratio*, der Schwureinung, die eine sehr wirkungsvolle Verbindung der «Verschwörer» untereinander begründete. Versuche ihres Verbots waren im Reich nicht erfolgreich. Die genannten Gewohnheiten hatten gleichsam Rechtsanspruch und setzten der Willkür eines Machthabers deutliche Grenzen. Wenn sich ein König der Beratung der Fürsten entzog, war der Vorwurf tyrannischer Herrschaft nicht weit.

Man kann den Übergang der Herrschaft auf die Karolinger daher als den Beginn einer neuen Ära ansehen, in der tyrannische Verhaltensweisen nicht mehr akzeptiert wurden, wie sie Gregor von Tours in seinen Büchern der fränkischen Geschichte noch über Merowingerkönige berichtet, ohne an ihnen Kritik zu üben: Man denke nur an König Chlodwigs willkürliche Ermordung seiner Verwandten, um deren zukünftigen Versuchen einer Usurpation seiner Königswürde zuvorzukommen (Scheibelreiter 1999).

Die doppelte Kontrolle der Macht seitens der Kirche und des Adels schränkte die Möglichkeiten zu einer tyrannischen Herrschaft im Mittelalter deutlich ein, so dass wir zwar von dem Vorwurf der Tyrannei oder Despotie häufiger hören, jedoch eine dauerhafte tyrannische Herrschaft in dieser Zeit die große Ausnahme ist. Nur gegen wenige der vielen Herrscher des Heiligen Römischen Reiches ist überhaupt der Vorwurf bezeugt, dass ihre Herrschaft tyrannische Züge aufweise.

Der Hauptbetroffene dieser Vorwürfe ist zweifelsohne der Salier Heinrich IV., dessen Gegner ihre diesbezüglichen Einschätzungen in einem bis dahin unbekannten Ausmaß auch in schriftlicher Form zum Ausdruck brachten. Zwar benutzte man den Begriff Tyrann oder Despot eher selten, man charakterisierte und kritisierte Heinrichs Herrschaft aber mit genau den Wertungen, mit denen man Tyrannen beschrieb. Einschlägige Anklagen wurden in seinem Fall nicht zufällig sowohl von der Kirche wie vom Adel erhoben. Gegen diese Vorwürfe verteidigten ihn zum einen seine Anhänger, die immer so zahlreich blieben, dass verschiedene Versuche seiner gewaltlosen wie gewaltsamen Amtsenthebung scheiterten. Spätestens seit dem 19. Jahrhundert übernahm zum anderen die deutsche historische Forschung die Rolle eines entschiedenen Verteidigers dieses Herrschers. Da sie in Zeiten nationaler Zersplitterung auf Identitätsstiftung durch die Darstellung der früheren Macht und Größe des deutschen Kaiserreiches fixiert war, war der Kampf Heinrichs IV. gegen Adel und Kirche eine willkommene Gelegenheit, seine Gegner als Totengräber der Königsmacht zu diffamieren.

Ein wichtiges Argument der Verteidigung Heinrichs in diesem Zusammenhang lautete, dass er sich bemüht habe, von der Macht und Größe des Reiches zu retten, was noch zu retten war. Insbesondere nach den Demütigungen durch Napoleon hatte sich auf dem Gebiet des aufgelösten Heiligen Römischen Reiches deutscher Nation das Bewusstsein ausgebildet, der «deutschen Kaiserzeit» als goldener Vergangenheit nacheifern zu müssen, als dieses Reich die Funktion einer europäischen «Vor- und Ordnungsmacht» ausgeübt hatte. Die Kaiser des frühen und hohen Mittelalters fungierten als Symbole für Macht und Größe dieses Reiches. Ihre Beurteilung richtete sich vorrangig danach, ob sie die Macht dieses Reiches erweitert oder gemindert hätten. Unter diesem Aspekt erhielt Heinrich IV. eine sehr nachsichtige Beurteilung: Man stilisierte ihn zum tragischen Helden, der zwar sein «Canossa» nicht habe vermeiden können, der aber ungebeugt letztlich seinen römischen Gegner, Papst Gregor VII., und auch seine Feinde aus dem Hochadel überwunden habe. Die zeitgenössischen Vorwürfe gegen ihn hielt man dagegen schlicht für Erfindungen und Verleumdungen und setzte sich nicht mit ihnen auseinander. Angesichts der Überfülle einschlägiger Wertungen sei auf Beispiele verzichtet und lediglich festgehalten: Die Diskrepanz zwischen zeitgenössischer und späterer Bewertung ist bei keinem anderen Herrscher des Mittelalters größer als bei Heinrich IV. (Althoff 2006, 11–21).

Bis heute herrscht keine Einigkeit darüber, wie man die zeitgenössi-

Gerd Althoff

Abb. 5   Heinrich IV. als tragischer Held in der Vorstellung des 19. Jahrhunderts.

---

3 Kaiser Heinrich IV.   66

schen Vorwürfe gegen diesen Herrscher zu bewerten hat. Sie betreffen sämtliche Bereiche der Amts- und Lebensführung Heinrichs und betonen geradezu stereotyp alle Eigenschaften, die man traditionell Tyrannen zuschrieb: Ungerechtigkeit, Willkür, Hochmut, Grausamkeit, Heimtücke, sexuelle Übergriffe und nicht zuletzt die Wahl falscher Ratgeber (Meier 2009, 22–34). Die Möglichkeit, am Einzelfall entscheiden zu können, ob die Vorwürfe Substanz haben oder erfunden sind, ist aber so gut wie nie gegeben, weil die Quellenlage solche Beweisführung nicht erlaubt. Folgerichtig stand man etwas hilflos vor dem Befund, dass «alles oder gar nichts stimmen kann» (Tellenbach 1988), und ergriff deshalb zumeist entschieden die Partei des Königs. Es war und blieb herrschende Lehre, die Anschuldigungen zu verwerfen, ohne sich genauer darum zu kümmern, in welchen Kontexten sie erhoben wurden. Für die Frage, ob Heinrich zu Recht von seinen Zeitgenossen als Tyrann eingeschätzt wurde, sind sie aber von erheblicher Bedeutung.

Ein neuer Zugang zu diesem Problemfeld ist dadurch möglich, dass man sich von der alleinigen Fixierung auf das Thema der Wahrheit oder Unwahrheit dieser Vorwürfe löst. Stattdessen könnte es weiterführen zu fragen, in welcher Form und welchem Kontext die Anschuldigungen erhoben wurden (Althoff 2009). Es ist nämlich kaum zweifelhaft, dass diejenigen, die die Vorwürfe artikulierten, es in dem Bewusstsein taten, hiermit auf gravierende Missstände aufmerksam zu machen. Schließlich suchten sie hierzu die Kommunikation mit den Gegnern und erhoben die Vorwürfe in Verhandlungen mit Anhängern des Königs, die ohne seine Anwesenheit zur Lösung der Streitfragen stattfanden. Dieses zuvor nie bezeugte Ausschließen des Königs aus Verhandlungen, die ihn und seine Politik betrafen, liefert ein starkes Argument dafür, dass die Vorwürfe tyrannischer Herrschaft in außergewöhnlichem Zusammenhang vorgebracht wurden.

In der Tat waren die Vorwürfe über Jahre nachweislich zentraler Gegenstand von Verhandlungen, zu denen sich Vertreter der Anhänger und der Gegner Heinrichs IV. trafen, um die Unstimmigkeiten und Konflikte zwischen König und Großen gütlich zu beenden. Die Gegner Heinrichs traten hier immer wieder mit dem Ziel auf, seinen Anhängern zu beweisen, dass Heinrich ein tyrannischer König sei und daher sein Amt aufgeben müsse. Zumeist verweigerten sich die Anhänger Hein-

Gerd Althoff

richs diesem Ansinnen. Manchmal aber ließen sie sich auch auf diese Beweisführung ein, und dann «klangen allen die Ohren» (Lampert, *Annales* a. 1073, 202 f.). Diese Beobachtung spricht zumindest dafür, dass die Ankläger von der Stichhaltigkeit ihrer Vorwürfe überzeugt waren.

Dies soll im Folgenden belegt werden, da hiermit ein wichtiges Argument für die Realitätsnähe der Bezichtigungen gewonnen wird, mit denen Heinrichs Herrschaft als tyrannisch charakterisiert wurde. Es liegt nämlich die einmalige Situation vor, dass die Geschichtsschreibung eines längeren Zeitraums von Anklagen gegen den König dominiert wird und selbst die wenigen ihn unterstützenden Stimmen die gegnerische Sichtweise bestätigen. Einschlägige Argumentationen sind so zahlreich, dass hier nur wenige Zeugnisse von den zahlreichen Verhandlungen ausgewählt werden können.

Schon über das Jahr 1066, nach Heinrichs Übernahme der selbstständigen Regierung, berichten die Historiographen seiner Gegner, Lampert von Hersfeld und Bruno von Merseburg, in großer Ausführlichkeit und Empörung über den ersten Eklat, mit dem die Großen auf erkennbare Fehlentwicklungen in Heinrichs Herrschaftsausübung reagierten. Vorbereitet wurde dieser Eklat mit geheimen Treffen (*conventicula*) und einer Verschwörung (*conspiratio*). Es ist schon hier bezeichnend, dass die Gegner des Königs die Öffentlichkeit eines Hoftages suchten und nutzten, um den König zu einem bestimmten Verhalten zu zwingen. Sie leisteten nach ihrer Auffassung Widerstand gegen ungerechte Herrschaftsausübung, verbanden sich deshalb untereinander in einer Schwureinung und suchten so gestärkt die Öffentlichkeit des Hoftages, um ihren Forderungen den nötigen Nachdruck zu verleihen: «Das geschah aus Hass gegen den Erzbischof von Bremen, den alle beschuldigten, er habe sich unter dem Vorwand einer vertrauten Freundschaft mit dem König eine offenkundige tyrannische Herrschaft angemaßt [*monarchiam usurpasse manifestae tyrannidis*]. Deshalb verweigerten sie dem König die üblichen Abgaben und der Bischof wollte den König nicht in andere Teile des Reiches bringen, um den ersten Platz im Rat und im vertrauten Umgang mit dem König nicht mit anderen Fürsten teilen zu müssen. […] Als dann die Verschwörung zur Reife gediehen war, sagten sie allen Fürsten einen Hoftag zu Tribur an; hier sollten alle den Bremer Erzbischof, den Feind aller, gemeinsam bekämpfen und dem König ankündigen, dass er entweder abdanken oder seine vertraute Freundschaft mit dem Bremer Erzbischof aufgeben müsse» (Lampert, *Annales* a. 1066, 106 f.).

Auf diesem Hoftag in Tribur setzten die Rebellierenden ihr Vorhaben auch durch; Heinrich musste Erzbischof Adalbert als Ratgeber entlassen und diesen vom Hof entfernen. Zwar richtete sich der Vorwurf der Tyrannei hier noch gegen den Ratgeber, der den König für sich vereinnahmt und alle anderen ausgeschlossen hatte. Doch zeigt eine zweite Stimme zu diesen Vorgängen aus dem gleichen Lager, dass man im Einfluss Erzbischof Adalberts auch die Wurzel für Heinrichs Fehlentwicklung zum Tyrannen sah: «Als dieser Bischof [Adalbert] also den König wie ein zügelloses Pferd auf der abschüssigen Bahn des Frevels dahinstürmen sah, suchte er sich ihm zum vertrauten Genossen zu machen, nicht um die aufgeschossenen Dornen des Lasters mit der Hand strenger Mahnung auszurotten und mit wahrhaft bischöflicher Predigt den Samen der Tugend zu säen, sondern um den Keim des Lasters noch mit dem Tau des Schmeichels zu benetzen und Früchte der Tugend, so solche etwa hervortraten, durch die Bitterkeit böser Lehre absterben zu machen. [...] Durch diese keineswegs bischöfliche Lehre des Bischofs wurde also der König in seiner Bosheit bestärkt und stürzte sich in die Abgründe der Lüste wie unverständige Pferde und Maultiere. Er, der ein König über viele Völker war, richtete in sich selbst der bösen Lust einen Thron auf, der Königin aller Laster» (Brunos Buch vom Sachsenkrieg, cap. 5).

Es folgen bei Bruno direkt nach diesem vernichtenden Urteil zehn Kapitel, in denen der Autor Beispiele aufführt für Heinrichs sexuelle Ausschweifungen, seine Heimtücke, seine Mordtaten und schließlich für seine finsteren Pläne in Sachsen, die durch den Bau befestigter Burgen manifest wurden. Hinter dem Burgenbau sah er nämlich die Absicht, die Sachsen später zu versklaven. So zeichnete er das Bild eines Tyrannen mit dem ganzen Spektrum von lasterhaftem Verhalten, das traditionell tyrannischer Herrschaft zugeschrieben wurde.

Ähnliche Laster König Heinrichs tauchen nicht zufällig erneut als Vorwürfe in den Quellen auf, wenn diese berichten, dass die Sachsen sich mit hochrangigen Anhängern des Königs trafen, um durch Verhandlungen einen drohenden Waffengang zu vermeiden. Dies war allein im Jahre 1073 dreimal der Fall, als hochrangige Vertreter beider Seiten

Gerd Althoff

ohne Beteiligung des Königs in Goslar, in Corvey und schließlich in Gerstungen zusammenkamen. Die Bedeutung dieser Neuerung kann kaum überschätzt werden, da sie die Zukunft des Königs in gewisser Weise von den Ergebnissen dieser Verhandlungen abhängig machte. Dass diese Möglichkeit gegeben war, zeigte sich denn auch in der dritten Verhandlungsphase. Lampert von Hersfeld bietet in allen drei Fällen einen Einblick in die Forderungen, die die sächsischen Vertreter über die königlichen Unterhändler an König Heinrich richteten. Über das Treffen in Goslar berichtet er: «Außerdem verlangten sie, er solle die Burgen niederlegen lassen, die er überall auf Bergen und Hügeln zur Vernichtung Sachsens erbaut hatte; er solle ferner den sächsischen Fürsten, deren Güter er ohne gerichtliche Untersuchung entzogen hatte, auf Grund eines Urteils ihres Fürstengerichts Genugtuung leisten; er solle Sachsen, wo er schon seit seiner Kindheit residiere und in Müßiggang und Faulheit schon nahezu völlig erschlafft sei, zeitweise verlassen und auch einmal andere Teile seines Reiches aufsuchen, er solle das Gesindel, durch dessen Ratschläge er sich und das Land zu Grunde gerichtet habe, vom Hof verjagen und die Verwaltung der Reichsgeschäfte den Fürsten überlassen, denen sie zustehe; er solle auch den Schwarm Konkubinen verabschieden, denen er gegen die kanonischen Bestimmungen beiwohne, ohne vor Scham zu erröten, und die Königin […] als seine Gemahlin behandeln und lieben; er solle den sonstigen ruchlosen Schändlichkeiten, durch die er als junger Mann die königliche Würde entehrt habe, wenigstens jetzt bei reiferem Verstand und Alter entsagen» (Lampert, *Annales* a. 1073, 180 ff.).

Diese Verhandlungen, bei denen die Gegner Heinrichs offensichtlich kein Blatt vor den Mund nahmen, brachten keine Einigung, wurden aber im August in Corvey fortgesetzt, wo Erzbischof Siegfried von Mainz die ranghöchste Person auf königlicher Seite war. Wieder dokumentiert Lampert die Position der Sachsen ausführlich: «Diese brachten außer den allgemein bekannten Rechtswidrigkeiten, durch die der König ihnen großen Schaden zugefügt hatte, noch wichtige Gesichtspunkte vor zum Beweis dafür, dass er ohne schwere Schädigung des christlichen Glaubens nicht länger regieren könne; habe er doch gegen seine vertrautesten Freunde, gegen seine Gemahlin, gegen seine eigene Schwester, die Äbtissin von Quedlinburg, und gegen andere, ihm durch Verwandtschaft aufs engste verbundene Personen derartige Schandtaten begangen, dass in einem Gerichtsverfahren nach dem Kirchenrecht ein Urteil auf Ehescheidung, Entzug des Rittergürtels, völliger Ausschluss vom weltlichen Leben und erst recht von der Regierung ergehen müsste» (Lampert, *Annales* a. 1073, 198 f.). Mehrere andere Quellen konkretisieren die Nachricht vom Übergriff auf die Schwester Heinrichs, die Äbtissin Adelheid von Quedlinburg: Heinrich habe sie von einem seiner Krieger vergewaltigen lassen und sie sogar selbst dabei festgehalten.

Auch diese Verhandlungen erbrachten aber keine Lösung der Probleme, sondern wurden im Oktober in Gerstungen fortgesetzt, wo nun vier Bischöfe und drei Herzöge die königlichen Vertreter waren, womit zur Genüge unterstrichen sein dürfte, wie ernst man die Verhandlungen im Reich inzwischen nahm. Wir sind im Falle dieser Verhandlungen in der glücklichen Lage, einen Bericht der Seite Heinrichs IV. nutzen zu können. Das *Carmen de bello Saxonico* eines unbekannten Verfassers, das eindeutig die Ansichten der Anhänger Heinrichs vertritt, gibt nämlich gleichfalls eine relativ detaillierte Bewertung dieser Verhandlungen ab: «Die Bischöfe also, die Vornehmsten, Grafen und Herzöge trafen mit den Sachsen auf dem Feld zusammen. Manche Klage führten die Sachsen über den König, bald auch erinnerten sie an die oben genannten Beschwerden, dass sie nur gereizt begonnen hätten, solches zu betreiben. Mit solchem Ränkespiel brachten sie die Fürsten vom rechten Weg ab, so dass jeder ihr Beginnen billigte und sie die feste Zusicherung gaben, den König zu mahnen, dass er ihnen das Recht ihrer Väter zurückgebe und das Vorgefallene verzeihe. Wenn er das aber nicht wolle, würden sie ihnen, die gerechte Forderungen erhöben, nicht schaden» (*Carmen de bello Saxonico* V, 32–44).

Die Sachsen haben also im Jahre 1073 in einem Verhandlungsmarathon die fürstlichen Vertreter der Seite Heinrichs davon überzeugen können, dass ihre Vorwürfe gegen den König berechtigt seien. In der Tat bestätigt Lampert von Hersfeld dies mit seinem Bericht über die gleiche Verhandlung (Lampert, *Annales* a. 1073, 202 f.). Es schien am Ende des Jahres 1073, als führe der Tyrannen-Vorwurf der Sachsen zur Absetzung König Heinrichs IV. Damit ist nicht die Frage entschieden, ob König Heinrich IV. ein Tyrann war, sondern lediglich ausgesagt, dass seine eigenen Unterhändler die Vorwürfe, die die Sachsen gegen Heinrichs Herrschaft richteten, akzeptierten und seine tyrannische Herrschaft als

Gerd Althoff

Abb. 6 Heinrich IV. Miniatur in der Chronik des Ekkehard von Aura, um 1112/14.

Grund für seine Absetzung anerkannten. Die Wendung, die diese Geschichte jedoch nahm, sei kurz zu Ende erzählt.

Zur Absetzung Heinrichs IV. kam es nicht, was einige moderne Forscher gegen Lampert allgemein und insbesondere gegen seine hier behandelten Passagen eingenommen hat. Es gibt aber einen plausiblen Grund dafür, dass diese Vereinbarung scheiterte. Als die Sachsen Heinrich nach Goslar zurückgeführt hatten und die Friedensvereinbarung realisiert, das heißt, die Zerstörung seiner Burgen ins Werk gesetzt wurde, kam es bei der Zerstörung der Harzburg zu einem Grabfrevel, als die Sachsen die Gräber vom Sohn und Bruder König Heinrichs zerstörten. Heinrich verstand dies als Friedensbruch und klagte vor den Fürsten auf Rache. Mit dieser Forderung setzte er sich durch, und es begann der eigentliche Sachsenkrieg, in dem Heinrich nun die fürstliche Unterstützung fand und letztlich siegreich blieb. Angeblich waren es sächsische Bauern, die die Schuld an diesem Frevel der Grabschändung trugen.

Nachdem sich die Sachsen im Herbst 1075 dem König unterworfen hatten und er – entgegen dem zuvor vereinbarten Vertrag – die meisten ihrer Fürsten in Haft nehmen ließ, verschärfte Heinrich die tyrannischen Züge seiner Herrschaft nicht zuletzt dadurch, dass er den Konflikt mit Papst Gregor VII. eskalieren ließ. Er veranlasste seine Bischöfe, sich von Gregor VII. abzuwenden, und forderte mit ihnen Gregor auf, als Eindringling den unrechtmäßig erworbenen Stuhl Petri zu verlassen. Gregor reagierte mit der Bannung des Königs und machte in seinem Rechtfertigungsschreiben an die deutschen Fürsten erstmals deutlich, dass auch er Heinrich für einen Tyrannen hielt. Er schilderte ausführlich seine vielen erfolglosen Bemühungen, Heinrich auf den rechten Weg zurückzubringen, und schloss mit folgendem Fazit: «Darüber hinaus sandten wir drei fromme und ihm sehr ergebene Männer zu ihm, durch die wir ihn insgeheim ermahnten, Buße zu tun für seine Freveltaten, die man nur mit Schrecken nennen kann, doch vielen bekannt sind und vielerorts verbreitet werden und für die er nach göttlichem und menschlichem Recht nicht nur die Exkommunikation verdient hätte, bis er hinreichende Genugtuung leistet, sondern auch die Entsetzung von aller königlichen Würde, ohne Hoffnung auf Wiederherstellung» (Brunos Buch vom Sachsenkrieg, cap. 72).

Die Bannung wie ihre Begründung hatten zumindest den Effekt, dass sich die Gegner Heinrichs wieder formierten. Die gefangenen sächsischen Großen flohen teils, teils wurden sie von ihren Wächtern freigelassen. So konnte es im Herbst 1076 in Tribur erneut zu einem Hoftag kommen, zu

Gerd Althoff

dem König Heinrich selbst nicht zugelassen wurde, sehr wohl aber päpstliche Legaten. Erneut nahm man sich Zeit und untersuchte die Amts- und Lebensführung des Herrschers rund eine Woche lang. Man wiederholte also das Vorgehen in Sachsen mit Vertretern verschiedener Stämme.

Das Ergebnis dieser Untersuchungen war nach Lampert eindeutig und zielte erneut auf die endgültige Absetzung König Heinrichs. Auch wenn der Terminus «Tyrann» nicht benutzt wird, lässt die Beschreibung der königlichen Amtsführung keinen Zweifel daran zu, dass hier tyrannische Herrschaft angeklagt wird: «Kirchen und Klöster seien zerstört, was zum Lebensunterhalt der Diener Gottes hätte dienen sollen, sei für den Sold der Krieger verwendet worden, der Eifer für Religion und kirchliche Dinge habe sich verwandelt in Sorge um militärische Waffen und Errichtung von Befestigungen, nicht um damit Angriffe auswärtiger Völker abzuwehren, sondern um dem Vaterland den Frieden zu rauben und freiem Nacken das Joch härtester Knechtschaft aufzulegen. Keinen Trost gebe es für die Witwen und Waisen, keine Zuflucht für Unterdrückte und ungerecht Verfolgte, keine Achtung vor den Gesetzen, keine sittliche Zucht, nicht der Kirche bleibe ihre Autorität, nicht dem Staat seine Würde. So sei durch die Haltlosigkeit eines Menschen Heiliges und Profanes, Göttliches und Menschliches, Recht und Unrecht verwirrt worden» (Lampert, *Annales* a. 1076, 278).

Dennoch setzten sich in Tribur nicht diejenigen durch, die Heinrich als König absetzen wollten, sondern die von Gregors Legaten vertretene Lösung, dass man in einem weiteren *colloquium* unter Führung Papst Gregors nach dessen Rat oder Urteil (*consilium vel iudicium*) entscheiden solle, ob Heinrich noch König sein könne oder nicht. Die Möglichkeit, nicht nur einen Rat zu geben, sondern im Falle von Dissens der Parteien ein Urteil zu fällen, hätte den Jurisdiktionsprimat des Papstes auch über den König begründet. Insofern ergibt es durchaus Sinn, dass die Legaten Gregors in Tribur die dortige Absetzung Heinrichs verhinderten und die führende Rolle des Papstes bei dieser Absetzung ansteuerten.

Dieses *colloquium* verabredete man für Anfang Februar 1077 in Augsburg. Heinrich IV. verpflichtete sich in einer *promissio*, einem eidlichen Versprechen, zu diesem Gericht über ihn zu erscheinen, Papst Gregor in allem den schuldigen Gehorsam zu erweisen und, «falls etwas Ernsteres gegen ihn in dreister Weise getan worden ist, in zureichender Genugtuung das mit ihm beizulegen» (Meyer von Knonau II, 733). Damit hatte König Heinrich die Jurisdiktionsgewalt des Papstes über sich akzeptiert. Bis heute ist jedoch nicht geklärt, ob es ihm mit diesem Versprechen ernst gewesen ist (Robinson 1999, 158). Man geht wohl nicht fehl in der Annahme, dass es Papst Gregor in dieser Situation vor allem darauf ankam, seine Jurisdiktionsgewalt über den König durch einen Präzedenzfall wie diesen zu untermauern. Dieser Plan scheiterte jedoch aus zwei Gründen.

Heinrich kam mit seinem Canossagang im Januar 1077 dem *colloquium* zuvor und erreichte so die Aufhebung seiner Bannung ohne ein Urteil des Papstes. Die Fürsten aber wählten Anfang März ungeachtet dieser Entwicklung in Forchheim einen anderen König, Rudolf von Rheinfelden. Sie setzten dadurch Heinrich als König ab, und es entstand eine neue Lage.

Papst Gregor hielt zwar noch lange an dem Vorsatz fest, nun über beide Könige zu urteilen, wem die Gerechtigkeit zu regieren erlaube. Dazu kam es jedoch nicht. Die Fronten verhärteten sich vielmehr, und die Klärungsversuche scheiterten. Bis zum Jahre 1080 zogen sich die Bemühungen hin, ehe Papst Gregor König Heinrich, der ihn unter Druck zu setzen versucht hatte, ein zweites Mal bannte und absetzte. Als sich kurz danach die päpstliche Prophezeiung, dass Heinrich von den Heiligen Petrus und Paulus gestürzt werden würde, nicht bewahrheitete, sondern König Rudolf noch 1080 in einer Schlacht gegen Heinrich fiel, stabilisierte sich Heinrichs Stellung und die gegen ihn gerichteten Vorwürfe, ein Tyrann zu sein, verloren an Gewicht und Wirkung. Nur einmal erregte der Vorwurf tyrannischen Verhaltens noch die Gemüter, als die zweite Gemahlin Heinrichs, Eupraxia-Adelheid, nach ihrer Flucht aus der Gefangenschaft des Gatten auf Synoden in Piacenza und Konstanz vor den Versammelten öffentlich den Vorwurf erhob, Heinrich habe sie in ihrer Gefangenschaft durch seine *milites* vergewaltigen lassen (Althoff 2006, 213–219).

Selbst dieser Vorwurf beschädigte Heinrichs Rückhalt bei seinen Anhängern scheinbar nicht mehr. Doch als sich 1105 sein als Nachfolger vorgesehener Sohn Heinrich V. vom Vater trennte und ihm die Insignien abpresste, zeigte sich, dass ein Großteil der Fürsten es an jeder Unterstützung für den Vater fehlen ließ. Den Vorwurf der Tyrannis benötigte man aber nun nicht mehr, um sich vom Kaiser loszusagen.

Gerd Althoff

Folgenlos blieb der massive Widerstand, den große Teile des Adels und der Kirche gegen die frühe Amts- und Lebensführung Heinrichs IV. aufboten und in dem Vorwurf der tyrannischen Herrschaft öffentlich gemacht hatten, dennoch nicht. Die Strategie, Vertreter der Anhänger und der Gegner des Königs ohne dessen Anwesenheit über seine Amts- und Lebensführung sprechen und urteilen zu lassen, die in der ersten Hälfte der langen Regierungszeit Heinrichs IV. entwickelt worden war, setzte sich nämlich in den Krisen der Regierung Heinrichs V. fort und führte schließlich zur Institution der Schiedsgerichtsbarkeit, in der Vertreter von Konfliktparteien ein gütliches Ende ihrer Auseinandersetzungen ohne den König und auch gegen ihn erreichen konnten.

Zuvor aber hatte bereits die zunehmende Partizipation von Kirche und Adel an der Königsherrschaft dazu geführt, dass der König nur konfliktfrei regieren konnte, wenn er die geistlichen und weltlichen Eliten angemessen an der Willensbildung und Entscheidung wichtiger Fragen beteiligte. Die Hoftage des Herrschers sahen deshalb regelmäßig Beratungen der Großen vor, in denen der König die Zustimmung seiner Getreuen einzuholen hatte. Die Kirche hatte zudem schon seit der Karolingerzeit eine christliche Herrscherethik entwickelt, die seit dem 11. Jahrhundert um eine Ritterethik erweitert wurde. Hierdurch wurden dem Königtum Rahmenbedingungen vorgegeben, die tyrannische Herrschaft nicht zuließen. Da der Adel zudem von seinem Widerstandsrecht Gebrauch machte und hierzu häufig die Schwureinung (*coniuratio*) nutzte, die den Zusammenhalt der Teilnehmer auf ein bestimmtes Ziel ausrichtete, trug ein enges Geflecht von Wertvorstellungen und Gewohnheiten dazu bei, tyrannischen Praktiken wenig Raum zu bieten. Die Regierung Heinrichs IV. stellt somit eine große Ausnahme dar, denn sonst hat kaum ein König auf so vielen Feldern so massive Opposition gegen seinen Herrschaftsstil und seine Entscheidungen hervorgerufen. Nie zuvor und danach kam es im Reich zu der Situation, dass die Stimmen der Verteidiger gegenüber den Anklägern in deutlicher Minderheit waren und massive Vorwürfe aus allen Bereichen der Amts- und Lebensführung des Herrschers nicht nur in offiziellen Verhandlungen erhoben, sondern danach auch schriftlich festgehalten wurden. In keinem anderen Fall klaffen schließlich die Wertung der Zeitgenossen und die der neuzeitlichen Geschichtsforschung so weit auseinander.

3 **Kaiser Heinrich IV.**

4
Richard III., König von England –
ein Tyrann, wie er im Buche steht?

Von André Krischer

2019 las Angela Merkel während ihres Sommerurlaubs das ihrerzeit vieldiskutierte neue Buch des amerikanischen Literaturhistorikers und Shakespeare-Experten Stephen Greenblatt, *Der Tyrann. Shakespeares Machtkunde für das 21. Jahrhundert.* Der Harvard-Professor machte keinen Hehl daraus, dass es in seinem Bestseller nicht nur um Dramenfiguren wie Richard III. oder Macbeth ging, sondern auch um die Präsidentschaft von Donald Trump. Mit Shakespeare stellte Greenblatt Fragen, die der damaligen Bundeskanzlerin angesichts der Weltlage vielleicht auch in den Sinn gekommen waren: «Wie ist es möglich, dass ein ganzes Land in die Hand eines Tyrannen fällt? [...] Unter welchen Umständen [...] erweisen sich solche hochgeschätzten Institutionen, die tief verwurzelt und unüberwindlich erscheinen, plötzlich als fragil? Warum lassen sich so viele Menschen in die Irre führen, obwohl sie wissen, dass man sie belügt?» (Greenblatt 2018, 9).

Wenn Richard III. als prototypischer Tyrann erscheint, dessen Schreckensherrschaft den Blick für die Gefährdungen moderner Demokratien schärft, ist er auch ein naheliegender Kandidat für diesen Band. Es wird hier aber nicht um die Gegenwartsrelevanz dieser Figur gehen – das bleibt Greenblatts Thema –, sondern um die historische Frage, inwiefern Richard III. in seiner Zeit als Tyrann wahrgenommen wurde. Um das Ergebnis vorwegzunehmen: Es gibt kaum einen anderen europäischen Herrscher, bei dem sich die zeitgenössischen Zuschreibungen tyrannischen Verhaltens so gut nachzeichnen lassen wie bei diesem spätmittelalterlichen englischen König. Shakespeares Stück *The Tragedy of King Richard the third*, das seit seinem Erscheinen 1597 über die Jahrhunderte bis heute immer wieder gespielt wurde, hat dafür gesorgt, dass diese Zuschreibungen tief in das kulturelle Gedächtnis der englischsprachigen Welt eingedrungen sind. Zahllose Romane, Filme und Serien porträtieren Richard nach dieser Vorlage auch noch im 20. und 21. Jahrhundert als Oberschurken (*villain*) und Tyrann.

Allerdings gab es auch frühzeitig Stimmen, die die Tyrannei-Vorwürfe gegen Richard als Teil der Propaganda der Tudor-Dynastie werteten. Schon 1768 bemerkte der britische Schriftsteller und Politiker Horace Walpole: «Vieles, was Richard an Verbrechen zur Last gelegt wird, klingt wenig plausibel, und, was noch wichtiger ist: Was er angeblich verübt haben soll, widersprach seinen eigenen Interessen. Die Geschichtsschreiber haben Heinrich VII. mit so viel Lob überhäuft, dass Richard dagegen umso deutlicher als gemeiner und gefühlloser Tyrann hervortritt. Ich vermute aber, dass sie Richard deshalb so sehr schwärzten, damit Heinrich durch den Kontrast in einem freundlicheren Licht erschien» (Walpole 1768, IV, Übers. A. K.).

War Richard III. also das Opfer haltloser Vorwürfe und übelwollender Zuschreibungen von interessierter Seite – was moderne Tyrannen und Despoten natürlich auch von sich behaupten würden? Um diese Frage zu beantworten, soll zunächst skizziert werden, was in gesicherter Weise über den letzten Herrscher aus dem Haus York bekannt ist. Dann wird es darum gehen, wie Richard III. in den Werken von Humanisten und Chronisten zur Inkarnation eines Tyrannen wurde – Werke, die auch Shakespeare als Vorlage für sein Theaterstück dienten.

Richard III. und die Wirren der englischen Thronfolge

Richard wurde am 2. Oktober 1452 in eine Zeit voller Wirren hineingeboren. Sein Vater war Richard, Herzog von York, seine Mutter Cecily Neville. Beide Eltern waren direkte Nachfahren König Edwards III. aus dem Hause Plantagenet (1312–1377). Dieser hatte für seine Söhne eigens fünf Herzogtümer geschaffen, aber Erbstreitigkeiten damit gerade nicht vermieden, ganz im Gegenteil: Die mächtigen Häuser York und Lancaster kämpften vielmehr zwischen 1455 und 1487 um die Krone, was später in Anspielung auf ihre Wappen als Rosenkriege bezeichnet wurde. Neben der Vielzahl an Prätendenten trug auch der Ansehensverlust des eng-

lischen Königtums infolge des Hundertjährigen Krieges zwischen England und Frankreich zur politischen Krise bei. Bis 1453 waren die englischen Besitzungen auf dem Kontinent weitgehend verloren gegangen.
Die in den Diensten englischer Magnaten stehenden Söldner wurden
nunmehr bei den Kämpfen auf der Insel eingesetzt. Nach dem schmäh-
lichen Rückzug aus Frankreich besaß König Heinrich VI. aus dem Haus
Lancaster nicht die nötige Autorität, um die politischen Fliehkräfte im
Zaum zu halten; hinzu kam, dass er durch eine psychische Krankheit immer wieder monatelang aus dem Spiel genommen wurde. 1454 nutzte
Herzog Richard einen neuerlichen Zusammenbruch des Königs, um ihn
im Tower einzusperren und selbst als Lordprotektor zu regieren. Nachdem Herzog Richard 1460 getötet worden war, meldete dessen ältester
Sohn Edward (1442–1483) Ansprüche auf den Thron an und wurde 1461
tatsächlich von den Londonern zum König ausgerufen. Heinrich VI.
blieb im Tower gefangen, doch seine Frau Margarete organisierte von
Schottland aus eine Adelsverschwörung gegen Edward, die diesen 1470
zwang, zusammen mit seinem jüngeren Bruder Richard nach Brügge zu
fliehen. Der York-König hatte Richard bei seiner Krönung zum Herzog
von Gloucester ernannt, ihn mit weiteren Ämtern und Würden versehen
und ihm schon frühzeitig militärische Kommandos überlassen. Richard
stand zu dieser Zeit fest an der Seite seines königlichen Bruders und trug
entscheidend dazu bei, dass sich dieser 1471 auf den Thron zurückkämp-
fen konnte. Heinrich VI. starb unter ungeklärten Umständen im Tower,
sein einziger Sohn auf dem Schlachtfeld – das Haus Lancaster war Geschichte.

Die 1470er Jahre erwiesen sich für England als konfliktarme und
politisch stabile Zeit, die es den Chronisten später leichtmachen sollte,
Edward IV. als guten und weisen König zu porträtieren. Als Edward am
9. April 1483 nach kurzer Krankheit starb, hinterließ er zwei minderjährige Söhne. Der ältere wurde als Edward V. neuer König. Solange er noch
nicht volljährig war, bedurfte es eines stellvertretenden Regenten. Ihr
Onkel Richard wurde vom Kronrat zum Lordprotektor berufen, doch
die Königsmutter, Elizabeth Woodville, vertraute ihre Söhne lieber ihrem
Bruder an, dem Earl Rivers, den Richard alsbald aufgrund eines angeblichen Komplotts des Hochverrats anklagen und hinrichten ließ. Der
minderjährige König und sein jüngerer Bruder landeten im Tower, ihre

André Krischer

Mutter suchte Zuflucht in der Westminster Abbey. Richards Getreue streuten derweil das Gerücht, dass die Ehe zwischen Edward IV. und Elisabeth unrechtmäßig gewesen sei und die Nachkommen somit keinen Anspruch auf die Thronfolge hätten. Die Londoner Bevölkerung agierte daraufhin abermals als Königsmacher, indem sie Richard aufforderte, anstelle der «Bastarde» selbst König zu werden. Am 6. Juli 1483 erfolgte seine Krönung. Die Prinzen im Tower verschwanden auf mysteriöse Weise.

Richard suchte seine Herrschaft durch Reisen in die englischen Grafschaften und eine Reihe von wohltätigen Stiftungen zu sichern, doch sie stand auf tönernen Füßen und währte kaum zwei Jahre. Zwar konnte er den von seinem ehemaligen Gefolgsmann Buckingham angezettelten Aufstand noch niederringen. Doch einem der aufständischen Magnaten, Heinrich Tudor, gelang die Flucht nach Frankreich, wo er ein Heer aufbaute, mit der er im August 1485 nach England zurückkehrte. Obwohl zahlenmäßig unterlegen, besiegte das Tudor-Heer die Truppen Richards III. am 22. August auf Bosworth Field in der Nähe von Leicester. Richard wurde in der Schlacht getötet, seine Leiche geschändet und verscharrt. Heinrich Tudor wurde noch auf dem Schlachtfeld die Krone aufgesetzt. Damit war auch die Zeit der Yorks und der Rosenkriege vorbei, das Jahrhundert der Tudors begann.

Die Stilisierung eines Tyrannen

Wann Richard zum ersten Mal als Tyrann bezeichnet wurde, ist nicht mit Sicherheit zu sagen. Angeblich soll Heinrich Tudor seine Truppen vor der Bosworth-Schlacht damit aufgestachelt haben, dass sie nun gegen einen Tyrannen zu Felde zögen: «Und nun vorwärts: wahre Männer gegen Verräter, fromme Leute gegen Mörder, wahre Erben gegen Usurpatoren, die Geißeln Gottes gegen Tyrannen. [...] Seht euch den Richard an, der Tarquin und Nero zugleich ist! Ja, ein Tyrann mehr als Nero» (übers. nach Pollard 1913, 8). Aber vermutlich hat erst der Chronist Edward Hall (1495–1547) dem Tudor diese programmatischen Worte in den Mund gelegt. Heinrich VII. hatte seine Thronfolge rückwirkend auf den 21. August datiert und damit alle zu Hochverrätern erklärt, die bei Bosworth gegen ihn gekämpft hatten, einschließlich Richard selbst. Aber weder Hall noch die anderen Chronisten, Publizisten und Dichter, die im Folgenden die Erinnerung an Richard prägen sollten, gaben sich mit dem Stigma des Verrats zufrieden. (Angebliche) Verräter gab es zu dieser Zeit sehr viele. Der Begriff des Tyrannen war dagegen noch recht unverbraucht. Zuletzt war Richard II. (1367–1400) von seinen Gegnern so bezeichnet worden (McHardy 2012).

Edward Hall hatte beim Verfassen seiner Chronik zudem bereits auf die *Anglica Historia* des aus Urbino stammenden Humanisten Polydore Vergil (1470–1555) zurückgreifen können, der um 1500 nach England gekommen war und am Hof Heinrichs VII. freundliche Aufnahme gefunden hatte (Rexroth 2002). Humanisten waren Experten für die alten Sprachen. Sie hatten daher erheblichen Anteil daran, die antiken Tyrannenlehren von Platon, Aristoteles, Sueton und Tacitus an ihre Gegenwart zu vermitteln. Da sie nicht an Universitäten lehrten, waren viele Humanisten von der Patronage durch einen Herrscher abhängig, steigerten umgekehrt aber auch dessen Ansehen. Die *Anglica Historia*, an der Vergil schon bald nach seinem Eintritt in die Hofgesellschaft des ersten Tudors zu arbeiten begonnen hatte, war daher als Lobpreisung seines königlichen Gönners gedacht, der die Fertigstellung aber nicht mehr erlebte. Unter Heinrich VIII. fiel Vergil in Ungnade, deswegen erschien die lateinische Druckausgabe erst 1534 in Basel, eine gekürzte englische Fassung folgte 1565 (Bushnell 1990).

Bei Vergil verdankte Richard seinen Aufstieg vom Königsbruder über den Lordprotektor zum König seiner List und Tücke. Nichts war bloßen Umständen oder Zufällen geschuldet. Von Beginn an hatte Richard demnach vorgehabt, die königliche Autorität in Tyrannei zu verwandeln («convert the regall authorytye into tyranny»). Gewalt sei ihm dabei als Mittel nur recht gewesen. Vergil schob Richard auch den Auftrag zum Mord an seinen beiden Neffen, den Prinzen im Tower, in die Schuhe, was nur zeige, dass mit ihm die «wildeste Form der Tyrannei» (*tyrannis saevissima*) in das Gemeinwesen eingedrungen sei. Erst Heinrich Tudor habe England davon befreit (Ellis 1844, 182).

Vergil war also einer der ersten Historiographen, bei denen Richard als Tyrann erscheint – einige Jahrzehnte nach dessen gewaltsamem Tod. Als besonders wirkmächtig erwies sich auch Vergils Beschreibung des Äußeren und der schlechten Angewohnheiten Richards: «Er war von kleiner Statur, hatte einen hässlichen Körper, eine Schulter höher als die andere, ein kurzes und wildes Gesicht, das nach Bosheit und Betrug zu riechen schien. Während er über etwas nachdachte, biss er sich ständig auf die Unterlippe, als wäre eine wilde Natur in diesem kleinen Körper, der gegen sich selbst wütete. [...] Aber er war scharfsinnig, schlau, sehr vielseitig, gut im Simulieren und Verbergen» (übers. A. K. nach Sutton 2010).

Solche körperlichen Nachteile wurden auch ins Bild gesetzt. Eines der ersten erhaltenen Porträts aus dem frühen 16. Jahrhundert, dessen Motive auf späteren Gemälden und Kupferstichen übernommen wurden, zeigt Richard mit hängender linker Schulter – vermutlich eine Folge von Skoliose –, zusammengepressten Lippen und Händen, die mit einem Ring spielen, was ebenfalls auf innere Unruhe – «die wilde Natur, die in diesem kleinen Körper wütete» – verweisen sollte.

Solche Bilder hängte der englische Adel in seinen Schlössern auf, umgeben von hochgeschätzten Monarchen und Monarchinnen vor und nach ihm. Richard III. zum exemplarischen Tyrannen zu stilisieren war ein multimediales Projekt. Noch größeren Anteil als Vergil, bei dem Richard vor allem in der Rolle des hinterhältigen Schurken glänzte und der Begriff des Tyrannen nur beiläufig vorkam, hatte daran Thomas Morus.

Ohne Zweifel kannte Thomas Morus (1478–1535) das Werk Vergils, als er seine *History of King Richard III* verfasste, die 1518 im Manuskript abgeschlossen war, aber erst 1543 auszugsweise und 1557 in Gänze erschien. In Morus' Werk war Richard nicht nur *auch*, sondern durch und durch Tyrann – geradezu die Verkörperung des Typus. Für Morus waren Richards Unansehnlichkeit und Hässlichkeit äußere Zeichen seiner tyrannischen Natur. Schon die Umstände seiner Geburt ließen keinen Zweifel daran, dass sein Lebensweg unter schlechtesten Vorzeichen stand: Nicht nur sei er mit den Füßen voran auf die Welt gekommen, sondern habe auch bereits Zähne besessen – was in dieser Zeit nicht als Laune der Natur, sondern als monströses Omen galt. Für Morus war klar, was daraus folgte: «Die Natur änderte tatsächlich von Beginn an ihren Lauf bei ihm, der im Laufe seines Lebens so viel Widernatürliches beging» (Morus 1984, 80 f.).

Thomas Morus war ebenfalls ein Humanist und Jurist in den Diensten König Heinrichs VIII., fungierte als Diplomat, Mitglied des Kronrats

Abb. 7 Porträt Richards III. von England, um 1520.

und schließlich, ab 1529, als Lordkanzler, also oberster Richter Englands. Heinrich VIII. erwartete von Morus in dieser Rolle bedingungslose Unterstützung bei seinen dynastischen Plänen. 1530 sollte er sich beim Papst dafür einsetzen, Heinrichs Ehe mit Katharina von Aragon zu annullieren, weil diese dem König nicht den ersehnten männlichen Thronfolger gebären konnte. Da der papsttreue Humanist aber nicht das kanonische Recht brechen wollte, reichte er stattdessen seinen Rücktritt als Lordkanzler ein. Als er sich dann noch weigerte, einen Eid auf Heinrich als Oberhaupt der englischen Kirche abzulegen, wurde er 1535 wegen Hochverrats verurteilt und hingerichtet – auf der Grundlage eines kurz zuvor

André Krischer

verabschiedeten Gesetzes, das verbot, den König einen Tyrannen zu nennen (Bellamy 1979, 32 f.). Dabei hatte Morus eigentlich anhand der Geschichte Richards III. dazu beitragen wollen, Könige davor zu bewahren, überhaupt erst in diesen Ruf zu geraten.

Morus kam es also vor allem auf die Moral seiner *History of King Richard III* an; es handelte sich ebenso wenig wie bei Vergils *Anglica Historia* um quellenkritische Forschung. Dem ganzen Werk lag vielmehr eine dramatische Struktur zugrunde, wenn er darin den unaufhaltsamen Aufstieg und notwendigen Fall einer Figur schilderte, die von Beginn an als Tyrann feststand. Viele der Szenen, die Morus lebendig und detailliert schildert, sind nicht durch belastbare Zeugnisse verbürgt. Folgt man Morus, dann war zum Beispiel Richards Erhebung zum König Ende Juni 1483 das Ergebnis einer geschickten Manipulation: Nachdem die Legende von der unehelichen Geburt der Söhne Edwards VI. gestreut worden war, habe der Herzog von Buckingham den Londoner Bürgern bei einer Versammlung in der Guildhall Richard als Retter der Nation präsentiert. Als daraufhin aber – anders als erwartet – keine Jubelstürme ausgebrochen seien, hätten bestellte Claqueure Richard zum König ausgerufen. Bei Morus erteilte Richard nach seiner Krönung auch den Auftrag, die Prinzen im Tower zu ermorden. Manipulationen und Mordauftrag an den eigenen Neffen fügten sich perfekt ins Bild des Tyrannen. Thomas Morus übertrug damit die Tyrannenlehre, die sein Humanistenfreund Erasmus von Rotterdam in seinem Fürstenspiegel *Institutio principis Christiani* von 1516 anhand antiker Beispiele aufgestellt hatte, auf eine Figur der damaligen Zeitgeschichte (Heinrich 1987, 99–104).

Bei Erasmus fand Morus einen umfangreichen Katalog tyrannischer Untugenden, Adjektive wie «grausam, hochtrabend, gewalttätig, äußerst jähzornig, unmenschlich, schmähsüchtig, unbezähmbar und unerträglich» (Erasmus 1968, 95), die er wörtlich übernahm und an seine Betrachtungen über Richards deformierten Körper anschloss. Erasmus verglich Tyrannen zudem mit Bären oder Wölfen, «die von der Beute ihrer Blutgier leben» (ebd., 85). Auch bei Morus war Richard ein Wolf im Schafspelz. Ausgerechnet in seine Obhut gab man den jungen König Edward V., als man den Herzog von Gloucester zum Protektor bestimmte (Morus 1984, 105). Indem er seine Neffen töten ließ, zerriss er schließlich «alle Bande, die Mensch und Mensch verbinden», und handelte auf jene «widernatürliche Weise», die schon von Geburt an bei ihm, mehr Wolf als Mensch, angelegt war (ebd., 77). Zuvor hatte sich Richard das Vertrauen des jungen Königs durch demonstrative Ehrerbietung erschlichen (ebd., 104). Edward V. aber ahnte nicht, dass sein Onkel «ein abgrundtiefer Heuchler [war], unterwürfig in der Miene und arroganten Herzens; nach außen freundlich, wo er innerlich haßte, zögerte er nicht, den zu küssen, den er zu töten beabsichtigte» (ebd., 81). Als unbeherrscht und unüberlegt – kennzeichnende Schwächen eines Tyrannen nach Erasmus – ließ Morus seinen Richard also nicht erscheinen. Wie bei Vergil erschien er vielmehr als gewiefter Blender und Strippenzieher, der seine Schritte plante und die Folgen abschätzte – jedenfalls bis er von Heinrich Tudor in der Schlacht besiegt wurde.

Neben den Charakterschwächen zeichnet sich der typische Tyrann vor allem dadurch aus, dass er Recht und Gesetz zu seinem Vorteil beugt – dies hatten bereits Plato, Aristoteles oder Thomas von Aquin als untrügliches Kennzeichen hervorgehoben (Ranum 2020, 4). Morus nun verdeutlicht diese Qualitäten eines Tyrannen daran, wie Richard das Kirchenasyl aushebelte und einen buchstäblich kurzen Prozess machte mit jenen, die ihm gefährlich werden konnten. Mit beiden Beispielen verfolgte Morus auch eine persönliche Agenda:

Elizabeth Woodville hatte sich zusammen mit ihrem jüngeren Sohn in die Westminster Abbey geflüchtet, wo beide unter dem Schutz des Kirchenasyls standen. Morus zufolge gelang es Richard aber nicht nur, den Jungen mithilfe des Erzbischofs von Canterbury daraus hervorzulocken. Vielmehr habe er diese Institution durch eine flammende Rede, die sein Gefolgsmann Buckingham hielt, grundsätzlich zu diskreditieren versucht: In den Sanktuarien entzögen sich Verbrecher ihrer gerechten Strafe. Tatsächlich war das Kirchenasyl am Ende des 15. Jahrhunderts hoch umstritten (McSheffrey 2017). Als treuem Anhänger des Papstes waren Morus die Freistätten besonders heilig. Wenn er allerdings gehofft hatte, bei seinem König Heinrich VIII. für das Kirchenasyl dadurch zu werben, dass er dessen Verletzung als tyrannischen Akt darstellte, so wurde er enttäuscht. Im Zuge der Klosteraufhebungen in den 1530er Jahren schaffte Heinrich VIII. das Kirchenasyl vielmehr weitgehend ab, weil er es als nicht zu akzeptierende Einschränkung seiner Souveränität betrachtete. Lange Zeit hat man dies als fortschrittliche Maßnahme zur

André Krischer

rechtlichen Vereinheitlichung Englands angesehen. Heute dagegen wird die Auflösung der Sanktuarien von vielen zur Vorgeschichte der Aushöhlung von Flüchtlingsrechten gezählt – eine Wendung, die Morus sicher gefallen hätte (Rabben 2016, 52). Für die Wendung im zweiten Fall, bei dem Morus es als tyrannisch schildert, wenn Ankläger und Richter in einer Person zusammenfallen, gilt das aber eher nicht:

Als Richard noch Lordprotektor war und Mitte Juni 1483 im Tower einer Sitzung des Rats zur Vorbereitung von Edwards Krönung beiwohnte, habe er sich zuerst jovial gegeben und Appetit auf Erdbeeren gezeigt. Doch nach einer kurzen Unterbrechung der Beratungen «kehrte er völlig verändert zurück [...], hatte nun eine überaus finstere und zornige Miene, hatte die Brauen zusammengezogen, runzelte die Stirn, geiferte und kaute auf seinen Lippen» (Morus 1984, 137). Morus ließ Richards tyrannische Natur also erneut körperlich hervortreten. Die zugewandte Art und der Genuss von Früchten, die symbolisch für Unschuld und Demut standen – alles nur Fassade. Aber was war geschehen? Richard behauptete, er sei von Verrätern umgeben, die ihm nach dem Leben trachteten. Und er nannte auch Namen: Königin Elisabeth und Jane Shore, vormals die Mätresse Edwards IV. und nunmehr die Geliebte von Lord Hastings. Dabei lässt Morus keinen Zweifel daran, dass ‹sein› Richard dieser paranoiden Stimmung keineswegs aufsaß, sondern sie bewusst erzeugte und für seine Zwecke nutzte. In der englischen Adelsgesellschaft des 15. Jahrhunderts und zumal während der Rosenkriege waren Verratsvorwürfe zwar nicht ungewöhnlich, aber gleichwohl jedes Mal ein scharfes Schwert. Es handelte sich dabei nämlich nicht nur um ehrabschneidende Schmähungen, sondern um strafrechtlich relevante Anklagen. Als Verrat (*treason*) galt seit 1351 schon die bloße «Imagination» des Königsmords – eine Formulierung, die dem konspirativen Denken in Zeiten der Rosenkriege besonderen Vorschub leistete (Krischer 2017, 178 f.). Doch nicht nur die Beschuldigten konnten ein Problem bekommen, wenn sie beweisen sollten, dass sie *keinen* Mord am König imaginiert hatten. Vielmehr konnten bereits diejenigen, die auch nur Zweifel an diesem Vorwurf anmeldeten, in den Verdacht geraten, Mitverschwörer zu sein. Morus unterstellte Richard ein entsprechendes Kalkül, als er die Szene der Ratssitzung im Tower dramatisch ausmalte. Lord Hastings, so Morus, habe in der Ratssitzung erklärt, er wolle die Täterinnen erbarmungslos bestraft sehen, wenn sich die Vorwürfe gegen sie beweisen ließen. Damit aber habe er sein eigenes Todesurteil gesprochen: «‹Was!›, rief der Protektor, ‹Ihr wagt es, mir mit ‹Wenn› und ‹Aber› zu kommen? Ich sage, sie haben es getan, und an eurem Leib soll es gerächt werden, Verräter!›. Wie in höchster Erregung schlug er dabei mit der Faust heftig auf den Tisch. Auf dieses Zeichen hin schrie draußen jemand ‹Verrat!›. Eine Tür wurde aufgestoßen, Bewaffnete stürmten herein, so viele die Kammer nur fassen konnte. Und jetzt sagte der Protektor zu Lord Hastings: ‹Ich verhafte dich, Verräter!›» (Morus 1984, 139 f.).

Nachdem auch Hastings' Anhänger entwaffnet worden waren, bestand Richard laut Morus auf einer schnellen Hinrichtung: «‹Ich will nicht eher tafeln, bis ich deinen abgeschlagenen Kopf sehe.› Es half Hastings nichts, nach dem Warum zu fragen; traurig nahm er den nächstbesten Priester und legte eine kurze Beichte ab, mehr gewährte man ihm nicht» (Morus 1984, 140). Unmittelbar darauf wurde er auf Tower Green geköpft. Um aufkommende öffentliche Zweifel an Hastings' Verrat zu zerstreuen, habe Richard noch am selben Tag durch einen Herold in der Stadt verkünden lassen, was für ein übler, lasterhafter und liederlicher Mensch dieser Hastings doch gewesen sei – ein Verräter, den man auf frischer Tat ertappt und der noch die Frechheit besessen habe, seine Mitverschwörer anzuweisen, sich «zusammenzurotten, um einen Aufruhr zu seiner Befreiung zu veranstalten». Im allerletzten Moment habe der Protektor diesen Staatsstreich aber abwenden können. Dabei, so kommentierte Morus, habe doch jedes Kind ahnen können, dass diese ausführliche Erklärung vorab verfasst worden und Hastings in eine Falle getappt sei (Morus 1984, 146 ff.). Auch über Lord Rivers und den Herzog von Buckingham sei in dem Moment das Urteil gefällt worden, als König Richard III. sie als Verräter bezichtigte.

Im 15. Jahrhundert waren solche kurzen Prozesse zwar eher die Regel als die Ausnahme, aber Morus und andere Chronisten ließen vor allem Richard III. als Ankläger und Richter in einer Person auftreten – und damit als Tyrannen. Unter den Tudors gehörte eine ordentliche Justiz dagegen ebenso zur königlichen Imagepolitik wie prachtvolle Hofhaltung, Kunst und Theater auch. Dies heißt nicht, dass die Prozesse ergebnisoffen geführt wurden. Viele Urteile waren auch unter den Tudors eine ausgemachte Sache. Einer der ersten Prozesse, bei dem aber öffentlichkeitswirksam zur Schau gestellt werden sollte, dass unter Heinrich VIII. selbst gegen die schlimmsten Verräter ordentlich verhandelt wurde, war ausgerechnet der Prozess gegen Thomas Morus in der Westminster Hall im Mai 1535. Dass er seinen Kopf verlor, entsprach dem Willen des Königs. Dass dazu aber ein solcher Prozess nötig war, dafür hatte Morus auch selbst gesorgt. Die von ihm und anderen stammenden Darstellungen der Justiz unter einem Tyrannen hatten zweifelsohne dazu beigetragen, dass seit dem 16. Jahrhundert ein öffentliches Verfahren mit dem Recht des Angeklagten auf Widerrede und dem Urteil durch zwölf Geschworene vor Gericht als unverzichtbar galten.

Morus' eindrückliche Schilderung prägte das Bild Richards III. nachhaltig. Seine *History of Richard III* übertrug aber nicht nur antike und mittelalterliche Kriterien für einen Tyrannen auf eine bereits negativ besetzte Herrscherfigur. Vielmehr zeigte er auch, welches Unheil ein Tyrann durch Manipulationen, das Säen von Misstrauen, Hetze, Vorverurteilungen und Verschwörungstheorien anrichten kann. Morus ergänzte also den Katalog tyrannischer Untugenden um wichtige Einträge und konturierte damit zugleich das Bild eines neuzeitlichen Tyrannen. Dieses Bild wurde von dem Geschichtsschreiber Raphael Holinshed (ca. 1525–1580) in seinen *Chronicles of England, from William the Conquerour* [...] *vntill the yeare 1577* nahezu vollständig übernommen. Die Ausgabe dieser Chroniken aus dem Jahr 1585 war wiederum die zentrale Quelle für William Shakespeares Dramen mit Stoffen aus der englischen Geschichte des 15. Jahrhunderts (Taufer 1999, 135 f.). Als seine *Tragedy of King Richard the third* 1597 im Druck erschien und gespielt wurde, gelangten Versatzstücke aus Morus' paradigmatischem Tyrannenleben auf die Bühne und anschließend in die Weltliteratur.

Richards Tyrannei – nur ein Mythos?

Vergil, Morus, Holinshed, Shakespeare und andere Chronisten des 16. Jahrhunderts trugen gewollt oder ungewollt zur Verbreitung des Tudor-Mythos bei, wonach Heinrich VII. England aus den Fängen eines Tyrannen befreit hatte. Horace Walpole hatte also Recht damit, dass Richard III. zur Beförderung dieses Mythos in schwärzesten Farben ausgemalt worden sei, so dass sein Nachfolger umso heller strahlte. Ähn-

---

4 Richard III.

liches hatte vor Walpole bereits Sir George Buck (1560–1622) behauptet, der als Buchzensor die Werke Shakespeares zu genehmigen hatte: «Die Geschichte Richards», so Buck, «wurde mit viel Galle und Neid geschrieben […], all seine Tugenden wurden mit übelwollender Alchemie in Verbrechen verwandelt» (Buck 1647, 78, übers. A. K.). Seit dem 19. Jahrhundert wurde es in England populär, Richard vom Vorwurf der Tyrannei freizusprechen. Dieses Interesse mündete 1924 in die Gründung der bis heute aktiven *The Richard III Society*. Dem Bemühen dieser *Ricardians* ist es zu verdanken, dass Richards Gebeine 2013 unter einem Parkplatz in Leicester gefunden und 2015 in der dortigen Kathedrale feierlich beigesetzt wurden (Krischer 2016) – was einer alten Kontroverse neue Nahrung gab: War der Tyrann Richard bloß eine Erfindung von Humanisten, Geschichtsschreibern und Dramatikern?

Einerseits handelte es sich bei der Typisierung Richards als Tyrannen um eine rhetorische Verbeugung vor den Tudors. Andererseits aber besaß der im Renaissance-Humanismus ungemein populäre Begriff des Tyrannen aber auch analytisches Potenzial, wenn es darum ging, die fortlaufende und stellenweise besonders drastische Enttäuschung der traditionellen Erwartungen an einen guten, tugendhaften und gerechten König auf den Begriff zu bringen (Bushnell 1990). Für die Humanisten stand Richard zudem keineswegs allein in der Tyrannen-Ecke. Als Usurpatoren wurden von den Zeitgenossen auch Edward IV. und Heinrich VII. gehandelt (Sharpe 2009, 84 f.). Heinrich VIII. griff bekanntlich aus dynastischer Räson das Sakrament der Ehe an, ebenso wie Richard, der damit seine Neffen als «Bastarde» erweisen wollte. Eine paranoide Stimmung herrschte auch an den Höfen der Tudorkönige und -königinnen – weswegen Stephen Greenblatt davon ausgeht, dass Shakespeares Richard III. eigentlich Zeitkritik darstellte und die Frage, wie ein Land in die Hand eines Tyrannen fallen kann, sich nicht auf die 1480er, sondern die 1590er Jahre bezog (Greenblatt 2018, 14 f.).

Was Richard für seine Kritiker im 16. Jahrhundert jedoch mehr als alles andere zum exemplarischen Tyrannen machte, war die skrupellose Wendung gegen die eigene Familie, und hier vor allem gegen deren männliche Mitglieder: die Entthronung des einen Neffen, das Kidnapping des anderen, das Desinteresse an der Klärung vom Verschwinden beider, womöglich gar ihre Beseitigung. Aus Sicht der gelehrten Zeit-

André Krischer

genossen war das, so wie fast alles an Richard, schlicht widernatürlich.

Und noch eines kam hinzu: Richard konnte sich gegen solche Vorwürfe nicht mehr zur Wehr setzen – anders als Heinrich VIII., der zwar ebenfalls als Tyrann gelten konnte, die Verbreitung solcher Vorwürfe aber bei Höchststrafe verboten hatte (Walker 2005, 226 f.). Außerdem hatte Heinrich Nachkommen, die bei allem, was sie persönlich von ihm halten mochten, sein öffentliches Andenken in Ehren hielten, etwa durch eine Bildpolitik, die ihn nach Maßstäben des 16. Jahrhunderts als attraktiv und männlich erscheinen ließ – ganz im Gegensatz zum verkrüppelten Richard.

Die Darstellung Richards III. als Tyrannen war also eine politisch motivierte Zuschreibung, aber keine vollkommen willkürliche. Sein Handeln vom Tod seines königlichen Bruders 1483 bis zur Schlacht von Bosworth 1485 ließ sich mit den überlieferten Kriterien für einen Tyrannen vielfach in Übereinstimmung bringen. Wenn man also historisch urteilen wollte, müsste man sagen: Die Ungerechtigkeit bestand nicht darin, Richard einen Tyrannen zu nennen, sondern darin, dass andere Herrscher im 15. und 16. Jahrhundert nicht auch so bezeichnet und in Texten und Bilder entsprechend stilisiert wurden.

5
Katharina von Medici, Königin von Frankreich – von der Unmöglichkeit guter Herrschaft in der Zeit der Religionskriege

Von Mona Garloff

«Nein, ich war ruhig und kalt wie die Vernunft selbst. Ich sprach den Hugenotten ihr Urteil ohne Mitleid, aber ohne Aufwallungen von Zorn.» So lässt Honoré de Balzac in seiner Erzählung *Die beiden Träume* (1830) die französische Regentin Katharina von Medici die Entscheidung zur Ermordung der hugenottischen Führungselite in der Bartholomäusnacht am 24. August 1572, der sogenannten «Pariser Bluthochzeit», rekapitulieren. Das Bild dieser Königin von Frankreich, die nach dem Tod ihres Gemahls Heinrich II. die Herrschaft ihrer drei Söhne Franz II., Karl IX. und Heinrich III. dominierte, ist bis heute negativ gezeichnet. «Die eiserne Königin» (Dargent 2011), «Die Diabolische» (Pigaillem 2018) oder «The Serpent Queen» (TV-Miniserie, USA 2021/22) sind exemplarische Attribute, mit denen Katharina von Medici auch noch in jüngerer Zeit charakterisiert wurde. Transportiert wird damit meist das Bild der bösen und intriganten Königin, die machtgierig auf Kosten ihrer willensschwachen Söhne geherrscht und Frankreich in einen despotischen Staat verwandelt habe. Diese «schwarze Legende» ist alt, sie wurde vor allem von der protestantischen Geschichtsschreibung späterer Jahrhunderte geprägt und ist wesentlich auf ein einziges historisches Ereignis zurückzuführen, die Bartholomäusnacht 1572, wegen der Katharina von Medici für den Tod mehrerer Tausend Hugenotten verantwortlich gemacht wurde.

Caterina Maria Romula de Medici wurde am 13. April 1519 als Tochter von Lorenzo de Medici, Herzog von Urbino, und Madeleine de la Tour d'Auvergne, Tochter von Jeanne de Bourbon-Vendôme, in Florenz geboren. Obwohl die zukünftige Königin von Frankreich damit mütterlicherseits dem französischen Hochadel entstammte, wurde ihre italienische Herkunft von vielen Zeitgenossen überbetont. Bereits in den ersten Wochen ihres Lebens verlor sie beide Eltern, wuchs zwischen Rom und Florenz auf und erhielt ihre umfassende Bildung in klösterlicher Erziehung. Wegen ihres Onkels Papst Clemens VII. und ihres reichen Erbes war die Medici eine begehrte Heiratskandidatin. Die Hochzeit zwischen Katharina und dem zweiten Sohn Franz' I. von Frankreich, Heinrich, wurde 1533 vor dem Hintergrund der italienischen Kriege als diplomatische Allianz geschlossen. Die Ehe, neben der Heinrich bis zu seinem Tod ein enges Verhältnis zu Diane de Poitiers unterhielt, wurde in den ersten zehn Jahren durch Kinderlosigkeit belastet. 1544 wurde ihr ersehnter erster Sohn, Franz, geboren, womit das auf Katharina von Medici lastende Stigma der Unfruchtbarkeit beseitigt war. In den kommenden zwölf Jahren folgten neun weitere Kinder, von denen immerhin sechs das Erwachsenenalter erreichten. Mit vier männlichen Nachkommen schien die Zukunft der Valois-Dynastie gesichert. Nach dem Tod seines Vaters, dem der Tod seines thronfolgeberechtigten Bruders François vorausgegangen war, wurde Heinrich II. im Juli 1547 in Reims zum französischen König gekrönt. Katharinas Krönung erfolgte zwei Jahre später in der Kathedrale von Saint-Denis. Während kriegsbedingter Abwesenheiten vom Hof übertrug Heinrich seiner Gemahlin mehrere Male die Regentschaft. Zu seinen Lebzeiten war die Königin jedoch wenig in die politische Entscheidungsfindung eingebunden und hielt sich im höfischen Leben im Hintergrund. Als Heinrich 1559 bei einem Turnierunfall überraschend starb, änderte sich ihre Rolle schlagartig. Erst fünfzehnjährig trat ihr erstgeborener Sohn Franz II. die Herrschaft an, wobei die Regierungsgeschäfte weitgehend von der Königinmutter geführt wurden. In diesem fragilen Herrschaftskonstrukt wuchs inmitten der religionspolitischen Spannungen die Machtposition der Brüder Guise. Als Anführer der durch Spanien und Rom unterstützten ultrakatholischen Liga wurden sie zu Gegenspielern des französischen Königshauses in den religiösen Bürgerkriegen, die Frankreich in den folgenden Jahrzehnten erschütterten. Dem stand der wachsende Einfluss der Hugenotten gegenüber, die im französischen Adel und protestantischen Ausland mili-

Abb. 8 Werkstatt François Clouet, Porträt Katharinas
von Medici und ihrer Kinder, 1561.

tärische Unterstützung fanden. Ihr Bekenntnis zum reformierten Glauben stellte die Bewahrung der religiösen und nationalen Einheit in Frage,
die gemäß der Devise *une foi, une loi, un roi* zentrale Aufgabe des Königs
war.

Im ersten Jahrzehnt nach dem Tod Heinrichs II. konnte sich Katharina von Medici eine einflussreiche Position in der französischen Politik
sichern. Als Franz II. bereits Ende 1560 verstarb, übernahm sie die
Regentschaft für ihren noch minderjährigen Sohn Karl IX. Während
Frauen gemäß spätmittelalterlicher Ergänzungen des sogenannten Sali-

schen Gesetzes (*Lex Salica*) von der Thronfolge ausgeschlossen waren, gab es, angefangen mit der Regentschaft, die Blanche de Castille für ihren minderjährigen Sohn Ludwig IX. 1226 bis 1234 ausübte, für die Regierung durch die Königinmutter jedoch einige Vorbilder in der französischen Geschichte. Politische Herrschaft durch Frauen war damit in Frankreich eng an ihre Mutterrolle gebunden und zeitlich begrenzt. Verfassungsrechtlich war es jedoch nicht zwangsläufig so, dass die Regentschaft durch die Königinmutter ausgeübt werden musste, berechtigt waren dazu auch die Prinzen von Geblüt. Ihre Zustimmung war somit für die Regentschaft der Königinmutter notwendig. Antoine de Bourbon, König von Navarra und erster Prinz von Geblüt, verzichtete auf die Regentschaft. Er wurde zum Generalleutnant erhoben und übernahm damit die militärische Führung, zu der Katharina nicht berechtigt war.

Traditionell war die Regentschaft in der europäischen Vormoderne ein Mittel, um im Fall minderjähriger Thronfolger die Kontinuität der Herrschaft zu sichern. Die Legitimität weiblicher Herrschaft wurde zeitgenössisch nicht nur im Fall von Königinnen, sondern auch von Regentinnen in Frage gestellt. Während in anderen Ländern wie England, in denen die weibliche Thronfolge möglich war, Regentinnen im Herrschaftsdiskurs eher akzeptiert wurden, blieb ihre politische Legitimation in Frankreich umstritten. Das Bild Katharinas von Medici als angeblich unrechtmäßiger Regentin stützte sich auf die Tatsache, dass sie von Heinrich II. nicht als Regentin designiert worden war. Vielmehr ergab sich ihr Anspruch allein aus ihrer Rolle als Königinmutter. Der Vorwurf, dass sie weniger das Wohl Frankreichs und das ihrer Kinder im Blick habe, sondern im Eigeninteresse ambitiöse Machtpolitik verfolge, wurde daraus abgeleitet, dass sie alleine ohne einen Regentschaftsrat herrschte, während der königliche Rat und Generalleutnant nur beratende Funktion hatten. Katharina empfing beispielsweise selbst Gesandte und nahm Ämterernennungen vor (Heinemann 2020, 94 f.).

Während drei Religionskriegen versuchte Katharina von Medici, die Autonomie der Regierung gegenüber den Guise zu behaupten. Die angespannte Kriegssituation machte eine starke Repräsentation königlicher Autorität notwendig: Dass Katharina auch mit der offiziellen Übernahme der Herrschaft Karls IX. weiterhin die Oberhand über die Regierungsgeschäfte behielt, wurde mit der Entscheidungsschwäche und der kränklichen Konstitution des jungen Königs begründet. Die Verhandlungssituation zwischen den verfeindeten Kriegsparteien war schwierig. Es erwies sich in der komplexen Lage als unmöglich, zu einem Ausgleich der konfessionellen Interessenlagen und damit zu einem längerfristigen religionspolitischen Friedensschluss zu kommen. Der Titel der Biographie *Catherine de Medicis. L'impossible harmonie* der französischen Historikerin Janine Garrisson (2002) hebt diese Aussichtslosigkeit der Friedensbemühungen Katharinas hervor.

Die verfahrene Situation wurde bereits im Scheitern des Religionskolloquiums von Poissy 1561 deutlich, auf dem unter Leitung der Krone ein Kurs für einen religionspolitischen Frieden festgelegt werden sollte. Die Regentin hielt dabei, zusammen mit ihren engen Beratern, *chancelier* Michel de L'Hospital und Kardinal Charles de Lorraine, an einem Kurs fest, der unter Zusage gegenseitiger dogmatischer Konzessionen der Konfliktparteien eine längerfristige Wiedervereinigung innerhalb der katholischen Kirche vorsah. Die Mehrheit der in Poissy anwesenden Bischöfe und Prälaten erwartete eine Rückkehr der Protestanten in den Schoß der römisch-katholischen Kirche. Die Vertreter der reformierten Orthodoxie erstrebten das genaue Gegenteil, nämlich die katholische Seite von der Wahrheit ihrer Glaubensansichten zu überzeugen. Den Reformierten reichte eine bloße Tolerierung nicht aus, sie forderten die volle Gleichberechtigung ihrer Konfession. Auch nach dem Scheitern des Kolloquiums verfolgte Katharina in den folgenden Jahrzehnten das Ziel einer religiösen und politischen *concordia* weiter.

Vor diesem religionspolitischen Hintergrund sind auch die Hochzeitspläne zwischen Heinrich von Navarra und Katharinas Tochter Margarete von Valois zu sehen. Der französische Historiker Denis Crouzet hat die Hochzeitszeremonie des 18. August 1572 vor dem Hintergrund einer im Selbstverständnis der Valois-Monarchie begründeten Politik des Friedens beschrieben, als einen Traum von Frieden und von der Wiederkehr eines goldenen Zeitalters. Dieses «fragile Bauwerk des Friedens» (Crouzet 2012, 328), mit dem sich die französische Krone den Hugenotten annäherte, zerbarst allerdings, als am 22. August 1572 unter ungeklärten Umständen ein Attentat gegen den Führer der französischen Protestanten, Admiral Gaspard de Coligny, verübt wurde, der zusammen mit einem Großteil seiner Parteigänger nach den Hochzeits-

Mona Garloff

feierlichkeiten noch in der Hauptstadt Paris weilte. Auf das Attentat folgte das Massaker der Bartholomäusnacht. Dieser Akt prägte in der Folge die schlimmsten Vorurteile gegenüber der Herrscherin und trug entscheidend zur Bildung der «schwarzen Legende» um Katharina von Medici bei. Die Welle der Gewalt schockierte nicht nur die Protestanten Europas, sondern überraschte in ihrem gewaltigen Ausmaß auch die katholische Partei.

Was aber geschah nach dem gescheiterten Attentat auf Coligny am 22. August 1572? Der Verdacht der Protestanten richtete sich sofort gegen die katholische Guise-Partei, die hinter dem Attentäter Maurevert vermutet wurde. Die Hugenotten, zusätzlich verbittert durch die Absage Karls IX., auf Seiten der Aufständischen in den Niederlanden militärisch gegen Spanien vorzugehen, drängten auf Bestrafung der für den Mordanschlag Verantwortlichen. Ein Vorgehen gegen die Guise hätte für die Krone jedoch bedeutet, sich unter den Einfluss des protestantischen Lagers zu begeben und damit den radikalen Flügel der Katholiken, vielleicht sogar die gesamte katholische Bevölkerung gegen sich aufzubringen.

Die immer nachdrücklicher werdenden Forderungen der Hugenotten, die mit einer 4000 Mann starken Truppe vor Paris präsent waren, lassen die Furcht der Königinmutter vor einem protestantischen Umsturz verständlich erscheinen. Vor dem Hintergrund dieser angespannten Situation fanden am 23. August zwischen Nachmittag und später Nacht informelle Versammlungen des Kronrates statt, in denen die Entscheidung gefällt wurde, in einem Präventivschlag die wichtigsten hugenottischen Heerführer umzubringen. Die Ermordung eines Großteils der Hugenottenführer, unter ihnen Coligny, die in derselben Nacht unter Führung Heinrichs von Guise durch die königliche Schweizer Garde verübt wurde, mündete in ein «Theater der Grausamkeit» (Crouzet 2017): ein fünf Tage andauerndes Massaker in Paris. Bereits am 24. August griffen die Massentötungen auch auf die Provinzen über und trafen bis Ende Oktober zwölf weitere Städte. Die Anordnungen des Königs, die öffentliche Ordnung aufrechtzuerhalten und das Friedensedikt zu respektieren, zeigten keine Wirkung. Insgesamt ist von etwa 2000 Toten in Paris und 3000 in den Provinzen auszugehen; andere Schätzungen nennen die doppelte Zahl.

In der gegenwärtigen Forschung besteht Einvernehmen darüber, dass der Plan einer Auslöschung der wichtigsten Hugenottenführer nicht langfristig vorbereitet war und die Beschlüsse keine Ausweitung der Massaker intendierten. Die ersten Gewalttaten führten zu einer Dynamik, die nur noch schwer aufzuhalten war. Aufgrund der diffizilen Quellenlage bleibt umstritten, welches Gewicht Katharina von Medici, Karl IX. und den einzelnen Mitgliedern des Kronrates in der Beschlussfassung zukam und welche Motive die Akteure antrieben. Die Komplexität der Ereignisse entzieht sich einfachen Versuchen, Kausalzusammenhänge und vermeintlich logische Tatvorgänge zu rekonstruieren und sie allein der Krone anzulasten. Vielmehr ist von der Eigendynamik eines regelrechten Blutrausches vieler Täter an unterschiedlichen Schauplätzen auszugehen.

Nach der «Bluthochzeit» glitt Frankreich in einen weiteren Bürgerkrieg, währenddessen Katharina von Medici im Mai 1573 die Wahl ihres dritten Sohnes Heinrich auf den polnischen Thron erreichte. Als 1574 Karl IX. mit erst 23 Jahren an Tuberkulose verstarb, wurde ihr vom Parlament bis zur Heimkehr Heinrichs aus Polen erneut die Regentschaft übertragen. Katharina setzte große Hoffnungen auf ihren bevorzugten Sohn, den inneren Frieden in Frankreich wiederherzustellen. Die neuere Forschung hat das Bild korrigiert, wonach Heinrich III. seine Mutter politisch entmachtet und ihr nur noch eine untergeordnete Rolle bei der Regierung des Landes eingeräumt habe. Vielmehr handelte es sich «beim politischen Agieren Katharinas und Heinrichs III. in der Regel um eine sehr enge Kooperation, um eine spezifische Form einer Doppelherrschaft» (Malettke 2020, 299 f.). In den weiteren Bürgerkriegen führte vor allem Katharina die Verhandlungen. Dabei hatte sie sich mit ihrem opponierenden jüngsten Sohn François d'Alençon auseinanderzusetzen. Um ihn, Heinrich von Navarra und Henri de Condé hatte sich eine Gruppierung unzufriedener Adeliger beider Konfessionen (*malcontents*) gesammelt, die den fünften Religionskrieg dominierten. Anders als in früheren Auseinandersetzungen kämpften nun moderate Hugenotten und Katholiken gemeinsam unter Führung von Mitgliedern des Königshauses gegen königliche Truppen. Das verbindende Element dieser Gruppierung war eine wachsende Unzufriedenheit mit der Politik der französischen Krone, deren Herrschaft – spätestens seit der Bartholomäusnacht – bei vielen als tyrannisch galt. Diese Unzufriedenheit konnte zunächst konfessionelle Gegensätze überbrücken und wurde neben dem gemeinsamen militärischen Einsatz in zahlreichen politischen Streitschriften propagiert. Als François bereits mit 29 Jahren starb, war die Thronfolge Heinrichs von Navarra offen. Ein protestantischer König Frankreichs war für die Anhänger der katholischen Liga um Herzog Heinrich I. von Guise jedoch eine Provokation. Die Ligisten wurden zur zunehmenden Gefahr für den nationalen Zusammenhalt des Landes, weil sie sich wachsenden Rückhalt in der Bevölkerung, besonders in Paris, sichern konnten und von Spanien unterstützt wurden. Heinrich III. musste aus Paris fliehen, wo die Liga einen Volksaufstand angestiftet hatte. Ohne seine Mutter konsultiert zu haben, ließ der König im Dezember 1588 Herzog Heinrich von Guise und dessen Bruder ermorden. Dieser Befreiungsschlag scheiterte allerdings, die Monarchie versank im Chaos. Katharina, die seit längerem gesundheitlich geschwächt war, starb am 5. Januar 1589 an einer Lungenerkrankung. Sie erlebte nicht mehr, wie Heinrich III. Anfang August 1589 von einem Dominikanermönch ermordet wurde, womit der Valois-Dynastie das Ende beschieden war. Nach seiner Konversion, die 1593 in der Kathedrale von Saint-Denis feierlich begangen wurde, ließ sich Heinrich von Navarra 1594 zum französischen König krönen. Unter seiner Herrschaft konnten für einige Jahre religiöse Koexistenz erreicht und die französische Monarchie stabilisiert werden – auch wenn Heinrich IV. 1610 ebenfalls einem Attentat zum Opfer fiel. Katharina von Medici war es immerhin gelungen, ihren drei Söhnen trotz vieler Anfeindungen die Herrschaft zu sichern und die Monarchie in einer der konfliktreichsten Phasen der französischen Geschichte zu erhalten. Die Garantien konfessioneller Koexistenz, die im Edikt von Nantes 1598 festgeschrieben wurden, waren entscheidend durch Friedensedikte vorbereitet worden, die allesamt die Handschrift Katharinas von Medici trugen.

Das Bild der Herrscherin Katharina von Medici war bereits zu ihren Lebzeiten ambivalent. Die «schwarze» Königin, die Romanciers und Historiker des 19. Jahrhunderts wie Honoré de Balzac, Alexandre Dumas oder Jules Michelet skizziert haben, ist auf ihre Verdammung als despotische Herrscherin im 16. Jahrhundert zurückzuführen (Sutherland 1978).

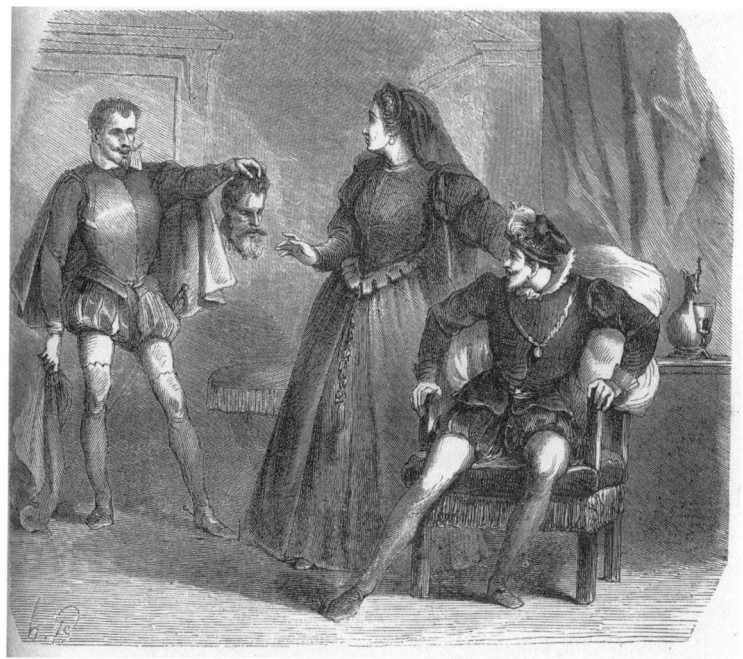

Abb. 9 Katharina von Medici als «schwarze» Königin in der Vorstellung des 19. Jahrhunderts. Nach der Bartholomäusnacht vom 24. August 1572 bringt man Katharina von Medici das Haupt von Gaspard de Coligny.

Für eine ausgewogene Einschätzung ist es wichtig, die Entstehung dieses Zerrbildes in der Frühen Neuzeit zu verstehen: Die Bartholomäusnacht löste eine Welle von hauptsächlich protestantischen Pamphleten und politischen Streitschriften aus, die Katharina von Medici und ihre italienischen Berater für die Massaker zur Verantwortung zogen und die Verwandlung der französischen Monarchie in eine tyrannische Fremdherrschaft von Italienern beschworen. Der Herrschaftsstil Katharinas von Medici und ihrer Berater wurde als spezifisch italienisch verstanden. Unter Anwendung der Lehren Niccolò Machiavellis, so viele Behauptungen, habe diese *politique italienne* auf eine Unterwanderung der traditionellen moralischen und rechtsstaatlichen Prinzipien und die Errichtung einer tyrannischen Regierung in Frankreich abgezielt.

Gegen die wirtschaftliche Monopolstellung der Italienerinnen und

Italiener in Frankreich sowie deren Einfluss auf die französische Sprache und Kultur hatte sich aber schon seit dem 15. Jahrhundert eine anti-italienische Haltung entwickelt. Die Einwanderung von italienischen Bankiers und Kaufleuten, Künstlern und Musikern führte in der ersten Hälfte des 16. Jahrhunderts zur Herausbildung von italienischen Handelszentren in Lyon, Rouen, Nantes und Paris. Die italienischen Kriege förderten die Immigration weiter, indem die französische Krone klerikale und höfische Ämter an eine Vielzahl ihrer transalpinen Alliierten verlieh. Im klerikalen Bereich stammte etwa ein Drittel der Bischöfe aus Italien. Zudem verlagerten viele italienische Bankiersfamilien ihre Tätigkeiten von Lyon nach Paris und traten hier als Hauptkreditgeber der finanzgeschwächten Krone auf. Über militärische Karrieren, den Kauf von Landgütern sowie Heirat stiegen viele Italienerinnen und Italiener in den französischen Adel auf. Mitte des 16. Jahrhunderts waren fast 43 Prozent der Eingebürgerten italienischer Herkunft. Es kann nicht verwundern, dass diese langfristigen Entwicklungen durch die Ehe Katharinas von Medici mit Heinrich II. gefördert wurden, ja diese Verbindung kann umgekehrt als Ausdruck gesellschaftlicher Wandlungsprozesse verstanden werden. Seit den 1560er Jahren verstärkten sich anti-italienische Tendenzen, die sich vor allem gegen die starke italienische Präsenz am Hof richteten: Im Zeitraum zwischen 1560 und 1589 verdoppelte sich die Zahl italienischer Höflinge von 90 auf etwa 180. Kritisiert wurde vor allem die Besetzung von Schlüsselpositionen der Regierung. So hatte etwa René de Birague das Amt des *chancelier* inne, Albert de Gondi und Louis de Gonzague wurden zu Mitgliedern des Kronrates ernannt. Es konnte daher leicht der Eindruck eines «*ils sont partout*» entstehen, wie es in einer politischen Streitschrift hieß.

Im Fokus der Pamphletistik stand aber Katharina von Medici, über deren Persönlichkeit Schriften wie der *Discours merveilleux de la vie, actions et deportemens de Catherine de Médicis* ein entschieden einseitiges Urteil fällten. Durch ihre herausragende politische Stellung konnte die Königinmutter zur Projektionsfläche für zahlreiche Missstände und Konfliktlinien im damaligen Frankreich werden. Die Karriere der Streitschrift zeigt, wie das Bild Katharinas geprägt wurde: Allein im Jahr 1575 erschienen in Genf drei französische Auflagen, es folgten Übersetzungen ins Lateinische, Englische und Deutsche. Für den anonymen Autor verkörperte Katharina von Medici alle schlechten Eigenschaften der Italiener, noch zugespitzt auf stereotype Ansichten über die Florentiner, die mit Machiavelli und seiner Herrschaftslehre identifiziert wurden. Kritisiert wurde überdies der erfolgreiche Aufstieg der Medici aus dem Textilhandel und dem Bankwesen der Republik Florenz, der Idealbildern des französischen Adels widersprach: Allein durch Wucher, Bestechung und Korruption seien die Medici zur Herrscherfamilie eines Stadtstaates aufgestiegen und hätten bereits dort den alten Adel aus seiner Position verdrängt.

Die Polemik gegen Katharinas Rolle als weibliche Herrscherin konnte an uralte Vorurteile anschließen. Ihre Regentschaft wurde häufig als Verstoß gegen die *Lex Salica* betrachtet. Für Autoren wie den reformierten Rechtsgelehrten François Hotman in seiner *Francogallia* (1573) bedeutete die Herrschaft von Frauen, besonders ausländischer Königinnen oder Regentinnen, nichts als Schreckensherrschaft und Zersetzung der rein männlich imaginierten Monarchie. In der Streitschrift *Reveille-Matin des François* (1574) wurde Katharina gar mit der phönizischen Königin Isebel im Alten Testament verglichen (125 f.), die als Archetypus der boshaften und hinterhältigen Herrscherin galt.

Hinter solcher Hofkritik stand oftmals die Enttäuschung französischer Adliger, die sich durch die Bevorzugung von Günstlingen (*favoris*) bei Hofe übergangen fühlten. Mit der Bloßstellung einer angeblichen Favoriten-Wirtschaft wurden geschickt abstrakte Vorwürfe gegen eine Arkanpolitik verbunden, die politische Entscheidungsprozesse ins Geheime verlagerte und verschleierte. Unter Ausschluss anderer Entscheidungsträger fänden etwa inoffizielle Versammlungen des *conseil privé* statt, so die Kritik. Als prägnantestes Beispiel für die Hofgeheimnisse (*aulae arcana*) wurden die Beschlüsse zur Bartholomäusnacht hervorgehoben, die in der protestantischen Interpretation als von langer Hand geplant galten.

Die Angst vor dem Feind im Inneren nährte sich aus dem Bild Italiens als Land der Verschwörungen, des Verrats und der politischen Morde, das in Frankreich bereits im späten Mittelalter verbreitet gewesen war. So charakterisierte schon der Theologe Jean Gerson im ausgehenden 14. Jahrhundert Italien als Land der Schreckensherrscher. Attentaten *à l'italienne*, die allen moralischen Grundsätzen widersprachen, wurde das ehrenhafte Töten gemäß ritterlichen Idealen gegenübergestellt. Mit der Thematik des Komplotts und der Politik des Mordens wurde ein Bedeutungsfeld assoziiert, das in seiner ganzen Breite im *Anti-Machiavel* (1576) zum Ausdruck kam. Autor dieser umfangreichen Abhandlung war der reformierte Rechtsgelehrte Innocent Gentillet. Als italienischer Politikstil galten hier Grausamkeit, Verrat, Unredlichkeit und Hinterhalt. Mit Intrigen und Attentaten als Charakteristika der italienischen Kultur verband sich als transalpine Spezialität das Vergiften zum Ausschalten von politischen Gegnern. Der Gebrauch von Gift wurde als letztes Mittel von Schwachen, Frauen und Feiglingen angesehen und schien den vollständigen Mangel an moralischem Bewusstsein anzuzeigen. Auch Katharina von Medici wurde immer wieder unterstellt, Gift zum Ausschalten ihrer politischen Gegner verwendet zu haben, etwa zur Beseitigung ihres Schwagers François, um die Thronfolge für ihren Gemahl zu erschleichen, oder zur Ermordung von Jeanne d'Albret, der Mutter Heinrichs von Navarra.

Die mediale Auseinandersetzung spielt noch heute mit diesen Stereotypen. In der ästhetisch eindrucksvollen Verfilmung *Die Bartholomäusnacht* (1994) lässt der Regisseur Patrice Chéreau Katharina von Medici, wenn auch unbeabsichtigt, ihren eigenen Sohn ermorden. Sie bereitet ein vergiftetes Buch über die Falkenjagd vor, das ursprünglich dem Liebhaber Margarethes von Valois gehörte. Mit dem Buch soll eigentlich Heinrich von Navarra getötet werden, doch es gelangt in die Hände ihres Sohns Karl IX. und verursacht dessen langsamen, qualvollen Tod.

Vorwürfe okkulter Praktiken rückten Katharinas Herrschaft endgültig in die Sphäre des Diabolischen und Dämonischen. Sie galt als Hexe und «Zauberin von Florenz» (*Reveille-Matin*, Dialog). Der *Discours merveilleux* bezichtigte sie als Jüngerin Satans, die schwarze Magie praktiziere (322, CXXI). Die Pamphletistik bezog sich hier auf das Interesse Katharinas von Medici an Astrologie und Astronomie, das sie in Austausch mit Nostradamus gebracht hatte, der ihr bis zu seinem Tod 1566 als Leibarzt diente.

Der Ruf der Ungläubigkeit vieler Italienerinnen und Italiener ging mit Stereotypen einher, die Katharina von Medici und ihre Landsleute verbotener sexueller Praktiken wie Sodomie bezichtigten. Dazu, so hieß es, hätten sie Pietro Aretino und andere italienische Schriftsteller inspiriert

(Gentillet 1968, 212). Aretino hatte mit den *Ragionamenti* (1534) einen der erfolgreichsten Texte der Erotikliteratur geschaffen, der – obwohl streng zensiert – gerade in der Hofgesellschaft ein begehrter Lesestoff war. Katharina wurde bezichtigt, einflussreiche Frauen und Männer am französischen Hof wie Anne de Montmorency und Antoine de Bourbon sexuell verführt und so auf ihre Seite gezogen zu haben, um die Regentschaft für ihren minderjährigen Sohn zu erlangen. Der Haushalt der Königin selbst sei ein «Stall von Huren», wie es in satirischen Versen von Pierre de l'Estoile hieß (1875, 307).

Katharinas weibliche Herrschaft wurde also delegitimiert, indem nicht nur ihr Regierungsstil diffamiert, sondern auch sexuelle Grenzüberschreitungen imaginiert wurden. Weibliche Verführungskunst habe sie dabei als Mittel zum Erreichen ihrer politischen Ambitionen eingesetzt. Während die Herrschaft Katharinas von Medici im Diskurs der französischen Krone mit ihrer Mutterrolle gerechtfertigt wurde, in der sie im Interesse ihrer Söhne regierte, trennte die Pamphletistik ihr Geschlecht von den Fürsorgepflichten einer königlichen Mutter und reduzierte ihre Rolle auf sexuelle Aspekte.

Die zeitgenössische Kritik sah das politische Handeln der Krone durchgängig als von moralischen Grundsätzen losgelöst. Machiavellis *Il Principe* (1513) habe die Anleitung für ein Regieren nach der *raison politique* gegeben, die nur darauf abzielte, die Interessen der Krone zu verfolgen. Gegen das Ideal des gerechten Regiments setzte man das Bild einer Politik der Hinterlist und der Entscheidungen im Geheimen, mit der die Untertanen getäuscht werden sollten. Die Ursachen der Religionskriege lagen den Pamphletisten zufolge weniger in dem konfessionellen Gegensatz als vielmehr in einem areligiösen politischen Handeln, das allein dem Machterhalt diente. Indem sich die Politik von den Idealen der traditionellen Monarchie entfremdete, habe sie den Weg zur Gewaltherrschaft beschritten: Als Archetypus einer italienischen Verschwörung und Muster eines Massakers an Franzosen galt die *Sizilianische Vesper* von 1282, jener blutige Aufstand in Sizilien gegen die Herrschaft König Karls I. von Anjou. Die Erinnerung daran schürte die Angst vor einem erneuten Komplott der Italiener, wovon die Bartholomäusnacht nur der erste Schritt gewesen zu sein schien (Gentillet 1968, 125).

Hinter diesem Bedrohungsszenario einer *Italo-Gallia* ragte für damalige Gelehrte indes auch die Gefahr der Umwandlung der französischen Monarchie in einen türkischen Tyrannenstaat hervor, vor der etwa die Streitschrift *La France-Turquie* (1576) warnte. Die Entartung des politischen Systems Frankreichs wurde durch die Darstellung der türkischen Schreckensherrschaft illustriert, in der der Sultan uneingeschränkte Machtbefugnis hatte, der alte Adel ausgeschaltet und durch unterwürfige Janitscharen ersetzt worden war (7 f.). Die literarische Darstellung des «orientalischen Despotismus» (Claude Adrien Helvétius) fungierte als Metapher für die Bedrohung, die über der französischen Monarchie schwebte. Das Szenario einer *France-Turquie* konnte den anti-italienischen Diskurs mit einem Feindbild verbinden, das in Frankreich durch die traditionelle Polemik gegen das Osmanische Reich geprägt war und die stereotypen Darstellungen in den Reiseberichten über den Orient überspitzte.

Katharina von Medici ist bis heute eine kontroverse Persönlichkeit geblieben: Die frühneuzeitliche Verurteilung ihrer Person war durch nationale Stereotype, konfessionelle Feindbilder und geschlechtliche Vorurteile aufgeladen. Nicht nur die Historiographie des 19. Jahrhunderts hat diese zeitgenössischen Feindbilder der italienischstämmigen Königin, Königinmutter und Regentin Frankreichs oft unkritisch übernommen. Auch populärwissenschaftliche Darstellungen der Gegenwart neigen zu einseitigen, vorurteilsbeladenen Einschätzungen. Dies ist auch ein Problem der missglückten deutsch-internationalen TV-Produktion *Henri 4* (2010), der die meisterhaft nuancierte Inszenierung Patrice Chéreaus von 1994 weit überlegen bleibt. Während die Geschichtswissenschaft die Herrschaft Katharinas von Medici heute differenziert beurteilt und ihre Person in vielen Aspekten rehabilitiert hat, bleibt ihr Porträt in der öffentlichen und künstlerischen Rezeption düster. Wie unpopulär sie nach wie vor ist, wurde 2019 deutlich, als ihr 500. Geburtstag gegenüber dem feierlichen Gedenken an das Todesjahr 1519 von Leonardo Da Vinci völlig in den Hintergrund trat.

Die «schwarze Legende» Katharinas von Medici wurde maßgeblich durch die Ereignisse der Bartholomäusnacht geprägt. Während sich die zeitgenössische Pamphletistik bei anti-italienischen Feindbildern und allgemeiner Herrschaftskritik an der Valois-Monarchie bediente, dominierten in späteren historischen Zuschreibungen biographische Zugriffe.

Die hier meist überspitzte Schwarz-Weiß-Charakterisierung der Figur Katharinas von Medici lieferte zwar vereinfachte Erklärungen für die religiösen Bürgerkriege und die Krisensituation der französischen Monarchie, wird der komplexen Gemengelage jedoch kaum gerecht.

Ein 1589 in Paris gedrucktes Pamphlet resümierte lakonisch als Grabspruch für Katharina:

«Sie hielt den Staat aufrecht und ruinierte ihn. Sie schuf manche Einigung und nicht weniger Konflikte. Sie gebar drei Könige und fünf Bürgerkriege, ließ Schlösser bauen und Städte verwüsten, machte gute Gesetze und schlechte Edikte – wünsche, Wanderer, ihr die Hölle und das Paradies» (L'Estoile 1876, 338).

Mona Garloff

6

Ibrahim «der Wahnsinnige» –
die osmanische Dynastie am Abgrund

Von Christine Vogel

Eines Tages stellte Sultan Ibrahim seinem Großwesir die Frage, warum
er eigentlich immer Recht behalte, obwohl er doch selbst zu bemerken
glaube, dass er oftmals Ungereimtes von sich gebe. «Mein Padischa!»,
antwortete darauf der Großwesir, «Ihr seid Kalif, Gottes Schatten auf
Erden, und was euch immer in den Sinn kommt, ist göttliche Offenba-
rung; was auch noch so ungereimt erscheinen mag, hat geheimen Sinn,
welchen dein Sklave verehrt, wenn er denselben auch nicht versteht.»

Diese Anekdote berichtet der österreichische Orientalist Joseph von
Hammer-Purgstall (1774–1856) in seiner monumentalen und bis heute
prägenden *Geschichte des Osmanischen Reichs* (Hammer-Purgstall 1829,
399). Sie illustriert zum einen die Essenz des europäischen Stereotyps der
orientalischen Despotie: ein Alleinherrscher, dessen Wille Gesetz ist und
dessen Untertanen bis hinauf zum höchsten Würdenträger allesamt als
Sklaven gelten. Dieser uralte europäische Abgrenzungsdiskurs erfuhr im
Kontext aufgeklärter Staatstheorien und des beginnenden Orientalismus
seit dem 18. Jahrhundert noch einmal einen besonderen Systematisie-
rungs- und Popularisierungsschub – und zwar ungeachtet der Tatsache,
dass kritische Beobachter wie Voltaire schon damals darauf hinwiesen,
wie wenig das Klischee des orientalischen Despoten mit der Herrschafts-
realität in den großen asiatischen Imperien zu tun hatte (Osterhammel
2010, 271–309). Zum anderen und vor allem verdeutlicht die Anekdote
für Hammer-Purgstall aber auch, wie sich im Falle des osmanischen Sultans Ibrahim despotisches System und Irrsinn des Despoten wechselseitig wie in einem Teufelskreis verstärkten – musste doch die Antwort
des Großwesirs Ibrahim noch weiter in seiner Wahnvorstellung bestär-

ken, «dass jeder Ausbruch seiner Despotenlaune und Wüstlingsbegier nur göttliche Eingebung» sei (Hammer-Purgstall 1829, 399).

Ibrahim, genannt «der Wahnsinnige» (1615–1648), war der 18. Sultan des Osmanischen Reichs, das aufgrund seiner ebenso aggressiven wie erfolgreichen Expansionspolitik über Jahrhunderte in Europa als «Schrecken der Christenheit» gefürchtet war. Er herrschte von 1640 bis 1648 nicht nur über Vorderasien mit der Arabischen Halbinsel – und damit über die Pilgerzentren Mekka, Medina und Jerusalem –, sondern auch über weite Teile Nordafrikas, Südosteuropas sowie des südlichen und östlichen Mittelmeerraums. Auf der einen Seite rangen die Osmanen in der Frühen Neuzeit mit dem schiitischen Safawidenreich um die politische und religiöse Vormachtstellung im Nahen und Mittleren Osten, auf der anderen Seite, im Nordwesten, grenzte ihr Herrschaftsgebiet an das Habsburgerreich.

Nun galten die osmanischen Sultane wohlinformierten europäischen Beobachtern wie Hammer-Purgstall ohnehin per se als orientalische Despoten – sozusagen systembedingt. Ibrahim jedoch verkörperte dieses Stereotyp auf geradezu paradigmatische Weise, und zwar in all seiner Widersprüchlichkeit: Ebenso blutrünstig wie wollüstig, grausam wie verweichlicht, war der orientalische Despot zugleich unberechenbarer Gewaltherrscher und willenlose Marionette in den Händen von Günstlingen, Eunuchen und – deutlichstes Zeichen vollkommener Dekadenz im Falle Ibrahims – Frauen. Und so fällt das historische Urteil Hammer-Purgstalls über Ibrahims Regierungszeit denn auch einigermaßen vernichtend aus: «[...] der Nach- und Mitwelt Verachtung lastet auf dem durch Sinnlichkeit moralisch entkräfteten Wüstling ohne Talent und Thätigkeit, welchen die Ohnmacht, überstiegene Begierden zu befriedigen, umso fester an das Launenjoch von Weibern und Günstlingen, von Buhlerinnen und Haremswächtern spannt.» Der strukturelle Despotismus des Osmanischen Reichs habe unter der Herrschaft des irrsinnigen Sultans zu bis dahin ungekannten Auswüchsen geführt, die den Niedergang des einst so mächtigen und gefürchteten Imperiums besiegelten – und das aus einem ganz bestimmten Grund: Das «Verderben», so Hammer-Purgstall weiter, brach unter Ibrahim über das Osmanische Reich herein «durch die vielköpfige Herrschaft der Weiber» (Hammer-Purgstall 1829, 296–299).

Christine Vogel

Brudermord, Prinzengefängnis und Haremsherrschaft:
Stabilisierungsstrategien der osmanischen Dynastie um 1600

Tatsächlich kam dem Harem als Institution seit dem Ende des 16. und in der ersten Hälfte des 17. Jahrhunderts eine wichtige politische Funktion zu, so dass einzelne Frauen, Mütter und Favoritinnen der Sultane, zeitweise einflussreiche Machtpositionen im Herrschaftsgefüge des Reichs besetzen konnten. Was Hammer-Purgstall und andere (vorwiegend männliche) Historiker als widernatürliche Praxis und deutliches Symptom des Niedergangs bewerteten, wird in populären Überblickswerken und Online-Enzyklopädien bis heute gern als Zeit der «Weiberherrschaft» verhandelt – offenkundig in Ermangelung eines passenderen Ausdrucks, wobei das inkriminierende Schlagwort mittlerweile immerhin mit relativierenden Anführungszeichen versehen wird (Matuz 2012, 165–178; Weiberherrschaft 2021). Neuere Studien haben dagegen längst gezeigt, dass dem Harem und insbesondere den Müttern der Sultane in dieser Phase der Geschichte des Osmanischen Reichs eine wesentliche herrschaftsstabilisierende Funktion zukam, die unter den gegebenen Bedingungen letztlich das Überleben der Dynastie und damit des Reichs gewährleistete (Peirce 1993).

Das «Verderben» drohte dem streng patrimonial organisierten Osmanenreich in dieser Zeit nämlich zunächst und vor allem in Form einer handfesten dynastischen Krise – hing doch an Ibrahim nach dem Tod seines Bruders Murad IV. (1612–1640, reg. 1623–1640) nichts weniger als der Fortbestand der seit dem 14. Jahrhundert regierenden Herrscherdynastie. Die Osmanen hatten sich schon früh von der Praxis dynastischer Eheschließungen abgewandt und stattdessen jeweils mehrere Sklavinnen als Konkubinen genommen. Als Strategie dynastischer Reproduktion hatte dies den Vorteil, dass wesentlich mehr männliche Erben als potentielle Thronfolger produziert werden konnten und zugleich keine konkurrierenden Ansprüche seitens verschwägerter Dynastien zu befürchten waren. Die ungebrochene dynastische Kontinuität war es denn auch, die das multiethnische und konfessionell heterogene Großreich zusammenhielt: Weniger dem individuellen Herrscher als vielmehr der mythisch und sakral überhöhten Dynastie der Osmanen galt die Loyalität der Untertanen und der Führungselite;

sie verschaffte dem Reich über den langen Zeitraum von rund 600 Jahren, in denen es existierte, politische Legitimität und historische Kohärenz (Finkel 2005).

Doch wie konnte es angesichts dessen überhaupt zu einer derart bedrohlichen dynastischen Krise kommen? Als Murad IV. am 8. Februar 1640 starb, war sein jüngerer Bruder Ibrahim in der Tat der letzte männliche Überlebende seiner Familie. Ibrahim war zu diesem Zeitpunkt 24 Jahre alt und hatte bis dahin sein Dasein im *Kafes*, dem Prinzengefängnis, gefristet, einem eigenen, abgeschlossenen und streng bewachten Bereich im Inneren des Topkapi-Palasts. Seit der Eroberung Konstantinopels durch Mehmed II. im Jahr 1453 diente diese weitläufige Palastanlage an der Spitze des Goldenen Horns den osmanischen Sultanen zugleich als Residenz für ihren mehrere Tausend Personen umfassenden Haushalt, als Zentrum von Regierung und Verwaltung und als Bühne eines komplexen Hofzeremoniells, mit dem sie sich symbolisch als sakral entrückte Weltherrscher inszenierten. Im abgeschotteten Bereich des *Kafes* lebten die osmanischen Prinzen seit dem frühen 17. Jahrhundert dagegen abseits von repräsentativem Prunk und weitgehend ohne Kontakte zur Außenwelt. Umgeben von Pagen, Eunuchen und Konkubinen, deren Schwangerschaften konsequent unterbunden wurden, um zu verhindern, dass die potentiellen Thronfolger Nachkommen zeugten, blieben die Prinzen nahezu unsichtbar, fern von jeglicher politischen Funktion und Verantwortung (Veinstein 2012).

Als jüngster von insgesamt neun Söhnen Sultan Ahmeds I. (1590–1617, reg. 1603–1617) hatte Ibrahim seit frühester Kindheit miterlebt, wie im Laufe der Jahre alle seine Brüder nach und nach aus dem *Kafes* verschwunden waren – entweder weil sie selbst, wie Osman II. (1604–1622, reg. 1618–1622) und Murad IV., bereits im Kindesalter den Thron bestiegen; oder aber, was deutlich häufiger der Fall war, weil ein für alle Mal ausgeschlossen werden sollte, dass sie dies jemals tun würden: Insgesamt fünf ihrer Brüder hatten Osman und Murad zu verschiedenen Anlässen erdrosseln lassen; nur einer war wohl schon als Kind einer Krankheit erlegen. Sie folgten damit einer lange etablierten Tradition: So hatte beispielsweise ihr Urgroßvater Murad III. (1546–1595, reg. 1574–1595) bei seinem Regierungsantritt seine fünf jüngeren Brüder töten lassen, um dann seinerseits zahlreiche Söhne zu zeugen; der älteste dieser Söhne, Meh-

Christine Vogel

med III. (1566–1603, reg. 1595–1603), ordnete dann bei seinem Regierungsantritt – dem Vernehmen nach unter Tränen – die Hinrichtung von nicht weniger als 19 Brüdern an, viele davon noch im Kleinkindalter. Sie alle wurden standesgemäß und unter großer öffentlicher Anteilnahme im Grabgewölbe ihres Vaters Murad III. in der Hagia Sophia beigesetzt. Die als legale Maßnahme zur Herrschaftssicherung verstandene Praxis des Brudermords war gewissermaßen die blutige Kehrseite der durch das Konkubinat verursachten «Überproduktion» männlicher Nachfahren: Sie sollte zum Schutz des jeweils regierenden Sultans vor möglichen Konkurrenten dienen und gewährleisten, dass nur seine eigenen Nachkommen den Thron besteigen. Die Einführung des *Kafes* zu Beginn des 17. Jahrhunderts muss wohl auch als Reaktion auf das Prinzenmassaker von 1595 verstanden werden: Indem man den Prinzen fortan die Möglichkeit nahm, sich in der Öffentlichkeit zu positionieren, einen eigenen Haushalt zu führen und sich eine Gefolgschaft aufzubauen, neutralisierte man sie als mögliche Konkurrenten des regierenden Sultans. Die Institutionalisierung des Prinzengefängnisses markierte insofern den Übergang von der zunehmend als brutal und unmenschlich wahrgenommenen Praxis des Brudermords hin zu einer neuen Thronfolgeregelung, der des Seniorats. Im Laufe mehrerer Generationen, die mit minderjährigen oder aus anderen Gründen regierungsunfähigen Sultanen konfrontiert waren, setzte sich nämlich allmählich die Rechtsauffassung durch, dass als legitimer Thronfolger der jeweils älteste Prinz von Geblüt galt – egal, ob es sich dabei um einen Sohn oder einen Bruder des bis dahin regierenden Sultans handelte. Die Praxis des Brudermords wurde damit nach und nach obsolet (Peirce 1993, 99–103; Vatin / Veinstein 2003, 185–192).

Dies galt jedoch noch nicht für die Übergangsphase in der ersten Hälfte des 17. Jahrhunderts, als man die Prinzen zwar bereits einsperrte, eine klare Thronfolgeregelung aber noch fehlte. Ibrahim wurde nur deshalb als Einziger am Leben gelassen, weil er als geistesschwach galt und daher nach allgemeiner Auffassung als Konkurrent um die Sultanswürde für Murad IV. keine ernstzunehmende Gefahr darstellte. Eine gewisse Rolle dürfte zudem die Überlegung gespielt haben, dass man zunächst abwarten wollte, bis Murad IV. selbst gesunde männliche Nachfahren produziert hatte – eine überaus weise Entscheidung, wie sich bald herausstellte, denn obwohl Murad in seinen siebzehn Regierungsjahren mehrere Söhne zeugte, überlebte keiner von ihnen den Vater.

Sultan wider Willen

Seit 1638 hatte Ibrahim das Prinzengefängnis also ganz für sich. Dass er deshalb, wie schon der osmanische Chronist Naima (ca. 1655–1716) berichtet, zunächst misstrauisch, ja sogar panisch reagierte, als die Großen des Reichs noch am Todestag Murads IV. seine Gemächer betraten, um ihm die frohe Kunde seiner Thronerhebung zu übermitteln, scheint somit vollkommen plausibel. Ibrahim weigerte sich standhaft, den *Kafes* zu verlassen, und soll sogar den Eingang von innen verbarrikadiert haben, bis schließlich seine (und Murads) Mutter Kösem Mahpeyker Sultan (ca. 1589–1651) auf der Bildfläche erschien. Die *Valide Sultan*, so ihr offizieller Titel als Mutter des regierenden Sultans, stand in der Hierarchie des Harems an oberster Stelle und hatte damit im Palast eine einflussreiche Position inne, die je nach politischer Konstellation und persönlichem Geschick mit großer Macht einhergehen konnte (Peirce 1993). Bei Kösem war dies in ganz besonderer Weise der Fall, und zwar so sehr, dass selbst ein so entschiedener Kritiker weiblicher Herrschaft wie Hammer-Purgstall sich genötigt sah, ihr den allergrößten Respekt zu zollen: «Durch den Herrscherglanz von vier Kaisern (des Gemahls, zweyer Söhne und des Enkels)» sei sie «mehr als Agrippina, Nero's Mutter, geschichtlich verherrlicht» und könne deshalb als «der osmanischen Geschichte weiblicher Cäsar» gelten (Hammer-Purgstall 1829, 548). Tatsächlich übte Kösem Mahpeyker nach dem Tod Ahmeds I. wiederholt de facto die Regentschaft über das Reich aus, so etwa während der Minderjährigkeit Murads IV. und später auch wieder nach Ibrahims Tod. Gerade in den zu dieser Zeit besonders kritischen, weil (noch) nicht eindeutig regulierten Momenten des Herrscherwechsels trug sie als ranghöchste Vertreterin der Herrscherfamilie entscheidend zur Legitimierung des Übergangsprozesses bei. Es ist also kein Zufall, dass ihre Intervention in allen Berichten über den Thronwechsel von Murad IV. zu Ibrahim erwähnt wird – wenn auch zumeist nur in anekdotischer Form: Erst nachdem Kösem dem argwöhnischen Ibrahim den Leichnam

Christine Vogel

seines Bruders gezeigt und ihm versichert hatte, dass er nicht den Tod, sondern die Huldigung seiner Untertanen zu gewärtigen habe, sei der neue Sultan demnach bereit gewesen, sein Gefängnis zu verlassen.

Die Geschichte von Ibrahims widerwilliger Thronbesteigung wurde von osmanischen wie europäischen Schriftstellern wieder und wieder erzählt und dabei im Laufe der Zeit immer weiter ausgeschmückt, ebenso wie seine gesamte, nur acht Jahre währende Herrschaftszeit. Dass die jahrzehntelange Haft unter ständiger Todesangst sich wohl negativ auf Ibrahims ohnehin labilen Geisteszustand ausgewirkt hatte, wird dabei von niemandem bezweifelt, sondern höchstens graduell unterschiedlich beurteilt (Börekçi 2009, 262). Während sich beispielsweise der zeitgenössische osmanische Schriftsteller Evliya Çelebi (1611–1683) mit der lakonischen Bemerkung begnügte, der Sultan sei bei seinem Regierungsantritt 25 Jahre alt und nicht sehr intelligent gewesen (Çelebi 1834, 146), wollten westeuropäische Beobachter schon von Beginn an deutliche Anzeichen von Geisteskrankheit erkannt haben. So habe der neue Sultan gleich bei seiner ersten feierlichen Prozession durch die Hauptstadt eine derart absonderliche Figur abgegeben, dass vom herbeiströmenden Volk statt Jubelrufen nur Hohngelächter zu vernehmen war (Rycaut 1694, 458). Dass Ibrahim daher schon bald in osmanischen wie in europäischen Überlieferungen den Beinamen «der Wahnsinnige» erhielt und bis heute in einschlägigen historischen Darstellungen als Psychopath beschrieben wird (Matuz 2012, 167; Osterhammel 2010, 272), hat allerdings nicht allein mit seiner mutmaßlich traumatischen Kindheit und Jugend zu tun, sondern vor allem mit den Ereignissen der darauffolgenden Jahre bis zu seinem gewaltsamen Tod im August 1648.

Dynastieerhalt als erste Herrscherpflicht

Zunächst verhielt Sultan Ibrahim sich ganz so, wie man es von ihm erwartete: Er überließ die politischen Geschäfte dem schon von Murad IV. ernannten Großwesir Kemankeş Kara Mustafa (ca. 1592–1644), der friedliche Beziehungen zu Persien und Österreich pflegte, die Festung Asow von den Kosaken zurückeroberte und durch Reformen im Inneren sowie die Niederschlagung von Aufständen insgesamt für einigermaßen gefestigte Zustände sorgte. Derweil widmete sich Ibrahim mit großem

Abb. 10 Sultan Ibrahim I. Osmanische Miniatur, Detail eines
genealogischen Stammbaums (zwischen 1640 und 1648).

Christine Vogel

Engagement der einen zentralen Aufgabe, die er nicht delegieren konnte: dem Erhalt der Dynastie. Ermutigt und tatkräftig unterstützt wurde er darin sowohl von der *Valide Sultan* als auch von den Wesiren und den Vertretern der *Ulema*, den hochrangigen Religionsgelehrten. Chronisten behaupten gar, man habe eigens für Ibrahim in dieser Zeit ein neues Staatsritual eingeführt: Jeden Freitag sei die Sultansmutter in Begleitung der Wesire in feierlicher Prozession vor dem Sultan erschienen, um ihm eine neue, besonders schöne Sklavin für seinen Harem zum Geschenk zu machen (Hammer-Purgstall 1829, 301; Cantemir 1745, 386). Doch obgleich Ibrahim nach übereinstimmenden Berichten ausgesprochen eifrig bei der Sache war, ja sich oft Tag und Nacht bis zur Erschöpfung im Harem bei seinen Konkubinen verausgabte, blieb der erhoffte Erfolg zunächst aus und beunruhigende Gerüchte über Impotenz machten die Runde. Wenig hilfreich war es da, dass der geistig ohnehin fragile Sultan durch die andauernde körperliche Beanspruchung nun immer deutlichere Anzeichen physischen wie psychischen Verfalls zeigte. 1641 erlitt er gar eine Art Schlaganfall, was man allseits auf seine maßlosen sexuellen Aktivitäten zurückführte und als schlechtes Omen deutete, zumal diese lebensbedrohliche Erkrankung zeitgleich mit einer Brandkatastrophe in Istanbul und einem Erdbeben in der anatolischen Provinz auftrat.

In der Furcht, Ibrahim könne sterben, ohne für männliche Nachkommen gesorgt zu haben, nahm man nun auch Zuflucht zu Wunderheilern und Geisterbeschwörern, die dem Sultan mit Gebeten und Arzneien Linderung verschaffen und gleichzeitig seine Potenz steigern sollten. Fast zwei Jahre dauerte es, bis im Januar 1642 endlich ein erster Sohn, der künftige Sultan Mehmed IV. (1642–1693, reg. 1648–1687), geboren wurde. Danach schwängerte Ibrahim binnen weniger Monate mehrere seiner Konkubinen, so dass die Geburten diverser Söhne und Töchter bald jegliche Zweifel an seiner Zeugungsfähigkeit ausräumten und das Überleben der Dynastie im dritten Jahr seiner Herrschaft endlich als gesichert galt.

Die politische Krise des Reichs war damit freilich noch lange nicht überwunden: Da Ibrahim selbst praktisch regierungsunfähig war, kämpften konkurrierende Fraktionen am Sultanshof um die Macht. Als ranghöchste Person nach dem Sultan führte dabei die regierungserfahrene Kösem Mahpeyker die Opposition gegen den zwar äußerst effizient, dabei aber skrupellos und brutal agierenden Großwesir Kemankeş Kara Mustafa an. Zu den wichtigsten politischen Gegenspielern des Großwesirs zählten der Wesir Sultanzade Mehmed Pascha (1603–1646) und Silahdar Jusuf Pascha (1604–1646), ein Mitglied der Leibgarde des Sultans. Eine gewichtige Rolle spielte außerdem ein Mystiker und Wunderheiler namens Cinci Hoca, der die nach wie vor virulenten Schmerzanfälle und Angstattacken des Sultans behandelte und dadurch das besondere Vertrauen der *Valide Sultan* genoss. Im Januar 1644 ordnete Ibrahim auf Betreiben der Fraktion um Kösem die Hinrichtung des Großwesirs an, machte an seiner Stelle Sultanzade Mehmed zum Großwesir, ernannte Silahdar Jusuf zum *Kapudan Pascha*, zum Oberbefehlshaber der Flotte, und erhob zum Entsetzen der *Ulema* den Scharlatan Cinci Hoca zum *Kadıasker* von Anatolien. Dies war die höchste juristische Würde und eine der einflussreichsten Positionen im Reich, mit der unter anderem das Recht zur Ernennung von Richtern und religiösen Würdenträgern verbunden war.

Nach einhelliger Meinung der Chronisten stellte die Hinrichtung von Kemankeş Kara Mustafa eine klare Zäsur in Ibrahims Regierungszeit dar: Hatte dieser machtbewusste Großwesir wenigstens gelegentlich noch den Mut aufgebracht, «den unsinnigen Launen des Despoten durch abweichende Meinung die Stirne zu biethen», wie Hammer-Purgstall es formulierte, so redeten alle seine Amtsnachfolger dem irrlichternden Sultan fortan nach dem Mund und gehorchten seinen Wünschen und Befehlen auch dann noch aufs Wort, wenn sie offenkundig widersinnig waren oder grausamen Affekten entsprangen (Hammer-Purgstall 1829, 399). Die folgenden Jahre waren denn auch geprägt von andauernden Wechseln an der Spitze der Regierung, Intrigen konkurrierender Hofparteien, willkürlich anmutenden Absetzungen und Hinrichtungen fähiger wie unfähiger Amtsträger sowie Aufständen in der Provinz.

Christine Vogel

Glaubt man den europäischen Beobachtern, führte Ibrahim sich bei all-dem ganz so auf, wie man es von einem orientalischen Despoten erwar-ten konnte. Geradezu karikaturenhaft nehmen sich die entsprechenden Anekdoten aus, mit denen die Berichte über seine Regierungszeit ge-spickt sind: So lässt Ibrahim angeblich sämtliche Fahrzeuge außer sei-nen eigenen auf den Straßen der Hauptstadt verbieten, weil er bei seinen Spazierfahrten in den engen Gassen Konstantinopels immer wieder ge-zwungen ist, hinter anderen Fuhrwerken abzuwarten. Als er danach dennoch einmal auf einen anderen Wagen trifft, zitiert er sofort seinen Großwesir herbei, um ihn sogleich an Ort und Stelle mit einem Brunnen-strick erdrosseln zu lassen (Hammer-Purgstall 1829, 410). Ein anderes Mal wirft Ibrahim seinen Erstgeborenen, den späteren Sultan Mehmed IV., im Zorn über dessen Mutter in eine Zisterne, aus der Dienstboten den Säug-ling mit knapper Not vor dem Ertrinken retten (Rycaut 1694, 467 f.; Hammer-Purgstall 1829, 361); dann wieder ernennt er einen Gaukler zum *Janitscharenaga* und einen Schattenspieler zum *Kapudan Pascha* (Hammer-Purgstall 1829, 358).

Auch politisch folgenreiche Entscheidungen wie der Angriff auf die Festungsstadt Canea, mit dem 1645 der mehr als 20 Jahre währende Krieg um Kreta gegen die Venezianer begann, werden in diesen Berich-ten einzig als Resultat irrationaler Affekte eines instabilen und unkon-trollierbaren Alleinherrschers dargestellt, der sich in der duftgeschwän-gerten Atmosphäre seiner Haremsgemächer längst «in seiner Geilheit so weit verlohren [hatte], daß ein züchtig Gemüth sich solches nicht einbil-den kann», wie es ein europäischer Zeitgenosse formulierte (Rycaut 1694, 478 f.).

Die Einbildungskraft züchtiger Gemüter wurde freilich bei der Lek-türe der Berichte über Sultan Ibrahim ohnehin sehr beansprucht. Vor allem nämlich handelten die Anekdoten über seine despotische Regie-rung von perversem Sex und überbordendem Luxus. Je mehr Zeit ver-geht, desto exzentrischer werden die Bedürfnisse des Sultans; je blutiger die Kämpfe seiner Truppen in Dalmatien oder auf Kreta, desto raffinier-ter werden die Strategien der daheim im Harem ausgefochtenen «Liebes-Kriege» (Rycaut 1694, 464). Die pornographische Dimension mancher

Abb. II Ibrahim wirft seinen Erstgeborenen in einen Wassertrog. Illustration aus: Paul Rycaut, Die Neu-eröffnete Ottomannische Pforte, Augsburg 1694.

europäischer Berichte ist dabei wohl kein Zufall und dürfte deren Verkaufswert nur weiter gesteigert haben: Von Schlafzimmern mit verspiegelten Wänden und Zimmerdecken ist da die Rede, die einen vervielfältigten Blick auf die «Liebeskämpfe» des lüsternen Sultans ermöglichten; von Kleidern, Wänden, Bettwäsche aus kostbaren Zobelfellen, die dazu dienen sollten, ihm die Haut wund zu reiben, um dadurch seine Brunst zu befeuern; von massenhaftem Konsum potenzsteigernder Substanzen, die ebenso teuer waren wie die Zobelfelle und um derentwillen Ibrahim die Staatsfinanzen stärker ruinierte, als alle Sultane vor ihm es für ihre Kriegszüge getan hatten; von einer abnormen Vorliebe für besonders große, fette Frauen; von Orgien nackter Sklavinnen schließlich, die der gleichfalls nackte Sultan, wiehernd wie ein Hengst, stürmte, um sich an inszeniertem Raub und simulierter Vergewaltigung zu ergötzen (vgl. z. B. Cantemir 1745, 386; Rycaut 1694, 479 ff.).

Tatsächlich sorgten der ausgeprägte Luxuskonsum im Harem, die hohe Anzahl ungewöhnlich hoch dotierter Favoritinnen (*hasekis*) mit

Christine Vogel

ihren jeweils eigenen Klientelverbänden, der Tabubruch einer offiziellen Hochzeit des Sultans mit Telli Hümaşah Sultan, einer seiner Favoritinnen, sowie vor allem Unberechenbarkeit, Korruption und Instabilität an der Regierungsspitze zunehmend für Unzufriedenheit, sowohl im Militär als auch bei der *Ulema*, bei der Verwaltung und in der breiteren Bevölkerung, die zusätzlich unter der hohen Steuerlast litt. Bereits 1647 gab es einen ersten Versuch, Ibrahim zugunsten seines ältesten Sohnes Mehmed abzusetzen, in den unter anderem der damalige Großwesir Salih Pascha und die *Valide* Kösem involviert waren. Diese erste Verschwörung scheiterte jedoch und führte lediglich zur Exekution des Großwesirs und zu einem kurzen Exil der Sultansmutter. Der neue Großwesir Hezarpare Ahmed Pascha schlug noch im Frühjahr 1648 eine Militärrevolte nahe Ankara nieder, die Ibrahims Absetzung zum Ziel gehabt hatte, war jedoch wegen seiner Korruption bei der *Ulema* ebenso verhasst wie bei den Janitscharen. Am 8. August 1648 schließlich schritten die Janitscharentruppen in Istanbul zur Tat: Sie massakrierten zuerst den Großwesir und erklärten dann auf der Grundlage eines Rechtsgutachtens des *Şeyhülislam*, der höchsten religionsrechtlichen Instanz des Reichs, Sultan Ibrahim für abgesetzt. An seiner statt setzten sie mit Billigung der *Valide Sultan* Ibrahims siebenjährigen Sohn Mehmed IV. auf den Thron. Wenige Tage später ließ man Ibrahim in seinem Gefängnis erdrosseln – wohl aus Furcht, seine Anhänger könnten versuchen, ihn wiedereinzusetzen (Börekçi 2009, 263).

Osmanische und europäische Berichte schildern das unrühmliche Ende des Sultans meist ebenso detailverliebt wie zuvor schon seine sexuellen Exzesse. Evliya Çelebi etwa beschreibt, wie sich Ibrahim beim Eintritt des Henkers so entschlossen gewehrt habe, dass es nur mit zwei weiteren Gehilfen gelungen sei, ihn zu überwinden (Çelebi 1834, 150 f.). Unter der Feder des Engländers Paul Rycaut dagegen nimmt sich die Tötung eher wie ein Gnadenakt aus – habe doch der wahnsinnige Sultan in seinem Gefängnis wie ein Wilder gewütet und dabei immer wieder seinen Kopf gegen die Wand geschlagen, «derohalben man ihn um solche Müh zu ersparen durch 4 Stumme den 17. selbigen Monaths strangulieren liesse» (Rycaut 1694, 483).

Die Geschichte des wahnsinnigen Ibrahim, des geisteskranken und sex-
süchtigen Sultans, wirkt aus heutiger Sicht eher tragisch. Über Jahrhunderte aber erschien sie beinahe zu schön, um wahr zu sein – und wurde
darum wieder und wieder erzählt. Sie nutzte eben allen Seiten: Für die
Europäer illustrierte sie die Idee der orientalischen Despotie besonders
wirkungsvoll; hier konnte man die eigene politische wie moralische
Überlegenheit zelebrieren und zugleich den wohligen Schauer genießen,
den der Blick hinter die Mauern des sagenumwobenen Harems verschaffte. Den osmanischen Chronisten dagegen lieferte sie ein willkom-
menes Rechtfertigungsnarrativ im Kontext einer schweren Staats- und
Legitimitätskrise. Denn obgleich die Motivik von blutigen Thronwech-
seln, Brudermord und Janitscharenrevolten das populäre Bild des Osmanischen Reichs in Europa nachhaltig geprägt hat, war Ibrahims Hinrichtung in der Geschichte des Reichs erst der zweite Regizid und stellte aus
der Perspektive der osmanischen Chronistik ein unerhörtes Sakrileg dar.
Der erste Königsmord lag zudem noch nicht lange zurück: Im Jahr 1622
war der kaum 18-jährige Osman II., Ibrahims älterer Bruder, dem Zorn
der Janitscharentruppen zum Opfer gefallen. Während allerdings Osman
von der aufgebrachten Soldateska einfach massakriert worden war, flan-
kierte man Absetzung und Hinrichtung Ibrahims mit einer rechts-
verbindlichen Erlaubnis des *Şeyhülislam* als höchster religiöser Autorität
des Reiches und verlieh ihr so eine gewisse Legalität: Das Sakrileg des
Regizids konnte damit unter Berufung auf eine religiöse Institution, im
Rahmen eines etablierten Verfahrens (der *fetva*) und mit Verweis auf die
Geistesgestörtheit des Sultans gerechtfertigt werden. Dazu passt, dass
nach Çelebis Bericht Ibrahims Henker nicht nur gewaltsam gezwungen
werden musste, seine Pflicht zu tun, sondern man ihm anschließend
auch noch eine Pilgerreise nach Mekka auferlegte (Çelebi 1834, 150 f.).
Man kann das alles durchaus auch als Schritt hin zu einem abstrakteren
Staatsverständnis verstehen, in dem Legitimität und Kontinuität von
Herrschaft weniger an die Person des Monarchen als vielmehr an die
religiösen, militärischen und politischen Institutionen mit ihren jeweiligen Verfahren geknüpft sind (Vatin / Veinstein 2003, 79, 243). Im Rahmen des patriarchalen Herrschaftsverständnisses, das die osmanische

Christine Vogel

ebenso wie die lateinchristlich-europäische Kultur und Geschichtsschreibung geprägt hat, ließ sich die Übergangszeit des frühen 17. Jahrhunderts mit schwachen Sultanen wie Ibrahim und starken Regentinnen wie Kösem dagegen wohl nur als Epoche von Niedergang und Dekadenz beschreiben – deutlich ablesbar an der langlebigen Meistererzählung der «Weiberherrschaft», die vom unheilvollen Einfluss der Frauen auf die Regierungsgeschäfte kündet. Hier waren sich osmanische und europäische Geschichtsschreibung vollkommen einig und verstärkten sich wechselseitig aufs Trefflichste.

7
Ivan IV. «der Schreckliche» und Peter I. «der Große» –
zwischen Schreckensherrschaft und aufgeklärter Despotie

Von Jan Hennings

Im Jahr 1547 ließ sich Ivan IV. in der Mariä-Entschlafens-Kathedrale des Moskauer Kreml als erster russischer Großfürst zum Zaren krönen. Zum Ende des Großen Nordischen Krieges im Jahr 1721 nahm Peter I. in der neuen Hauptstadt Sankt Petersburg auf Bitten seiner obersten Regierungsbehörden den Kaisertitel an. Fortan herrschte über das Vielvölkerreich nicht mehr ein Zar, sondern ein «allrussischer Imperator und Selbstherrscher», ein «Vater des Vaterlandes». Ivan IV. (1530–1584) ist als emblematische Herrscherfigur des altrussischen Zarentums in die Geschichte eingegangen. Peter I. (1672–1725) verkörpert Russlands Aufbruch nach Westen. Beide gelten als Modernisierer und Veränderer. Sie haben Staat und Gesellschaft tiefgreifend reformiert. Gleichzeitig verbreiteten sie durch den Bruch mit dem Althergebrachten, durch erbarmungsloses Durchgreifen, Verfolgung ihrer Gegner und ihren erratischen Charakter Angst und Schrecken. Doch waren der erste gekrönte Zar und der erste russische Kaiser Despoten? Historiker und Historikerinnen werden auf diese Frage keine abschließende Antwort geben können, denn was für Helden gilt, gilt auch für Despoten: Zu vieldeutig sind die Begriffe im Gebrauch der Zeitgenossen und in späteren Auslegungen. Wohl aber lässt sich beschreiben, wer Ivan den Schrecklichen und Peter den Großen als Despoten bezeichnete, warum die Menschen dies taten und was sie damit meinten.

Jan Hennings

Bereits im 16. Jahrhundert waren «Despotie» und «Tyrannis» zentrale Begriffe, mit denen sich europäische Russlandreisende das politische System Moskowiens (wie Russland damals genannt wurde) erklärten. In humanistischer Tradition berief man sich auf die aristotelische Politiklehre, um die in der Fremde gemachten Erfahrungen in bekannte Kategorien einzuordnen und den Erwartungen eines belesenen Publikums entsprechend aufzubereiten. Nach Aristoteles gab es drei gute, legitime Verfassungsformen: die Politie, die Aristokratie und die Monarchie. Letztere drohte in eine Tyrannis abzugleiten, sobald sie zur unumschränkten Alleinherrschaft eines Despoten führte, der seine persönlichen Interessen über das Wohl der Allgemeinheit stellte. Die Tyrannis war eine pervertierte Form der Monarchie. Sie basierte auf Willkür und war instabil, da ihr jegliche Legitimität fehlte. Hinzu kam die Vorstellung, dass Despoten ihre Untertanen wie Sklaven behandelten. Bei manchen barbarischen Völkerschaften, so Aristoteles, schien dieser Umgang mit Macht hingegen geeignet, Herrschaftsstrukturen zu zementieren, weil die despotische Herrschaft dem unterwürfigen Wesen der Barbaren entspreche, vor allem dem der asiatischen Völker (Poe 2000, 154 f.).

Ein gutes Beispiel hierfür lieferte der habsburgische Gesandte Sigismund von Herberstein. Er hatte auf seinen zwei Reisen nach Moskau um 1516 und 1526 beobachtet, dass sich alle Untertanen des Zaren als dessen Sklaven bezeichneten. Angesichts der Machtfülle des Monarchen spekulierte er, ob ein Volk, das aus freien Stücken auf die Freiheit verzichtete, eines tyrannischen Herrschers bedürfe oder ob die «grausame Herrschaft» ein solches Volk erst hervorgebracht habe (Herberstein 2007, 73 f., 175). Zwar blieb die Macht der Zaren an die orthodoxe Kirche und die Clanverbände des Hochadels gebunden und war in der Realität bei weitem nicht so grenzenlos, wie viele Russlandreisende glauben machen wollten. Auch handelte es sich bei der Selbstbezeichnung «Sklave» eher um eine Grußformel in der Anrede des Fürsten denn um einen Beleg für knechtische Unterwerfung (Poe 2000, 117 ff., 205 ff.). Doch Herberstein nahm durch seine Schilderungen ein kulturelles Stereotyp vorweg, welches das Russlandbild und den oft bemühten Begriff des «orientalischen Despotismus» über Jahrhunderte auf unterschiedliche Weise beeinflusste, nicht zuletzt auch die Wahrnehmung Ivans IV. und Peters I.

Ivan IV. «der Schreckliche»

Bezogen sich die Begriffe von Tyrannis und Despotie anfänglich noch abstrakt auf das politische System und die Rolle des Herrschers an sich, so nahmen sie bald in der Person Ivans IV. Gestalt an. Der Namenszusatz «der Schreckliche» (*groznyj*) ist dabei jedoch irreleitend. Er bezeichnete ursprünglich nicht die spätere Terrorherrschaft, die die Regierungszeit Ivans IV. überschattete, sondern wurde dem Herrscher wohl schon früh für fürstliche Führungsqualitäten verliehen. Übersetzt aus dem Russischen heißt der Beiname so viel wie «ehrfurchtgebietend» oder «Furcht einflößend und Gehorsam fordernd».

Bei seinem Herrschaftsantritt als Zar 1547 war Ivan IV. 16 Jahre jung. Im ersten Jahrzehnt seiner Regierungszeit erfolgten rasch grundlegende Reformen in Recht, Verwaltung und Militär. In visionärer Absicht gründete der Zar die «Hundertkapitel-Synode», ein Beratungsgremium aus Monarch, Vertretern des Adels und orthodoxen Hierarchen. Deren Aufgabe war es, die moralische Verfassung der Gesellschaft kritisch zu prüfen und die Möglichkeit gesellschaftlich-religiöser Erneuerung auszuloten, zur «Wohlgesetzlichkeit der Kirche und der rechten zarischen Gesetzgebung», wie es hieß (Kämpfer 2005, 31, 34). Parallel zu den Reformen verbuchte Ivan IV. militärische Erfolge. Er eroberte Kazan und Astrachan (zwei muslimische Nachfolger-Chanate der einst mächtigen Goldenen Horde) und drang nach Sibirien vor. Das russische Reich expandierte.

Ab 1558 führte Ivan IV. auch Krieg gegen den livländischen Teil des Deutschen Ordens. Im Heiligen Römischen Reich verbreiteten sich Nachrichten über Plünderungen und Verwüstungen durch tatarisch-russische Reitertruppen im nordöstlichen Ostseeraum. Eine Fülle illustrierter Flugschriften schilderte Gräueltaten an den Balten in der (vergeblichen) Hoffnung, man werde ihnen aus dem Reich zu Hilfe eilen. Diesen Eindrücken gesellten sich mit der Zeit Schauerberichte über die innenpolitischen Entwicklungen in Russland hinzu. Zwei livländische Adlige etwa, Johann Taube und Elert Kruse, die sich zunächst in Gefangen-

Jan Hennings

schaft, dann im Dienst des Zaren befanden und sich nach ihrer Flucht aus Russland mit einer besonders furchtbaren Darstellung der grassierenden Gewalt im Inneren des Landes von ihrer eigenen Verwicklung freisprechen wollten, beschrieben 1572 rückblickend, wie sich der «verrückte Zar» in «unerhörter Tyrannei» an seinen «Freunden, Unterfürsten, Bojaren und gemeinem Landvolk unmenschlicher Weise wider Gott und Recht» vergangen habe, wie im Untertitel einer zehn Jahre später herausgegebenen Schrift zu lesen ist.

Zerstörerischer Krieg im Äußeren und durch Irrationalität und Willkür geprägte Gewaltherrschaft im Inneren – diese ineinandergreifenden Wahrnehmungsraster formten im Wesentlichen das Bild von Ivan dem Schrecklichen als Moskauer Tyrann, und dies nicht nur in der westeuropäischen Öffentlichkeit. Bereits sein abtrünniger Jugendfreund und Vertrauter, Fürst Andrej Kurbskij, unterschied zwischen einer guten und einer bösen Regierungszeit Ivans IV. Den ambitionierten Reformen folgte die Ära der sogenannten *Opričnina*. Im Jahr 1564 zog sich der Zar aus Moskau zurück und ließ erklären, dass die Bojaren und die Hierarchen der russisch-orthodoxen Kirche seine Politik boykottierten und ihn daran hinderten, mit seinen Feinden abzurechnen, weshalb er sein Amt niederlege. Gleichzeitig versicherte der Zar, dass sein Zorn nur der Elite des Adels und des Klerus gelte, nicht den einfachen Leuten oder der Kaufmannschaft. Anschließend ersuchte ihn eine Delegation aus dem russischen Volk, auf den Thron zurückzukehren: Man akzeptiere alle Bedingungen und würde nun auch selbst nach den Verrätern trachten. Der «plebiszitären Legitimation» folgte ein «Zustand ungesetzlicher Gewalt» (Kämpfer 2005, 40 ff.).

Die *Opričnina* bezeichnete ein Sonderterritorium mit geplantem Sitz in Vologda fernab der Hauptstadt Moskau. Der Zar schuf einen separaten Machtraum mit dazugehöriger Verwaltung und Streitmacht, löste ihn aus den Strukturen des Reichsgebietes heraus und unterstellte ihn sich allein. Gemeinhin wurde der Begriff auch auf die berüchtigten Schutztruppen Ivans IV. angewandt. Die *Opričniki* bildeten als erweiterte Leibgarde des Zaren einen eingeschworenen, ordensähnlichen Männerbund aus handverlesenen Rekruten und ausländischen Söldnern, gekleidet in schwarzer Kutte mit Besen und Hundekopf als Erkennungszeichen. Aus den traditionellen sozialen Bindungen gelöst und keiner militärischen, politischen oder rechtlichen Gewalt außer Ivan IV. selbst zugehörig, zogen sie folternd und mordend durchs Land, um angebliche Verschwörungen aufzudecken und «Verräter» auszurotten. So erwuchs ein blutrünstiger Terror von oben, aus dem es kaum ein Entrinnen gab. Selbst vor dem Metropoliten der russisch-orthodoxen Kirche machten die *Opričniki* mit ihren Bluttaten nicht halt. Die Gewalt kulminierte im Beisein des Zaren in grausamen Hinrichtungen auf dem Moskauer Roten Platz und in einer verheerenden Vergeltungsaktion gegen die Bevölkerung Novgorods und dessen Umland, nachdem man die Stadt bezichtigt hatte, das Land an den Kriegsfeind Polen-Litauen verraten zu haben.

Versuche, den Staatsterror zu erklären, verweisen auf den paranoiden Geisteszustand des zeitlebens von Hofintrigen umgebenen und von körperlichen Schmerzen geplagten Zaren oder deuten die Gewaltherrschaft als Eskalation eines Konflikts zwischen seinen autokratischen Zentralisierungsbestrebungen und den oligarchischen Strukturen der Hocharistokratie. Fest steht, dass sich die «Despotie» Ivans IV. nicht nur in oberflächlich sichtbarer Gewalt manifestierte. Sie zeigte sich auch darin, dass sie in einer Art Ausnahmezustand an dem Normengerüst rüttelte, das die Gesellschaft in den Tiefenstrukturen ihrer politischen Kultur und Verfassung stützte. Der Zar, der einst ein neues Gesetzbuch eingeführt hatte und sich anschickte, den Verwaltungsapparat zu modernisieren, hebelte das Recht aus, stellte sich über alle Institutionen, handelte der Harmonie zwischen Herrscher und Volk zuwider, stellte die Autorität der Kirche in Frage und verfolgte willkürlich und auf grausamste Art jene, deren Rat er zur moralischen Erneuerung der Gesellschaft zuvor gesucht hatte (Kämpfer 2005, 44).

Die *Opričnina* wurde 1572 aufgelöst, nachdem die Krimtataren Moskau in Brand gesetzt hatten und die innere Zerrüttung des Moskauer Reichs offenbar geworden war. Doch die Gewaltherrschaft und die Folgeentwicklungen in den verbleibenden zwölf Regierungsjahren – nicht zuletzt der schwelende Vater-Sohn-Konflikt, der unter tragischen Umständen mit dem Tod des Thronfolgers endete – führten dazu, dass Ivan «der Schreckliche» zum Inbegriff des Tyrannen wurde. Der Bedeutungswandel seines Beinamens und die daraus resultierende Ambiguität machen dies einmal mehr deutlich.

Jan Hennings

Abb. 12   Ivan IV. (anonym, frühes 17. Jahrhundert).

Ivan IV. verkörpert bis heute das brutale, staatszerrüttende Moment der Tyrannei. Doch das Begriffsverständnis bewegte sich immer auf einer Skala zwischen Ablehnung despotischer Alleinherrschaft und Anerkennung unumschränkter Macht. Der Gelehrte Balthasar Sigismund von Stosch etwa schrieb im 17. Jahrhundert in seinem Buch *Von dem Praecedenz- oder Vorderrecht,* dass die Zaren ein «*imperium despoticum*» über ihre Untertanen hätten (Stosch 1677, 127). Stosch betrachtete diese Machtfülle als einen Beweis für die Bedeutung der russischen Monarchen in der Weltordnung und wies ihnen einen Rang gleich nach dem Kaiser des Heiligen Römischen Reichs zu. Ein anderer Autor, Johann Zschackwitz, stellte Anfang des 18. Jahrhunderts in einem ähnlichen Kontext fest, dass Ivan IV. zu Unrecht als Tyrann bezeichnet wurde.

Von Peter I. selbst ist überliefert, dass er Ivan den Schrecklichen für seinen Mut und seine Klugheit als Vorbild angesehen haben soll, wobei er sich den Implikationen dieses heiklen Vergleichs bewusst gewesen sein dürfte: «Dieser Herrscher ist mein Vorgänger und Beispiel. [...]. Nur dumme Menschen, die die Umstände seiner Zeit, das Wesen seines Volkes und seine großen Verdienste nicht kennen, nennen ihn einen Tyrannen» (Hughes 2000, 374). Auch die Zeitgenossen verglichen die zwei Monarchen, wie ein schottischer General in den Diensten Peters I., Alexander Gordon, mit einer lebhaften Gegenüberstellung glaubhaft machen wollte. Gordon berichtete, dass «die alten Leute unter den Russen» die zwei Tyrannen aneinander maßen, weil beide ihren Ehefrauen Unrecht angetan, ihre Söhne getötet, sich der Vielweiberei und grausamer Verbrechen gegen ihre Untertanen schuldig gemacht, Fremde ins Land geholt sowie die Institutionen des Glaubens mit Füßen getreten hätten. «Aber lasst mich diesen Herren sagen», so Gordon, «wenn Zar Ivan so gute Gründe für seine Taten gehabt hätte wie Zar Peter, dann könnten sie das Wort Tyrann aus seinem Namen streichen. [...] Nach allem, was man beurteilen kann, war Peter der Große ein humaner Fürst, dessen allseitiges Motiv die Ehre und das Wohl seines Landes war» (Gordon of Auchintoul 1755, 269 f.).

Peter I. «der Große»

Peter I. war ein absolutistischer Monarch, Zeitgenosse Ludwigs XIV., Kaiser Leopolds I., Augusts I./II. («des Starken») und Karls XII. von Schweden. Er war ein zwei Meter messender Hüne, der bei vielem von dem, was er befahl, gern selbst Hand anlegte, ob als Flottenbauer und Feldherr, als Begründer der Russischen Akademie der Wissenschaften, des Berg- und Hüttenwesens oder des ersten öffentlichen Museums Russlands. Beschrieben wird er als temperamentvoll und zupackend, aber auch als unberechenbar und zu Wutanfällen neigend, getrieben von herkulischer Energie und erbarmungslos im Umgang mit allen, die seine Reformen nicht mittrugen oder sich ihnen gar in den Weg stellten.

Als junger Mann verließ er für eineinhalb Jahre das Land, gab sich als einfacher Soldat aus und bereiste Westeuropa in diplomatischer Mission und als «Lehrling», als der er sich zeit seines Lebens sah. Infolge seiner außenpolitischen Ambitionen integrierte er Russland in das europäische

Jan Hennings

Abb. 13 Peter I., dargestellt vom englischen Hofmaler Sir Godfrey Kneller, 1698.

Staatensystem, modernisierte die Armee, erschuf fast aus dem Nichts eine Flotte und verdrängte Schweden als Großmacht im Ostseeraum. Er schickte zum ersten Mal permanente russische diplomatische Vertreter in die Welt, stampfte eine neue Hauptstadt aus den Sümpfen des Finnischen Meerbusens und gab ihr seinen Namen: Sankt Petersburg. Die Zentralämter der Verwaltung, die noch aus der Zeit Ivans IV. stammten, ersetzte er nach schwedischem Vorbild durch Kollegialbehörden. Er ließ den Sitz des russisch-orthodoxen Patriarchen vakant und unterstellte die Institutionen der Kirche schließlich einer staatlichen Behörde, dem Heiligsten Regierenden Synod. Für seine Reformen benötigte Peter I. das Wissen und die Erfahrung von Ausländern, die er in wichtige Positionen erhob. Umgekehrt nötigte er Vertreter des russischen Adels zu Bildungsreisen ins westliche Europa. Er machte einfache Leute zu seinen engsten Vertrauten und den einflussreichsten Männern im Land und nahm eine Magd aus einem lutherischen Pfarrhaushalt zuerst zur Geliebten, dann zur zweiten Ehefrau (die spätere Kaiserin Katharina I.).

Modernisierung und Abkehr vom alten Moskau standen im Zeichen rationaler Planung und vernunftgesteuerten Handelns, mag die Realität auch vom Durcheinander der radikalen Transformation und dem Ad-hoc-Charakter vieler Neuerungen bestimmt gewesen sein. Zumindest lassen die Reformen Peters I. die im 17. und 18. Jahrhundert weit verbreiteten Lehren der Wohlfahrt und «guten Policey» erkennen, wonach das interventionistische Regieren die Interessen des Monarchen und seiner Untertanen vereinte, um das Allgemeinwohl des Landes zu befördern (Raeff 1975, 1225). Dies betraf nicht nur die höchsten staatlichen Ebenen, sondern alle Lebensbereiche. Das Petrinische Projekt zielte auf einen gesamtgesellschaftlichen und kulturellen Umbruch ab. Neben Neuerungen in Bildung, Wissenschaft, Architektur und Kunst drängte Peter I. der Hofgesellschaft westliche Lebensweisen und neue Kleiderordnungen auf, schnitt den Bojaren die Bärte ab und gab sie im wilden Reigen seiner «betrunkenen Narrenkonzile» der Lächerlichkeit preis. Eine neue Rangtabelle ersetzte die Rangordnung des moskowitischen Adels in der Absicht, Stand und Status in Verwaltung, Militär und am Hof nach meritokratischem Prinzip zu regulieren. Leistung sollte mehr zählen als Geburt. Sich selbst betrachtete der Zar nicht nur als durch Gott legitimierten Souverän, sondern als obersten Diener des Staats. Da-

Jan Hennings

bei befand sich Russland in einem fortwährenden Krieg mit Schweden, kurzzeitig auch mit dem Osmanischen Reich und Persien. Die Geschichtswissenschaft sieht in diesem Zusammenhang gemeinhin die Ressourcenmobilisierung als wichtigen Grund für die Reformen von Staat, Wirtschaft und Gesellschaft.

Die Bewertung vom Schaffen Peters I. war also immer verbunden mit der Frage nach der guten Politik, der Notwendigkeit der Mittel, den Kosten des Fortschritts. Dabei ist «Despotie» eine zentrale Deutungsfigur, mit der seine Regierungszeit und deren Folgen für den Verlauf der russischen Geschichte beurteilt wurden. Nun lässt sich der Begriff aber auch hier nicht auf eine Definition oder Lesart reduzieren. Im Gegenteil, die Deutungen der Zeitgenossen und der Nachwelt erstrecken sich über ein breites Spektrum zwischen den noblen Zielen frühaufklärerischer Staatsklugheit einerseits und den widersprüchlichen Auswirkungen des rasant-radikalen Umbaus, dem resultierenden Leid der Bevölkerung und dem brutalen Vorgehen des Zaren andererseits.

Vielen Autoren des 18. Jahrhunderts schien die Kombination aus Fortschritt und der Durchsetzungskraft eines unumschränkten Herrschers durchaus legitim. Bereits in dem schon zuvor zitierten Vergleich des Schotten Alexander Gordon klingt ein Leitmotiv an, das eine Erweiterung des Begriffsfelds «Despotie» hin zum Positiven markiert: Anders als Ivan IV. sei Peter I. kein Tyrann gewesen, denn er habe trotz seiner Allmacht und bei aller Grausamkeit das Wohl des Landes im Blick gehabt. Peter I. war ein früher, prototypischer Vertreter des aufgeklärten Absolutismus, des *enlightened despotism* oder des *despotisme éclairé* – ein «aufgeklärter Despot», wenn man sich an die verwandten englischen und französischen Begriffspaare hält. Zwar wird er selten so bezeichnet, was vor allem daran liegt, dass dieser Ausdruck eher der zweiten Hälfte des 18. Jahrhunderts vorbehalten ist, also der Hochzeit der Aufklärung, die sich in der Bewertung großer Herrscher gern selbst spiegelte (Riasanovsky 1985, 18). Doch schon das eigene Umfeld Peters I. wurde nicht müde, das Bild vom heroischen Neugestalter zu verbreiten. Der Präsident des Kollegiums für Auswärtige Angelegenheiten und russische Staatskanzler Graf Golovkin betonte anlässlich der Verleihung des Kaisertitels 1721, dass der Zar seine Untertanen «aus der Finsternis der Unwissenheit zum Theater des Ruhmes vor der ganzen Welt» geführt, «aus dem Nichtsein ins Dasein geschaffen» und sie «in die Gesellschaft der policierten Völker eingefügt» habe (Wittram 1964, Bd. 2, 463).

Die Glorifizierung Peters I. als Reformzaren, der Russland mit eiserner Faust aus der Barbarei in die Zivilisation geholt hatte, setzte sich als Leitgedanke fort und bestimmte während des 18. Jahrhunderts die Auseinandersetzung mit der Person und ihrem Vermächtnis. In Moskau und Sankt Petersburg überschlug man sich mit Herrscherlob. In den europäischen Zentren der Aufklärung pries man die Visionen und Errungenschaften des Zaren. Voltaire bemerkte im zweiten Band seiner Abhandlung *Geschichte des russischen Reichs unter Peter dem Großen*, die 1763 auf Französisch und in deutscher Übersetzung erschien, «daß seine Fehler seine großen Eigenschaften niemals geschwächt haben […]; er hat die Natur in allem bezwungen, an seinen Untertanen, an sich selbsten, und zu Wasser und zu Land […] um sie schöner zu machen». Der Philosoph, der das Werk ursprünglich im Auftrag des russischen Hofs unter Kaiserin Elisabeth (1709–1762) begonnen hatte, hielt sich mit Lob nicht zurück: «Gesetze, Polizey, Staatskunst, Kriegszucht, Seewesen, Handel, Manufakturen, Wissenschaften, schöne Künste, alles ist seinen Absichten gemäß in vollkommenen Stand gebracht worden» (Voltaire 1763, 278). Im selben Atemzug stellte er fest, dass die vier nachfolgenden Frauen auf dem russischen Thron die Errungenschaften des Zaren erhalten und seine Unternehmungen perfektioniert hätten. Die vierte Frau war Katharina II., «die Große», die vor Erscheinen des zweiten Bands an die Macht gekommen war. Voltaire schickte ihr ein Exemplar (Trenard 1985, 578). Er stand in reger Korrespondenz mit der russischen Kaiserin, die sich als Erbin und Vollenderin des Petrinischen Projekts sah, obwohl sie persönlich – ganz die Aufklärerin – die Rohheit und Brutalität ihres Vorbilds verurteilte.

Für andere, direkt Leidtragende, später aber auch eine Reihe russischer und europäischer Gelehrter, standen letztere Charakterzüge im Vordergrund. Für sie verkörperte Peter I. die negativen Eigenschaften eines allmächtigen Despoten. Das grausame Verhalten des Zaren ist legendär. Revolten, mit denen sich die Palastgarden, Bauern und Kosaken gegen die Verordnung fremder Bräuche und wachsende ökonomische Bürden wehrten, ließ er in Moskau (1698), Astrachan (1705/06) und im Don-Gebiet (1707/08) blutig niederschlagen. Der Strelitzenaufstand

Jan Hennings

von 1698 kostete über 1000 Garden das Leben. Der Zar, soeben aus Westeuropa zurückgekehrt, nahm an den Exekutionen selbst teil und ließ die Leichen zur Abschreckung öffentlich zur Schau stellen. Ein Schlüsselmoment war die Affäre um seinen Sohn, Aleksej Petrovič. Aus breiten Schichten hatten sich Gegner der Reformen um den nach Moskau und nicht nach Sankt Petersburg orientierten Zarewitsch versammelt. Aleksejs Flucht nach Wien und Neapel 1716/17, seine Rückholung, Folter und Tod in der Peter-und-Paul-Festung sowie die inquisitorische Verfolgung seiner Unterstützer erregten großes Aufsehen. Aleksej war mit den Hierarchen des Klerus eng verbunden. Er unterhielt auch Kontakte zum Hochadel und gerade zu solchen Vertretern, die nicht als unverbesserliche Traditionalisten bekannt waren, darunter auch einige, die unter Peter I. Karriere gemacht hatten. Was diese Akteure verband, war nicht unbedingt der Erhalt der alten Ordnung, sondern ihre Angst vor der wachsenden Allmacht des Zaren. Insgesamt speiste sich der Widerstand aus der Furcht der höchsten Ränge der Gesellschaft vor einer überbordenden Alleinherrschaft des Zaren und aus der Last des einfachen Volks, das unter der neuen Ordnung zu leiden hatte (Hughes 2000, 454–459).

All dies tat den Eulogien auf Peter I. keinen Abbruch. Immer wieder finden sich im Beifall für den Herrscher Rechtfertigungen von Tabubrüchen oder scheinbar notwendiger Härte und Gewalt. Allerdings gab es auch eine Seite der Aufklärung, die das glorreiche Bild des Zaren in ein anderes Licht rückte: die Einforderung universeller Rechte, der Gewaltenteilung und politischer Partizipation. Prominente Kritiker waren unter anderen Rousseau und Montesquieu. Letzterer beschrieb Peter I. bereits in seinen satirischen *Persischen Briefen* (1721) als einen uneingeschränkten Herrn über Sklaven, rastlos und von strengem Wesen. In seinem berühmten Werk *De l'esprit des lois* (1748) verhandelte er das Regime Peters I. im Rahmen des orientalischen Despotismus, der ein Kontrastbild zur rechten Verfassung und guten Gesetzgebung liefern und vor den Folgen autoritärer Herrschaft warnen sollte. Auch die Fürstin Ekaterina Daškova (1743–1810), eine Vertraute Katharinas II., beschwerte sich über den Kult um Peter I. und hielt dagegen, der Zar sei «hitzköpfig, brutal und despotisch» gewesen und habe alle ohne Rücksicht auf Ansehen wie seine Sklaven behandelt. In ihren Worten erschien der Herrscher als «ein genialer Tyrann [...], der die guten Einrichtungen, die Gesetze, die Rechte und Privilegien seiner Untertanen dem Ehrgeiz opferte, alles zu verändern ohne Unterscheidung des Nützlichen, des Guten und des Schlechten» (Riasanovsky 1985, 56 f.). Deutliche Kritik kam auch von einem der führenden Köpfe der russischen Aufklärung, Fürst Michail Ščerbatov (1733–1790). Ursprünglich ein Bewunderer des Herrschers, schlussfolgerte er in seinen *Betrachtungen über die Laster und die Selbstherrschaft Peters des Großen* noch rechtfertigend, dass «seine Not ihn zwang, ein Despot zu sein» (Ščerbatov 1898, 49). In seinem späteren Werk *Über die Sittenverderbnis in Russland* fiel das Urteil eindeutiger aus. Als konservativer Moralist assoziierte Ščerbatov die Verwerfungen der russischen höfischen Gesellschaft seiner Zeit mit dem Erbe Peters I. Die Brutalität, mit der die Reformen des Zaren das Land urplötzlich überkommen hatten, veranlasste den Autor zu einem interessanten Vergleich: Peter I. sei der unerfahrene Gärtner gewesen, der seine Bäume zu weit beschnitten habe (Walicki 1980, 29 ff.).

Brauchten die Gelehrten relativ lange, bis sie begannen, Peter I. kritisch zu betrachten, erfolgte die Reaktion aus dem Volk sofort, freilich mit anderen Begriffen und religiös besetzt. Bei allen Unterschieden der zwei Regenten und ihrer Zeit ist auch hier der Vergleich Peters I. mit Ivan IV. aufschlussreich. Letzterer hatte der russischen Gesellschaft große Bürden auferlegt, mutmaßlich mit noch größeren, grundlosen persönlichen Gewaltakten, aber das Ideal vom «guten Zaren» blieb in der bäuerlichen Folklore weitgehend bewahrt, weil sich seine Gräueltaten dem Anschein nach vor allem gegen die Bojaren richteten. Das Reformwerk Peters I. betraf indessen die Traditionen einer ganzen Gesellschaft (Hughes 2000, 449).

Opposition kam vor allem aus der russisch-orthodoxen Kirche, vom letzten Patriarchen, Adrian, aber auch von dem bei Peter I. in Ungnade gefallenen späteren Präsidenten des Heiligsten Synods, Stefan Javorskij. Dieser deutete in seinen Schriften an, der Zar habe gegen die Gesetze Gottes verstoßen und sich von dem Ideal der zwischen säkularer und religiöser Autorität geteilten Macht abgewandt. Gerüchte machten in der Bauernschaft die Runde, Ausländer hätten Peter I. auf seinen Reisen gefangen genommen und einen falschen Zaren zurückgeschickt. In den Augen vieler Menschen hatte sich der Antichrist ihres Herrschers bemächtigt. Gerade bei den Altgläubigen, einer orthodoxen Glaubensgemeinschaft, die sich

Jan Hennings

im 17. Jahrhundert von der russischen Staatskirche abgespalten hatte, war die Kunde vom Antichristen weit verbreitet. Die Anschuldigungen waren vielfältig. Der Zar habe mit einer Kalenderreform acht Jahre der Zeit gestohlen. Er habe Rekruten mit dem Siegel des Antichristen tätowiert. Mit dem Gesetz zur Regelung seiner Nachfolge wolle er eine Dynastie des Antichristen errichten. Selbst neue Steuern auf öffentliche Bäder und Bienenstöcke wurden mit dem Kommen des Antichristen in Verbindung gebracht (Hughes 2000, 449–453). Der Russlandhistoriker Nicholas Riasanovsky zieht eine bemerkenswerte Parallele: Die Deutung Peters I. als Widersacher Christi ließ sich ebenso leicht in die apokalyptische Weltanschauung der Altgläubigen einpassen, wie sich die Vorstellung vom aufgeklärten Despoten mit den Heilserwartungen der russischen Aufklärer in Vernunft und Fortschritt verknüpfen ließ (Riasanovsky 1985, 77).

Despotie und spätere Herrscherbilder Peters I.

Stand das 18. Jahrhundert unter dem Eindruck und in direkter Kontinuität der Petrinischen Reformen, so wurde Peter I. seit dem 19. Jahrhundert mehr und mehr zu einer Größe historischer Reflexion, mithin zu einem zentralen Bezugspunkt russischer nationaler Identität. Selbst ein kurzer, selektiver Ausblick verdeutlicht, wie komplex das Bild Peters I. als Despot mit jeder neu hinzukommenden Stimme wurde und wie sich in seiner Figur die jeweiligen Geistesströmungen, Ideologien, Zeitgeist und Gesellschaftskritik spiegelten.

Nach der Französischen Revolution wurden die Debatten um Reformen und die Zukunft Russlands um ein Ideenangebot erweitert, das seine Wurzeln im deutschen Idealismus, der Romantik und dem erwachenden Nationalismus hatte. Der Despotiebegriff verlor dabei nicht an Deutungskraft. Die aus den napoleonischen Kriegen zurückgekehrten russischen Offiziere waren über Peter I. geteilter Meinung. Identifizierten sich einige mit dem progressiven Moment seiner Regentschaft, galt er für andere als Tyrann und als Symbol der Autokratie, gegen die sie sich 1825 im Dekabristenaufstand auflehnten. Der Dichter Alexander Puškin unterschied zwischen der Weitsicht Peters I. bei den institutionellen Reformen und dem despotischen Charakter seiner Ad-hoc-Erlasse (Riasanovsky 1985, 67, 91, 304).

Die Europa zugewandten Intellektuellenkreise begrüßten die Stoß-
richtung, die Peter I. dem Land gegeben hatte. Die sogenannten Westler
hielten an ihrem Idol fest. Doch selbst einer ihrer prominentesten Vertreter, Alexander Herzen (1812–1870), stand dem Petrinischen Erbe und
einer oberflächlichen Nachahmung des Westens ambivalent gegenüber:
«Der Umsturz durch Peter I. ersetzte die antiquierte Landesherrschaft
Russlands durch ein europäisches Kanzleiregime; alles, was sich aus
schwedischen und deutschen Gesetzbüchern abschreiben ließ, alles, was
sich aus dem freien städtischen Holland in das Land der Bauernkommu-
nen und der Autokratie herüberbringen ließ, wurde herübergebracht.
Aber der ungeschriebene, die Macht moralisch zügelnde Teil, die ins-
tinktive Anerkennung der Rechte des Individuums, der Rechte der Gedanken, der Wahrheit konnte nicht herüberkommen und kam nicht
herüber. Bei uns nahm die Sklaverei mit der Bildung zu; der Staat wuchs,
verbesserte sich, aber das Individuum gewann nicht.» Weiter hieß es bei
Herzen: «Europäische Formen der Verwaltung und Justiz, militärischer
und ziviler Organisation entwickelten sich bei uns zu einer Art monströ-
sen, ausweglosen Despotismus» (Riasanovsky 1985, 141).

Nicht weniger wortmächtig entwickelte auf der anderen Seite der
Debatte die slawophile Geistesströmung eine klare anti-Petrinische Haltung – nicht als Resultat unerfüllten Fortschrittsglaubens, sondern geradezu als Grundlage ihres Denkens. Ziel geschichtlicher Entwicklung
waren nicht länger der Westen und die Befreiung des Individuums, sondern die Abkehr vom Machwerk Peters I., das die russische Gesellschaft
mit seinem Vernunftdenken und mechanistischen Weltbild entwurzelt,
gespalten und von sich selbst entfremdet hatte. Die historische Bewegung, die der despotische Aufklärer angestoßen hatte, sollte durch die
Rückbesinnung auf die organisch gewachsene Einheit, die Harmonie
und Einfachheit der gläubigen Gesellschaft Altrusslands umgekehrt werden (Riasanovsky 1985, 142 ff.).

Bei den Vordenkern der Russischen Revolution tauchte die Idee des
orientalischen Despotismus wieder auf, dieses Mal jedoch marxistisch
gewendet. Lenins einstiger Mentor und späterer ideologischer Gegner
Georgij V. Plechanov ordnete das fortschrittliche Wirken Peters I. in die
Gesetzmäßigkeiten der Geschichte ein, um die zu überwindende Rück-
ständigkeit des Landes und seine asiatische Produktionsweise historisch

herzuleiten: Die Europäisierung, die der «despotischste aller russischen Despoten» von oben eingeleitet hatte, sollte von der arbeitenden Klasse von unten vollendet werden. Für den Revolutionär Lenin zeichnete sich Peter I. dadurch aus, dass er die Barbarei mit barbarischen Mitteln bekämpft hatte. Nach einer post-revolutionären Phase ikonoklastischer Demontierung des Zaren wie auch der Romanov-Dynastie setzte sich in der sowjetischen Geschichtsschreibung schließlich ein ambivalentes Image durch, das positive Bild des Staats- und Gesellschaftsreformers im Widerspruch zur wachsenden Ausbeutung und Unterdrückung der Bevölkerung (Riasanovsky 1985, 236–239, 305).

In der Spätphase der Sowjetunion kamen unter dem Banner von Glasnost und Perestroika Geschichte und Gesellschaftskritik zusammen. Der russische Historiker Evgenij V. Anisimov schilderte in einer viel beachteten Studie die Regentschaft Peters I. als einen «Despotismus, der alles und jeden den staatlichen Zielen unterordnete», einschließlich das Leben seines Sohns, und der keinen Raum für soziale Existenz außerhalb des Staatsapparats zuließ. Das Petrinische Regime habe mithilfe einer nach eigenen Gesetzmäßigkeiten funktionierenden Bürokratie, seines Personenkults und des Diktats einer neuen Gesellschaftsordnung den Fortschritt erzwungen, so dass Peter I. nicht nur als großer Erneuerer, sondern auch als Wegbereiter totalitärer Herrschaft sowjetischer Prägung gelten müsse (Anisimov 2015, 272, 296 f.).

Jede Zeit hatte ihren eigenen Peter I.: den Zaren und den Kaiser, den Reformer, den Antichristen, den autokratischen Revolutionär, den aufgeklärten Herrscher, den Tyrannen – den Großen. Auch der postsowjetische Peter I. hat einen festen Platz in politischer Debatte, wissenschaftlicher Betrachtung, Erinnerungskultur und sogar Produktwerbung. Die Antwort auf die Frage, was am Ende einen Despoten ausmacht, ist in Bezug auf Peter I. an Vielschichtigkeit kaum zu überbieten, was vor allem am Wandel des Begriffs selbst liegt. Egal wie das Urteil der Zeitgenossen oder über die Zeit hinweg lautet, die Reaktionen auf den Bruch mit – bzw. die Liberalisierung von – gesellschaftlichen Normen, Konventionen und Tabus sind an sich historisch aufschlussreich. Denn die Geschichte von Despoten sagt nicht nur etwas über Despoten aus, sondern auch über jene, die andere als Despoten bezeichnen.

8

Friedrich Wilhelm I., König von Preußen – ein selbsternannter Tyrann

Von Barbara Stollberg-Rilinger

Ein Reisender schrieb im Jahr 1728 über König Friedrich Wilhelm I. von Preußen: «An seinen Untertanen verübt er eine abscheuliche Tyrannei. Er will nicht, dass Väter ihre Kinder studieren lassen, was seine Staaten in eine schreckliche Barbarei stürzen wird. In seine Gerichtshöfe setzt er Halunken, denen er ein Gehalt von 200 Gulden gibt, so dass sie die Gerechtigkeit verkaufen, um leben zu können. […] Die Kaufleute wagen nicht, in seine Staaten zu reisen, weil sie von den Offizieren ausgeplündert, beleidigt und zum Waffendienst gezwungen werden. Fast alle Gewerbetreibenden machen sich davon. […] In seinen Staaten herrscht Armut, und er selbst benimmt sich lächerlich.» Kurzum: «Es ist ein Elend, Untertan dieses Fürsten zu sein.» Der das alles und noch mehr in sein Reisetagebuch notierte, war kein Geringerer als der berühmte Charles-Louis de Montesquieu, der nicht nur die Theorie der Gewaltenteilung, sondern auch den modernen Despotismusbegriff geprägt hat. Für ihn war völlig klar, dass die Macht des preußischen Tyrannen über kurz oder lang zusammenbrechen würde (Montesquieu 2014, 142, 131).

Wie man weiß, hat er sich in diesem Punkt gewaltig geirrt, ebenso wie viele seiner Zeitgenossen, die sich ähnlich wie er über die Zustände in Brandenburg-Preußen äußerten. Der König, den seine Standesgenossen überall in Europa äußerst bizarr fanden, der zu unkontrollierten Tobsuchtsattacken neigte, den rüden Habitus eines Unteroffiziers pflegte und sich am liebsten mit dem Exerzieren seines Regiments beschäftigte, sich über die Gelehrten lustig machte und alle Frauen für Huren hielt, die eigenen Minister verachtete und den Adel demütigte, das Reichsrecht ignorierte, die Untertanen in Scharen in die Flucht trieb und sei-

nen eigenen Sohn zum Tode verurteilte – dieser König gilt in der preußisch-deutschen Geschichtsschreibung (und für manche bis heute) als
planvoller «Staatsbaumeister», «größter innerer König», ja «Erzieher des
deutschen Volkes zum Preußentum» (Hinrichs 1941). Der Grund für
diese Wertschätzung liegt auf der Hand: Friedrich Wilhelms Militär-,
Verwaltungs- und Finanzreformen schufen die Voraussetzungen für die
Eroberungskriege seines Sohnes Friedrich II., der später das zersplitterte
brandenburgisch-preußische Länderbündel in eine europäische Großmacht verwandelte und den Weg zu «nationaler deutscher Größe» bereitete. Zwar haben die meisten Historiker auch die obsessiven, dunklen
Seiten des Königs nicht übersehen. Aber die grundsätzliche Tendenz
seit dem ausgehenden 18. Jahrhundert war stets: Der «Soldatenkönig»
mochte zwar privat ein grobschlächtiger Haustyrann und politisch ein
lupenreiner Autokrat gewesen sein. Aber mit seinem großen absolutistischen Plan habe er den notwendigen Weg aus dem dekadenten Ancien
Régime zum modernen preußisch-deutschen Machtstaat geebnet und
zudem für rationales Wirtschaften, religiöse Toleranz und Gleichheit vor
dem Recht gesorgt. Seine Zeitgenossen hätten dieses großangelegte, geheime Programm allerdings noch nicht durchschauen können.

Offensichtlich unterlag die Wahrnehmung dieses Königs also einem
fundamentalen Wandel. Vom 18. zum 19. Jahrhundert veränderten sich
die Werte und Normen – seien es politische, ökonomische, moralische
oder ästhetische – so grundlegend, dass die Beurteilung von Person und
Handeln dieses Königs geradezu auf den Kopf gestellt wurde.

Ein kleiner Nero

Wer galt zu Zeiten Friedrich Wilhelms I. als Tyrann? Die damals meist-
gelesene Schrift zum Thema waren die *Aventures de Télémaque*, ein Fürstenspiegel, den der Prinzenerzieher am Hof Ludwigs XIV. von Frankreich, der Erzbischof François de La Mothe-Fénelon, in den 1690er Jahren
verfasst hatte. Eine der ersten Leserinnen des *Télémaque* war Friedrich
Wilhelms Mutter, die schöngeistige Sophie Charlotte, eine selbstbewusste
Frau, die mit berühmten Gelehrten wie Gottfried Wilhelm Leibniz und
Pierre Bayle auf gleicher Augenhöhe verkehrte. Sie zeigte sich von dem
Werk so begeistert, dass sie nicht nur den Verfasser persönlich zum Ge-

spräch empfing, sondern auch eigens für ihren Sohn einen kleinen Dialog mit dem Titel *Conversation sur le Livre de Télémaque* verfassen ließ (Schmitt-Maaß 2018). Diesem Klassiker der Prinzenerziehung zufolge ist der gute Herrscher fromm und friedliebend, milde und barmherzig; er respektiert das Recht und schont Leben und Gut seiner Untertanen. Der Tyrann hingegen ist wollüstig und ausschweifend, habgierig und grausam, er behandelt Land und Leute wie sein Eigentum und lässt sich statt von der Vernunft von seinen Leidenschaften leiten. Seine Herrschaft ist instabil, weil sie sich auf Furcht und Gewalt statt auf Vertrauen und Zustimmung gründet; er ist unberechenbar selbst für seine engste Umgebung, weshalb er keine Freunde, sondern nur Heuchler und Schmeichler um sich hat.

Trotz sorgfältigster Erziehungsbemühungen zeigte schon der kleine Kronprinz Friedrich Wilhelm in den Augen des elterlichen Hofes Anzeichen eines Tyrannen, wie er im Buche stand. Das Tagebuch seines frommen calvinistischen Erziehers Rebeur vermittelt davon einen anschaulichen Eindruck (Borkowski 1904–1905). Rebeur beschreibt darin ein zwanghaftes Verhaltensmuster, das Friedrich Wilhelm zeitlebens nicht ablegen sollte. Wiederkehrende Tobsuchtsattacken und Gewaltausbrüche gegen die ganze Umgebung und nicht zuletzt gegen sich selbst wechselten ab mit äußerstem Gefühlsüberschwang, stundenlangen Weinkrämpfen und tiefer Zerknirschung. Der kleine Prinz prügelte, trat, würgte, wälzte sich auf dem Boden, schlug den Kopf gegen die Wand und zückte den Degen gegen seinen Lehrer, schikanierte die Diener und beleidigte die Hofdamen. Beim kleinsten Missgeschick seiner Lakaien steigerte er sich in maßlose Allmachtsphantasien und drohte, «sie alle miteinander aufhencken [zu] lassen und Kopf abhauen» (Borkowski 1904, 218, 165; 1905, 158). Zugleich zeigte er eine demonstrative Aufsässigkeit gegenüber den Verhaltensregeln seiner höfischen Umgebung. Dabei ging es nicht nur um seinen unstandesgemäßen Habitus – nachlässige Kleidung, gieriges Essen, undeutliches Sprechen, miserable Schrift, albernes Grimassenschneiden, ungelenke Körperhaltung, Distanzlosigkeit gegenüber den Domestiken –, sondern auch um Fragen von moralischer Mäßigung, Affektkontrolle, Großzügigkeit, Takt und Diskretion. Seine Mutter ahnte eine schlimme Zukunft voraus und vertraute sich ihrer engsten Freundin an: Ihr Sohn zeige alle Anzeichen eines «sehr bösen Herzens»; er sei von Geiz und Eigeninteresse beherrscht und scheine un-

Barbara Stollberg-Rilinger

fähig zu Mitleid und Barmherzigkeit. Der Hofgeistliche hatte sie schon mit Agrippina verglichen, und ihr graute vor dem Gedanken, einen zweiten Nero in die Welt gesetzt zu haben (Erman 1801, 183 f.).

Als Friedrich Wilhelm nach dem Tod des Vaters 1713 im Alter von 24 Jahren den Thron bestieg, sah er sich mit einem Schlag in die Lage versetzt, seiner ganzen Umgebung – Familie, Adel, Untertanen – genau den Habitus zu diktieren und zum herrschenden zu machen, für den er selbst als Kronprinz beschämt, getadelt und bestraft worden war. Er machte sich von all dem frei, womit man ihn in seiner Kindheit und Jugend gequält hatte: höfisches Zeremoniell, barocke Rhetorik, französische Mode, weibliche Gesellschaft, ständische Distanz, verfeinerter Umgangsstil. Demonstrativ brach er mit den Normen und Standeskonventionen seiner Zeit und brüstete sich geradezu damit, die adeligen und gelehrten Eliten seiner Zeit vor den Kopf zu stoßen, ja er nannte sich selbst einen «tirang» und betrachtete es als sein gutes Recht, «despoticke» zu regieren. Dass ein König sich selbst als Tyrannen bezeichnete, war unerhört und macht das Ausmaß der Provokation deutlich. Zum Vorbild diente ihm nur Zar Peter der Große, ebenfalls ein Neuling in der europäischen Fürstengesellschaft, der den Habitus eines gemeinen Soldaten pflegte, durch ungewöhnliche Brutalität von sich reden machte und sich um höfische Konventionen nicht scherte. Anders als Zar Peter ließ sich allerdings Friedrich Wilhelm von niemandem an ehelicher Treue und an Frömmigkeit übertreffen.

Worin er gegen die soziale Logik seiner Zeit verstieß und wofür er später von den Historikern umso mehr gelobt wurde, soll hier grob in fünf Punkten skizziert werden: erstens sein autokratischer Regierungsstil, zweitens sein Umgang mit Geld, drittens sein Verhältnis zu Militär und Krieg, viertens sein Hang zu physischer Gewalt und fünftens seine Haltung gegenüber dem weiblichen Geschlecht.

Der König als sozialer Außenseiter

Zum ersten: Was die Zeitgenossen seit Beginn seiner Thronbesteigung in Verwirrung stürzte, war, dass der neue König sich von aller Welt absonderte und nach Potsdam oder Wusterhausen zurückzog, um fern von Hof, Familie und Ministern aus der Einsamkeit seines Kabinetts seine gefürchteten Ordres zu verschicken und blinden Gehorsam zu fordern. Alles «selber und allein» zu traktieren war die Devise. Adel und Beamte, Minister und Gesandte wussten nicht mehr, wohin sie sich wenden sollten, um ihre Anliegen vorzubringen. Wo es noch Landtage gab – das traditionelle Forum, auf dem die Stände mit dem Fürsten über Steuern verhandeln und ihre Beschwerden vorbringen konnten –, da nutzte der König sie, um seine unumschränkte Souveränität zu demonstrieren, indem er einzelne Konflikte exemplarisch eskalieren ließ und oppositionelle Amtsträger in Festungshaft nahm. Sprichwörtlich wurde seine Bemerkung: «stabilire die suverenitet und sehtze die Krohne fest wie ein Rocher von bronse und laße die herren Juncker den windt vom Landtdahge» (Acta Borussica II, 352). Altes Recht, Herkommen und verbriefte Privilegien begründeten für den König keine legitimen Ansprüche mehr; stattdessen sollte allein «Unser Wille und Befehl Eure Norm und Richtschnur sein» (Acta Borussica I, 722 u. v. a.).

Auf einem komplexen, teils formellen, teils informellen System von ständischen Partizipationsformen beruhte aber die vormoderne Herrschaft, denn die Fürsten waren auf ein gewisses Maß an freiwilliger Akzeptanz seitens der anderen Herrschaftsträger im Land angewiesen. Ohne sie kamen sie an die Ressourcen der Länder schlicht nicht heran – jedenfalls solange es keinen zentralen, alle Untertanen gleichermaßen erfassenden Verwaltungs- und Erzwingungsapparat gab. Einen solchen Apparat baute der König nun zügig auf. Politische Teilhaberechte wurden ignoriert oder abgeschafft. An die Stelle der ständischen Logik von Beratung und Gehör trat eine militärische Logik von Befehl und Gehorsam. Dabei wurde zwischen Beamten, Gutsherren, Untertanen und Soldaten kein Unterschied mehr gemacht: «Sie sollen nach meine pfeiffe dance[n] oder der Deuffel hohle mir ich laße hengen und Brahten wie der Zahr und tra[c]tire sie wie Rebeller [...] wen[n] ich ein Officier was befehle so werde obediret [gehorcht] Aber die verfluchte Blagckscheißer wollen was voraus haben und mir nit obedieren ich will sengen und Brennen und [als] tirang mit Ihnen verfahren» (Acta Borussica II, 131 f.).

Zweitens: Irritiert waren die Zeitgenossen auch von Friedrich Wilhelms obsessiver Freude am Horten von barem Geld. Sein Regierungsantritt begann mit einer Inkasso-Orgie. Der Sinn des Königs stehe «auf nichts als Haben und Haben und Zusammenbringung großen Gelds», notierte der kaiserliche Gesandte (Acta Borussica I, 441). Auch als die Gewölbe des Berliner Schlosses die vielen Kisten mit Gold- und Silbermünzen buchstäblich nicht mehr fassen konnten, ließ der königliche Geldeintreibungsfuror nicht nach. Im Gegenteil – es handelte sich fortan um die zentrale Regierungsmaxime des Königs, aus Land und Leuten so viel bares Geld herauszuholen wie nur möglich. In den eigenhändig verfassten Instruktionen rechnete er seinem Sohn und Nachfolger genau vor, um wie viele Hunderttausend Taler die Einkünfte aus jeder einzelnen Provinz künftig noch gesteigert werden könnten (Acta Borussica III, 441–470). Die wirtschaftlichen Folgen dieser Maxime waren zunächst rundum katastrophal, denn den Ländern wurde das Bargeld entzogen, das Kreditwesen kam zum Erliegen, die Bankrotte häuften sich, Kaufleute und Handwerker verließen in Scharen das Land. Das änderte sich erst, als der König begann, aktive Wirtschaftsförderung nach merkantilistischen Prinzipien zu betreiben, etwa indem er die einheimische Produktion von Uniformen, Waffen und Ausrüstung für den immens wachsenden Militärbedarf in Gang brachte.

Die königliche Sparsamkeit war höchst ungewöhnlich. Vormoderne Fürsten horteten ihr Geld nicht, sondern brachten es im großen Stil unter die Leute. Sie stellten ihren überlegenen Reichtum und ihre Großzügigkeit unter Beweis, nicht nur, um im Wettbewerb um den glänzendsten und attraktivsten Hof zu bestehen, sondern vor allem, und sich ihre Umgebung dadurch dauerhaft zu verpflichten. Vormoderne fürstliche Herrschaft beruhte auf Kredit, das heißt auf der Erwartung aller, vom Minister bis zum Domestiken, irgendwann für ihre loyalen Dienste fürstlich belohnt zu werden. Auf herrscherliche Gnadengaben hatte niemand einen Anspruch, aber jeder konnte sich in der Hoffnung darauf wiegen. Indem ein Fürst die allseitigen Erwartungen an seine Großzügigkeit dauerhaft in der Schwebe hielt, sicherte er sich die Loyalität und Dienstwilligkeit seiner Umgebung, auf die er seinerseits angewiesen war.

Dieses informelle System wechselseitigen Kredits setzte Friedrich Wilhelm außer Kraft. Er gab keinen Kredit und nahm auch keinen in Anspruch, weder im wörtlichen noch im übertragenen Sinne. Er zahlte sofort, exakt und in bar, was er schuldig zu sein glaubte (vgl. Acta Borussica III, 456). Doch das war nicht viel, denn er entzog sich zugleich der fürstlichen Standespflicht zur demonstrativen Magnifizenz und Munifizenz. Der König mache keinen Staat, kommentierten das die Zeitgenossen; er lebe nicht wie ein Monarch, sondern führe seine Länder so, wie ein Privatmann seinen Haushalt führt. Die Urteile darüber gingen weit auseinander: Die einen meinten das als Lob, für die anderen verstieß es gegen die Pflicht zur angemessenen Repräsentation des königlichen Ranges.

Drittens: Höchst ungewöhnlich war auch das Verhältnis des Königs zum Militär, das er liebte, und zum Krieg, den er so weit wie möglich vermied. Im ganzen gebildeten Europa amüsierte man sich darüber, mitunter nicht ohne eine gewisse neidische Bewunderung. Möglichst zahlreiche, große, schöne, perfekt gedrillte Soldaten zu besitzen war das höchste Ziel all seines Handelns, seine liebste Beschäftigung das persönliche Disziplinieren, Exerzieren, Manövrieren, Inspizieren und Inszenieren seiner Regimenter. Große, ansehnliche junge Männer waren die Währung, mit der man beim König alles erreichen konnte. Während man sich darüber an den europäischen Höfen eher amüsierte, sorgte ein anderer Punkt regelmäßig für Konflikte, nämlich die illegalen Rekrutierungen. Nicht nur in den preußischen Ländern, auch in den Nachbarterritorien konnte es jedem jungen Mann von mehr als sechs Fuß Körpergröße, ob Tagelöhner, Bauer, Handwerker oder Student, passieren, dass er von einem preußischen Werbeoffizier mit Überredung, List oder Gewalt zur Truppe eingezogen wurde. Angesichts massiver außenpolitischer Verwicklungen sah Friedrich Wilhelm sich gezwungen, solche Zwangsrekrutierungen in den Nachbarländern formal zu verbieten; tatsächlich aber ließ er sie ungerührt weiterbetreiben. Und um die massenweise Flucht der einheimischen jungen Männer zu unterbinden, bedrohte er jedes unerlaubte Verlassen seiner Länder als Desertion mit der Todesstrafe. Das hielt er für sein gutes Recht, denn er betrachtete Land und Leute ausdrücklich als sein persönliches Eigentum: «Man mus den Herren mit Leib und lehben mit hab und guht mit erh und gewißen [dienen] und alles Daran sehtzen als die sehligkeit die vor gott aber alles das ander mus mein sein» (Acta Borussica II, 128 f.).

Das Verhältnis des Königs zum Militär brach in mehrfacher Hinsicht mit den Standesnormen. Zwar galt die Kriegskunst traditionell als *die* standesgemäße adelige Beschäftigung schlechthin. Doch ein Monarch hatte entweder selbst Feldherr zu sein oder gar nichts; das Exerzieren war Sache der Unteroffiziere. Die Bezeichnung «Soldatenkönig», *Roi Ser-*

Barbara Stollberg-Rilinger

geant oder *Roi Corporal*, war daher höchst abfällig gemeint. Große Feldherren der Zeit wie Prinz Eugen von Savoyen oder der Herzog von Marlborough wunderten sich, dass ein König sich mit solchen Bagatellen wie Uniformierung und Ausrüstung beschäftigte, mit denen schließlich kein Ruhm zu gewinnen war. Die Zeitgenossen rätselten darüber, was Friedrich Wilhelm mit dem perfekt gedrillten «Puppenwerk» eigentlich vorhabe und auf welchem Kriegsschauplatz er damit intervenieren wolle. Darum ging es ihm aber nicht. Am offensiven Kriegführen hinderte ihn zum einen seine Gottesfurcht. Zum anderen waren ihm die Truppen viel zu lieb und teuer, um sie tatsächlich einzusetzen. Ihr Wert war für ihn vor allem ein symbolischer: als respektgebietendes Spektakel für die anderen Fürsten und als lebendiges Sinnbild für die Unterordnung des ganzen Staates unter seinen souveränen Willen. Eine gewisse Tragik lag darin, dass seine Rechnung zu seinen Lebzeiten keineswegs aufging. Bei seinen Standesgenossen erwarb er mit seinem militärischen Marionettenwerk nicht den ersehnten Respekt; erst die späteren Historiker wussten es als Bedingung für Preußens Größe zu schätzen.

Viertens: Dass er große Kriegsabenteuer vermied, bedeutete allerdings nicht, dass Friedrich Wilhelm persönlich vor physischer Gewalt zurückgeschreckt wäre, ganz im Gegenteil. Er verhängte nicht nur bei jeder Gelegenheit verschärfte Körper- und Todesstrafen und sah bei deren Vollstreckung gern zu, was der Herrschertugend der Gnade und Barmherzigkeit zuwiderlief. Er neigte auch selbst zu spontanen, unkontrollierten Gewaltausbrüchen. Von Hofbediensteten über Soldaten und Bürger bis hin zu adeligen Amtsträgern und vor allem den eigenen Kindern konnte es jeden und jede treffen. Seine Tochter Wilhelmine, aber keineswegs nur sie, hat in ihren Memoiren diese Gewaltexzesse ebenso detailliert beschrieben wie die anschließenden sentimentalen Versöhnungsszenen. Solche affektgetriebene körperliche Gewaltanwendung verstieß eklatant gegen die Standesnormen und galt als klassisches Merkmal eines Tyrannen. Wer legitim über andere herrschen wollte, hieß es, müsse zuallererst in der Lage sein, sich selbst zu beherrschen. Schon gar nicht war es mit adeliger Ehre vereinbar, den eigenen Sohn und Thronfolger eigenhändig zu verprügeln und damit nicht nur ihn, sondern vor allem sich selbst vor aller Augen zu erniedrigen. Kein Wunder, dass auch der Kronprinz Friedrich – wie so viele – vor dem König zu fliehen suchte, was dieser als Desertion und Hochverrat betrachtete. Sein Hang zu grausamer Strafjustiz ohne Ansehen der Person kulminierte bekanntlich im Todesurteil gegen den eigenen Sohn, den er auf Intervention zahlreicher Fürsten und nicht zuletzt des Kaisers zwar am Ende zu Festungshaft begnadigte, aber zwang, bei der stellvertretenden Hinrichtung seines Freundes Katte zuzusehen.

Der König quälte aber nicht nur andere, sondern er war auch selbst ein Gequälter. Vielfach bezeugt ist seine tiefe Angst vor einem alttestamentlich wütenden und strafenden Gott. Hinzu kamen große, schubweise auftretende körperliche Qualen. Die Medizinhistoriker wissen heute, dass er aufgrund der inzestuösen Heiratspraxis im Hochadel unter Porphyrie litt, einer schweren Erbkrankheit, die nicht nur hohes Fieber, Wassersucht, Koliken, Lähmungen und Erstickungsanfälle, sondern auch jähe Tobsuchtsausbrüche, Verfolgungswahn und andere geistige Verwirrungen mit sich brachte. Hinter seinem Rücken machten seine engsten Vertrauten keinen Hehl daraus, dass sie den König für geisteskrank hielten.

Schließlich fünftens: Was die Zeitgenossen ebenfalls mit einiger Irritation aufnahmen, war die Haltung Friedrich Wilhelms gegenüber dem weiblichen Geschlecht. An den europäischen Höfen hatten Frauen eine vergleichsweise starke Stellung, denn sie sorgten für die dynastische Kontinuität, pflegten die verwandtschaftlichen Netzwerke, förderten Religion, Künste und Wissenschaften und konnten mitunter beträchtlichen politischen Einfluss ausüben. Damit machte Friedrich Wilhelm Schluss. Von seiner Gattin und den Töchtern abgesehen, mied er jede weibliche Gesellschaft und machte damit den preußischen Hof europaweit zur Kuriosität. Stattdessen etablierte er einen männerbündisch-grobianischen Habitus, dessen vorzüglicher Schauplatz das sogenannte Tabakskollegium mit seinen berüchtigten «Saufbataillen» war. Das «Weibergeschmeis» hatte dort keinen Zutritt, und nicht nur dort. Auswärtige Besucher bemerkten erstaunt, dass selbst bei Bällen oft keine Damen zugelassen waren und Männer mit Männern tanzten. Das Problem sei, so meinte seine Großmutter Sophie von Hannover, dass Friedrich Wilhelm alle Frauen für Huren halte. Überall, ob in der Oper, im Ballett oder der Komödie, bei Redouten oder Maskeraden, befürchtete er, dass «der Satan sein Reich vermehre», und in den Instruktionen an seinen Sohn stellte er die

Abb. 14 Während seiner Krankheitsschübe pflegte der König zu malen, um sich von den Schmerzen abzulenken. So entstand auch dieses Selbstporträt von 1737.

Warnung vor weiblichem Umgang an die allererste Stelle. Offenbar trieb ihn eine große Angst vor der Bedrohung seiner eigenen Keuschheit um, und er rühmte sich, in diesem Punkt sein Gewissen trotz aller Versuchungen stets rein erhalten zu haben. Sexuelle Ausschweifung, ein klassisches Merkmal des Despoten, konnte ihm niemand vorwerfen. Ganz im Gegenteil: Mit seiner zur Schau getragenen Misogynie brachte der König seine Verachtung der höfischen Kultur insgesamt zum Ausdruck und diffamierte den dort üblichen geselligen Umgang von Männern und Frauen als «Schandalöhse Plesirs» und «Sardanapalische fleis[ches] Lüste» (Acta Borussica III, 442 f.).

Vom Tyrannen zum Volkserzieher

Wenn Friedrich Wilhelm für die unmittelbaren Zeitgenossen durchaus das Zeug zu einem preußischen Caligula hatte (mit dem er sich auch selbst gelegentlich identifizierte), warum ging er dann nicht als Tyrann in die Geschichte ein? Wie kam es, dass ein solcher von Affekten beherrschter, von Tobsuchtsanfällen heimgesuchter Mann, der alle Normen und Werte seiner Zeit und seines Standes mit Füßen trat, sich posthum in den «Erzieher seines Volkes» verwandeln konnte?

Die Antwort liegt auf der Hand: Die persönlichen Obsessionen des Königs veranlassten ihn zu umwälzenden politischen Maßnahmen, die langfristig ebenso ungeahnte wie tiefgreifende Wirkungen entfalteten. Sie veränderten Militär, Wirtschaft und Verwaltung in fundamentaler Weise. Die Historiker schrieben dem König dann nachträglich den entsprechenden Weitblick für diese Ziele zu und deuteten die persönliche Besessenheit in eine langfristige staatspolitische Vision um, die sein Sohn später nur noch einzulösen brauchte. Und da sich mit den politisch-sozialen Strukturen auch die Normen und Werte veränderten, erschien, was ehemals als Bizarrerie, Laster oder Krankheit betrachtet worden war, schließlich als politische Tugend.

Eine Schlüsselrolle bei dieser Nachrationalisierung spielte sein Sohn und Nachfolger Friedrich II., dem es als Historiographen seiner eigenen Dynastie mit dem ihm eigenen weiten Horizont gelang, die spätere Geschichtsdeutung zu prägen. Die tiefe persönliche Demütigung, die er hatte hinnehmen müssen, hinderte ihn nicht daran, den Vater später mit großzügiger Herablassung als seinen eigenen Wegbereiter zu würdigen. Denn dieser hatte ihm ja das nötige Geld und die nötigen Truppen hinterlassen, die es ihm ermöglichten, Brandenburg-Preußen von einer drittrangigen Macht an der Peripherie Europas in den Rang einer Großmacht zu erheben. Vater und Sohn verhielten sich in dieser Erzählung zueinander wie Vorbereitung und Vollendung. Der unerhörte militärische und machtpolitische Erfolg des Sohnes setzte das Werk des Vaters nachträglich ins Recht.

Im 19. Jahrhundert spannen dann die preußisch-deutschen Nationalhistoriker diese große Geschichtserzählung fort und unterstellten Vater und Sohn einen von Anfang an verfolgten großen Plan. Sie alle schrieben an der Meistererzählung mit, wonach sich in der Regierung Friedrich Wilhelms ein «national-sittliches Prinzip», ein «sozialreformatorischer Erziehungsgedanke» verwirklicht habe. Der Kronprinz Friedrich sei erst durch die väterliche Züchtigung zu jener sittlichen Reife gelangt, die ihn später zu «Friedrich dem Einzigen», «dem Großen» gemacht habe. Und was für den Sohn galt, galt auch für die Bevölkerung der preußischen Länder, ja für das ganze deutsche Volk – die unvergleichlich harte Erziehung war gerechtfertigt als notwendiges Opfer zum «heiligen Ziel», der staatlichen Größe Preußens bzw. des Deutschen Reiches. Das verweichlichte Volk brauchte die harte Hand. 1834 schrieb der Hegel-Schüler Friedrich Förster: «Bei weitem weniger ist der strenge Friedrich Wilhelm des Despotismus halber anzuklagen, als die Nation der sclavischen Gesinnung; daß sie diese in der Folge abgelegt, rechtfertigt die Anwendung der drastischen Mittel, welche Friedrich Wilhelm verordnete» (Förster 1835, I, 169; vgl. Hintze 1916, 280 ff.).

Dieselben Züge, derentwegen Friedrich Wilhelm von seinen Zeitgenossen verspottet oder gefürchtet worden war, verwandelten sich nun in Vorzüge; allein den Verzicht auf Expansionskriege betrachtete man kritisch. Die Alleinregierung aus dem Kabinett, das Misstrauen gegenüber jedem Rat, der autokratische Herrschaftsstil und die Beseitigung der ständischen Rechte, all das erschien aus der Rückschau als Überwindung eines korrupten, «mittelalterlichen» Partikularismus. Da politische Mitwirkungsrechte in der Vormoderne immer nur privilegierten Gruppen zukamen – allgemeine, gleiche, staatsbürgerliche politische Teilhabe gab es noch nicht –, erschien die Beseitigung politischer Partizipation als historisch notwendiger, geradezu revolutionärer Fortschritt auf dem Weg zur vollen inneren Souveränität. Dabei geriet aus dem Blick, dass die Souveränität, von der Friedrich Wilhelm sprach, sich allein auf seine eigene Person bezog; von einer abstrakten Souveränität des Staates hatte er noch keinen Begriff.

Das Gleiche gilt auch für die immense Vermehrung des Staatsschatzes. Friedrich Wilhelms persönliche Obsession, so viel bares Geld aus den Ländern herauszuholen wie nur möglich, erschien aus der Rückschau als notwendiger erster Schritt auf dem Weg in den modernen Steuerstaat. Was die Zeitgenossen als rechtswidrige Ausbeutung und unstandesgemäßen Geiz betrachtet hatten, wurde nun als bürgerliche Askese und selbstlos-sachliche, rationale Staatsgesinnung gewürdigt.

Auch die Misogynie des Königs, sein männerbündischer Habitus, wurde ihm fortan als Tugend angerechnet, nämlich als männliche Sittenstrenge und bürgerliche Selbstdisziplin, und dies wiederum erschien als typisch deutsch. Denn weibliche Partizipation an der Herrschaft galt im bürgerlichen 19. Jahrhundert geradezu als Inbegriff höfisch-aristokratischer Dekadenz und Verweichlichung und wurde mit der Kultur des französischen Erbfeindes gleichgesetzt. Die Abneigung des Königs gegenüber dem Hofleben machte ihn folglich zum aufrechten Vorkämpfer echt deutscher, urtümlicher Natürlichkeit gegen die Überfremdung durch den «liederlichen Franzosengeist». Selbst die Tatsache, dass der König außenpolitisch höchst ungeschickt agierte, wurde ihm aus späterer Sicht als Tugend gutgeschrieben, zeigte er damit doch seine typisch deutsche Treuherzigkeit, mit der er in einer Welt intriganten Hofschranzentums nur scheitern konnte.

Schließlich: sein Verhältnis zur physischen Gewalt. Dass die Militarisierung der Gesellschaft als entscheidender Schritt auf dem Weg zur preußisch-deutschen Machtstaatsbildung gewürdigt wurde, versteht sich von selbst. Aber mehr als das: Die Schaffung eines perfekt gedrillten Heeres war es, was als Motor und Sinnbild für die Disziplinierung des gesamten Volkes und als «Schöpfung des preußischen Menschen» erschien. So ließen sich auch der persönlichen Neigung des Königs zur Grausamkeit positive Seiten abgewinnen, denn schließlich handelte es sich um ein Instrument der Volkserziehung. Und da die königlichen Misshandlungen jedermann ohne Rücksicht auf Stand und Rang treffen konnten, ließen sie sich als Zeichen egalitärer Gesinnung auffassen, als geradezu «demokratische Prügel».

Ihren Höhepunkt erreichte die Verehrung Friedrich Wilhelms I. im Nationalsozialismus. Der erste Propaganda-Spielfilm, den die von Goebbels gegründete Produktionsfirma Deka 1935 produzierte, hieß «Der alte und der junge König» und verherrlichte die absolute Unterwerfung des Sohnes unter den Willen des Vaters. Was die Nationalsozialisten – aber keineswegs sie allein – am Soldatenkönig schätzten, liegt auf der Hand: den autokratischen Habitus, die Verachtung des Rechts, die bedingungslose Gehorsamsforderung gegenüber jedermann, den scharfen Anti-Intellektualismus, die Pflege des soldatischen Männerbunds, die «schonungslose Härte» und «notwendige Grausam-

Barbara Stollberg-Rilinger

keit», die Herstellung von «nichts als blindeste[r] Disziplin» (Weber-Krohse 1934, 60, 69).

Wenn Friedrich Wilhelm I. als «Gestalter der Wehrmacht», «deutsches Vorbild», «Schöpfer des Preußengeistes» und «Erzieher des deutschen Volkes zum Preußentum» gepriesen wurde, so konnten die siegreichen Alliierten nach dem Zweiten Weltkrieg genau das beim Wort nehmen, als sie Preußen mit der Begründung von der Landkarte strichen, es sei «seit jeher Träger des Militarismus und der Reaktion» gewesen (Alliiertes Kontrollratsgesetz Nr. 47 vom 25.02.1947). Von einer solchen Kontinuität wollte man in Deutschland nach 1945 allerdings auf einmal nichts mehr wissen. Die Begeisterung der Nationalsozialisten für den König wurde nun als missbräuchliche «Entstellung» abgetan; vom Soldatenkönig führe keine historische Traditionsbrücke zum NS-Staat, hieß es. Dabei verschwiegen die Historiker allerdings, wie tatkräftig sie selbst an dieser Kontinuitätsstiftung mitgewirkt hatten.

Tatsächlich ist erstaunlich, wie ungebrochen die alte kleindeutsch-borussische Meistererzählung sich trotz solcher Distanzierungsversuche über den Bruch von 1945 hinweggerettet hat. Allerdings wurde das Bild des Königs den veränderten politischen Umständen angepasst. Hatte man vor 1945 noch den klaren Gegensatz hervorgehoben, der zwischen dem Soldatenkönig und der «westlichen Aufklärung und Zivilisation» mit ihren abschätzig so genannten Ideen von «Menschheitsbeglückung und Völkerbundsträumen» bestand (Hinrichs 1941, 51, 64, 85), so wird der König heutzutage mitunter geradezu umgekehrt als Wegbereiter von aufgeklärtem Selbstdenken, Rationalismus, Toleranz und Rechtsstaatlichkeit betrachtet (Göse / Kloosterhuis 2021). Manche historischen Figuren sind wie Vexierbilder, und das gilt für Friedrich Wilhelm I. in besonderem Maße. Wäre die Geschichte unter seinen Nachfolgern anders verlaufen, dann wäre er möglicherweise als der Tyrann in die Geschichte eingegangen, als den er sich selbst bezeichnet hat.

9
Warum Napoleon Bonaparte kein Despot war

Von Daniel Schönpflug

Als «Nemesis» erschien dem in Göttingen lebenden Schriftsteller Benjamin Constant der im Oktober 1813 bei Leipzig errungene Sieg über Napoleon. Unter dem Eindruck der Ereignisse machte er sich noch im November desselben Jahres an die Niederschrift eines Textes, den er als seinen Beitrag zum endgültigen Sturz des Imperators verstanden wissen wollte. Als Titel des Buches wählte er zunächst: «Vom Geist der Eroberung und des Despotismus in ihrer Beziehung zur europäischen Zivilisation». In einem Brief an seinen Freund Charles de Villiers äußerte er jedoch Zweifel an dieser ersten Titelversion: «Ist Despotismus zu heikel? Schreiben wir lieber Willkürherrschaft» («arbitraire», Constant 1986, 23, übers. D. S.). Als die Schrift im Februar 1814 erschien, hatte Constant den entscheidenden Begriff im Titel jedoch erneut geändert: Statt «Despotismus» oder «Willkürherrschaft» hatte er schließlich «Usurpation» gewählt.

Benjamin Constants Ringen um den richtigen Begriff zur Beschreibung von Napoleons Herrschaft war symptomatisch. Das napoleonische Regime polarisierte vom ersten Tag an die öffentliche Meinung. Während die staatliche Propaganda und ein Heer von Bewunderern den Feldherrn und Staatsmann verklärten, entwickelte sich gleichzeitig eine «schwarze Legende». Erst nach Napoleons jähem Sturz im Jahr 1814 – und auch nur für wenige Jahre bis zu seinem Tod im Jahr 1821 – gewannen die Negativurteile die Oberhand. Doch selbst in dieser Zeit der einhelligen Ablehnung gab es keinen Konsens darüber, wie die napoleonische Herrschaft begrifflich zu fassen war. In einer Flut von Druckschriften überboten sich die Autoren mit originellen und drastischen Negativbezeichnungen: Als «Oger» bezeichnete ihn etwa der Schriftsteller C.-J. Rougemaître, als «Attila» titulierte ihn Madame de Staël und J. F. I. Courtois, als «Nero» verschiedene anonyme Pamphlete.

Erstaunlicherweise spielten in der Napoleon-Kritik zwei Begriffe, die noch in den Jahren vor und nach 1789 zu den wichtigsten und am häufigsten verwendeten der politischen Sprache und Theorie gehört hatten, keine besondere Rolle mehr: «despot»/«despotisme» und «tyran»/ «tyrannie». Warum verloren diese Termini zur Zeit des napoleonischen Regimes an Bedeutung? Welche anderen traten an ihre Stelle? Und war die Verwendung alternativer Begriffe Ausdruck eines gewandelten Verständnisses des beschriebenen Tatbestandes, also des Machtmissbrauchs, in der nach-monarchischen Ära? Antworten auf diese Fragen erlauben Einblicke in die Selbstreflexionen einer Zeit, die zum ersten Mal die Versuchungen und Abgründe «charismatischer» Herrschaft erlebte und die um ein Verständnis der Zerbrechlichkeit der modernen demokratischen Republik rang (Bell 2020).

Tyrann, Despot

Im November 1799 bewerkstelligte Napoleon Bonaparte seinen Aufstieg vom General zum Regierungschef durch einen Putsch innerhalb eines Staatsstreichs. Fast fünf Jahre lang hatte sich die nach dem Ende der jakobinischen Terreur etablierte republikanische Regierung, das Direktorium, gegen vielfältige Krisensymptome im Inneren des Landes und wechselndes Glück auf den Schlachtfeldern behauptet; mehrere Umsturzversuche konnten abgewehrt werden. Dennoch sah einer der profiliertesten Politiker der Zeit, Emmanuel Joseph Sieyès, im Herbst 1799 in einem Regimewechsel die letzte Chance, die Republik vor Chaos und Untergang zu retten. Sein Plan war es – unter dem Vorwand eines angeblich drohenden jakobinischen Umsturzversuchs –, die beiden Kammern des Parlaments erstens zur Verlegung ihrer Sitzungen in den Pariser Vorort Saint-Cloud und zweitens zur Ernennung des Generals Napoleon Bonaparte zum Chef aller Streitkräfte von Paris zu bewegen. Gleichzeitig sollten vier der fünf regierenden Direktoren – teils freiwillig, teils durch Bestechung, Einschüchterung und Zwang – zur Abdankung bewogen werden. So sollte der Weg zur Bildung einer Notstandsregierung unter Sieyès' Leitung und dann zu einer neuen Verfassung geebnet werden.

Die ersten Schritte des Staatsstreiches verliefen nach Plan, doch in Bonaparte hatte sich Sieyès getäuscht. Der General wollte sich – nach seiner Rückkehr von einem scheinbar glorreichen Feldzug in Ägypten – keineswegs mit der ihm zugedachten Rolle eines «Degens» zufriedengeben. Zwar nahm er zunächst wie vorgesehen in Paris seine Ernennung entgegen und begab sich am nächsten Tag nach Saint-Cloud, um sich den beiden Kammern des Parlaments als ihr Beschützer zu präsentieren. Es gelang ihm dort auch, durch beschwichtigende Worte den Rat der Ältesten in Sicherheit zu wiegen. Doch bei seinem Auftritt in der zweiten Kammer, dem Rat der Fünfhundert, schallten ihm wütende Rufe entgegen: «Tod dem Tyrannen!» – «Nieder mit dem Diktator!». Andere Quellen berichten, er sei auch als «Verräter» und «Usurpator» beschimpft worden. In der aufgeheizten Stimmung wurde Napoleon beim Betreten des Sitzungssaales nicht nur angeschrien, sondern auch angerempelt. Daraufhin wurde er aus dem Saal gebracht. Seine draußen wartenden Soldaten wurden mit der Propagandalüge, Napoleon sei im Parlament mit gezückten Dolchen bedroht worden, in den Sitzungssaal der zweiten Kammer geschickt, um die Abgeordneten auseinanderzutreiben.

Napoleon war im Rat der Fünfhundert mit verschiedenen Begriffen belegt worden, von denen «Tyrann» in der Sprache der Revolution gewiss der prominenteste gewesen war. Bereits die politische Theorie der Aufklärung hatte Konzepte von «Tyrannei» und «Despotismus» zur Kritik des französischen Absolutismus etabliert. In den turbulenten Ereignissen des Jahres 1789 wurden sie zu omnipräsenten Vokabeln des politischen Kampfes, zu den wohl wichtigsten Gegenbegriffen des höchsten revolutionären Ideals, der Freiheit. Doch als die Revolution sich radikalisierte und durch immer neue Krisen ging, begannen die anfangs so treffsicheren Begriffe «Tyrannei» und «Despotismus» zusehends an Schärfe zu verlieren. Während sie vor und nach 1789 noch zum Angriff auf Ludwig XVI., seine Regierung, den absolutistischen Staatsapparat oder das Feudalsystem dienten, wurden sie immer mehr zu unspezifischen politischen Schimpfwörtern. Schon 1790 begannen sich die verschiedenen Splittergruppen der revolutionären Bewegung gegenseitig als «despotisch» zu verunglimpfen, und nach der Hinrichtung Ludwigs XVI. im Januar 1793 – als der vermeintliche Tyrannenthron vakant geworden war – konnte der Begriff noch leichter auf weitere Personen

Daniel Schönpflug

übertragen werden; am häufigsten traf es Robespierre. So waren «Despotismus» und «Tyrannei» in der zweiten Hälfte der 1790er Jahre in Frankreich durch eine übermäßige und zunehmend unspezifische Nutzung verbraucht; sie verloren an politischer Schlagkraft und wurden fortan immer seltener verwendet.

Nur vereinzelte Versuche, dem Despotismusbegriff neue konzeptionelle Schärfe zu geben und ihn an die wechselnden republikanischen Realitäten anzupassen, sind überliefert. Zu den Vordenkern solcher Versuche gehörte die Schriftstellerin Germaine de Staël. Ihre konzeptionelle Arbeit am «despotisme» basierte auf Montesquieus politischer Theorie. Doch anders als der Philosoph aus La Brède – und in Reaktion auf die seit 1789 in rasantem Tempo wechselnden Regime und ihre unverkennbare Tendenz zur Gewalt – sah sie den «Despotismus» nicht mehr nur als schädliche Form der Einherrschaft an, sondern als möglichen Charakterzug jedweden Regimes, also auch der Republik. In ihrem in den Jahren 1797/98 verfassten (aber 1906 erstmals publizierten) Text *Des circonstances actuelles qui peuvent terminer la révolution* beschrieb sie das revolutionäre Frankreich als ein politisches Laboratorium, in dem inmitten einer republikanischen Verfassung gewaltsame Formen der Unterdrückung angewandt würden. Während Condorcet 1789 noch vor einer despotischen Volksherrschaft als möglicher Gefahr gewarnt hatte, erlebte Staël, die ins schweizerische Exil flüchten musste, eine solche als politische Realität. Als bestimmendes Charakteristikum des republikanischen Despotismus sah sie, auch hier direkt an Montesquieu anknüpfend, *la terreur* an, also den Einsatz von staatlichen Gewaltmaßnahmen und Einschüchterung. Als Ursache des republikanischen Despotismus nennt sie den Umstand, dass die Republik in Frankreich zu früh eingeführt worden sei – zu einem Zeitpunkt, zu dem die Franzosen noch nicht für dieses Maß an politischer Freiheit bereit gewesen seien. Weil die öffentliche Meinung die republikanischen Regime seit 1792 nicht trug, griffen die Regierenden auf despotische Mittel und auf Terror zurück. Die permanente Furcht habe das Volk verändert, es einerseits still und passiv gemacht, andererseits aber – im Aufbegehren gegen die Angst – immer wieder auch gewalttätig, wodurch der Terror auf die Regierenden zurückgewirkt und sie zu noch repressiveren Maßnahmen gezwungen habe. So waren für Staël republikanischer Despotismus und

Staatsterror Teil eines Teufelskreises, in dem gewalttätige Repression einerseits Furcht auslöste und andererseits eingesetzt werden musste, um die von Furcht ausgelöste Volksgewalt einzudämmen (Staël 1979, 33–44).

In ihrem 1818 erschienenen Hauptwerk *Considérations sur les principaux événements de la Révolution française* kam de Staël auf diese Gedanken zurück und wandte sie im zweiten Band auf Napoleon und seine «Revolution vom 18. Brumaire» (nach Staël 1818, 237, übers. D. S.) an. Von Anfang an habe sich der Empereur der «Furcht» als eines politischen Instruments bedient – bei seiner Machtübernahme, indem er die Gefahr eines jakobinischen Umsturzes beschwor, später, indem er jede Opposition, ja alle abweichenden Meinungen gewaltsam unterdrückte. Der despotische und tyrannische Charakter seines neuen Regimes zeige sich auch in der neuen Verfassung, welche die demokratischen Wahlen abschaffte und dem Ersten Konsul nur willfährige Regierungsgremien zur Seite stellte, die keinerlei Gegengewicht zu seiner Alleinherrschaft darstellten (Staël 1818, 249). Staëls Kritik an Napoleon als «Despot» und «Tyrann» verlängert also die aufgeklärte Absolutismuskritik ins 19. Jahrhundert; letztlich wirft sie Napoleon vor, Frankreich in die vorrevolutionäre Ära zurückgeführt zu haben.

Diktator

Am 18. Brumaire des Jahres VIII war Napoleon im Rat der Fünfhundert nicht nur als «Tyrann», sondern auch als «Diktator» beschimpft worden. Letzteres war im 18. Jahrhundert ein schillernder Begriff. So hatte etwa Jean-Jacques Rousseau – mit Verweis auf die Verfassung der römischen Republik – im *Contrat Social* (IV, 6) die Nützlichkeit einer zeitlich begrenzten Übertragung der Macht auf einen einzelnen Machthaber in Situationen großer Gefahr betont. Die aufgeklärten Autoren hatten jedoch auch auf die Risiken der Diktatur hingewiesen, die dann zur Tyrannei werden könne, wenn – wie in der Antike etwa von Sulla oder Cäsar – die zeitliche Beschränkung der Ausnahmesituation aufgehoben würde. Bei der nach der Absetzung und Hinrichtung Ludwigs XVI. einsetzenden Suche nach neuen Begriffen für einen Staatslenker, der kein Monarch war, wurde der Begriff «Diktator» hin und wieder verwendet. So wurde etwa Robespierre vielfach so bezeichnet, und ein radikaler Propagandist

Daniel Schönpflug

wie Jean-Paul Marat forderte in der Krise des Jahres 1793 lautstark die Einführung einer plebiszitären Diktatur.

Angesichts der Instabilität des Direktoriums lag die Sehnsucht nach einer «Diktatur» – als zeitlich befristete Machtkonzentration zur Rettung der Republik – in den letzten Jahren des 18. Jahrhunderts in der Luft. Dies belegen Zeitungskommentare zum früheren Staatsstreich vom 18. Fructidor des Jahres V (4. September 1797), aber auch die Berichterstattung über den 1796/97 in Italien von Sieg zu Sieg eilenden General Bonaparte. Die Zeitung *Le Conservateur* bezeichnete ihn im Juli 1798 als «französischen Cäsar». Dagegen erhob sich in anderen Blättern Protest, aber auch Beifall: «Wenn wir dazu bestimmt sind, unsere Häupter unter das Joch eines neuen Despotismus zu beugen, dann gebe ich zu […], dass ich denjenigen bevorzugen würde, der Cäsar zu seinem Vorbild gemacht hat» (Bell 2020, 118, übers. D. S.). Ähnlich argumentierte der deutsche Schriftsteller Christoph Martin Wieland in einem Artikel im *Neuen Teutschen Merkur* vom März 1798. Er empfahl der gebeutelten französischen Republik einen Diktator als «das einzige Mittel, [das] Gemeinwesen […] vor dem immer näher rückenden Untergang zu retten» (Hunecke 2011, 9 f.). Trotz heftiger Reaktionen setzte Wieland in einer späteren Schrift noch nach und regte an, die schwache französische Regierung sowie die Parlamentarier nach Cayenne zu deportieren und Bonaparte zum *Dictator perpetuus consulari, tribunicia et pontifica potestate* zu ernennen.

Nach Napoleons militärischem Vorgehen gegen den Rat der Fünfhundert stimmten die eingeschüchterten Parlamentarier beider Kammern der Einrichtung einer provisorischen Regierung, der sogenannten «konsularischen Exekutivkommission», zu und kamen überein, ihre Sitzungen bis zum 20. Februar des folgenden Jahres zu unterbrechen, um eine Revision der Verfassung zu ermöglichen. Bonaparte wurde zum Mitglied der Kommission ernannt und war so nicht mehr nur der Oberbefehlshaber der Streitkräfte von Paris, sondern einer der drei Lenker der neuen Exekutive. Doch der somit für eine Übergangszeit von drei Monaten in die Regierung beförderte General, der in seinen öffentlichen Ansprachen stets die Rettung der Republik im Munde führte und sich sogar als Kämpfer gegen drohenden «Despotismus» darstellte, verstand sich eben nicht als Diktator auf Zeit, sondern sah sich von vornherein zum *Dictator perpetuus* berufen.

In seiner neugewonnenen Machtposition als Mitglied der provisorischen Regierung gelang es Bonaparte, seine Vorstellung der Diktatur als Dauerlösung politisch durchzusetzen. Kraft der in höchster Eile ausgearbeiteten Verfassung des Jahres VIII wurde der politisch weitgehend unerfahrene General mit dem Amt des «Ersten Konsuls» ausgestattet. Diese Amtsbezeichnung war euphemistisch, denn in der republikanischen Verfassung des antiken Rom, die hier als Referenz diente, waren die zwei Konsuln ja durch Wahlen jährlich neu bestimmt worden. In der neuen napoleonischen Verfassung hingegen war eine Wahl des Regierungsoberhauptes nicht vorgesehen und seine Regierungszeit zunächst auf zehn Jahre angesetzt. Diese Konstruktion war – wie schon die angeblich im Rat der Fünfhundert gezückten Dolche – eine Reminiszenz an den Diktator Julius Cäsar. Dass diese Aushöhlung der Republik kaum auf Widerstand stieß und sogar durch ein Plebiszit bestätigt wurde, lag nicht nur daran, dass es im Konsulat nach wie vor republikanische Institutionen gab und sich der Erste Konsul auf die Manipulation von Plebisziten verstand, sondern vor allem daran, dass sich Napoleon als Diktator zunächst glänzend bewährte. Es gelang ihm in den ersten Jahren seiner Herrschaft durch rasche Siege gegen die wichtigsten Feinde Frankreichs, aber auch durch hartes Vorgehen gegen die Aufstände in der Vendée und gegen die monarchische und jakobinische Opposition, durch eine Amnestie für die emigrierten Adeligen und Kleriker sowie durch eine Einigung mit dem Papst und der katholischen Kirche, die Franzosen mit seinen Schritten in Richtung einer dauerhaften Alleinherrschaft zu versöhnen. Volker Hunecke hat in seiner Napoleon-Biographie die immense legitimatorische Wirkung der Erfolgsbilanz des «guten Diktators» nachgewiesen.

Von Napoleons Versuch, aus den positiven Konnotationen der «Diktatur» politisch Profit zu schlagen, zeugt die von dem Historiker Charles de Lecretelle verfasste (aber anonym veröffentlichte) Propagandabroschüre *Parallèle entre César, Cromwel, Monck et Bonaparte* (1800). Cromwell sei ein Fanatiker gewesen und daher eher als ein Vorläufer Robespierres anzusehen. Napoleon Bonaparte hingegen sei mit Julius Cäsar zu vergleichen, jedoch keineswegs mit ihm identisch. Cäsar habe wie ein Demagoge mit der Volksmasse gegen die «ehrlichen Bürger» regiert und so die Republik zerstört, Napoleon hingegen habe die guten Bürger nach

Daniel Schönpflug

den Krisen der Revolution wieder aufgerichtet und dadurch die Republik gerettet. Obwohl er nicht die geringste Absicht hatte, die Regierungsgewalt nach überstandener Krise wieder zurück in die Hände des Volkes zu legen, setzte Napoleon alles daran, sein politisches Agieren als das eines guten Diktators und Verteidigers der Republik darzustellen.

Dass aber längst nicht alle dem Charisma des Generals und der Sehnsucht nach einer Diktatur erlegen waren, belegt ein Flugblatt mit dem Titel *Le dictatoriat* (1799), das den Staatsstreich scharf kritisierte. Napoleons hier aufgelistetes Sündenregister war lang: Ihm wurde vorgeworfen, am 13. Vendémiaire des Jahres III (5. Oktober 1795) das Feuer auf Aufständische in der Pariser Innenstadt angeordnet zu haben. Ihm wurden Plünderungen in Italien vorgehalten und die Tatsache, dass er in Ägypten das Leben von 40 000 Franzosen geopfert habe. «Werdet ihr», fragte der anonyme Autor des Flugblatts, «euer Haupt unter das Joch eines Despoten beugen, der nichts als Verbrechen als sein Verdienst und nur den Horror als Titel vorweisen kann?» (Tulard 2013, 78, übers. D. S.) In diesem Flugblatt wurde Napoleon übrigens nicht nur als Diktator und Despot, sondern auch als Monarch tituliert.

Die vergleichenden Betrachtungen der «Diktatoren» der Französischen Revolution – zunächst Robespierre, dann Bonaparte – markieren den Anfang der Theorie des modernen «Cäsarismus». Zwar waren Ideen und Praktiken der Diktatur zu diesem Zeitpunkt bereits seit über zweitausend Jahren verbreitet. Aber in einem Land mit 26 Millionen Einwohnern, das seit der Revolution von Menschenrechten, Verfassung und Zivilrecht, von Gewaltenteilung und (mehr oder weniger) freien Wahlen, von ideologisch grundierten Parteiungen in einem Repräsentativsystem, von allgemeiner Wehrpflicht und Massenpresse geprägt war, stellte sich das Spannungsverhältnis von Republik und Diktatur in anderer Weise dar als in den Bürgerrepubliken der Antike oder der Frühen Neuzeit. Ein signifikanter Unterschied lag schon in der Tatsache, dass in der französischen Republik – anders als im antiken Rom – die Diktatur eben kein von der Verfassung vorgesehener Zustand war, weil sie den darin ausbuchstabierten Prinzipien der Volkssouveränität widersprach und ausschließlich durch einen Verfassungsbruch errichtet werden konnte. So zeigte sich bereits 1799 die Verwandtschaft der modernen Diktatur mit der neuzeitlichen Revolution.

In der geschilderten turbulenten Sitzung im Rat der Fünfhundert soll Napoleon Bonaparte auch als «Usurpator» bezeichnet worden sein. Das ist durchaus plausibel, denn der Begriff taucht in diesen Jahren immer wieder in öffentlichen Debatten auf. Schon wenige Monate vor dem Brumaire des Jahres VIII hatte der Abgeordnete Boulay de la Meurthe im Parlament gewarnt: «Wie Ihr wisst, liegt dem Volk an der Unabhängigkeit der religiösen Meinungen mehr als an jeder Idee von Freiheit [...]. Ich glaube, dass ein geschickter Usurpator, selbst mit wenigen eigenen Kräften, der diese Freiheit garantiert, leicht Parteigänger gewinnt» (Hunecke 2011, 79). Bald nach der Machtübernahme, im Jahr 1800, erschien ein anonymes Flugblatt, das Bonaparte als «Corse usurpateur» bezeichnete. Auch François d'Ivernois benannte im gleichen Jahr den Staatsstreich als «Usurpation», und eine deutsche Flugschrift verglich Napoleon nun nicht mehr mit Julius Cäsar, sondern mit dessen Adoptivsohn Octavian, der als Feldherr mit ausgeprägten politischen Ambitionen seine Konkurrenten aus dem Feld geschlagen und sich – nach der Rückkehr von einem erfolgreichen Ägypten-Feldzug – das Konsulat gesichert hatte, um schließlich vom Senat den Ehrentitel «Augustus» anzunehmen (Anonym, *Die republikanischen Könige*, 1800).

Der Vergleich mit Augustus war für die Zeitgenossen ebenso ambivalent, wie es schon der Vergleich mit dem Diktator Julius Cäsar gewesen war. Napoleon hatte sich bereits früh der Symbol- und Sprachwelt des römischen Imperiums zur Legitimation seiner Herrschaft bedient. Die Triumphzüge des Italienfeldzugs waren von einer römisch-imperialen Ikonographie geprägt. Später, bei seiner pompösen Selbstkrönung zum *Empereur des Français* am 2. Dezember 1804, hatte sich Napoleon ein Kostüm anfertigen lassen, das aus einer mit Lorbeer und Olivenzweigen bestickten weißen Seidentoga, Sandalen sowie einem Purpurmantel bestand. Auf dem Kopf trug er – wie das berühmte Krönungsporträt von François Gérard festhält – einen Lorbeerkranz und in der Hand ein Zepter mit dem Reichsadler. Doch während die imperialen Referenzen zum Ruhm des neuzeitlichen Imperators beitrugen, führten sie gleichzeitig zu negativen Wertungen, wie sie dem Begriff der Usurpation eingeschrieben sind. Durch seine Verwendung konnten Autoren daran erin-

Daniel Schönpflug

nern, dass auch Octavians Aufstieg auf Machtanmaßung beruht hatte und dass die Herausforderung des regierenden Kaisers durch meist aus dem Kreis des militärischen Führungspersonals stammende Usurpatoren in der Geschichte des Prinzipats ein Faktor der Instabilität gewesen war. Der Begriff des Usurpators verwies auf Machtanmaßung, auf Gewalt, auf Herstellung und Repräsentation von Gefolgschaft unter den einfachen Bürgern und Soldaten meist auf der Grundlage militärischer Erfolge. Gerade im Hinblick auf das vehemente Expansionsstreben bezweifelte der einstige Finanzminister Jacques Necker im Jahr 1802, dass eine aggressiv ausgreifende moderne Militärherrschaft noch mit dem alten Begriff des Despotismus zu beschreiben sei: «Man muss davon ausgehen, dass für die Vereinigung einer solchen Menge von Ländern und so vieler Menschen unter der gleichen Regierung die bekannten Formen des Despotismus nicht mehr ausreichen würden; dieser müsste viel schneller, viel feiner, viel elektrischer sein, um all diese Gruppen zusammenzuhalten, um sie alle in einer einzigen Bewegung zu vereinen» (Necker 1802, 363, übers. D. S.).

Der erste Denker jener «elektrischeren» Form des Despotismus war der eingangs zitierte Benjamin Constant. Seine Schrift *De l'esprit de conquête et de l'usurpation dans leurs rapports avec la civilisation européenne* von 1814 griff den napoleonischen Versuch einer auf die Antike verweisenden imperialen Herrschaft frontal an. Die Constant bestens bekannten Gedanken von Germaine de Staël zum republikanischen Despotismus gingen in diese Schrift ein. Doch war es eben kein Zufall, dass er den Despotismusbegriff durch den der Usurpation ersetzte, erlaubte er ihm doch eine spezifischere Deutung von Bonaparte und seinem Regime, das er für schlimmer und für neuartiger hielt als den Despotismus der absolutistischen Könige oder selbst der Republik.

Constants Schrift reißt Bonaparte zunächst das antike Kostüm herunter. Sowohl der die Antike beschwörende «Geist der Eroberung» als auch die «Usurpation» seien am Beginn des 19. Jahrhunderts Anachronismen. Der Krieg sei zwar in früheren Zeiten ein angemessenes Mittel zur Befriedigung materieller Interessen gewesen, im 19. Jahrhundert jedoch sei der friedliche Handel an seine Stelle getreten. Die rohe Machtaneignung und -ausübung der Usurpatoren sei in der Antike noch akzeptabel gewesen, weil das Volk vornehmlich aus Ungebildeten bestanden habe. In

Abb. 15 François Gérard (1770–1837), Napoleon I. im Krönungsornat, 1806.

Daniel Schönpflug

Constants Gegenwart, wo große Teile des Volkes gebildet und kultiviert seien, könne eine solche Herrschaftsform nur noch als überholt gelten. Wer sie – wie Napoleon – dennoch erzwinge, trete Tugend, Bildung, Wissenschaft und Handel mit Füßen und überlasse das Land einer Elite, die so egoistisch, unkultiviert und brutal wie ihr Anführer sei. Obwohl Constant Napoleon also mit einem antiken Begriff belegt, besteht er gleichzeitig darauf, dass dessen Versuche, Legitimität aus einer fernen Vergangenheit zu ziehen, zum Scheitern verurteilt sind. In seinen Augen taugen die Konzepte der Antike nicht für die Moderne. Wer sie der Gegenwart des 19. Jahrhunderts aufzwingt, wirft die europäische Zivilisation zurück.

Dies ist aber nur das erste von Constants Argumenten zum Verhältnis von Usurpation und Moderne. Er fügt ein zweites hinzu: Die antiken Referenzen erschienen Constant nicht nur falsch, weil sie 2000 Jahre zivilisatorischen Fortschritt gefährdeten, sondern auch, weil sie darüber hinwegtäuschten, dass die napoleonische Usurpation die gefährlichsten und schädlichsten Effekte der modernen Demokratie ausnutze. Die Usurpation unterscheide sich von der Monarchie durch die Tatsache, dass sie kein Herkommen, keine etablierten Regeln und keine Gegenkräfte kenne. Vielmehr werde sie durch List und Gewalt hergestellt und bedürfe eines radikalen, eines revolutionären Bruchs mit der Vergangenheit. Constant schreibt hierzu: Die napoleonische Herrschaft «bewahrt die Agitation der Revolutionen, die sie hervorgebracht haben» (Constant 1986, 140, übers. D. S.). Er kritisiert das napoleonische Regime also als eine moderne Revolution von oben, was für ihn – der ein Opfer und scharfer Kritiker der Revolution war – ein vernichtendes Urteil ist. Wie Napoleon habe auch die Revolution die Franzosen in die Illusion gehüllt, dass sie dieselbe Art der Freiheit erkämpfen könnte, wie sie die Bürger der antiken Republiken hatten. Tatsächlich seien aber – in einem großen, bevölkerungsreichen Land – repräsentative und indirekte Formen der Partizipation nötig geworden, die einer neuen Elite den Weg an die Macht geebnet hätten. Diese neue Elite habe das Volk daran gewöhnt, symbolische Formen der Repräsentation – etwa in der Propaganda, auf politischen Festen und in Zeremonien – für echte Mitsprache zu halten. Die Usurpation habe die «scheinbare Sanktion des Volkes, schale Beweise seiner Anhänglichkeit, einen monotonen Tribut» eingeführt (Constant 1986, 150, übers. D. S.). Ideologischer Einklang und Uniformität seien an die Stelle des Wettstreits der Meinungen getreten, und die Regierung habe mit Gewalt und Terror reagiert, wenn der scheinbare Einklang zwischen Regierenden und Regierten zu zerbrechen drohte.

Napoleon habe also nicht nur an die revolutionäre Agitation, sondern auch an die nur scheinbare Mitbestimmung der ersten republikanischen Regimes in Frankreich anknüpfen können, und genau darum sei seine Usurpation nicht nur moderner, sondern auch grausamer als selbst der absoluteste Despotismus. Denn Letzterer verschleiere die Natur seiner Herrschaft nicht. Er verbanne die Freiheit und verdonnere seine Untertanen zum furchtsamen Schweigen. Weil aber die Usurpation – wie die revolutionären Ordnungen – auf der Illusion der Mitbestimmung beruht, muss der Usurpator auch den Schein demokratischer Formen und eines ihn tragenden Volkswillens erzeugen. Er muss eine «Fälschung der Freiheit» erschaffen (Constant 1986, 149, übers. D. S.). Diejenigen, die mit dem Regime marschieren, entscheiden sich gegen die Freiheit; alle anderen werden zur Lüge und zu nicht enden wollenden Maskeraden gezwungen. «Der Despotismus [...] regiert durch die Stille und lässt dem Menschen das Recht zu schweigen. Die Usurpation verdammt ihn zum Sprechen; sie verfolgt ihn bis in das innerste Heiligtum seines Denkens; und indem sie ihn zwingt, sein Gewissen zu belügen, raubt sie ihm den letzten Trost, der dem Unterdrückten bleibt» (Constant 1986, 151, übers. D. S.).

Die revolutionären Schritte Frankreichs in die politische Moderne haben laut Constant zwar ein despotisches Regime beseitigt, aber Formen der Republik etabliert, die ihrerseits despotische Züge entwickelten. Die Usurpation Napoleons habe diese fatale Entwicklung fortgesetzt und – durch weitere Machtkonzentration, Repression, Gewalt, erzwungene Scheinpartizipation und unmäßiges militärisches Expansionsstreben – auf die Spitze getrieben. So steht die «Usurpation» bei Constant für die Gefahren und Abwege moderner demokratischer Ordnungen, die in den Jahren um 1800 zum ersten Mal zutage traten.

Dass das Imperium Napoleons I. im Jahr 1814, nur zehn Jahre nach seiner Proklamation, unterging, war nicht das Ergebnis des Aufbegehrens der vom *Empereur* unterdrückten Franzosen, sondern eine Folge der Invasion feindlicher Armeen. Erst am 3. April 1814, als Kosaken be-

Daniel Schönpflug

reits auf den Champs-Élysées kampierten, verabschiedete der französische *Sénat conservateur* ein Dekret über die Absetzung Napoleons; es nahm die Form einer langen Liste von Vergehen des einstigen *Empereur* an und las sich wie eine Anklageschrift. Im Lichte der Constant'schen Gedanken zur Anfälligkeit der modernen Demokratie wog vielleicht der Vorwurf am schwersten, Napoleon habe die verfassungsmäßige Ordnung verletzt, die er selbst – mit Zustimmung des Volkes – einst aus der Taufe gehoben hatte; damit habe er den *pacte social* gebrochen (Tulard 2013, 96–99). Während in der Revolution die bloße Existenz einer Verfassung noch als Garant der Freiheit gegolten hatte, bewies Napoleon, dass konstitutionelle Ordnungen ausgehöhlt und zur trügerischen Fassade missbräuchlicher Herrschaft werden können. In diesem Sinne schrieb später Alexis de Tocqueville, «dass die Art von Unterdrückung, von der demokratische Völker bedroht sind, sich grundlegend von allem unterscheidet, was vorher in der Welt existierte [...]. Die alten Wörter Despotismus und Tyrannei passen hier nicht mehr. Die Sache ist neu, man muss versuchen, sie neu zu definieren, weil hier noch die richtigen Begriffe fehlen» (Tocqueville 1850, 357, übers. D. S.). In diesem Verständnis war Napoleon Bonaparte kein Despot. Er hatte mit seiner Form der Machtausübung, die sich in antike Kostüme kleidete, sich jedoch gleichzeitig der gefährlichsten Mechanismen der modernen Politik bediente, die Schwelle zu einem neuen Zeitalter überschritten.

Leopold II., König von Belgien – konstitutioneller Monarch und kolonialer Despot

Von Julia Seibert

Keine andere historische Figur der belgischen Geschichte wird so kontrovers diskutiert wie Leopold II. von Belgien. Der einstige Herzog von Brabant, der seinem Vater 1865 auf den Thron folgte, war nicht nur belgischer Souverän, sondern auch Herrscher über ein riesiges Gebiet in Zentralafrika – den 1885 gegründeten «Kongo-Freistaat». In Belgien war Leopold II. ein Monarch mit begrenzten Kompetenzen, im Kongo hingegen ein absolutistischer Herrscher. In Belgien nutzte er seine Macht, um soziale Reformen wie das Verbot von Kinderarbeit, die Einführung der Schulpflicht und die Verbesserung der Arbeitsbedingungen von Fabrikarbeitern umzusetzen. Im Kongo hingegen missbrauchte er seine Macht und etablierte mit seinen Helfern eine regelrechte Schreckensherrschaft, die Millionen Frauen, Männer und Kinder in den Tod führte. Schätzungen zufolge starben zwischen 1885 und 1930 zwischen einer und fünf Millionen Menschen an direkten und indirekten Folgen der gewaltsamen Kolonisierung (Sanderson 2020).

Das Gewaltregime im Kongo-Freistaat wurde bereits Ende des 19. Jahrhunderts als humanitärer Skandal wahrgenommen und löste weltweit Empörung aus. Es war eng mit der Integration der Kolonie in die Weltwirtschaft verbunden. Die wirtschaftliche Bedeutung der Kolonie stieg mit der globalen Nachfrage nach Kautschuk, einem Rohstoff, der im Kongo in großen Mengen gewonnen werden konnte. 1892 erließ Leopold II. ein Dekret, das Händler und koloniale Beamte legitimierte, die lokale Bevölkerung zur Kautschukernte zu zwingen. Die Folge war die Anwendung von Zwang und Gewalt bei der Mobilisierung von Arbeitskräften.

Historiker sind sich einig, dass Leopolds Herrschaft im Kongo zu den dunkelsten Kapiteln der europäischen Kolonialgeschichte gehört. Die Wahrnehmung seiner Person in der belgischen Gesellschaft ist hingegen bis heute ambivalent, insbesondere was seine Herrschaft über den Kongo betrifft. So war im Jahr 2010 – 50 Jahre nach der formalen Unabhängigkeit des Kongo – eine regelrechte Welle der kolonialen Nostalgie in Belgien zu beobachten (Goddeeris 2020, 405). Historische Studien, die seit den 1980er Jahren die Gewalt im kolonialen Kongo systematisch untersuchen, wurden im öffentlichen Diskurs weitgehend ignoriert. Diese Amnesie im Hinblick auf die Gräueltaten unter der Verwaltung Leopolds II. hat in der belgischen Erinnerungskultur eine lange Tradition. Seit dem Tod Leopolds II. im Jahre 1909 – kurz nachdem der Kongo-Freistaat eine belgische Staatskolonie geworden war – entstand ein regelrechter Kult um seine Person und sein koloniales Engagement. Im Mittelpunkt dieser Erzählung stand Leopold II. als kolonialer Held und Architekt eines belgischen Empire. Sichtbar wird diese Verehrung auch an den zahlreichen Statuen des Königs, die im Verlauf des 20. Jahrhunderts in belgischen Städten aufgestellt und gefeiert wurden (Bobineau 2020, 30). Diese Entwicklung ist nicht zuletzt auf die von Leopold II. selbst veranlasste Propaganda für sein koloniales Projekt zurückzuführen. Dazu gehörten Berichte in zeitgenössischen populären Zeitschriften oder Großveranstaltungen, auf denen Menschen aus dem Kongo neben zentralafrikanischer Flora und Fauna «ausgestellt» wurden. Leopold II. nutzte publikumswirksame Veranstaltungen, um seine humanitären und philanthropischen Absichten bei der Kolonisierung zu demonstrieren und die Gewalt, die sich im Kongo entfaltete, zu verschleiern. So organisierte er 1898 eine Militärparade, die unter dem Jubel der Bevölkerung den Sieg über die arabischen Sklavenhändler im Kongo feierte. Seine Propaganda zeigte Wirkung; bald wurde die Kolonisierung des Kongos von den unterschiedlichsten sozialen Gruppen unterstützt (Seibert 2016, 48 ff.). Die Realität war freilich eine ganz andere. Doch Leopolds erfolgreiche Kongo-Kampagne wirkte bis weit in das 20. Jahrhundert nach. Institutionalisiert wurde das Narrativ des Leopold'schen Imperialismus in dem 1897 von ihm selbst gegründeten königlichen Kolonialmuseum in Tervuren. Das Museum begann sich erst seit Ende der 1990er Jahre mit seiner eigenen Rolle in der belgischen Kolonialgeschichte auseinanderzusetzen und seine Exponate kritisch zu hinterfragen. Diese späte historische Aufarbeitung kolonialer Verbrechen ist auch bei anderen ehemaligen Kolonialmächten zu beobachten. Erwähnt sei nur der 1904 von deutschen Kolonialtruppen an den Volksgruppen der Herero und Nama verübte Völkermord im heutigen Namibia, der von der deutschen Regierung erst kürzlich als solcher anerkannt worden ist.

In Belgien legte der Historiker Jean Stengers in den 1950er Jahren die erste kritische Analyse von der Rolle Leopolds II. im Kongo vor. Zehn Jahre später endete die Herrschaft der Belgier über die Kolonie. In seiner Rede zur Unabhängigkeit lobte der direkte Nachfahre Leopolds, der noch junge König Baudouin, die Errungenschaften der belgischen Kolonisierung. In seiner Rede in Kinshasa deutete er die Unabhängigkeit «als Höhepunkt des belgischen Kolonialprojektes, das durch das Genie Leopolds II. entworfen und schließlich von Belgien fortgesetzt wurde» (zit. nach Seibert 2016, 219). Der erste Premierminister des unabhängigen Kongos, Patrice Lumumba, der unmittelbar nach Baudouin das Wort ergriff, zog eine andere Bilanz des belgischen Kolonialismus. Seine Rede spiegelte die historische Realität von achtzig Jahren Kolonialgeschichte wider, indem er Leid, Unterdrückung, Bevormundung, Disziplinierung, Rassismus, Ausbeutung und Ausgrenzung als zentrale Erfahrung der Kolonisierten in den Mittelpunkt stellte. Sein Narrativ konnte sich jedoch in der belgischen und europäischen Öffentlichkeit nicht durchsetzen. Da die einschlägigen Archive bis in die 1980er Jahre nicht zugänglich waren, starb die glorifizierende Darstellung der frühen Kolonisierung durch Leopold II. einen langsamen Tod. Erst nach Öffnung der Archive erschienen Studien, die die massenhafte Gewalt gegen die lokale Bevölkerung umfassend aufarbeiteten. Daniel Vangroenweghe hat gezeigt, wie zentral Gewalt und Ausbeutung von Arbeitskräften für die Wirtschaft des Kongo-Freistaates waren (Vangroenweghe 1985). Das wohl bekannteste Buch über die Gewalt unter der Flagge des Kongo-Freistaates wurde in den Vereinigten Staaten publiziert. 1999 veröffentlichte der Journalist Adam Hochschild das Buch *King Leopold's Ghost*, das zu einem weltweiten Bestseller wurde. Es zeigt Leopold II. als despotischen Herrscher, der, getrieben von Habgier, die Kolonie und die kolo-

Julia Seibert

niale Bevölkerung rücksichtslos ausbeutete. Das Buch trug dazu bei, die in der europäischen Öffentlichkeit weitgehend vergessene Geschichte von Terror und Gewalt im Kongo in Erinnerung zu rufen und die Debatte über die belgische Kolonialgeschichte und die Rolle Leopolds II. neu zu entfachen (Hochschild 2006, 4). Seine Darstellung orientierte sich stark an den Texten Edmund Dean Morels, eines Zeitgenossen Leopolds II., der schon 1904 mit seinen Berichten über die «Kongo-Gräuel» große Aufmerksamkeit erlangt hatte. Morel, selbst Journalist und ein begnadeter Autor, war eine der führenden Stimmen einer europaweiten Kampagne gegen den Kongo-Freistaat. Gemeinsam mit anderen Kritikern Leopolds II. gelang es ihm, eine Vereinigung zu gründen, die *Congo Reform Association*. Deren Publikationen führten schließlich dazu, dass das zuerst als philanthropisches Projekt geltende Kongo-Unternehmen Leopolds zunehmend als Skandal wahrgenommen wurde und weltweite Empörung auslöste; auch der US-amerikanische Präsident Roosevelt schloss sich der Kampagne an.

Es fragt sich, warum sich ausgerechnet im Kongo ein unvergleichliches Gewaltregime etablieren konnte und welche Rolle Leopold II. dabei spielte. Sowohl Morel als auch Hochschild sahen in Leopold II. selbst den Hauptverantwortlichen für die Kongo-Gräuel. Für sie war der despotische König der Schlüssel zum Verständnis des belgischen Sonderwegs in der Geschichte des europäischen Kolonialismus.

Leopolds imperiale Visionen

Wer war also dieser Mann, der 1885 auf der Berliner Konferenz die Vertreter der europäischen Staaten davon überzeugte, einen großen Teil Zentralafrikas seiner Herrschaft zu unterstellen? Bereits als junger Mann interessierte sich Leopold II. für die kolonialen Projekte der europäischen Nachbarländer. Mit zwanzig Jahren lernte er Teile des britischen Empire kennen: Er reiste den Nil aufwärts, besuchte die britischen Besitzungen in Indien und fuhr weiter bis nach China. Nach seiner Reise beschrieb er den Nutzen der Kolonien für die britische Wirtschaft und bedauerte, dass seinem Heimatland solche Zugänge verwehrt blieben. Beeindruckt von seinem Ausflug in das britische Kolonialreich, begann er schnell selbst über ein belgisches Empire zu phantasieren. Und es

Abb. 16 Vereidigung Leopolds als konstitutioneller Monarch im belgischen Parlament 1865, Gouache auf Albumin-Fotografie von Louis-Joseph Ghémar.

blieb nicht bei der Phantasie: 1855 versuchte er, das Parlament in Brüssel davon zu überzeugen, in eine Schiffsverbindung zwischen der belgischen Hafenstadt Anvers und Ägypten zu investieren, mit dem Ziel, Handel mit den britischen Kolonien zu treiben. Obwohl er einige Unterstützer gewinnen konnte, entpuppte sich das Projekt als zu kostspielig für den Kronprinzen und seine Finanziers, so dass es bald eingestellt wurde. Unmittelbar danach gründete er ein Unternehmen, das exklusive Handelsbeziehungen in die europäischen Kolonien aufbauen sollte. Und auch auf der politischen Ebene versuchte er Fuß zu fassen: 1859, während des Opiumkrieges in China, bot er den Briten an, belgische Truppen nach China zu schicken, um die französische und britische Armee gegen die Chinesen zu unterstützen. Sein Vorgehen war nicht mit dem belgischen Parlament abgestimmt. Jedoch reagierte die britische Regierung auf diesen Vorstoß empört, wies das Angebot Leopolds II. zurück und erinnerte die belgische Regierung an die einzuhaltende Neutralitätspolitik gegenüber den europäischen Nachbarländern. In London fürchtete man, dass Leopold sich auf diese Weise Territorien in Übersee zu sichern suche. Und tatsächlich richtete er wiederholt Angebote an die europä-

Julia Seibert

ischen Kolonialmächte, einzelne Überseeterritorien zu übernehmen – ohne Erfolg. Seine Vorstöße wurden in Europa zunehmend belächelt. Und auch in Belgien wurde der junge Kronprinz nun mit Skepsis betrachtet und als Phantast abgestempelt (Vanthemsche 2007, 32 f.).

Mit Leopolds Ernennung zum König im Jahr 1865 fanden seine imperialen Visionen mehr Zuhörer. Leopold war davon überzeugt, dass Belgiens wirtschaftliche Unabhängigkeit nur durch den Erwerb von Kolonien in Übersee sichergestellt werden konnte. Diese Idee wurde von einer Gruppe von Intellektuellen, Forschern, Unternehmern, Kirchenvertretern, Militärs, hohen Beamten und Diplomaten geteilt. Die *parti colonial* («koloniale Partei») war eine lose Gruppe, die Befürworter des Kolonialismus parteiübergreifend vereinte. Punktuell konnte sich die «Partei» der Kolonialisten in einen durchsetzungsfähigen Interessenverband verwandeln, der die belgische Expansion in der Politik oder Öffentlichkeit unterstützte (Viaene 2008, 761–769). Die Anhänger der kolonialen Idee träumten wie Leopold von einer expandierenden belgischen Wirtschaft; viele Unternehmer hofften auf die Erschließung neuer Märkte. Andere sahen vor allem große Karrierechancen für die eigene Laufbahn, denn würde es Belgien gelingen, eine eigene Kolonie zu gründen, wäre eine Reihe von wichtigen Positionen zu besetzen. Überraschenderweise spielte der Kongo in den Diskussionen dieser Elite anfangs keine Rolle, und auch Leopold II. interessierte sich erst Ende der 1870er Jahre für Zentralafrika. Der Kongo galt lange als weißer Fleck auf der Landkarte. Dies änderte sich, als der technisch-militärische Fortschritt es europäischen Forschern und Militärs ermöglichte, längere Expeditionen nach Zentralafrika durchzuführen. Diesen Umstand nutzte Leopold und gründete in den 1880er Jahren mehrere Organisationen, um Zentralafrika zu erforschen und die Möglichkeiten der europäischen Expansion zu ergründen. Vor allem die von ihm finanzierte Expedition von Henry Morton Stanley in das Kongobecken erregte Aufsehen. Einflussreich war auch die von ihm gegründete *Association Internationale du Congo* (AIC), die unter dem Deckmantel der Erforschung des Kongobeckens militärische Schutzverträge mit lokalen Autoritäten aushandelte und so erste Gebiete im Kongo unter ihre Kontrolle brachte.

Als auch britische und französische Expeditionen nach Zentralafrika vordrangen, kam es zu Konflikten, die schließlich dazu führten, dass die europäischen Kolonialmächte beschlossen, die Expansion auf dem afrikanischen Kontinent untereinander abzustimmen. Neben der Aufteilung der Territorien einigten sie sich 1884 und 1890 auf zwei internationalen Konferenzen, bei der Kolonisierung Afrikas gewisse Regeln einzuhalten. Anders als bei der Eroberung der neuen Welt durch die Spanier sollte die Kolonisierung Afrikas «diszipliniert», «zurückhaltend» und «vorausschauend» gestaltet werden. Die auf den Konferenzen in Berlin und Brüssel tagenden Staatsmänner, Forscher und Unternehmer legitimierten die Aufteilung Afrikas mit der Notwendigkeit, existierende Formen indigener Sklaverei abzuschaffen und auf dem afrikanischen Kontinent die «europäische Zivilisation» zu verbreiten. Die Vertreter von vierzehn Nationen, darunter auch die Vereinigten Staaten und das Osmanische Reich, setzten einen Vertrag auf, der die Schifffahrts- und Handelsrechte im Kongobecken regelte und sie verpflichtete, «die Erhaltung der eingeborenen Bevölkerung und die Verbesserung ihrer sittlichen und materiellen Lebenslage zu überwachen und an der Unterdrückung der Sklaverei und insbesondere des Negerhandels mitzuwirken» (zit. nach Seibert 2016, 37). Damit entwickelten die Europäer ein mächtiges Instrument, das die stets durch Gewalt geprägte imperiale Eroberung verschleierte, indem es den Schutz der Bevölkerung zum zentralen Projekt der Kolonisierung Afrikas erklärte.

Dieser Argumente bediente sich auch Leopold II. 1885 auf der Berliner Konferenz, wo es ihm nach dreißig Jahren endlich gelang, im kolonialen Gefüge Europas eine eigene Rolle zu übernehmen. Ihm wurde die Verwaltung eines zentralafrikanischen Gebietes zugesprochen, das achtzigmal so groß war wie Belgien (Seibert 2016, 36 f.). Dass Leopold II. persönlich so viel Macht an sich reißen konnte, war das Ergebnis eines schleichenden Prozesses. Die europäischen Großmächte hatten nicht ihn, sondern seine *Association Internationale du Congo* als souveräne Instanz über das Kongobecken anerkannt. Nach der Berliner Konferenz spielte diese Scheinkonstruktion jedoch keine Rolle mehr, und Leopold trat ungehindert als Herrscher des Kongo-Freistaates auf. Die Europäer sahen in ihm einen Visionär mit vielen philanthropischen Idealen und noch mehr Finanzmitteln (Van Reybrouck 2010, 78). Doch letztlich überzeugte er die anderen europäischen Mächte wohl weniger mit den Ideen eines humanitären Kolonialismus als mit dem Versprechen, in sei-

Julia Seibert

nem Territorium eine Freihandelszone einzurichten. Die Schaffung einer von ihm selbst finanzierten «Free Trade Zone» im Herzen Afrikas war für Großbritannien, Frankreich und Portugal äußerst attraktiv, da sie ihrerseits bereits große Summen zur Kolonisierung anderer Teile Afrikas aufwandten. Entsprechend fanden die schon in den 1890er Jahren durch protestantische Missionare dokumentierten Gräueltaten in dem Kongo-Freistaat wenig Beachtung. Die Aussicht, Zentralafrika wirtschaftlich auszubeuten, ohne die Kosten für die Durchdringung und Beherrschung des Territoriums tragen zu müssen, war zu verlockend.

Für die Bewertung Leopolds als Despot oder legitimer Herrscher ist das ein wichtiger Befund: Seine Herrschaft über den Kongo war Teil eines politischen Arrangements, das vor allem die wirtschaftlichen Interessen der großen europäischen Kolonialmächte England und Frankreich befriedigte. Daher erschien seine unumschränkte Alleinherrschaft über das riesige Gebiet in Zentralafrika den europäischen Staaten nicht illegitim.

Das Herrschaftsgefüge des Kongo-Freistaates unterschied sich deutlich von den britischen, französischen und deutschen Territorien in Afrika: Die Verwaltung ihrer Kolonien war eine Staatsangelegenheit, die von Parlamenten und der Regierung wahrgenommen wurde, und nicht die Privatsache einer Königin Victoria oder eines Kanzlers Bismarck. König Leopold II. hingegen herrschte im eigenen Namen. Der Kongo-Freistaat war völlig anders verfasst als die konstitutionelle Monarchie Belgiens. Tatsächlich war die Person Leopold II. unmittelbar mit dieser Ausnahme im kolonialen Gefüge verknüpft. Leopold herrschte über den Kongo-Freistaat ohne Anbindung an belgische politische Institutionen. Es gab keine Verfassung, die sein Handeln reguliert hätte. Dies erklärt, warum der Kongo-Freistaat in zeitgenössischen und historischen Deutungen als Leopolds Privatkolonie beschrieben wird.

Der Kongo-Freistaat war also durchaus ein spezifisches Konstrukt, das Leopold de facto zum Alleinherrscher machte. Die Kolonisierung des Kongos war aber keine «One-Man-Show» Leopolds II., die sich ohne Rückhalt in der belgischen Gesellschaft und bei deren politischen Akteuren vollzogen hätte. Tatsächlich unterschieden sich die politischen Ziele des Königs wenig von denen anderer Kolonialmächte. Der Freistaat Kongo war zwar als Kolonie ohne Anbindung an das politische System

Belgiens geplant; Leopold hatte jedoch stets versucht, Belgien und seine Bewohner in sein koloniales Projekt zu integrieren. Schon vor der Etablierung des Kongo-Freistaates hatte er den Wunsch geäußert, «das kleine Belgien in das Zentrum eines Weltreiches zu transformieren». Dies konnte aber nur dann funktionieren, wenn es gelang, «aus belgischen Krämern und Anwälten Imperialisten zu machen» (Viaene 2008, 756). Mit der Unterstützung der belgischen Gesellschaft sollte die Monarchie in eine imperiale Macht verwandelt werden. Leopold II. versprach sich davon wirtschaftlichen Wohlstand, soziale Stabilität und territoriale Sicherheit für sein Heimatland. Und tatsächlich stieg das kleine Belgien mit der Gründung des Kongo-Freistaates zu einer ernstzunehmenden imperialen Macht auf: Frachter und Boote mit belgischen Fahnen lagen nun nicht nur in Antwerpen und Anvers, sondern auch am Ufer des gewaltigen Kongo-Flusses. Die Expansion verschaffte nicht nur dem kleinen Königreich mehr Prestige und Respekt bei seinen imperialen Rivalen, sondern verschaffte auch einer Gruppe von belgischen Unternehmern, die bereit waren, in den Handel mit Produkten in der weit entfernten Kolonie zu investieren, neue Handlungsspielräume. Diese Möglichkeiten machten auch belgische Politiker und Unternehmer, die dem kolonialen Wagnis zunächst kritisch gegenübergestanden hatten, zu Anhängern des Kolonialismus. Leopold II. konnte sich so als visionärer Herrscher darstellen, der seinem Volk zu Wohlstand und Ansehen verhalf. Zwar gab es auch weiterhin kritische Stimmen in der belgischen Gesellschaft. Wie in London, Berlin und Paris verurteilten auch dort Intellektuelle, Sozialisten und Liberale lautstark die Expansionsbestrebungen ihres Königs. Gegen Ende des 19. Jahrhunderts wurde die Kritik jedoch leiser. Leopold II. hatte weite Teile der Bevölkerung für das koloniale Projekt Kongo gewinnen können.

Während es ihm gelang, im Inneren und Äußeren politische Unterstützung zu mobilisieren, stellte ihn sein Versprechen, die Kolonie für sein Volk und seine Unterstützer nutzbar zu machen, vor große Herausforderungen. Die Durchdringung des Gebietes erwies sich als äußerst schwierig, nicht zuletzt, weil die neuen Herren aus Europa und ihre Ideen bei der Bevölkerung im Kongo auf großen Widerstand stießen. Leopold II., der die Kolonisierung aus seinen eigenen Mitteln finanzierte, stand bald kurz vor dem Bankrott: Wenn es ihm nicht gelang, den

Kongo schnell in die europäische Wirtschaft zu integrieren, würde sein imperialer Traum schnell platzen. Es ist daher wenig überraschend, dass sich die Kolonisierung des Kongos weit von den auf der Berliner Konferenz ausgehandelten Prinzipien entfernte. Gewalt, Terror und Ausbeutung waren charakteristisch für den hastigen Feldzug links und rechts des Kongo-Flusses.

Terror und Gewalt im Kongo-Freistaat

Die Eroberung, die seit den 1880er Jahren in unterschiedlichen Regionen des Territoriums mit militärischen Mitteln vorangetrieben wurde, ist eine Zäsur in der Geschichte Zentralafrikas. Auch in der Erinnerung vieler Bewohner markiert die Ankunft des «weißen Mannes» an den Ufern des Kongo-Flusses den Beginn einer Zeit, die in hohem Maße von Gewalt und Zerstörung geprägt war (Seibert 2016, 67 ff.). Diese Erfahrungen werden in einem zeitgenössischen Lied aus dem Kongo deutlich, das durch einen schwedischen Missionar 1894 überliefert wurde:

Wir sind es leid, unter dieser Tyrannei zu leben
wir können es nicht ertragen, dass unsere Frauen und Kinder weggenommen
und von den weißen Wilden misshandelt werden
wir sollten Krieg führen
wir wissen, dass wir das sollten, aber wir wollen sterben
wir wollen sterben. (übers. nach Hochschild 2006, 172)

Und die Gewalt, der die Bevölkerung ausgesetzt war, endete nicht mit den ersten Eroberungsfeldzügen. Mit dem Beginn des globalen Kautschukbooms um 1890 sahen sich viele Bevölkerungsgruppen mit einer neuen Welle der Gewalt konfrontiert, die dramatische Auswirkungen auf ihre Lebens- und Arbeitswelt hatte. Der weitaus größte Teil des in Afrika gewonnenen Kautschuks kam aus den Wäldern im Norden und Westen des Kongo-Freistaates. Die in den Regenwäldern Äquatorialafrikas lebende Bevölkerung reagierte zunächst positiv auf die gestiegene Nachfrage nach Kautschuk, denn der Kautschukhandel war in einigen Regionen bereits zuvor ein wichtiger Wirtschaftsfaktor gewesen. Wegen der Gefährlichkeit und des Zeitaufwands war die Kautschukernte ursprünglich eine Nebentätigkeit gewesen, die nicht das ganze Jahr über praktiziert wurde. Das veränderte sich 1890 mit der hohen Nachfrage nach diesem Rohstoff auf den globalen Märkten und mit der Ausweitung der europäischen Herrschaft in das Innere des afrikanischen Kontinents.

Das befahrbare Flusssystem des Kongo und die direkte Verbindung zum Atlantik rückten die Regenwälder des Kongo-Freistaates nahe an die europäischen und nordamerikanischen Konsumenten heran (Buelens 2013, 229–250). Die geografischen Bedingungen waren so günstig, dass Handelsunternehmen aus ganz Europa Niederlassungen im Kongo aufbauten.

Durch diese Entwicklung wurde König Leopold II. zu einer wichtigen Figur in der globalen Kautschukökonomie. Und der Kautschukboom rettete ihn vor dem Bankrott seines privat finanzierten kolonialen Wagnisses, indem er den finanzschwachen Kongo-Freistaat in ein profitables Unternehmen verwandelte. Menschen und Ressourcen wurden rücksichtslos und brutal ausgebeutet, um die Profite für den König und europäische Handelsunternehmen zu maximieren. Kern dieses gewalttätigen Vorgehens war das Arbeitsregime, das unter Leopold II. von seinen Vollstreckern durchgesetzt wurde. Dieses System war von Anfang an so konstruiert, dass die afrikanischen Kautschukproduzenten von der gestiegenen Nachfrage nicht profitieren konnten, denn ihnen wurde die Vermarktung aus der Hand genommen. Darüber hinaus etablierte man im Kongo-Freistaat eine Produktionsweise, die auf einem System der direkten Zwangsarbeit beruhte. Nachdem Leopold II. 1892 zunächst per Dekret sichergestellt hatte, dass Afrikaner das von ihnen gesammelte Kautschuk nur an Beamte des Kongo-Freistaates oder an eines der von ihm eingesetzten Handelshäuser verkaufen durften, wurde in demselben Jahr Zwangsarbeit in Form einer Arbeitssteuer für Ernte und Transport von Kautschuk eingeführt. Der Vorteil für die Unternehmen lag auf der Hand: Zum einen mussten sie keine Löhne an die Arbeiter zahlen, und zum anderen konnten die Arbeitsleistungen mit Gewalt erzwungen werden, was bei einem chronischen Mangel an Arbeitskräften von unermesslichem Wert war. Dieses Arrangement verwandelte das Land rechts und links des Kongo-Flusses in eine riesige Plantage, auf der die lokale Bevölkerung durch Besteuerung dazu gezwungen wurde, Kautschuk zu ernten. Eine Schlüsselrolle in dem System übernahmen die in den Kautschukgebieten angesiedelten Faktoreien, die seit den 1880er Jahren neben den staatlichen Ankaufsstationen entstanden und den produzierten Kautschuk sammelten. Diese Sammelstationen konnten auf einen militärischen Apparat von bewaffneten Afrikanern zurückgreifen, die in der Regel von Beamten oder Militärs aus weiter entfernten Gegenden des Kongo-Freistaates rekrutiert wurden. In Abstimmung mit den lokalen Autoritäten – die bei Kollaboration militärisch und materiell unterstützt wurden – stationierte man diese Söldner in den Dörfern, um die Kautschukproduktion zu überwachen (Roes 2010). In diesem institutionellen Rahmen organisierten europäische Kolonialisten und Mitarbeiter der Handelskompagnien unter der Flagge des Kongo-Freistaates die Ausbeutung der Arbeiter, die Gewinnung des begehrten Rohstoffs Kautschuk und die Versorgung mit Nahrungsmitteln für die Europäer. Privat organisierte Gewalt verhinderte, dass ein offener Markt für Kautschuk entstehen konnte, und stellte gleichzeitig sicher, dass die Kautschukproduktion schnell expandierte. So konnten die von den Handelshäusern eingesetzten Agenten sowie Beamte des Kongo-Freistaates über zwei Jahrzehnte ohne direkte Kontrolle des belgischen Staates, aber mit Unterstützung des Königs ein selbst im Kontext der europäischen Kolonisation Afrikas besonders brutales Herrschaftssystem durchsetzen.

1904 – zwanzig Jahre nachdem Leopold II. den Kongo unter seine Kontrolle gebracht hatte – nahm erstmals eine breite europäische und nordamerikanische Öffentlichkeit die haarsträubende Gewalt wahr, die sich im Kongo entfaltet hatte. Die bereits erwähnte Kampagne Morels machte Leopold II. als despotischen Verwalter der Kolonie für die im Kongo praktizierte Ausbeutung von Menschen und Ressourcen verantwortlich. 1904 berichteten Zeitungen in New York, Delhi, Paris und London auf ihren Titelseiten über den «Congo Scandal» und die «Congo Cruelties» (Seibert 2016, 41). Leopold II. stand im Mittelpunkt der Berichterstattung. In der Analyse seiner Kritiker war seine Wirtschaftspolitik im Kongo verantwortlich für die Gräueltaten an der Bevölkerung.

Damit wurde die despotische Herrschaft Leopolds über den Kongo auch in Belgien weithin als illegitim empfunden. Dies führte dazu, dass der Kongo-Freistaat an Belgien überging und 1908 schließlich zu «Belgisch Kongo» wurde. Ein umfassendes Gesetzeswerk, das die Rechte und Pflichten der Kolonisierenden und Kolonisierten nach den Maßstäben

IN THE RUBBER COILS.

SCENE: The Congo "Free" State.

Abb. 17 Der Kongo im Würgegriff der Kautschukliane König Leopold II.
Karikatur der britischen Zeitschrift Punch, 1906.

europäischer Rechtsvorstellungen ordnete, löste die Willkürherrschaft
Leopolds ab und versprach einen Neuanfang. Die neue Verfassung der
nun belgischen Staatskolonie sollte einen klaren Bruch gegenüber Leopolds Freistaat darstellen; die Gründungsväter der *Charte Coloniale*
(Koloniale Verfassung) distanzierten sich deutlich von Leopolds Herr-

schaftsstil. Trotz dieser klaren Distanzierung setzte unter den belgischen Kolonialfunktionären hinsichtlich der Gewaltexzesse in der Periode des Kongo-Freistaates schon wenig später eine «Amnesie» ein. Spätestens bei seinem Tod im Jahr 1909 war Leopold II. in weiten Teilen der belgischen Gesellschaft rehabilitiert. Die internationale Kritik am Kongo-Freistaat fiel offenbar weniger ins Gewicht als die Tatsache, dass das Kolonialprojekt den Reichtum eines Landes steigerte und den belgischen Nationalstaat stärkte. Die Gewinne aus dem Kautschukboom hatten nicht nur einige Unternehmer reich gemacht, der Boom hatte auch das Interesse belgischer Beamter, Angestellter, Militärs und Geistlicher und ihrer Familien geweckt. Insbesondere junge Männer empfanden das koloniale Projekt als attraktiv, da sie sich am Anfang ihrer beruflichen Karriere Chancen für einen schnelleren Aufstieg in der belgischen Verwaltung und Wirtschaft erhofften. Die Gewinne des Kautschukbooms erhöhten trotz aller Gewaltexzesse die Akzeptanz des Kongo-Freistaates in der belgischen Gesellschaft, denn der Leopold'sche Kolonialismus war eine wirtschaftliche Erfolgsgeschichte mit politischen Folgen. Die Kolonisierung des Kongo war eben nicht nur das Prestigeprojekt eines Königs, sondern eröffnete auch einem kleinen europäischen Land die Möglichkeit, ein international wichtiger politischer Akteur zu werden (Seibert 2016, 50 f.).

In diesem Kontext ist die ambivalente Bewertung Leopolds II. zu sehen. Für seine internationalen Kritiker war er ein rücksichtsloser, brutaler Tyrann und Despot, der sich und seine Anhänger auf Kosten vieler Afrikaner und Afrikanerinnen persönlich bereicherte. Für sehr viele Belgier und Belgierinnen war er dagegen ein vorausschauender Staatsmann, der Belgien in eine ernstzunehmende imperiale Macht verwandelt und wirtschaftliche Chancen eröffnet hatte. Hinzu kam, dass sich Leopold II. in seiner Rolle als belgischer Monarch – kontrolliert von den Institutionen einer jungen, aber stabilen Demokratie – als liberaler, reformorientierter Regent zeigte. Während er im Kongo 1889 Gewalt gegen die Bevölkerung verüben ließ, unterstützte er in Belgien in demselben Jahr ein Gesetz gegen Kinderarbeit und für verbesserte Arbeitsbedingungen der städtischen Industriearbeiter (Mesquita 2007, 213). In der politischen Geschichte Belgiens gilt er deshalb als Monarch mit einer Hingabe für soziale Fragen (Emerson 1979, 131).

Innerhalb dieses Spannungsfeldes bewegt sich die Deutung von König

Leopold II. in der belgischen Nationalgeschichte und Erinnerungskultur. In Belgien – wie auch in anderen europäischen Ländern – findet erst seit wenigen Jahren eine grundlegende Dekolonisierungsdebatte statt, die zum ersten Mal versucht, alle politischen und gesellschaftlichen Bereiche einzubeziehen. Das historische Erbe Leopolds II. ist hierbei allgegenwärtig. Die öffentliche Glorifizierung des Königs ist weitgehend verschwunden. Für die junge antikoloniale belgische und kongolesische Zivilgesellschaft sind Leopolds Statuen nun zum Feindbild und zum Ziel von Angriffen geworden. Diese Auseinandersetzungen sind Teil des Versuchs, einen adäquaten Umgang mit der Figur Leopolds II. in der belgischen und kongolesischen Geschichte einzufordern.

Am Ende bleibt die Frage, wer Leopold II. wirklich war. War er der bürgerlich gesinnte König der Belgier oder der mörderische Herrscher über den Kongo-Freistaat? Für Letzteres spricht, dass er sich seine Rolle im belgischen Staat nicht ausgesucht hatte, er hatte sie geerbt. Im Kongo hingegen konnte er wählen, welche Form der Herrschaft und welche Praktiken der Kolonisierung er anwendete, und entschied sich für die Despotie. Er unterdrückte Widerstand und nutzte seine Macht, um sich auf Kosten von Millionen Menschen in einem Land, das er niemals selbst besucht hat, zu bereichern. Es muss ihm bewusst gewesen sein, dass er sich dort vollkommen konträr zu seiner Regentschaft in Belgien und im Widerspruch zu den Vereinbarungen auf den Afrika-Konferenzen verhielt. Seine Legitimation bestand zum einen in dem Weltbild, wonach die Afrikaner den Europäern nicht ebenbürtig waren, und zum anderen in der Überzeugung, dass er dem Königreich Belgien zu imperialer Macht verhalf. Leopolds Entscheidung für die Despotie war jedoch nur möglich, weil sich die wirtschaftlichen Interessen der europäischen Kolonialmächte mit seinen eigenen deckten. Er war umgeben von einer stetig wachsenden Gruppe von Unterstützern in Belgien und Europa, die von der Plünderung des Kongo profitierten und seine despotische Herrschaft mehr als dreißig Jahre lang mit verantworteten.

Julia Seibert

Francisco Franco und der *franquismo* – Grundlagen, Inszenierungen und Wahrnehmungen

Von Caroline Rothauge

In seiner einschlägigen Biographie über Francisco Franco bezeichnete der britische Historiker Paul Preston diesen als «Despoten» bzw. dessen Regime als «despotisch» (Preston 1993). Er nutzte diese Begriffe, um seinem geschichtswissenschaftlichen Urteil über Franco als einen Diktator, der seine Herrschaft auf illegitime Art und Weise – nämlich durch eine eigentümliche Mischung aus Gewalt, Geschick, Geduld und Glück – erworben hatte und zu sichern vermochte, rhetorisches Gewicht zu verleihen. Ähnliche Ansichten fanden und finden sich auch über die Zunft der Historiker:innen hinaus. Insgesamt betrachtet aber wurden und werden Franco sowie das nach ihm benannte Herrschaftssystem, der Franquismus (*franquismo*), bis heute höchst unterschiedlich bewertet. Zeitgenoss:innen wie Wissenschaftler:innen sind sich nach wie vor uneins darüber, ob und, wenn ja, welchem Typus er zuzuordnen ist. Dabei sind sämtliche Wahrnehmungen des franquistischen Regimes und seines Diktators mit drei Aspekten untrennbar verbunden:

Erstens: die Art und Weise, wie Franco zu seiner unumschränkten Macht kam, nämlich als Folge eines Militärputsches gegen die legitim gewählte Regierung der demokratischen Zweiten Republik (1931–36/39) in Spanien. Das Scheitern dieses Aufstandes mündete zunächst in einen gut zweieinhalbjährigen Bürgerkrieg (1936–39), wobei Ende September 1936 die Wahl auf Franco als fortan alleinherrschenden Anführer des rebellierenden Lagers fiel. Dies wie auch die unter dem Diktator vorangetriebene Verstetigung eines «Neuen Staats» (*Nuevo Estado*) erfolgte in einem internationalen Kontext, der als eine Auseinandersetzung zwischen «Faschismus» und «Antifaschismus» interpretiert wurde und wird. Entsprechend galt und gilt der Franquismus, der sich gerade in seiner frühen Phase deutlich am nationalsozialistischen Deutschland und faschistischen Italien orientierte, oftmals als «faschistisch» und «totalitär». Dem gegenüber stehen spätere Einordnungen wie «faschisiert» (*fascistizado*; Saz Campos 1993) oder «autoritär» (Linz 2011).

Zweitens: Die franquistische Herrschaft währte lange, beinahe vierzig Jahre, und endete konsequenterweise erst mit dem Tod des Diktators am 20. November 1975. Mehrfach gelang es Franco, sein Regime sowohl an die sich wandelnden innenpolitischen als auch an die sich verändernden internationalen Verhältnisse anzupassen und so seine Macht zu sichern. Einzelne Typologisierungsversuche können den Franquismus daher nicht für die gesamte Dauer seines Bestehens adäquat fassen. So wurde in Spanien spätestens nach 1945 ein «Nationalkatholizismus» (*nacionalcatolicismo*) prägend, der die konservativ-religiösen Elemente des *franquismo* hervorhob. Dies verhalf Franco und seinem Regime dazu, im Kontext des Kalten Krieges als Bollwerk gegen den Kommunismus wahrgenommen zu werden. Seit dem Ende der 1950er Jahre wiederum erfolgte eine Umstellung auf eine neoliberale Wirtschaftspolitik, was einen bislang ungekannten ökonomischen Aufschwung zur Folge hatte und dazu verleitete, die letzten anderthalb Jahrzehnte der Franco-Diktatur gar im Sinne eines Entwicklungsregimes zu begreifen.

Drittens: Der Übergang von der Diktatur zur jetzigen demokratischen Staatsform einer parlamentarischen Erbmonarchie in Spanien vollzog sich innerhalb der von Franco errichteten «Legalität» und wurde zwischen Vertretern der ehemals franquistischen Eliten und Angehörigen der demokratischen Opposition ausgehandelt. Damit kam es zu keinerlei Bruch mit dem vorangegangenen Regime, im Gegenteil: Die sogenannte *transición* (1975–82) orientierte sich an den Prinzipien der Versöhnung (*reconciliación*) und des Konsenses (*consenso*) – mit Folgen für den Umgang mit der jüngeren Vergangenheit bis heute. Zwar haben sich seit 1975 insgesamt verstärkt kritische Sichtweisen auf Franco und den Franquismus ausgeprägt und in Teilen durchgesetzt. Dennoch lassen sich beträchtliche Kontinuitäten in den vertretenen Ansichten ausmachen; bestimmte franquistische Lesarten bekommen seit der Jahrtausendwende in Spanien gar dezidiert neuen Aufwind.

Caroline Rothauge

Am 17./18. Juli 1936 erhoben sich hochrangige Vertreter der spanischen Armee, darunter General Franco. Letztgenannter rechtfertigte das Vorgehen direkt zu Putschbeginn als notwendigen defensiven Akt: Er rief die Divisionskommandeure und Flottenchefs übers Radio dazu auf, die spanische Nation zu verteidigen – ganz so, als sei ein Kampf schon in vollem Gange. Als «Feinde[…] des Vaterlandes» erachtete Franco dabei Anarchisten und Personen, die Anweisungen aus dem kommunistischen Ausland folgten (zitiert nach Bernecker ²1986, 61). Damit nahm er ein bekanntes Argumentationsmuster auf: Spätestens infolge des denkbar knappen Wahlsiegs der als «Volksfront» (*Frente Popular*) bezeichneten linksrepublikanischen Regierungskoalition im Februar 1936 hatten Vertreter rechtskonservativer Positionen die Furcht vor einem revolutionären Umsturz geschürt. Dem entgegnete Diego Martínez Barrio, der Präsident des republikanischen Parlaments, am 2. August 1936 ebenfalls in Form einer Rundfunkansprache, dass die Regierung des Landes keinesfalls «durch illegitime Gewalt usurpiert» worden sei und keinerlei kommunistisches politisches System installiert werde. Ihm zufolge hatten die Putschisten sich «gegen den spanischen Staat» erhoben, der «durch ein legitim gewähltes Parlament und durch eine verfassungsgemäß bestimmte exekutive Macht repräsentiert wird» (zitiert nach Bernecker ²1986, 62 f.).

Die Aufständischen agierten in der Tradition der «Verkündigungen» (*pronunciamientos*): Wie seit dem 19. Jahrhundert in Spanien mehrfach geschehen, planten und führten auch im Juli 1936 ranghohe Militärs einen Putsch aus, um in die politischen Machtkonstellationen einzugreifen und ihre Auffassung von «Ordnung» zu (re-)etablieren. Dabei wurde ihr Vorgehen von unterschiedlichen (rechts-)konservativen Gruppierungen begrüßt und unterstützt. Zentral war der Rückhalt, den die katholische Amtskirche in Spanien ihnen zuteilwerden ließ, vor allem in legitimatorischer Hinsicht. Besondere Berühmtheit hat in diesem Zusammenhang ein beinahe vom gesamten spanischen Episkopat unterschriebener Brief vom 1. Juli 1937 erlangt, in dem den Bischöfen weltweit erklärt wurde, der Bürgerkrieg komme «einer bewaffneten Volksabstimmung gleich»: Das Land sei tief gespalten in ein «gesunde[s] Volk[…]»

einerseits, das «Ordnung», Religion und «christliche Zivilisation» verteidigen wolle, und ein aggressives «Anti-Vaterland» andererseits, das von ausländischen kommunistischen Kräften gelenkt werde (zitiert nach Bernecker ²1986, 66 f.). Diese manichäische Sicht auf eine vermeintlich in zwei Teile gespaltene spanische Gesellschaft findet sich wieder in einer vom rechtskonservativen Lager vertretenen Lesart, die das Handeln der Putschisten und ihrer Unterstützer:innen als einen «Kreuzzug» (*cruzada*) gegen Ungläubige interpretierte.

Der Putsch scheiterte noch im Juli 1936. Dennoch hatten es die Aufständischen vermocht, etwa ein Drittel des spanischen Staatsgebiets unter ihre Kontrolle zu bringen. Dort, in Burgos, wurde am 24. Juli 1936 der «Nationale Verteidigungsrat» (*Junta de Defensa Nacional*) gebildet. Erste Maßnahmen, die im Sinne des Aufbaus eines «Neuen Staates» erfolgten, waren das Verbot von Gewerkschaften, das Auflösen von Parteien und die Unterdrückung jeglichen Widerstands. Überhaupt war das Vorgehen der Putschisten von exzessiver militärischer Gewalt gekennzeichnet gewesen: Mit dem Einsatz der «Mauren» (*moros*) – marokkanischer Söldner des spanischen Afrikaheeres – übertrugen sie die Praxis, die Zivilbevölkerung zu terrorisieren, aus der Zeit des Kolonialkriegs auf den innerspanischen Konflikt. Doch nicht nur in den von den Aufständischen kontrollierten Gebieten, sondern auch im republiktreuen Spanien kam es während einer als «heiß» bezeichneten repressiven Phase bis Anfang des Jahres 1937 zu Gewaltexzessen bzw. zu «irregulären», nicht registrierten Exekutionen.

Die Mitglieder des «Verteidigungsrats» entschieden am 28. September 1936, Franco zum Staatschef (*Jefe del Estado*) sowie zum Oberbefehlshaber der Streitkräfte (*Generalísimo*) zu ernennen. Dabei war es weder geplant noch vorhersehbar gewesen, dass ausgerechnet Franco zum alleinigen Anführer (*Caudillo*) «Nationalspaniens» (*España Nacional*) werden würde. Zwar war seine militärische Karriere vor allem im Zuge des Marokkokriegs steil bergauf verlaufen, was ihn in seinen Reihen zum angesehenen und einflussreichen «Afrikanisten» (*africanista*) gemacht hatte. Doch Franco war klein gewachsen, hatte eine hohe Stimme und galt einigen eher als abwartend-zögerlicher und unnahbarer Mensch denn als charismatischer Anführer. Erst nachdem die anderen zuvor als Führungsfiguren gehandelten Personen tödlich verunglückt oder hingerichtet worden waren, fiel die Wahl auf Franco. Dabei spielte die zum Mythos stilisierte «Befreiung» des Alcázar von Toledo Ende September 1936 eine zentrale Rolle: Franco vermochte sie erfolgreich als sein Verdienst darzustellen und sich entsprechend, und dabei massenmedial überaus präsent, als Kriegsheld zu inszenieren. In der Wahrnehmung des In- wie auch des Auslands katapultierte ihn das an die Spitze des aufständischen Lagers.

Die herausragende Rolle des Militärs beim Putsch, im Bürgerkrieg und bei der Ernennung Francos hat dazu verleitet, mit Blick auf den Franquismus auch über 1939 hinaus von einer Militärdiktatur zu sprechen. Zur besonderen Dominanz zweier anderer Lesarten hat die Einbettung der Geschehnisse in Spanien in den internationalen Kontext der Jahre kurz vor und während des Zweiten Weltkriegs geführt: Kritischen Zeitgenoss:innen im In- und Ausland galt Francos Herrschaft als weitere Variante des «Faschismus». Spätere Wissenschaftler:innen sprachen und sprechen vorsichtiger von der Übernahme faschistischer Elemente bzw. einer «Faschisierung». Besonders offensichtlich wird dies daran, wie Franco sich als «Führer» inszenierte, beispielsweise optisch über die massive Verbreitung seines Porträts oder durch das Vorschreiben bestimmter ritueller Gesten wie das Heben des Arms zum «römischen Gruß».

Als ein Beweis für den «totalitären» Charakter von Francos Herrschaft dient die Art und Weise, wie er die in seinem Machtbereich bestehenden politischen Gruppierungen unter seiner Führung zusammenfasste: Am 19. April 1937 gründete er per Dekret die Einheitspartei *Falange Española Tradicionalista y de las Juntas de Ofensiva Nacional Sindicalista* (*FET y de las JONS*). Dabei bestimmte die namensgebende *Falange Española*, Spaniens faschistische Partei, die *FET y de las JONS* jedoch nicht. Letztgenannte ist vielmehr als eine heterogene Zwangsvereinigung der Altfalangisten, Karlisten, Monarchisten und weiterer (Rechts-)Konservativen zu begreifen, die den Putsch unterstützt hatten. Je nach aktuellem Kontext beförderte oder aber vernachlässigte Franco geschickt, einem Schiedsrichter gleich, die jeweiligen Interessen der unterschiedlichen Gruppierungen innerhalb der später als «nationale Bewegung» (*Movimiento Nacional*) bezeichneten Einheitspartei. Mit Blick auf den *franquismo* sprach der Politikwissenschaftler José Juan Linz daher unter anderem vom Fehlen einer «klaren Ideologie» und einem «*begrenzten* Pluralismus» (Linz 2011). Seit einer ersten Fallstudie aus dem Jahr 1964 begriff er das franquistische Regime als ein «autoritäres».

Diese Definition hat viele Reaktionen hervorgerufen, darunter Alternativvorschläge wie den von Soziologen rund um Salvador Giner, den *franquismo* als «modernen Despotismus» (*despotismo moderno*) zu fassen (Giner u. a. 1978). Bis heute halten Kritiker:innen die Einordnung der Franco-Herrschaft als «autoritär» für euphemistisch, gerade mit Blick auf ihre frühe Phase. «Totalitär» hingegen erschien und erscheint vor allem die Art und Weise, wie der Diktator die im «Nationalspanien» berechnend und unablässig erfolgenden repressiven Maßnahmen während eines als «kalt» bezeichneten zweiten Abschnitts mit dem Anschein vermeintlicher Legalität versah, beispielsweise in Form des «Gesetzes der Politischen Verantwortlichkeiten» vom 9. Februar 1939: Durch dieses Gesetz wurde rückwirkend jede Aktivität geahndet, die ab dem 1. Oktober 1934 zugunsten eines «roten Umsturzes» erfolgt war. Damit erfasste das Gesetz gezielt auch die vorherigen Streikbewegungen in Asturien und Katalonien. Dies stand im Einklang mit der Legitimationsrhetorik der Aufständischen und späteren Franquisten, die den Putsch als eine Verteidigungsleistung gegen eine vermeintlich vorangegangene Revolution darstellten. Spätestens nach dem von Franco offiziell verkündeten Ende des Bürgerkriegs am 1. April 1939 war die Repression durch Institutionalisierung und Systematisierung gekennzeichnet. Sie umfasste Exekutionen und Gefängnisstrafen, Zwangsarbeit und -adoptionen sowie nicht zuletzt eine sozioökonomische Politik zugunsten der Kriegsgewinner.

Bei den Zeitgenoss:innen überwog eine Einordnung des Regimes als «faschistisch» wiederum deshalb, weil sich die putschenden Militärs und speziell Franco ebenso stark wie letztlich erfolgreich um die Unterstützung des nationalsozialistischen Deutschlands bzw. des faschistischen Italiens bemüht hatten. Dabei hatte die Bezeichnung «faschistisch» schon zuvor, in den von Polarisierung gekennzeichneten Zwischenkriegsjahren und über Spanien hinaus, nicht unbedingt immer dazu gedient, eine konkrete Ideologie zu benennen, sondern eher dazu, den Gegner in eingängiger Art und Weise zu etikettieren. In jedem Fall wurde dieses Label zur Begründung für den kriegerischen Einsatz auf

Caroline Rothauge

Seiten der spanischen Republik: Kommunistische Kräfte im Bürgerkriegs-spanien propagierten das Credo eines Kampfes «gegen den Faschismus», um die republiktreuen Parteien zu vereinen. Aber auch ideologisch links-gerichtete Bürger:innen in Europa und den USA protestierten gegen die Ausweitung dessen, was sie zeitgenössisch als «Faschismus» interpretier-ten. Dagegen kämpften einige von ihnen sogar aktiv vor Ort in Spanien, und zwar als ausländische Freiwillige in den «Internationalen Brigaden». Bis heute werten große Teile der europäischen und US-amerikanischen Linken den Verteidigungskampf der Republik in Spanien als Befreiungs-krieg vom «Faschismus» und somit als *good fight*.

Während des Zweiten Weltkriegs unternahm Franco zunächst Schritte, die die Interpretation seiner frühen diktatorialen Herrschaft als «faschis-tisch» maßgeblich stützten: So unterzeichnete er am 27. März 1939 Spa-niens Beitritt zum «Anti-Komintern-Pakt». Für die Demonstration der engen Allianz zwischen dem nationalsozialistischen Deutschland und dem franquistischen Spanien musste zudem immer wieder ein Foto her-halten, das ein persönliches Treffen zwischen Hitler und Franco am 23. Oktober 1940 im französisch-spanischen Grenzbahnhof Hendaye festhält. Tatsächlich hatte Franco derart hohe, darunter territoriale For-derungen als Gegenleistung für einen Kriegseintritt Spaniens gestellt, dass Hitler nicht gewillt war, diese zu erfüllen. Im Nachgang wurde dies zum Grundstein des Mythos, Franco habe durch listige Verhandlungs-führung mit Hitler erreicht, Spanien – vom jahrelangen Bürgerkrieg so-wohl in materieller als auch in psychologischer Hinsicht verwüstet – er-folgreich aus dem Zweiten Weltkrieg herauszuhalten.

Rehabilitierende Selbst- und Fremdbilder Francos und des Franquismus

Die Konstruktion dieses Mythos zur Rolle Francos im Zweiten Weltkrieg erfolgte – nachdem sich das Geschehen 1942/43 zu Ungunsten der «Ach-senmächte» gewendet hatte – bereits mit Blick auf eine Neupositionie-rung und die Suche nach anderen Verbündeten. Ausdruck dessen war beispielsweise, dass sich der Status Spaniens Anfang Oktober 1943 von «nicht kriegsführend» zu «neutral» wandelte. Im «Neuen Staat» selbst wurden das öffentliche Verwenden und Verbreiten faschistischer Sym-bolik bedeutend eingeschränkt sowie der Einfluss von Altfalangisten be-

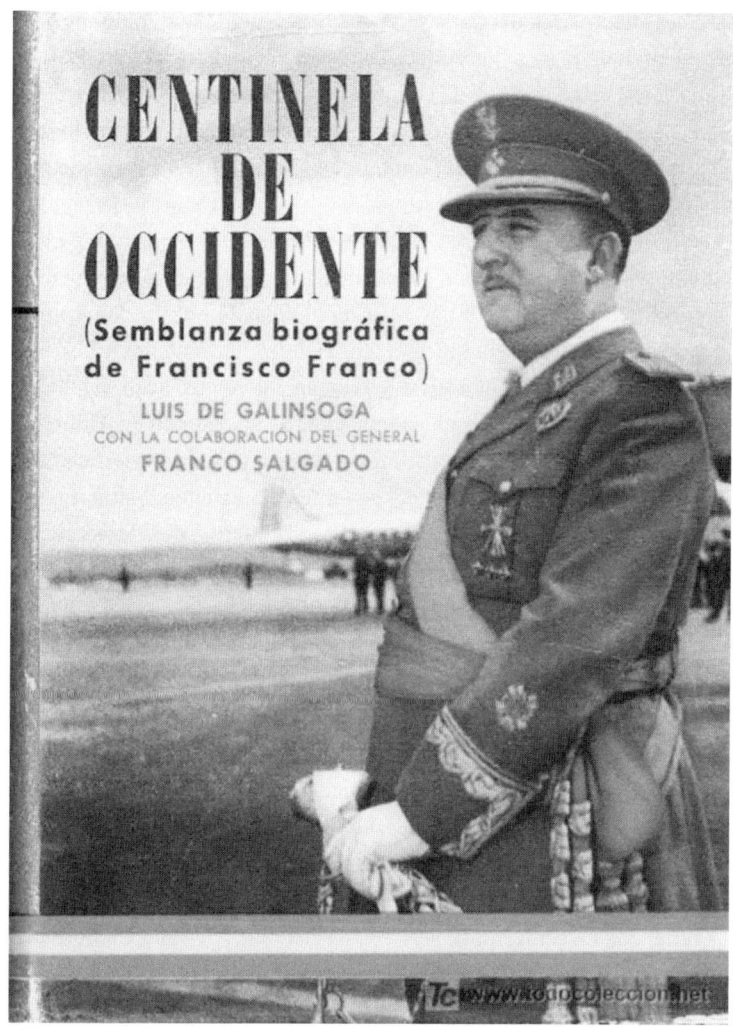

Abb. 18 Franco als «Wächter des Abendlandes», Buchcover.

schnitten. Auch Franco selbst wurde zunehmend vorsichtiger mit seinen öffentlichen Sympathiebekundungen für Nationalsozialismus und Faschismus. Bei den demokratischen West- und zukünftigen Siegermächten hatte diese Strategie zunächst keinen Erfolg. Vielmehr wurde das franquistische Regime nach dem Zweiten Weltkrieg international geäch-

Caroline Rothauge

tet. Dies äußerte sich beispielsweise darin, dass dem Land im Juli 1945 die Mitgliedschaft in den Vereinten Nationen verwehrt und es vier Jahre später auch nicht in die NATO aufgenommen wurde. Die UNO-Generalversammlung verabschiedete im Dezember 1946 zudem eine Resolution, die einen Boykott der diplomatischen Beziehungen zum franquistischen Regime empfahl.

Im Zuge des Kalten Krieges veränderte sich der Kurs des Westens jedoch, was maßgeblich zur Rehabilitierung Franco-Spaniens beitrug. Der antikommunistische Eifer des *Caudillo* passte nun in das Konzept der ideologischen Auseinandersetzung. Dies zeigte sich unter anderem darin, dass US-Präsident Harry S. Truman im August 1950, nach dem Ausbruch des Korea-Krieges, einem Kredit für Spanien in Höhe von 62,5 Millionen US-Dollar zustimmte. Dabei war es förderlich, dass Franco seine Herrschaft spätestens seit Ende des Zweiten Weltkriegs verstärkt auf einen «Nationalkatholizismus» gründete – eine Strategie, die es ihm erlaubte, sich erfolgreich als Verteidiger konservativ-religiöser Werte bzw. als «Wächter des Abendlandes» (*centinela de Occidente*; de Galinsoga / Salgado-Araujo 1956) zu inszenieren.

Der «Nationalkatholizismus» beruhte auf der Vorstellung, dass das historisch begründete Wesen Spaniens im Katholizismus wurzele. War das linksrepublikanische Spanien dem Geist des Laizismus verpflichtet gewesen, so erklärte der 1945 verabschiedete franquistische «Grundrechtekatalog» (*Fuero de los Españoles*) die katholische Konfession zur Staatsreligion. Der Amtskirche wurde großer Einfluss auf die Bildung eingeräumt, und der «Neue Staat» verpflichtete sich 1946 zu ihrer Subventionierung. Als Gegenleistung verhalfen Vertreter:innen der katholischen Amtskirche dem Regime nicht allein zu Legitimation und Glaubwürdigkeit. Sie beteiligten sich auch aktiv am franquistischen Repressionssystem, zum Beispiel durch das Ausstellen missgünstiger Leumundszeugnisse oder durch religiöse «Umerziehung». Ihnen zufolge gebührte Franco Lob und Unterstützung, weil er die Nation gerettet und seit jeher – einem Messias gleich – für die Wiederherstellung religiöser Werte, wenn nicht des Reiches Gottes, in Spanien gekämpft habe. Diese Sichtweise führte unter anderem dazu, dass Franco sich auf Peseten-Münzen als «Caudillo Spaniens von Gottes Gnaden» (*Caudillo de España por la gracia de Dios*) bezeichnen konnte.

Abb. 19 Franco als «Caudillo Spaniens von Gottes Gnaden» (Caudillo de España por la gracia de Dios) auf einer Fünf-Peseten-Münze, 1949.

Letztlich mündeten die verschobenen Interessenkonstellationen auf internationaler Ebene und die vom spanischen Diktator aktiv vorangetriebene Anpassung daran im Jahr 1953 in gleich zwei diplomatische Erfolge für Franco: Zum einen bekräftigte ein Konkordat mit dem Vatikan Ende August die nationalkatholische Prägung seines Regimes, zum anderen kam es im September zu Übereinkünften mit den USA, denen Franco erlaubte, militärische Stützpunkte in Spanien zu bauen und zu nutzen. Als Gegenleistung verpflichtete sich die US-amerikanische Regierung dazu, Wirtschaftshilfen zu zahlen und militärisches Material zu liefern. Auf symbolischer Ebene stand diese Übereinkunft für die Rückkehr Spaniens in den Kreis der westlichen Mächte. Dies wurde zwei Jahre später dadurch bestätigt, dass Spanien in die Vereinten Nationen aufgenommen wurde, und 1959 durch den Besuch des US-amerikanischen Präsidenten Dwight D. Eisenhower in Madrid besiegelt. Stimmen, die in Franco und dem *franquismo* weiterhin eine Variante des «Faschismus» sahen, waren beispielsweise aus der DDR vernehmbar. Daneben erschienen erste Publikationen von Exil-Spanier:innen, die den spanischen Diktator und seine Herrschaft anprangerten, und zwar unter anderem als «tyrannischen Despotismus» (*despotismo tiránico*; de Madariaga 1959).

In Spanien selbst wurden Franco und seine persönliche Macht von

Caroline Rothauge

einigen Monarchisten kritisiert. Diese hatten im Spanischen Bürgerkrieg auf Seiten der Aufständischen gekämpft, weil sie sich davon eine Restauration der Monarchie versprochen hatten. Die Unzufriedenheit mit dem fortdauernden franquistischen Regime ging so weit, dass der exilierte Thronanwärter Don Juan am 19. März 1945 ein Manifest veröffentlichte, in dem er die Verbindungen Francos zu den «Achsenmächten» und den *franquismo* als «totalitär» verurteilte. Der Diktator vermochte die Monarchisten 1947 mit einem «Gesetz über die Nachfolge» (*Ley de Sucesión*) zu besänftigen. Darin wurde die Form des «Neuen Staates», die seit 1936 uneindeutig geblieben war, als Monarchie festgeschrieben. Spanien würde demnach irgendwann einmal von einem König regiert werden. Wann genau und mit wem dies umgesetzt werden sollte, wurde zunächst jedoch offengelassen. Somit diente das Gesetz de facto einzig der Sicherung von Francos Herrschaft.

Ähnliches gilt für die Liberalisierung der spanischen Wirtschaft, die infolge des «Stabilisierungsplanes» von 1959 einsetzte. Zuvor hatte sich das franquistische Regime – aus ideologischen Gründen, infolge der internationalen Isolation aber auch gezwungenermaßen – einer Politik der staatlichen Regulierung verschrieben, die auf Autarkie abzielte. Daran änderte sich nach 1953 nichts Grundsätzliches, weswegen der Lebensstandard in Spanien niedrig blieb und es zwischen 1956 und 1958 zu soziopolitischen Unruhen kam. Mit dem von «Technokraten» (*tecnócratas*) ersonnenen und umgesetzten «Stabilitätsplan» wandelte sich der wirtschaftspolitische Kurs des Franco-Regimes grundlegend: Die Hinwendung zum ökonomischen Liberalismus der westlichen Industriestaaten führte zu einer Ära bisher ungekannten Wachstums. Das spanische «Wirtschaftswunder» der 1960er Jahre bedeutete jedoch nicht, dass dem diktatorialen Charakter des Regimes abgeschworen wurde, im Gegenteil: Die Idee war, den Fortbestand des *franquismo* durch ökonomischen Wohlstand sicherzustellen.

Dass die Spaltung in «Sieger» und «Besiegte» sowie eine durchgängig kaltblütige und brutale Repression derjenigen, die andere Überzeugungen und Werte vertraten, eine Konstante des Franquismus darstellten, sollte dabei ab 1964 die Propagandakampagne «25 Jahre Frieden» (*25 años de paz*) vergessen machen: Franco gebühre Dank, da er ein schon vor dem Bürgerkrieg vermeintlich gespaltenes, durch die demokratische

Republik in Anarchie und Chaos gestürztes Land vereint und befriedet habe. Der Diktator vermochte sich infolgedessen als eine Art väterliche Figur zu inszenieren, als ein *elder statesman*, der es geschafft habe, Spanien erfolgreich hin zu Ordnung, Stabilität und Prosperität zu manövrieren und so für «Fortschritt» zu sorgen. Damit einher gingen und gehen Interpretationen des (späten) Franquismus als Entwicklungs- bzw. Modernisierungsdiktatur (*desarrollismo*).

Das Nachleben der Franco-Diktatur zwischen Kritik, Kontroversen und Kontinuitäten

Die grundsätzlich unterschiedlichen Meinungen über Franco und sein System der Alleinherrschaft ebbten nach dem Tod des Diktators am 20. November 1975 nicht ab – im Gegenteil. Aufgrund des spezifischen, primär an «Versöhnung» und «Konsens» orientierten Charakters der *transición* prägten sich Deutungen des Bürgerkriegs aus, deren Grundzüge schon während des Konflikts selbst sowie im Spätfranquismus skizziert worden waren. So wurde die gewaltsame Auseinandersetzung als katastrophale Folge einer nationalen Tragödie dargestellt, wobei an dem Kriegsausbruch jede Partei und jedes Lager Schuld gehabt habe. Nach weitergehenden Ursachen und Verantwortlichkeiten zu forschen oder Gräueltaten aufzurechnen war demzufolge müßig. Der Umgang mit der aus einem gescheiterten Putsch entstandenen Franco-Diktatur blieb hingegen ungeklärt.

In den Augen vieler Kritiker:innen bildete all dies den Grundstein für einen sogenannten «Schweigepakt». Er ist als eine Übereinkunft zwischen Vertreter:innen der politischen Eliten zu verstehen, Aspekte der jüngeren und jüngsten Vergangenheit nicht gegen den jeweiligen Gegner zu verwenden und auch im Allgemeinen ruhen zu lassen. Entsprechend gab es für die ehemals «Besiegten» und ihre Angehörigen kaum offizielle Unterstützung dabei, Schuld, Entschädigung oder angemessenes Gedenken zu Themen breit geführter Debatten zu machen. Rechtlich fand dies seinen Ausdruck in einem umfassenden Amnestiegesetz, das Mitte Oktober 1977 – vier Monate nach den ersten demokratischen Wahlen in Spanien seit Februar 1936 – erlassen wurde.

Gegen Spanien als einen «demokratischen und sozialen Rechtsstaat»

Caroline Rothauge

(*un Estado social y democrático de Derecho*), wie die Definition in der am
6. Dezember 1978 mit großer Mehrheit per Volksentscheid gebilligten
neuen Verfassung lautete, richtete sich am 23. Februar 1981 ein weiterer
militärischer Putschversuch im Stil der *pronunciamientos*. Dass dieser
scheiterte, wird zu großen Teilen dem entschlossenen Auftreten des
Königs Juan Carlos I. zugeschrieben, der – als Oberbefehlshaber der
Streitkräfte – die Putschisten zurück in ihre Kasernen befahl. Dennoch
wurde die Angst vor einem erneuten Bürgerkrieg dadurch wiederbelebt.
Nicht zuletzt deshalb mangelte es auch in dem seit 1982 von der sozial-
demokratischen *Partido Socialista Obrero Español* (PSOE) regierten Spanien weiterhin an Willen und Bedürfnis, Franco und den Franquismus
öffentlich zu thematisieren, geschweige denn zu problematisieren.

Dies wurde erst dadurch forciert, dass die PSOE im Zuge vorgezoge-
ner Parlamentswahlen 1993 fürchtete, ihre Macht zu verlieren, und deshalb darauf abzielte, die konservative Volkspartei, die *Partido Popular*
(PP), zu verunglimpfen: Letztgenannte war aus einer Partei hervorgegangen, die sich während der *transición* aus hohen Vertretern des franquistischen Regimes zusammengesetzt hatte. Infolgedessen veränderte
sich die Art der Bezugnahmen auf die jüngere und jüngste Vergangenheit in Spanien, was durch den Wahlsieg und die (rechts-)konservativen
Erinnerungspolitiken der ab 1996 regierenden PP weiter befördert
wurde. Spätestens seit Anfang des neuen Jahrtausends sind auch die Person Francos und seine Herrschaftspraktiken zwischen 1936 und 1975 in
Spanien zum Instrument politisch-ideologischer Konflikte und zum
Gegenstand gesamtgesellschaftlicher Auseinandersetzungen geworden.
Eine besondere Rolle kam und kommt dabei der Erforschung der Gewalt
im Bürgerkrieg sowie dezidiert franquistischen Formen der Repression
zu. Parallel dazu machen sich zivilgesellschaftliche Bemühungen um
eine sogenannte «Rückgewinnung der historischen Erinnerung» (*recu-
peración de la memoria histórica*) bemerkbar, bei der sich vor allem
Vertreter:innen der (Ur-)Enkelgeneration hervortaten und noch hervor-
tun. Signalwirkung hatte beispielsweise, dass auf ihr Betreiben hin vermehrt Massengräber exhumiert wurden. Dies sorgte für ein großes
Medienecho, erhöhte den Druck auf staatliche Stellen und legte zugleich
das brutale Vorgehen der Aufständischen und späteren Franquisten im
Hinterland offen.

Unter anderem infolgedessen äußerte sich die verfassungsgebende Kammer des spanischen Parlaments am symbolträchtigen 20. November 2002, dem 27. Todestag Francos, parteiübergreifend zur jüngeren Vergangenheit. Dabei wurde der Franquismus allerdings kaum benannt, geschweige denn verurteilt. Vielmehr wurde allgemein erklärt, dass niemand das Recht habe, Gewalt zur Durchsetzung politischer Ziele zu nutzen, um «totalitäre» Regime zu errichten. Unter sozialdemokratischer Regierung kam es Ende 2007 dann zur Verabschiedung eines «Gesetzes der historischen Erinnerung», das unter anderem die endgültige Beseitigung franquistischer Symbole aus dem öffentlichen Raum verlangt. Des Weiteren erklärt das Gesetz zwar, dass Gerichtsurteile, die wegen ideologischer oder religiöser Überzeugungen während der Diktatur gefällt wurden, «illegitim» gewesen seien, statuiert aber nicht ihre Ungültigkeit – ein Aspekt, um den viele der Fragen nach dem Umgang mit dem *franquismo* bis heute kreisen. So wagte der Ermittlungsrichter Baltasar Garzón im Oktober 2008 den Vorstoß, das repressive Vorgehen unter Franco aus der Perspektive des internationalen Rechts als «Verbrechen gegen die Menschlichkeit» zu ahnden – und scheiterte. Die Stimmen, die eine Annullierung franquistischer Gerichtsurteile fordern, sind dadurch jedoch nicht verstummt. So hat beispielsweise die linke Minderheitsregierung im September 2020 eine entsprechend angepasste Neuauflage des «Gesetzes der historischen Erinnerung» vorgelegt.

In diesen emotional zum Teil stark aufgeladenen Zusammenhängen erzielen die Thesen derjenigen, die den Putsch von 1936 bzw. den Franquismus verteidigen, gesteigerte Aufmerksamkeit. Nicht nur treue Chronisten des späten Franco-Regimes wie Ricardo de la Cierva, sondern auch der US-amerikanische Historiker Stanley G. Payne oder auflagenstarke Publizisten wie Pío Moa drehen die Verantwortlichkeiten nach bekannter franquistischer Manier um: Auftakt für den Bürgerkrieg sei die «Oktoberrevolution» von 1934 gewesen, die sich gegen die verfassungsmäßige Ordnung des republikanischen Rechtsstaats gerichtet habe, und nicht etwa der aus Notwehr erfolgte und daher «legitime» Militärputsch vom Juli 1936. Dem gegenüber stehen seit Beginn des 21. Jahrhunderts – sowohl in der Wissenschaft als auch in der Zivilgesellschaft und vereinzelt von offizieller Seite – vermehrt positive Rückbesinnungen auf die Zweite Republik. Darüber hinaus lassen sich die öffent-

Caroline Rothauge

lichen Auseinandersetzungen über Franco und das von ihm installierte Herrschaftssystem mittlerweile an einer Vielzahl weiterer Streitpunkte festmachen. In der Diskussion stand und steht beispielsweise wiederholt der Umgang mit der privaten Stiftung *Fundación Nacional Francisco Franco*, die es sich zur Aufgabe gemacht hat, das Andenken des Diktators zu wahren, und die damit verbundene Frage nach dem Zugang zu Archivalien. Erst kürzlich, nämlich 2018/19, traten die divergierenden Sichtweisen rund um den *franquismo* erneut überdeutlich zutage, als die Debatten in Spanien monatelang um die Umbettung von Francos Leichnam kreisten. Nach wie vor sorgen sowohl die Art, wie dieser Diktator an die Macht kam, und seine lang währende Alleinherrschaft wie auch der spezifische Übergang Spaniens zur demokratischen Staatsform für höchst unterschiedliche Wahrnehmungen und Einordnungen. Dabei sind die wissenschaftlichen und öffentlichen Auseinandersetzungen mit dem franquistischen Regime stärker von Begriffen wie «Totalitarismus», «Faschismus», «Autoritarismus», «Nationalkatholizismus» oder «Entwicklungsdiktatur» geprägt als von dem Begriff des «Despotismus».

Mao Zedong und Jiang Qing – Macht, Moral und Geschlechterrollen in der chinesischen Politik

Von Daniel Leese

Im September 1971 erlebte die Volksrepublik China einen der größten politischen Skandale ihrer Geschichte. Verteidigungsminister Lin Biao, der erst zwei Jahre zuvor offiziell als Nachfolger des amtierenden Partei-vorsitzenden Mao Zedong auserkoren worden war, starb bei einem Fluchtversuch Richtung Sowjetunion, als sein Flugzeug über der Äuße-ren Mongolei abstürzte und ausbrannte. Der Vorfall kam einem politi-schen Erdbeben gleich und erschütterte auch Mao persönlich zutiefst, der in eine Phase depressiver Verstimmung verfiel. Der Verrat seines vormals «engsten Kampfgefährten» ließ sich öffentlich nicht vermitteln, ohne das politische System im Kern zu beschädigen, daher wurde der Vorfall lange Zeit verschwiegen. Parteiintern verschickte die politische Führung zwei Monate nach dem Absturz ein streng geheimes Doku-ment, in welchem sie erstmals ein vermeintliches Komplott aus dem Umfeld Lin Biaos als Grund für dessen Flucht enthüllte. So habe Lins Sohn mit Verschwörern aus dem Militär die Ermordung Mao Zedongs geplant. Das Parteischreiben druckte vage Notizen als Beleg für die Attentatspläne ab. Darin wurde als Begründung vor allem die despoti-sche Herrschaft Mao Zedongs angeführt, der unter dem Kürzel des Langstreckenbombers B-52 firmierte. Mao habe mit der Kulturrevolu-tion Volk, Partei und Militär gespalten, die Wirtschaft ruiniert und sich zu einem modernen Tyrannen aufgeschwungen: «Er ist kein wirklicher Marxist-Leninist, sondern kleidet sich in den Mantel des Marxismus-Leninismus, um den Weg von Konfuzius und Menzius zu beschreiten und die Methoden des schlimmsten feudalen Gewaltherrschers der chinesischen Geschichte, Qin Shihuang, umzusetzen» (14.11.1971, Song

Abb. 20   Mao Zedong und Jiang Qing 1946 (unbek. Fotograf).

2013). Auch mögliche Slogans zur Mobilisierung des Volkes nach dem
geplanten Attentat wurden aufgelistet, darunter: «Nieder mit dem modernen Qin Shihuang – B-52. Stürzt die feudale Dynastie, die sich als
sozialistisch ausgibt.» Ein Problem auf dem Weg zur erfolgreichen Mas-
senmobilisierung stellte aus Sicht der Verschwörer jedoch der maoisti-
sche Personenkult dar, der das Volk in eine tiefe mentale Abhängigkeit
getrieben habe. Mit spontanen Aufständen sei daher nur sehr begrenzt
zu rechnen.

Abb. 21 «Eine Hexe sucht Rat bei ihrer Lehrmeisterin», anonym, 1976.
Aus: Zalan «Sirenbang» manhuaji, Shanghai 1976, S. 112.
Auf dem Bild ist die kniende Jiang Qing zu sehen, vor sich einen Zettel:
«Kaiserin Lü ist eine große Legalistin». Die Mumie ist die Kaiserin Lü, die zu
Jiang Qing spricht: «Du gleichst mir wirklich sehr!». Sie tritt dabei aus einem
Geschichtsbuch heraus, ihrer eigenen traditionellen Biographie. Hinter ihr
ist ein Kapiteltitel zum Thema «Machtergreifung am Kaiserhof der Han» zu
erkennen. Es handelt sich um eine der frühesten Karikaturen auf Jiang Qing
als verhinderte Kaiserin, die wenige Wochen nach Maos Tod in Form einer
landesweiten Massenkampagne zur Kritik an der «Viererbande» verwendet
wurde. In Sprache und Bildform wird hier mithilfe historischer Allegorien
somit Jiang Qings versuchter Griff nach der Macht kritisiert.

Daniel Leese

Die Despotievorwürfe gegen Teile der Parteiführung wiederholten sich wenige Jahre später erneut, allerdings unter anderen Vorzeichen. Kurz nach dem Tod Mao Zedongs im September 1976 wurden seine Frau Jiang Qing und drei führende Vertreter kulturrevolutionärer Politik als «Viererbande» kritisiert. Der Vorwurf lautete, dass sie gemeinsam mit dem verstorbenen Lin Biao maßgeblich für die Gewaltexzesse der Kulturrevolution verantwortlich gewesen seien und letztlich einen «feudal-faschistischen» Staatsstreich geplant hätten. Auch hier wurde die öffentliche Kritik durch umfangreiche parteiinterne Geheimdokumente vorbereitet, in denen es an Verweisen auf die Geschichte nicht mangelte. So etwa wurde speziell Jiang Qing vorgeworfen, die Rolle der Han-zeitlichen Kaiserin Lü sowie der Tang-zeitlichen Herrscherin Wu Zetian bewusst aufgewertet zu haben, um dereinst selbst «den Thron zu besteigen» (23.9.1977, Song 2013).

Karikaturen, auf denen skelettierte Kaiserinnen aus dem Sarg heraus der vermeintlichen Nachfolgerin Ratschläge erteilten, fanden zeitgenössisch weite Verbreitung. Gleiches galt für ihre Charakterisierung als «weißknöchiger Dämon», ein Verweis auf eine mythische Figur aus dem Roman *Die Reise nach dem Westen*, die an alte Stereotype weiblicher Verstellungs- und Verführungskunst anknüpfte.

Was im öffentlichen Raum gänzlich unterblieb, war die Charakterisierung Mao Zedongs und Jiang Qings als Despotenpaar. Ganz im Gegenteil lassen sich nach 1976 erhebliche publizistische und politische Anstrengungen ausmachen, Mao nicht nur von seiner scheinbar übermenschlichen Aura zu lösen, sondern auch in Opposition zu seiner Frau zu stellen und vom Vorwurf des Despotismus weitgehend freizusprechen. Die Tatsache, dass während seiner Herrschaft Dutzende Millionen Menschen in Friedenszeiten verhungert und umgebracht worden waren, erschien oftmals nur noch als Randnotiz. Vereinzelte politische «Fehler» wurden kritisiert, aber strikt von den «Verbrechen» der Viererbande getrennt. Jiang Qing hingegen wurde medial eine Rolle zugeschrieben, die sich häufig in der chinesischen Geschichtsschreibung findet: das Bild der ränkeschmiedenden Kaisergattin, die selbst nach Macht und Einfluss trachtet und hierbei vor verbrecherischen Taten nicht zurückschreckt. Die folgende Darstellung zielt nicht darauf ab, die brutalen Konsequenzen der maoistischen Herrschaft zu dokumentieren. Es geht vielmehr um die Frage, wann und in welcher Form Mao Zedong oder Jiang Qing in der innerchinesischen Debatte despotische Herrschaftsausübung zugeschrieben wurde, um so ein Schlaglicht auf das komplexe Verhältnis von Macht, Moral und Geschlechterrollen in Geschichte und Gegenwart Chinas zu werfen.

Gewaltherrschaft als historischer Topos

Der enorme historische Resonanzraum von über 2000 Jahren, den moderne chinesische Debatten über den Begriff der Despotie scheinbar mühelos aufspannen, spiegelt den Stellenwert wider, der insbesondere der offiziell kanonisierten Geschichtsschreibung und ihrer Adaption in Literatur, Theater und Populärkultur für die chinesische Politik bis in die Gegenwart zukommt. Zeitübergreifend fungierte dabei der Gründer des chinesischen Kaiserreichs Qin Shihuang als Musterbeispiel eines Despoten (*ba*). Qin Shihuang hatte sich auf die Lehren maßgeblicher Vordenker des chinesischen «politischen Realismus» (Vogelsang 2017) gestützt, um konkurrierende Königreiche zu unterwerfen und einen rational geplanten und bürokratisch organisierten Zentralstaat zu errichten. Die Qin-Dynastie überdauerte den Gründungskaiser allerdings nur um wenige Jahre. Über die Gründe für den raschen Sturz wurde in der Folgezeit heftig gestritten. Zumeist wurde auf die tyrannischen Charakterzüge Qin Shihuangs und seine despotischen Herrschaftsmethoden verwiesen, die bereits zu seinen Lebzeiten mehrere Attentatsversuche zur Folge gehabt hätten.

Die darauffolgende Han-Dynastie (206 v. Chr.–220 n. Chr.) baute in vielfältiger Weise auf den Grundlagen der Qin auf, versuchte sich jedoch gleichzeitig vom Ruch der Gewaltherrschaft abzusetzen, nicht zuletzt mittels der Hofhistoriographie und der nachträglichen Legitimation durch das «Himmlische Mandat», welches der Gründer der Dynastie erhalten habe. Das Bild des Qin Shihuang als Despoten wird meist direkt auf die großen Geschichtswerke jener Zeit zurückgeführt. Dazu zählen insbesondere die *Aufzeichnungen der Chronisten* (*Shiji*), dem zunächst vom kaiserlichen Astrologen Sima Tan begonnenen, von seinem Sohn Sima Qian weitergeführten und um das Jahr 85 v. Chr. vollendeten Gründungswerk der chinesischen Geschichtsschreibung, und das rund

Daniel Leese

200 Jahre später vollendete Buch *Dokumente der Han* (*Hanshu*) des Hof-schreibers Ban Gu, das ebenfalls von seinem Vater begonnen und schließlich mithilfe seiner Schwester Ban Zhao abgeschlossen wurde. In der Tat findet sich in beiden Werken eine Vielzahl von Verweisen und Zitaten, welche den Qin-Kaiser als Despoten schildern. Hierzu zählen etwa das Verbrennen klassischer Schriften und das Begraben von 460 konfuzianischen Gelehrten bei lebendigem Leib. Auch die Grausamkeit der Herrschaftsmethoden, sexuelle Devianz und Maßlosigkeit, ein auf alchemistische Praktiken gegründetes Streben nach Unsterblichkeit, ein überbordender Personenkult sowie die Ausschaltung jeglicher Form von Kritik sind als Charakteristika der Herrschaft Qin Shihuangs festgehalten.

Anders als übliche Verallgemeinerungen annehmen lassen, fördert ein detaillierter Vergleich der Geschichtswerke jedoch erhebliche Unterschiede in der Darstellung zutage. Während im *Hanshu* die despotischen Elemente von Qins Herrschaft sowie die Missachtung und Verfolgung konfuzianischer Berater dominieren und die Notwendigkeit moralischer Autorität herausgestellt wird, finden sich in der geschickt montierten Stimmenvielfalt des *Shiji* auch Passagen, in denen Qin Shihuang zwar als grausam geschildert wird, Sima Qian dieses Vorgehen aber letztlich im Kontext der Reichseinigung rechtfertigt: «[D]ie Zeiten erforderten dies, und der Erfolg heiligte die Mittel» (van Ess 2014, I, 45). Für Sima Qian barg eine genaue Analyse des Aufstiegs und Falls der Qin durchaus die Möglichkeit, aus der Geschichte zu lernen, um Qin zu übertreffen. Diesem Zweck diente auch die ausführliche Analyse der Gründe für Qins Untergang in einer Schrift des konfuzianischen Gelehrten Jia Yi, die Sima Qian umfänglich in seinem Werk zitierte. Hierin wurde vor allem auf den Fehler Qin Shihuangs verwiesen, seine Herrschaftstechniken nach der Reichsgründung nicht an die veränderte Situation angepasst zu haben. «Der erste Kaiser der Qin hatte ein habsüchtiges, niederträchtiges Herz und setzte selbstgefällige Strategien um. Er misstraute seinen verdienten Beratern und suchte nicht die Nähe von Gelehrten und Volk. Er verwarf den königlichen Weg [des Regierens] und etablierte seine persönliche Macht. Er verbannte Bücher und Schriften, schuf unbarmherzige Strafgesetze. Er bevorzugte Täuschung und Gewalt und stellte Mitgefühl und Rechtschaffenheit hintan. So machte er die Tyrannei zur ersten Regel des Reiches. Jene, die auf Annexion aus sind, betonen Täuschung und Gewalt, während jene, die nach Befriedung [des Reiches] trachten, Zustimmung und Autorität wertschätzen. Dies bedeutet, dass Eroberung und Bewahrung unterschiedliche Herrschaftstechniken erfordern» (Übers. nach Nienhauser 1994, 168).

Das unveränderte Festhalten an despotischen Machttechniken, die auf dem Weg zur Schaffung der Reichseinheit legitim erschienen waren, erwies sich aus dieser Perspektive nunmehr als desaströs für die Verwaltung des Reiches. Jia Yi verweist dabei auf den «königlichen Weg» (*wangdao*), ein Begriff, der vor allem mit dem Werk des Konfuzianers Mengzi (ca. 370–290 v. Chr.) verbunden ist und im späten Kaiserreich zur gültigen Lehrmeinung erhoben wurde. Bei Mengzi steht der königliche Weg im direkten Gegensatz zum «despotischen Weg» (*badao*) des Gewaltherrschers. Ersteren definiert er durch moralische Autorität und freiwillige Gefolgschaft, Letzteren durch militärische Stärke und erzwungene Untertanenpflicht (Kubin 2012, 95). Im *Shiji* verkörpert Qin Shihuang somit unter anderem das Versäumnis des Herrschers, nach erfolgreicher Reichsgründung der Gewaltherrschaft abzuschwören. Diese komplexeren Betrachtungen gerieten im Verlauf der folgenden Jahrhunderte in den Hintergrund. Stattdessen verfestigte sich das Bild Qin Shihuangs als eines Tyrannen, wenngleich diese Bewertung in einem Spannungsverhältnis zur Frage der Bedeutung der Reichseinigung als solcher stand.

Eine ähnliche Verengung der historiographischen Darstellung lässt sich auch für die Frage nach der Legitimität einer Frau auf dem Kaiserthron feststellen. Während der langen Geschichte des chinesischen Kaiserreichs gab es viele Frauen, die einen maßgeblichen Einfluss auf die Politik ausübten (McMahon 2013). Aber nur zwei Frauen, die Kaiserinnen Lü (gest. 180 v. Chr.) und Wu Zetian (625–705), erhielten im Anschluss auch entsprechende Herrscherannalen in der offiziellen Historiographie zuerkannt. Nur Wu Zetian wagte offiziell den Schritt, den Kaisertitel *huangdi* für sich zu proklamieren. Während im *Shiji* die Regentschaft der Kaiserin Lü nüchtern, wenngleich ohne große Sympathie abgehandelt wird, findet sich im *Hanshu* die stilbildende Charakterisierung einer Unrechtsherrscherin. Als Belege dienen dabei sowohl persönliche Grausamkeiten, etwa die Folterung einer Konkurrentin, die ihr Leben schließlich unter Schweinen in einem Abort beschließen musste,

Daniel Leese

als auch die Auswirkungen dieser Taten auf ihren Sohn, den legitimen Herrscher, der daran letztlich zugrunde gegangen sei. Hieraus entwickelte sich in der späteren historiographischen Tradition das Bild, dass eine Frau auf dem Thron Unheil für das Reich bedeute. Vor allem die Gestalt Wu Zetians blieb in der populären Überlieferung sehr präsent. Der Vorwurf der Illegitimität ihrer Herrschaftsanmaßung verband sich dabei oftmals mit pornographischen Fantasien der Vielmännerei.

Die konfuzianische Geschichtstradition etablierte somit ein Bild des Despoten, das von Grausamkeit, sexueller Devianz, Beratungsresistenz sowie von mangelnder Rücksichtnahme auf die allgemeinen Belange des Reichs geprägt war. Prinzipiell waren diese Eigenschaften geschlechtsneutral. Aber im Verlauf der Zeit und vor dem Hintergrund des absoluten Ausnahmecharakters einer weiblichen Regentin auf dem Thron verfestigte sich parallel dazu auch die Vorstellung der Kaiserwürde als eines spezifisch männlichen Vorrechts. Mächtige Frauengestalten wie etwa die Kaiserinwitwe Cixi, die über weite Strecken des späten 19. Jahrhunderts die Politik prägte, agierten daher auch weiterhin im Hintergrund. Weiblichem Machtstreben haftete per se der Ruf der Illegitimität an, ergänzt durch warnende Beispiele, die zeigen sollten, dass der Einfluss von Frauen auf den Herrscher das Land in den Ruin gestürzt habe.

Debatten über Gewaltherrschaft in der Volksrepublik China

Die Debatten über den Despotie-Begriff in der frühen Volksrepublik China erhalten ihre besondere Relevanz dadurch, dass Mao Zedong die Figur des Qin Shihuang als Prototypen des klassischen chinesischen Gewaltherrschers in ein zunehmend positives Licht rückte und sich, zunächst ironisch, mit der Rolle des Despoten identifizierte. Damit hauchte er der schon im *Shiji* aufgeworfenen Frage nach Mitteln und Zielen politischer Herrschaft neues Leben ein. Die Debatte kulminierte nach Lin Biaos Tod in einer Apologie der Figur des Qin Shihuang (und in geringerem Umfang auch der Kaiserinnen Lü und Wu Zetian) sowie in einer Aufwertung des politischen Realismus. Hier zeigt sich eine Besonderheit der politischen Kommunikation im China jener Jahre: Anhand historischer Beispiele wurden zentrale Fragen aktueller Regierungsführung überall im Land diskutiert, wobei es weniger um historische Akkuratesse als um gegenwärtigen Nutzen ging.

Die erste große Debatte über Despotismus fand bereits kurz nach Gründung der Volksrepublik im Oktober 1949 statt, durch welche weite Teile des territorialen Erbes des chinesischen Imperiums in das Korsett eines modernen Nationalstaats gepresst worden waren. Nach Konsolidierung der Herrschaft rief Mao Zedong im Rahmen der Hundert-Blumen-Kampagne in den Jahren 1956/57 die Bevölkerung explizit dazu auf, Fehlentwicklungen der Parteiherrschaft zu kritisieren. Unter den Meinungsbeiträgen fanden sich vielfältige Vergleiche mit als despotisch bezeichneten Figuren der Vergangenheit. Die meisten Vergleiche zielten auf das Verhalten von Parteikadern als neuer Herrschaftsklasse ab. So fanden Sprüche wie «Die Kommunistische Partei Chinas ist ein zweiter Qin Shihuang!» großen Widerhall (4.7.1957, Song 2013). Opfer vormaliger Kampagnen griffen auch auf klassisches Vokabular wie den «despotischen Weg» zurück, um die harschen politischen Mittel der Gegenwart zu kritisieren. Ein Biologie-Student der Peking-Universität namens Jiang Xingren verfasste eine Wandzeitung, in welcher er die Diktatur des Proletariats mittels eines direkten Rückgriffs auf eine Kernmaxime der Vordenker des politischen Realismus kennzeichnete. Die Partei betreibe – wie schon Qin Shihuang – mittels scharfer Zensur und der Verfolgung von Intellektuellen eine «Politik der Volksverdummung», um ungestört regieren zu können (Vogelsang 2014). Auch wenn die Partei dies nicht offen zugebe, bestehe hierin ihre «magische Waffe» (Mai 1957, Song 2013).

Die Parteiführung reagierte uneinheitlich auf diese Kritik. Während die konkreten Despotievorwürfe in der Regel disziplinarische oder strafrechtliche Konsequenzen nach sich zogen, griff Mao Zedong selbst die Kritik in ironischem Ton auf. Auf einem Parteiplenum Anfang Mai 1958 zu Beginn des «Großen Sprungs nach vorn» pries er erst Qin Shihuang für seine Missachtung bestehender Traditionen, bevor er nach einem Einwurf Lin Biaos («Qin Shihuang hat Bücher verbrannt und konfuzianische Gelehrte lebendig begraben!») fortfuhr: «Was zählt schon Qin Shihuang? Er hat nur 460 Konfuzianer lebendig begraben. Wir haben 46 000 Konfuzianer unter die Erde gebracht. [...] Wir werden als Qin Shihuang beschimpft. Das ist unzutreffend. Wir übertreffen Qin Shihuang um das Hundertfache. Wenn wir also als Qin Shihuang oder als

Daniel Leese

Despoten beschimpft werden, sollten wir dies vollumfänglich akzeptieren. Das Bedauerliche ist nur, dass [unsere Gegner] es nicht oft genug sagen. Wir müssen dies also selbst schrittweise ergänzen. (Großes Gelächter)» (8.5.1958, Song 2013).

Wie so häufig in seinen parteiinternen Reden spekulierte Mao hier vor allem auf den rhetorischen Effekt. Bei entsprechender Gelegenheit hatte er auch kein Problem damit, das Gegenteil zu behaupten: «Qin Shihuang hat über 400 Personen umgebracht. Wir haben noch nicht einmal einen Menschen umgebracht» (11.4.1969, Song 2013). Aber während des «Großen Sprungs» fungierte Qin für Mao Zedong vor allem als Synonym für die Notwendigkeit einer gewaltbasierten Machtkonzentration, um ein größeres politisches Ziel zu erreichen. Dabei berief er sich unmittelbar auf die alten Geschichtsbücher. So pries er Ende April 1958 in einem Brief die historische Abhandlung Jia Yis im *Shiji* und empfahl dessen Lektüre auch weiteren Parteitheoretikern. Neben die Bewahrung der «Reichseinheit» trat dabei die Frage nach dem Übergang in eine sozialistische Gesellschaftsordnung. Welche Rolle Gewaltherrschaft in diesem Zusammenhang spielen sollte, blieb in der Schwebe. So betonte Mao Zedong im August 1958, dass eine Balance zwischen dezentralen, teils demokratischen Verfahren und zentralistischer Kontrolle («zwischen Marx und Qin Shihuang») gefunden werden müsse. Extreme Ausprägungen seien weder in der einen noch in der anderen Richtung sinnvoll. Im März 1959 erinnerte er seine Führungskollegen an die Notwendigkeit, hinsichtlich der Industrialisierungsstrategie des Landes «als Qin Shihuang zu agieren», während er im März 1960 mahnte, das Land nicht «zu Tode zu zentralisieren» und dadurch lokale Initiativen zu unterdrücken. Schließlich gelte es, zumindest «etwas progressiver» als Qin Shihuang oder andere Kaiser des Altertums zu sein. Sowohl im öffentlichen Diskurs als auch in der parteiinternen Kommunikation blieb Qin Shihuang daher zunächst der Prototyp des Gewaltherrschers. Nur der Parteivorsitzende selbst wich gelegentlich von dieser stereotypen Darstellung ab.

Die Hochphase innerchinesischer Debatten über historische Despoten lag in den frühen 1970er Jahren. Unmittelbarer Auslöser war Mao Zedongs Reaktion auf die aus dem Umfeld Lin Biaos geäußerten Vorwürfe, er habe sich die Regierungsmethoden Qin Shihuangs zu eigen gemacht. Mao nahm diese Kritik persönlich, anders als bei den ebenfalls häufig geäußerten Vergleichen mit Hitler, die er stets in den Bereich des Absurden relegierte. Die Tatsache, dass ihm selbst engste Gefolgsleute innerhalb der Partei nicht nur die gebührende Anerkennung verweigert, sondern seine gesellschaftlichen Utopien und Herrschaftsmethoden kritisiert hatten, betrachtete er als grundlegende Infragestellung seiner persönlichen Autorität (vgl. allgemein hierzu auch Kojève 1963, 157 ff.). Er reagierte mit einer umfassenden Aufwertung der Grundvorstellungen des politischen Realismus und einer Stärkung der zentralstaatlichen Institutionen. Dies stand in markantem Kontrast zu seinen bürokratie- und machtkritischen Invektiven zu Beginn der Kulturrevolution. Gerechtfertigt wurde der Politikwechsel dadurch, dass die Kritik Lin Biaos stellvertretend für den Versuch der alten Feindklassen stehe, die Diktatur des Proletariats zu stürzen, um ihre angestammten sozialen Positionen zurückzuerobern. Parallel zu den Lobeshymnen auf Qin Shihuang und die Bedeutung des Zentralstaats lief daher eine eng verwandte Kampagne, in welcher Lin Biao als Vertreter konfuzianischer Vorstellungen diskreditiert werden sollte. In diesem Kontext wurde Qin Shihuang nunmehr zum Symbol historischen Fortschritts erhoben, da er sich zu seiner Zeit mit Gewalt erfolgreich gegen ähnliche Restaurationsbestrebungen der alten Feindklassen durchgesetzt habe (28.9.1973, Song 2013).

Die Kampagne zur Aufwertung Qin Shihuangs und anderer Vertreter des politischen Realismus begann ab dem Spätsommer 1973. In einem Gedicht verteidigte Mao zunächst Qin Shihuang gegen Kritik und bekräftigte dies auch während eines Treffens mit dem stellvertretenden ägyptischen Präsidenten Hussein el-Shafei: «Qin Shihuang war der erste berühmte Kaiser der feudalen chinesischen Gesellschaft. Ich bin auch Qin Shihuang. Lin Biao hat mich bezichtigt, Qin Shihuang zu sein. Die chinesische Geschichte lässt sich in zwei Fraktionen einteilen: Eine Gruppe sagt, Qin Shihuang sei gut; die andere Gruppe sagt, Qin Shihuang sei schlecht. Ich befürworte Qin Shihuang und lehne Konfuzius ab. Denn Qin Shihuang war der Erste, der China vereinigte, der die Schrift standardisierte, der breite Straßen baute, keinen Staat im Staat zuließ, sondern ein zentralistisches System schuf. Die Zentrale entsandte Personen an jeden Ort und wechselte diese nach einigen Jahren wieder aus, anstatt sich auf ein erbrechtliches System zu stützen» (23.9.1973, Song 2013).

Daniel Leese

Artikel in der *Volkszeitung*, dem Sprachrohr der Partei, verteidigten offensiv die Büchervernichtungen und die Hinrichtung der Gelehrten durch Qin Shihuang, da so die Macht des Zentralstaats gestärkt worden sei. An den führenden Universitäten Beijings formierten sich Schreibgruppen, die von klassischen Zitaten und Fußnoten nur so strotzende Berichte im Sinne der Kampagne verfassten. In diesen wurde im Detail dargelegt, warum die über 2000 Jahre alten Ansichten Jia Yis über den Fall der Qin nicht der Realität entsprächen und dass es richtig gewesen sei, dass der erste Kaiser seine Herrschaftstechniken nach der Reichsgründung nicht grundlegend geändert habe, da die Gefahr des Revisionismus nicht gebannt gewesen sei.

Die Kampagnen stehen sinnbildlich für eine Form esoterischer Kommunikation, deren symbolische Vieldeutigkeit für jeweils konkrete machtpolitische Zwecke ausgedeutet werden konnte. In diesem Kontext spielte auch Jiang Qing eine herausgehobene Rolle. Mit Ausbruch der Kulturrevolution hatte sie sich über parteiinterne Restriktionen hinweggesetzt, die auf Betreiben anderer kommunistischer Führungskader seit den späten 1930er Jahren installiert worden waren und ihr eine politische Betätigung untersagt hatten. Ihre Liaison und spätere Ehe mit Mao Zedong waren von der damaligen Parteielite sehr kühl aufgenommen worden, nicht zuletzt, da dies Maos Scheidung von der als revolutionäre Aktivistin geschätzten He Zizhen bedeutete (Pantsov / Levine 2013, 450). Das Motiv der Rache an vormaligen Opponenten als eine Triebkraft ihres politischen Handelns in der Kulturrevolution lässt sich – allen historiographischen Stereotypen zum Trotz – nicht von der Hand weisen. Darin unterschied sie sich allerdings nicht von männlichen Zeitgenossen.

Auch Jiang Qing machte sich zu einer Fürsprecherin von Qin Shihuangs Politik. Als eine Ursache für den Zusammenbruch des Reiches gab sie an, dass Qin zu wenige Konfuzianer hingerichtet habe. Viele der von ihm lediglich in die Hauptstadt umgesiedelten Vertreter der alten Eliten hätten so das Reservoir für einen späteren Putsch gebildet und wären besser auch umgebracht worden (19.6.1974, Song 2013). Daneben finden sich in ihren Reden aber auch zahlreiche lobende Worte auf die Kaiserinnen Lü und Wu Zetian. So habe Lü als Frau die für die damalige Zeit kaum vorstellbare Leistung erbracht, das Reich nach dem Tod ihres Mannes beisammenzuhalten und dessen politische Linie fortzusetzen.

Wu Zetians Herrschaft wiederum sei maßgeblich durch Unterstützung aus dem Volk getragen worden. Wu selbst habe politisch herausragende Fähigkeiten bewiesen: «Wu Zetian, eine Frau, agierte in der feudalen Gesellschaft als Kaiser, ach, Genossen, dies war wahrlich nicht einfach, nicht einfach. Ihr Mann war auch sehr gerissen, allerdings krank. Sie half ihrem Mann bei der Verwaltung des Reiches und schulte so ihre Fähigkeiten. Sie wurde nicht einmal auf ihre alten Tage hin umgebracht» (2.3.1976, Song 2013).

Die Verweise auf das frauenfeindliche Umfeld der vormaligen Herrscherinnen und die Würdigung ihrer Leistungen fielen zeitgenössisch allerdings auf keinen fruchtbaren Boden. Während der landesweiten Demonstrationen im April 1976 flammte die Kritik an Jiang Qing als Despotin in vielen Gedichten und Karikaturen auf. Ein Grund hierfür war, neben der Fortdauer wirkmächtiger Geschlechterrollen, ihre allzu offensichtliche Instrumentalisierung der Geschichte für gegenwärtige Zwecke. Wann immer sie allegorisch als feudale Herrscherin kritisiert wurde, entgegnete sie mit einem Totschlagargument: «Wenn sie mich angreifen, greifen sie den Vorsitzenden Mao an» (17.9.1975, Song 2013). Jiang Qing setzte somit zunehmend auf ihren Status als Ehefrau des Parteivorsitzenden, um an Prestige zu gewinnen und hieraus Ansprüche für die Zeit nach dessen Ableben geltend zu machen.

Als Paar wurden die beiden jedoch weder in der Öffentlichkeit noch innerhalb der Partei betrachtet. Mao Zedong selbst streute immer wieder wohldosierte Zweifel an seiner Unterstützung für Jiang Qing und ermahnte sie, Koalitionen mit ihren parteiinternen Gegnern einzugehen. Diesen Rat befolgte sie jedoch nicht. Nach Maos Tod dauerte es nur einen Monat, bis sie als Teil der Viererbande von Maos Nachfolger Hua Guofeng verhaftet und schließlich zu lebenslanger Gefängnishaft verurteilt wurde, wo sie sich 1991 das Leben nahm. Die Anklageschrift gab sich größte Mühe, einen Keil zwischen Jiang Qing und Mao zu treiben und Letzteren von jeglicher strafrechtlichen Schuld für vormaliges Unrecht freizusprechen. Im Volksmund kursierte hingegen der Verweis, dass die Viererbande eigentlich als Fünferbande bezeichnet werden müsse, mit Mao Zedong an der Spitze.

Daniel Leese

Wann kann Gewaltherrschaft als legitim betrachtet werden? Wie ein roter Faden durchzieht diese Frage die angeführten Debatten vom chinesischen Altertum bis in die Gegenwart. Historische Figuren dienten dabei oft als Projektionsfläche aktueller Konflikte. Während in der konfuzianischen Überlieferung das Ideal des kraft seiner moralischen Autorität herrschenden Kaisers hochgehalten und die Bedeutung der meritokratischen Auswahl seiner Berater betont wurde, kreiste der politische Realismus nur um die Frage der Macht. Losgelöst von moralischen Erwägungen stand hier einzig die Staatsräson im Fokus. Wann aber kippte die Verteidigung des Staatsinteresses in eine Despotie, die wiederum den Fortbestand des Staats als solchen gefährdete? Denker wie Jia Yi und Sima Qian trafen eine Unterscheidung zwischen legitimen Herrschaftstechniken vor und nach Erlangung der Reichseinheit. Zur Überwindung eines Zustands der Anarchie galt ihnen despotische Herrschaftsausübung als gerechtfertigt. Mit Befriedung des Reiches aber erschienen eine Hinwendung zu moralisch fundierter Autorität und eine auf den Wohlstand der Bevölkerung ausgerichtete Politik zwingend notwendig.

Es ist zweifellos erstaunlich, welch starke Resonanz diese klassischen Debatten auch im 20. Jahrhundert noch hervorriefen. Sowohl Mao Zedong als auch Jiang Qing griffen die Frage nach der Legitimität von Gewaltherrschaft auf und verorteten sie in einem marxistisch-leninistischen Kontext, in welchem Gewalt zur Verhinderung revisionistischer Bestrebungen vermeintlicher Klassenfeinde auch nach der Staatsgründung legitimiert wurde. Viele der im Altertum gegen Qin Shihuang erhobenen Vorwürfe kehrten nach Maos Tod wieder. In einer bis heute gültigen Geschichtsresolution aus dem Jahr 1981 machte die Parteiführung um Deng Xiaoping deutlich, dass die Unterdrückung von Staatsfeinden bereits wenige Jahre nach der Staatsgründung eigentlich erfolgreich abgeschlossen gewesen sei. Die Millionen Opfer der spätmaoistischen Kampagnen seien daher eine Konsequenz ideologischer Fehleinschätzungen und dem Mangel an verbindlichen Regeln und Institutionen geschuldet. Als Despot wurde Mao offiziell dennoch nicht bewertet, sondern als tragisch irrender Held. Jiang Qing hingegen erschien als kriminelle Strippenzieherin, die Staat und Partei ins Unglück habe stürzen wollen.

Es war gewissermaßen konsequent, dass die Kommunistische Partei in der Folgezeit verstärkt auf eine Verrechtlichung ihrer Herrschaft und gleichzeitig auf die Betonung moralischer Herrschaftsbegründung abhob, um sich vom Vorwurf der Despotie abzusetzen. In Zeiten wachsender innen- und außenpolitischer Konflikte zeigt sich aktuell unter Xi Jinping jedoch, dass der ewige Konflikt zwischen Macht und Moral erneut in Richtung der Ersteren ausschlägt. In offiziell geförderten Produkten der Populärkultur wird die Qin-Dynastie verherrlicht, während Kritik an Maos Herrschaft harsch unterbunden wird. Im Falle Jiang Qings sind immerhin dreißig Jahre nach ihrem Freitod wieder Besuche an ihrem Grab auf dem Heldenfriedhof Babaoshan erlaubt. Darstellungen als Paar bleiben aber weiterhin die absolute Ausnahme. Das Stereotyp vom tragisch irrenden Herrscher und seiner ränkeschmiedenden Gattin erscheint politisch nach wie vor als zu zweckdienlich, als dass die Partei hierüber eine umfassende historische Debatte erlauben würde.

Daniel Leese

13
Augusto Pinochet – der Despot als Modell

Von Stephan Ruderer

Ein Sohn der Freiheit?

Zwölf Jahre nach seinem Tod sorgte Augusto Pinochet in Chile aufs
Neue für einen Skandal. Der ehemalige Diktator kam in der Ausstellung
«Söhne und Töchter der Freiheit» (*hijos de la libertad*) des Historischen
Nationalmuseums vor, neben demokratisch gewählten Präsidenten, Feministinnen und weiteren großen Persönlichkeiten der chilenischen Geschichte. Nachdem im Mai 2018 eine Twitter-Userin das Bild von Pinochet in der Ausstellung empört geteilt hatte, kam es zu einer kontroversen
Mediendebatte. Die Ausstellung wurde kurzfristig geschlossen, und der
Museumsdirektor musste zurücktreten. Dabei ging es dem Museum –
wie ein Blick in den Ausstellungskatalog gezeigt hätte – gar nicht um
eine unkritische Übernahme des Diktators in das Pantheon der chilenischen Freiheitshelden, sondern vielmehr um eine reflexive Debatte um
den Freiheitsbegriff und die Bedeutung, die dieser Begriff auch für die
Legitimation der Diktatur hatte.

Die öffentliche Debatte über die abgebrochene Ausstellung verweist
auf die widersprüchlichen Elemente der Figur Augusto Pinochet. Zum
einen dient der chilenische Diktator als Projektionsfläche für die Idee
des Bösen schlechthin, als Figur, die alle Übel der Militärdiktatur in sich
vereint. Diese Strategie weist Ähnlichkeiten mit dem Diskurs in der Bundesrepublik Deutschland nach dem Zweiten Weltkrieg auf, als Hitler
zum Alleinschuldigen der NS-Gräuel gemacht wurde, mit ähnlichen
Konsequenzen: Auf diese Weise konnte die massive Unterstützung aus
der Bevölkerung und – im Falle Chiles – das Fortbestehen von politischen, wirtschaftlichen und sozialen Leitlinien der Diktatur in der
Demokratie ausgeblendet werden. Die eigene individuelle und kollektive

Verantwortung wurde auf den dämonisierten Anführer abgeladen, die Geburt der chilenischen Demokratie aus dem Geist der Diktatur ignoriert.

Zum anderen zeigt die vielstimmige Debatte um die Ausstellung aber auch die Vielschichtigkeit der Figur des chilenischen Despoten. Pinochet als Held der Freiheit darzustellen beruht auf dessen eigenem Legitimationsdiskurs, wonach die Diktatur Chile vom Joch des Kommunismus befreit hat – eine Sicht, die auch heute noch in Kreisen der politischen und wirtschaftlichen Elite des Landes geteilt wird. In Chile selbst, in den letzten Jahren aber auch verstärkt international, etwa in Brasilien und den USA, gibt es weiterhin Gruppen, die sich positiv auf Pinochet beziehen und in ihm eine Art Rollenmodell des autoritären Herrschers sehen, der eine historisch notwendige Aufgabe erfüllte. Doch sowohl national als auch international überwiegt heute das Bild des despotischen Tyrannen. Im Spanischen wird dabei im Zusammenhang mit Pinochet häufiger der Ausdruck «tirano» verwendet, was gegenüber dem «déspota» stärker den unrechtmäßigen Herrschaftszugang betont. Wichtige Bedeutungselemente klingen bei dem mexikanischen Schriftsteller Carlos Fuentes an, der Pinochet im Januar 1999 als «tirano interno» titulierte und einige der Gründe für diese Bezeichnung – die im Folgenden näher ausgeführt werden – mitlieferte: die Menschenrechtsverletzungen, der Verrat an der chilenischen Demokratie und der Vergleich mit den Nationalsozialisten (Fuentes 1999). Im Text Fuentes' wird klar, dass Pinochet, obwohl er in Lateinamerika nur einer unter vielen seiner Art ist, als Prototyp des brutalen und korrupten lateinamerikanischen Diktators schlechthin erscheint. Wie ist es dazu gekommen? Und inwieweit entspricht das der Wahrnehmung im eigenen Land?

Die chilenische Diktatur (1973–1990)

Am 11. September 1973 putschte das chilenische Militär gegen die demokratisch gewählte Regierung von Salvador Allende. Die Bilder des Putsches gingen schon damals um die Welt. Das hatte zum einen damit zu tun, dass mit Allende zum ersten Mal in der Weltgeschichte ein sozialistischer Präsident auf demokratischem Weg an die Macht gekommen war und eine demokratisch legitimierte gesellschaftliche Umwandlung zum

Stephan Ruderer

Sozialismus vorantrieb. Zum anderen bot der Putsch selbst Bilder von hoher Symbolkraft: Das Militär bombardierte den Präsidentenpalast, in dem sich Allende mit einigen Getreuen verschanzt hatte, mit Flugzeugen; der Präsident nahm sich im Laufe desselben Tages das Leben. Ein brennendes Gebäude als Symbol der chilenischen Demokratie und ein Präsident als Märtyrer, der sich für seine demokratischen Überzeugungen opferte – das waren starke Bilder, die den chilenischen Putsch in das Gedächtnis der Welt einbrannten.

Hinzu kam, dass das chilenische Militär unter der Führung von Augusto Pinochet, dem Oberbefehlshaber des Heeres, die Macht nicht wie erwartet nach einigen Monaten wieder an demokratisch gewählte Politiker zurückgab, sondern selbst ein revolutionäres Projekt zur Umgestaltung der «chilenischen Mentalität» entwickelte und das Land insgesamt siebzehn Jahre lang diktatorisch regierte. Die chilenische Militärdiktatur beruhte auf drei Säulen: den brutalen und systematischen Menschenrechtsverletzungen, der neoliberalen Wirtschaftspolitik und der Verfassung von 1980, die in ihren Grundzügen bis ins Jahr 2022 gilt und mit der sich das Regime einen konstitutionellen Anstrich gab. Während die beiden letztgenannten Faktoren dazu beitrugen, dass Pinochet im In- und Ausland auch als positives Rollenmodell aufgefasst werden konnte, sind die Menschenrechtsverbrechen der erste und wichtigste Grund für seine Wahrnehmung als Despot.

Die systematischen Menschenrechtsverletzungen dienten den Militärs nicht nur dazu, sämtliche als links geltende und dem Kommunismus nahestehende Gegner zu eliminieren, sondern auch, ein Klima der Angst zu schaffen, das die Durchsetzung der wirtschaftlichen Maßnahmen und die lange Regierungszeit erst ermöglichte. Die Hauptphase der Repression erstreckte sich bis ins Jahr 1978; in dieser Zeit ging das Regime mit bis dahin in Lateinamerika beispielloser Brutalität gegen die eigene Bevölkerung vor. Kennzeichnend waren die Politik des «Verschwindenlassens» und die systematische Anwendung von Folter. Zuständig hierfür war die von Pinochet eingerichtete Geheimpolizei DINA (*Dirección de Inteligencia Nacional*), die fast uneingeschränkten Handlungsspielraum hatte. Neben der brutalen Unterdrückung der Bevölkerung war die DINA auch für Anschläge auf chilenische Oppositionspolitiker im Ausland zuständig, darunter auch die Ermordung des chilenischen Sozialisten

Orlando Letelier und seiner US-amerikanischen Mitarbeiterin Ronni Moffit 1976 in Washington D. C. Dieser Anschlag stellte das erste und bis zum 11. September 2001 einzige terroristische Attentat einer ausländischen Macht auf US-amerikanischem Boden dar. Es führte zu einer deutlichen Verschlechterung der Beziehungen zwischen Chile und den USA, die der Diktatur gegenüber bis dahin sehr freundlich eingestellt gewesen waren, und rief die Brutalität Pinochets weltweit aufs Neue ins Bewusstsein.

Aufgrund des Drucks aus den USA und der Kritik der chilenischen katholischen Kirche, die sich zur moralischen Opposition gegen die Diktatur entwickelt hatte, sah sich Pinochet seit 1978 gezwungen, die DINA aufzulösen und durch die CNI (*Central Nacional de Informaciones*) zu ersetzen, eine Organisation mit ähnlichem Personal und ähnlichen Aufgaben. Von da an ließen die Menschenrechtsverletzungen etwas nach, auch wenn die Folterungen und die gewaltsame Unterdrückung von Protesten bis zum Ende der Diktatur grundsätzlich andauerten. Offizielle Angaben sprechen von 3216 Toten und «Verschwundenen» sowie 38 254 anerkannten Folteropfern – wobei die Dunkelziffer in beiden Fällen erheblich höher liegen dürfte. Daneben kam es zu unzähligen Exilierungen, Hausdurchsuchungen und willkürlichen Festnahmen. Eine wesentliche Folge dieser erschreckenden Menschenrechtsbilanz war das Klima der Angst, das diese Terrorherrschaft in der Bevölkerung verbreitete. Die psychologischen Effekte der repressiven Politik übten erheblichen Einfluss auf die Ermöglichung, Durchsetzung und dauerhafte Festlegung der neoliberalen Wirtschaftspolitik aus.

Die Anhänger Pinochets pflegen der «negativen» Menschenrechtsbilanz seine angeblich «positiven» Wirtschaftsleistungen gegenüberzustellen. Doch diese beiden Bereiche lassen sich nicht getrennt voneinander betrachten, denn erst die Unterdrückung und Kontrolle der Bevölkerung ermöglichte die ökonomische Schockbehandlung des Landes nach den Rezepten der sogenannten «Chicago Boys». Von ihrem Mentor Milton Friedmann inspiriert, bestimmte eine Gruppe junger Chilenen, die an der University of Chicago studiert hatten, unter dem Schutz Pinochets seit 1975 das wirtschaftspolitische Programm der Diktatur. Durch den Abbau der öffentlichen Ausgaben, die Deregulierung des Bankensystems, die Privatisierung von Staatsunternehmen und die Öffnung der

Stephan Ruderer

Märkte für ausländische Investoren gelang diesen Reformern zwar die Stabilisierung der Wirtschaft, so dass Chile bald als Wirtschaftswunderland galt. Doch die sozialen Folgen waren verheerend. Mit dem «Wirtschaftswunder» gingen die Senkung des Lohnniveaus, die Entrechtung der Arbeiter, das Ende des Solidaritätsprinzips in der Sozialversicherung und eine hohe Arbeitslosigkeit einher, was in wachsender Armut eines Großteils der Bevölkerung resultierte. Die Wirtschaftspolitik der Diktatur ging auf Kosten der Mehrheit der Bevölkerung, während nur ein kleiner Teil der Gesellschaft davon profitierte.

Im Jahr 1980 erließ Pinochet eine neue Verfassung, die seinem Regime unter der Leitformel der «geschützten Demokratie» eine konstitutionelle Fassade verleihen sollte. Die Verfassung sah einen Übergang zur Demokratie erst für 1988 vor, wo in einem Plebiszit darüber abgestimmt werden sollte, ob Pinochet für weitere acht Jahre Präsident bleiben oder ob es demokratische Neuwahlen geben sollte. Nachdem der Diktator dieses Plebiszit tatsächlich verloren hatte, endete seine Herrschaft im März 1990, als er die Regierungsgeschäfte an den demokratisch gewählten Politiker Patricio Aylwin übergab. Die weiterhin gültige Verfassung schränkte allerdings die neue Demokratie erheblich ein, da sie nicht nur dem Militär eine hohe wirtschaftliche Autonomie – es schuldete der Regierung über einen Großteil seines Budgets keine Rechenschaft – und großen politischen Einfluss garantierte, sondern auch die demokratischen Mehrheitsverhältnisse mittels designierter Senatoren und eines ausgeklügelten Wahlsystems zugunsten der Pinochet-nahen rechten Parteien veränderte. Pinochet selbst blieb noch für weitere acht Jahre Oberbefehlshaber des Heeres, um dann – so wie es die Verfassung vorgesehen hatte – im April 1998 Senator auf Lebenszeit zu werden.

Pinochet ist durch seine brutalen Menschenrechtsverletzungen, seine neoliberale Wirtschaftspolitik und eine Verfassung, die seinen Einfluss auch über das Ende der Diktatur hinaus sicherte, in die Geschichte eingegangen. Um aber zu verstehen, warum er zu *dem* Prototypen des lateinamerikanischen Diktator-Despoten geworden ist und warum sein Name bei einer Aufzählung der großen Bösewichter der Weltgeschichte «kurz nach Hitler» (Fermandois 2020, 452) genannt wird, bedarf es eines Blickes auf die Vor- und Nachgeschichte seiner Diktatur und auf einige historische Zufälle.

Als im September 1970 Salvador Allende in Chile zum Präsidenten gewählt wurde, richteten sich die Augen der ganzen Welt auf dieses Land. Die Präsidentschaft Allendes versprach nämlich in der starren Welt des Kalten Krieges einen neuen Weg: Zum ersten Mal in der Geschichte wurde ein sozialistischer Politiker, der sich zum Marxismus bekannte, auf demokratischem Weg an die Regierung gewählt. Ebenso sollte der angestrebte Wandel zum Sozialismus in demokratischen Bahnen verlaufen – Allende war überzeugter Demokrat. Einen demokratischen Sozialismus ohne gewaltsame Revolution zu erreichen, das war für linke Parteien in Westeuropa zu Anfang der 1970er Jahre ein vielversprechendes Vorbild, so dass die chilenische Entwicklung sehr genau beobachtet wurde.

Zudem passte diese Idee auch in die chilenische Tradition. Chile galt innerhalb Lateinamerikas seit langem als demokratisches Musterland; die politischen Institutionen waren stabil, und die Demokratie wurde in den 150 Jahren seit der Unabhängigkeit nur ganz selten – und dann auch nur kurz – durch Militärcoups unterbrochen. In der (eigenen und internationalen) Wahrnehmung galt Chile auf einem Kontinent, der sich durch instabile politische Verhältnisse und zahlreiche Militärputsche auszeichnete, als Ausnahme. Der Putsch vom 11. September 1973 war also nicht einfach einer unter vielen in Lateinamerika. Das chilenische Militär zerstörte mit seinem Eingreifen nicht nur die traditionellen politischen Strukturen des Landes, sondern brach auch mit dem Mythos der demokratischen Stabilität. In dieser Hinsicht stellte Pinochet eine Ausnahme dar. Er wurde nicht als «normaler» lateinamerikanischer Diktator wahrgenommen, sondern als Verräter an der Demokratie und der konstitutionellen Rolle des Militärs. Das lag auch daran, dass Pinochet im August 1973 noch von Allende selbst zum Oberbefehlshaber des Heeres ernannt worden war, weil der Präsident ihn für einen unpolitischen General gehalten hatte, der die konstitutionelle Tradition der chilenischen Armee fortsetzen würde. Tatsächlich war Pinochet ein «Putschist der zweiten Stunde» (Heller 2012, 36), der sich erst im letzten Moment den Putschplänen seiner Kollegen anschloss, dann aber die Gelegenheit beim Schopf ergriff, sich selbst an die Spitze des Staates zu setzen.

Stephan Ruderer

Internationale Aufmerksamkeit erregte der Putsch aber auch wegen der besonderen Bilder, die er produzierte. Im Gegensatz zu dem militärischen Eingreifen in den Nachbarländern Argentinien (1976), Uruguay (1973) und Brasilien (1964) vermittelten die Aufnahmen des brennenden Präsidentenpalastes in Chile den Eindruck eines besonders gewalttätigen Militärputsches. Das bereitete den Boden für die weltweite Empörung, die die darauffolgenden brutalen Menschenrechtsverletzungen auslösten.

Doch mehr noch als die Bilder vom Putsch selbst prägte ein Foto des holländischen Fotografen Chas Gerretsen, das eine Woche nach dem Putsch aufgenommen wurde, das Image Pinochets. Er erscheint darauf mit verschränkten Armen, verkniffenem Mund und dunkler Sonnenbrille. Das Foto ging um den Erdball und wurde innerhalb kürzester Zeit zum ikonischen Bild des Diktators. Die dunkle Sonnenbrille wurde von Karikaturisten auf der ganzen Welt aufgegriffen und entwickelte sich zur Insignie des brutalen Despoten, ganz unabhängig von Pinochet selbst. Hinzu kamen die Militäruniformen, die denen der deutschen Wehrmacht der NS-Zeit ähnelten. Das chilenische Heer war zu Anfang des 20. Jahrhunderts von preußischen Generälen reformiert worden, so dass seitdem die preußische Militäruniform getragen wurde. Die Fotos von Pinochet in dieser Uniform evozierten daher die Bilder von NS-Generälen und legten die Assoziation mit dem Bösen schlechthin nahe. Zufällige Umstände – Sonnenbrille, NS-Uniform – trugen also nicht unwesentlich zu dem dämonischen Bild Pinochets in der internationalen Öffentlichkeit bei.

Doch natürlich beruhte die Wirkung dieser Bilder in erster Linie auf der konkreten historischen Realität der Menschenrechtsverbrechen. Sie führten zu zahlreichen Zwangsexilierungen von chilenischen Politikern, deren Leidensgeschichten wiederum im Ausland zu dem Image Pinochets als besonders grausamer Despot beitrugen. Dass die chilenischen Exilanten einen größeren Einfluss auf die Weltöffentlichkeit ausübten als ihre Leidensgenossen aus anderen lateinamerikanischen Ländern, lag zum einen an der schon angesprochenen erhöhten Aufmerksamkeit für Chile – viele internationale Solidaritätsgruppen existierten schon vor dem Putsch oder bildeten sich kurz danach und nahmen die chilenischen Zwangsemigranten auf. Zum anderen entsprach die chilenische

Parteienlandschaft fast völlig der europäischen. Die chilenischen Sozialisten, Kommunisten und Christdemokraten wurden von ihren europäischen Schwesterparteien aufgenommen und betreut und konnten sich dadurch in die Aufnahmegesellschaften viel leichter integrieren als etwa die Opfer der argentinischen Diktatur, die meist Peronisten waren und deshalb keine klare politische Zugehörigkeit nach europäischen Standards aufwiesen. Die chilenischen Exilanten machten die bundesdeutsche Solidaritätsbewegung der 68er-Generation zu einer der größten Wellen der Anteilnahme in der bundesrepublikanischen Geschichte. Zudem führte das Engagement für die chilenischen Opfer dazu, dass der politische Diskurs der Linken sich von Revolution und politischer Utopie auf die Durchsetzung universeller Menschenrechte verlagerte. Auch hier diente der chilenische Fall als Katalysator für eine weltweite Tendenz, die Pinochet zur wirkmächtigen Symbolfigur werden ließ.

Dass Pinochet mehr als andere Militärdiktatoren zum Inbegriff des lateinamerikanischen Despoten wurde, lag aber auch an den besonderen Umständen seiner Herrschaft. Die chilenische Diktatur stellte zwar in der Geschichte des Landes eine Ausnahme dar, im kontinentalen Vergleich reiht sie sich aber ein in eine Reihe von Militärdiktaturen, die in den 1960er und 1970er Jahren im Rahmen des Kalten Krieges errichtet wurden. Auf den ersten Blick erscheint die Opferzahl der chilenischen Diktatur eher gering im Vergleich zu den geschätzten 30 000 Toten und Verschwundenen der argentinischen Diktatur, die zudem sehr viel weniger lange dauerte (1976–1983). Dass trotzdem Pinochet und nicht etwa ein argentinischer oder brasilianischer General zum Inbegriff des lateinamerikanischen Despoten wurde, hat auch mit der besonders starken Stellung seiner Person innerhalb der chilenischen Militärdiktatur zu tun. Während in den Nachbarländern oft verschiedene Militärjuntas nacheinander regierten, setzte sich Pinochet schnell gegen seine Juntakollegen durch und regierte das Land insgesamt siebzehn Jahre – länger als selbst die Gouverneure der Kolonialzeit. Die lange Dauer und die Personalisierung der Herrschaft in Chile stachen unter den südamerikanischen Nachbarländern heraus und ließen Pinochet zum exemplarischen Fall eines Militärdiktators werden.

Der vermutlich wichtigste Grund für das wirkmächtige Bild Pinochets lässt sich aber in der Nachgeschichte der Diktatur finden. Der

Stephan Ruderer

Abb. 22   Pinochet und seine Adjutanten, 18. September 1973.
Fotografie von Chas Gerretsen.

Übergang zur Demokratie lief in Chile fast ganz nach dem von der Diktatur vorgegebenen Fahrplan ab. Zwar hatte Pinochet das Plebiszit von 1988 verloren, so dass demokratische Wahlen stattfanden und im März 1990 eine demokratische Regierung die Macht übernahm, doch war diese Demokratie durch die Verfassung von 1980 und zahlreiche «Fesselgesetze» erheblich eingeschränkt. Die Mehrheitsverhältnisse wurden, wie erwähnt, zugunsten der rechten Parteien verändert, das Militär besaß eine große Autonomie gegenüber der Politik, die Verfassung war aufgrund eines sehr hohen Quorums fast nicht zu verändern, und die neoliberale Wirtschaftspolitik hatte weiterhin Bestand. Das lag zum einen daran, dass zahlreiche wirtschaftliche Maßnahmen durch Gesetze mit Verfassungsrang abgesichert waren und daher auch von der neuen demokratischen Regierung nicht abgeschafft werden konnten. Hinzu kam, dass nach dem Fall der Mauer fast zeitgleich mit der Demokratisierung in Chile der Neoliberalismus zu einem weltweiten Trend wurde, so dass Pinochet geradezu als Vorreiter gelten konnte.

Der neuen demokratischen Regierung gelang es zwar, durch soziale Maßnahmen die von der Diktatur geerbte Armut erheblich zu reduzieren und die Demokratie zu stabilisieren, die soziale Ungleichheit in Chile wurde davon aber kaum berührt (während die Reichen immer reicher wurden, gelang den meisten Chilenen der soziale Aufstieg nur über Kredite und Schulden, führte sie also in eine prekäre Lage). Dementsprechend begleiteten – als Erbe der Diktatur – strukturelle Probleme die letzten dreißig Jahre Demokratie in Chile. Diese Probleme äußerten sich im Oktober 2019 in den gewalttätigen Protesten der Bevölkerung, die auch international viel beachtet wurden und noch einmal darauf aufmerksam gemacht haben, wie sehr Pinochets Diktatur im heutigen Chile nachwirkt. Die Verfassungsreform, die 2022 in eine neue Verfassung münden soll, hat auch das erklärte Ziel, eine der letzten Hinterlassenschaften der Diktatur zu beseitigen.

Pinochet besitzt noch ein weiteres Alleinstellungsmerkmal: Er ist der einzige moderne Diktator, der über das Ende der Diktatur hinaus noch eine bedeutende politische Rolle spielte. Als Oberbefehlshaber des Heeres übte er weiterhin zentralen politischen Einfluss aus und nutzte ihn, um sowohl seine privaten Geschäfte als auch seine Institution vor juristischer Aufarbeitung zu schützen. In dieser Rolle wurde er zum Verwal-

Stephan Ruderer

ter des eigenen Erbes und galt, zumindest in Chile, als ein «Garant der Transition» zur Demokratie. Noch zu Anfang des Jahres 1998, als er zum Senator auf Lebenszeit ernannt wurde, lobten auch ehemalige Gegner ihn als wichtiges Element der chilenischen Konsensdemokratie. Auch international war der General ein gern gesehener Gast. Besonders in osteuropäischen Ländern, die sich im Umbruch vom Kommunismus zum Kapitalismus befanden, galten seine neoliberalen Wirtschaftsmaßnahmen als Modell und er selbst eher als guter Ratgeber denn als Despot. Es schien so, als würde der ehemalige Diktator als *elder statesman* in die Geschichte eingehen.

Dieser Eindruck änderte sich erst nach einem weiteren historischen Zufall, der zu seiner Verhaftung in London am 16. September 1998 führte. Da in Chile in den 1990er Jahren eine Anklage gegen Pinochet wegen der Menschenrechtsverbrechen seines Regimes kaum möglich schien, hatten Menschenrechtsgruppen ihre internationale Vernetzung genutzt, um in Spanien ein Verfahren gegen ihn voranzubringen. Der spanische Jurist Balthazar Garzón nutzte einen Aufenthalt Pinochets in London, um einen internationalen Haftbefehl auszustellen, den die englische Polizei im Oktober 1998 tatsächlich umsetzte. Diese Verhaftung und die anschließende, 503 Tage dauernde juristische Schlacht um seine Auslieferung veränderten das Ansehen Pinochets sowohl national als auch international entscheidend. In Chile führte die Verhaftung zu einer dramatischen Änderung seiner Stellung. Die Regierung konnte seine Rückkehr nach Chile nur durchsetzen, indem sie der internationalen Öffentlichkeit versprach, den Diktator in Chile wegen seiner Verbrechen anzuklagen. Die Prozesse, die nach seiner Rückkehr im März 2000 gegen ihn geführt wurden, endeten zwar nicht mit einer Verurteilung (der er sich zuerst durch eine angebliche «moderate Demenz» und am Ende im Dezember 2006 durch seinen Tod entzog), sie stellten aber die Menschenrechtsverletzungen in den Mittelpunkt der chilenischen Erinnerungskultur, so dass das Image Pinochets stärker als je zuvor das eines grausamen und brutalen Diktators wurde. Selbst das Militär und seine Anhänger distanzierten sich von ihm, als klar wurde, dass man mit der Nähe zu ihm im Chile der 2000er Jahre keine Wahlen mehr gewinnen würde.

International brachte die Verhaftung Pinochet erneut in die Schlagzeilen. Der Prozess in England, der zu seiner Auslieferung führte, diente als

---

Modell für das internationale Strafrecht und veränderte den juristischen Umgang mit Menschenrechtsverbrechern auf der ganzen Welt. In Europa, wo sich zur gleichen Zeit die Frage stellte, wie man mit Slobodan Milošević umgehen sollte, wurde der Prozess besonders aufmerksam verfolgt. Auch in seiner Bedeutung für die Entwicklung des internationalen Strafrechts lässt sich Pinochet in eine Reihe mit der NS-Herrschaft stellen, denn sein Fall war ähnlich wie die Nürnberger Prozesse ein wichtiger Schritt auf dem Weg zur universalen Strafverfolgung von Verbrechen gegen die Menschlichkeit. Seither müssen sich Diktatoren genau überlegen, wohin sie reisen. Die Verhaftung in London zementierte also – wie exemplarisch die zu Beginn zitierten Äußerungen von Carlos Fuentes zeigten – die Rolle Pinochets als Prototyp des lateinamerikanischen Diktators und sicherte ihm in der Rangfolge historischer Despoten weltweit einen vorderen Platz.

Ein weiterer historischer Zufall besiegelte schließlich dieses Image. Die Anschläge auf das World Trade Center am 11. September 2001 fanden nicht nur am Jahrestag des Putsches in Chile statt – und brachten Pinochet damit indirekt wieder in die Schlagzeilen –, sondern führten auch zu Untersuchungen der US-amerikanischen Justiz über die illegale Finanzierung des globalen Terrorismus. Im Zuge dieser Untersuchungen wurde eher zufällig entdeckt, dass Pinochet bei der US-Bank Riggs unter falschem Namen auf mehreren Konten mehrere Millionen Dollar liegen hatte. Jetzt wandten sich auch seine treuesten Anhänger von ihm ab, die den angeblich ehrlichen Staatsmann bis dahin immer verteidigt hatten. Die Aufdeckung der persönlichen Bereicherung vollendete das Bild des Despoten.

Der Despot als Modell?

Ironischerweise starb Pinochet am 10. Dezember 2006, dem Internationalen Tag der Menschenrechte. Seine Trauerfeier stellte die letzte große öffentliche Kundgebung seiner Anhänger dar. Über 50 000 Menschen standen stundenlang Schlange, um ihrem Idol die letzte Ehre zu erweisen. Dabei war seiner Familie zu diesem Zeitpunkt schon klar, dass man den Kampf um sein Gedenken vorerst verloren hatte. Seine Leiche wurde eingeäschert und die Urne auf einem privaten Familienanwesen bei-

Stephan Ruderer

Abb. 23 Pinochet in der Hölle der Tyrannen. Karikatur von Zapiro, *The Independent* (England), 13.12.2006.

gesetzt. Man wollte keinen Erinnerungsort für kritische Äußerungen schaffen. Im Jahr 2006 hatte Pinochet als öffentliche Erinnerungsfigur gegenüber Allende klar das Nachsehen. Von dem sozialistischen Präsidenten gibt es eine Statue neben dem Regierungssitz, und sein Grab ist an jedem 11. September das Ziel einer großen Kundgebung. Pinochet dagegen galt, insbesondere für seine Gegner, als «blutrünstiger Diktator, ein Tyrann», so der Präsident der Kommunistischen Partei Chiles nach seinem Tod. Öffentliche Demonstrationen für Pinochet finden seither kaum mehr statt. International war die Meinung direkt nach seinem Tod noch einhelliger. Exemplarisch für die weltweite Verurteilung kann die Reaktion der britischen Zeitung *The Independent* stehen, die Pinochet in die «Despotensektion» der Hölle schickte.

Dennoch besitzt das Wort «Modell» im Titel dieses Aufsatzes eine doppelte Bedeutung. Für viele ist Pinochet tatsächlich zum Modell des Despoten schlechthin geworden. Von anderen wird das Wort in Bezug auf ihn aber nach wie vor im positiven Sinne verwendet. In Chile hat er immer noch Anhänger, die ihn als Retter vor dem Kommunismus feiern und seine neoliberalen Wirtschaftsmaßnahmen verteidigen. In Kreisen der politischen Elite überwiegt eine «hybride Erinnerung» an Pinochet: Man verurteilt zwar die Menschenrechtsverbrechen, hält aber die wirtschaftlichen Reformen dagegen, ohne den Zusammenhang zu bedenken. Gerade unter der rechten Regierung von Sebastián Piñera (2010–2014 und 2018–2022) wurde versucht, die Menschenrechtsverletzungen auszublenden, so dass es immer wieder zu erinnerungspolitischen Skandalen kommt – die eingangs angesprochene Debatte über die Ausstellung im Historischen Museum ist nur ein Beispiel dafür. In Chile gehen die Kämpfe um die Erinnerung an Pinochet weiter, und in der aktuellen Situation haben positive Stimmen gegenüber dem Jahr 2006 an Auftrieb gewonnen. Die ungenügende Erinnerungsarbeit war auch einer der Gründe für den gewaltsamen Ausbruch der sozialen Proteste im Oktober 2019, bei denen sich die Muster aus Diktaturzeiten wiederholten: Die Regierung versuchte, die Proteste gegen die neoliberale Wirtschaftspolitik mit brutaler Repression zu unterdrücken und beging dabei erneut zahlreiche Menschenrechtsverletzungen. Die Erinnerung an die Diktatur lebte wieder auf. Dass es nicht in gleicher Weise wie unter Pinochet gelang, die Proteste zu beenden, zeigt allerdings auch die Fortschritte von dreißig Jahren Demokratie in Chile.

Dabei bleibt die Demokratie gerade in der aktuellen Weltlage gefährdet. Symptomatisch dafür ist der Modellcharakter, der Pinochet auch im Ausland heute teilweise wieder zugeschrieben wird. So berufen sich sowohl in Bolsonaros Brasilien als auch in Trumps USA etliche Gruppen auf das Vorbild Pinochets, wobei der Glaube an neoliberale Wirtschaftsrezepte mit der Ablehnung der Demokratie und dem positiven Bezug auf Autoritarismus und Diskriminierung vermischt wird. Im Hinblick auf beides, die positiven und die negativen Assoziationen des «Modells» Pinochet, erscheint seine tatsächliche Bedeutung – aus den hier angeführten Gründen – überhöht. Dennoch ist es gerade für Chile wichtig, die Erinnerung an seine despotischen Facetten und die Unterstützung, die er genoss, aufrechtzuerhalten und zu einem gesellschaftlichen Grundkonsens zu machen, der als Fundament für eine stabile Demokratie dienen kann. In der negativen Erinnerung als «Despot» sollte Pinochet also für die Zukunft Chiles auch nach dem Ende seiner Verfassung wichtig bleiben, nicht dagegen als positives «Modell».

Stephan Ruderer

14

Idi Amin – Kolonialsoldat und Gewaltherrscher

Von Andreas Eckert

Ein unzivilisierter Tyrann?

«Oh, Idi Amin Dada, du großer Afrikaner unserer Zeit, dein sind Worte und Taten in der heiligen Erde […]. Was auch die Propheten des Untergangs sagen, du hast uns den klaren und sicheren Weg gewiesen, damit wir uns frei fühlen können […]. Oh, Amin, du Vulkan, der die Wahrheit ausgespuckt hat, die Hoffnung der Jugend von morgen.» Diese flammende Ode auf seinen Staatschef veröffentlichte der Dichter und Leitartikler Ommar Nassar 1976 in der amtlichen *Voice of Uganda* (Wiedemann 1976, 271). Das Urteil anderer Zeitgenossen über den zwischen 1971 und 1979 im ostafrikanischen Uganda herrschenden Diktator Idi Amin fiel entschieden weniger enthusiastisch aus. Tansanias Präsident Julius Nyerere nannte seinen Amtskollegen einen «Mörder, Lügner und einen Wilden». Henry Kissinger hielt ihn für ein «prähistorisches Monster», Journalisten bezeichneten ihn gerne als «Hitler Afrikas». Teile der westlichen Presse der 1970er Jahre stellten Amin mit unverhohlenem Rassismus gerne als grotesk-tumben Tyrannen dar, der als afrikanischer Despot *par excellence* und «Schlächter von Afrika» gleichsam das vermeintlich immer noch präsente atavistische Afrika verkörperte. Die Beschreibung Amins in einem Artikel im *Spiegel* (9/1977) illustriert eindringlich diese Perspektive: «Der Kopf ist groß und kugelrund, die kurze breite Nase hebt sich kaum daraus hervor. Kleine, etwas gequollen wirkende Augen drehen sich unablässig in alle Richtungen, erhaschen wie automatisch alle Bewegungen ringsum. Wenn ein Kameraobjektiv aufs Gesicht zielt, erstarrt es zu einer ‹Gleich kommt das Vögelchen›-Maske. Jählings gleitet der Blick dann in einen kalt-tückischen Ausdruck ab, der die Anwesenden sichtbar nervt. Über viel zu kleine Ohren kräuselt sich das schon etwas gelichtete Haar, militärisch kurz zurechtgestutzt. Fast ohne Hals sitzt das Haupt auf einem massigen 120-Kilo-Körper, der, obwohl der Gürtel unter dem Bauch durchhängt, noch genug von der Kraft des einstigen Schwergewichtboxers ahnen lässt [...]. Er ist der Boß, daran kommt kein Zweifel auf, und das nicht nur wegen seines Rufes: Idi Amin Dada hat Ausstrahlung und Autorität. Als Showman ist er Sonderklasse. Wenn der Mann die Chance auch nur einer Volksschulbildung gehabt hätte, wäre er heute mit Sicherheit der Führer Afrikas. Als halber Analphabet reicht es nur bis zum Alptraum Afrikas.»

Wissenschaftliche Veröffentlichungen und die Publizistik zu Uganda in den 1970er und frühen 1980er Jahren konzentrierten sich nahezu ausschließlich auf die Sphäre der hohen Politik und in besonderem Maße auf die Person Amins. Der ugandische Staat schien in diesem Zusammenhang sowohl Produkt als auch Verkörperung von Amins Persönlichkeit zu sein. Nach dem Militärcoup von 1971, der den seit 1966 herrschenden Präsidenten Milton Obote aus dem Amt gejagt und Amin an die Macht gebracht hatte, waren seriöse Forschung und kritischer Journalismus im Land selbst bald nicht mehr möglich. Vor diesem Hintergrund waren jene, die die Macht des Militärregimes zu beschreiben und zu erklären suchten, weitgehend darauf angewiesen, mit Secondhand-Informationen zu arbeiten, die sie vor allem von exilierten Ugandern erhielten. Der Fokus auf Amins Psyche und seinen politischen Werdegang erklärt sich ein Stück weit aus diesem Umstand. Die in diesem Zusammenhang oft karikierenden Bilder von Amin waren international durchaus umstritten, und nicht zuletzt Amin selbst ging wiederholt gegen sie an. Seine Regierung erweiterte Rundfunk und Fernsehen, «um die Massen zu erziehen», und investierte massiv in einen Radiosender, der in Englisch, Französisch, Arabisch und Swahili weltweit ausstrahlte. Amin überwachte Darstellungen über ihn in internationalen Medien sehr genau und schreckte vor Strafmaßnahmen nicht zurück, wenn er mit den Porträts von sich nicht einverstanden war. Er ließ etwa den britischen Autor Denis Hills ins Gefängnis stecken, um dessen Verleger dazu zu bringen, die Charakterisierung Amins als «Dorftyrann» aus der nächsten Auflage von Hills' Buch zu entfernen. Und er drohte mit der Massenverhaftung von rund 250 französischen Staatsbürgern in Uganda, um spezielle Bearbeitungen in Barbet Schroeders Dokumentation *Idi Ami*

Andreas Eckert

Abb. 24 Europäische Aspiranten für die ugandische Staatsbürgerschaft knien vor Amin, 1975.

Dada (1974) durchzusetzen. Die Regisseurin gab zunächst nach, um ihr Werk nach Amins Sturz dann wieder in vollständig restaurierter Fassung zu zeigen.

Amins berühmt-berüchtigte hanebüchene Statements – er kündigte an, dem kriselnden England als Hilfsleistung Bananen zu schicken, wünschte Richard Nixon gute Erholung von Watergate und bezeichnete sich selbst als «Herr aller Tiere der Erde und aller Fische der Meere und Bezwinger des britischen Weltreichs in Afrika allgemein und besonders in Uganda» – erweckten bei einigen Beobachtern das Bild eines ein wenig skurrilen «Anti-Imperialisten», letztlich jedoch normalen Mannes aus dem Herzen des ländlichen Uganda. Insbesondere unter panafrikanischen Aktivisten fand er gar explizit Unterstützung, die den rassistischen Ton der europäischen und nordamerikanischen Berichterstattung scharf kritisierten und Amin als bodenständigen, humorvollen Champion eines afrikanischen Wirtschaftsnationalismus und Kämpfer gegen Neokolonialismus darstellten. Einige afroamerikanische Aktivisten wie Stokely Carmichael und Roy Innis etwa wurden wegen ihrer Unterstützung seines Regimes von Idi Amin zu Ehrenbürgern Ugandas ernannt.

Exilierte Ugander, darunter zahlreiche Wissenschaftler und Journalisten, von denen viele dem gestürzten Präsidenten Obote nahestanden, hatten ihre eigenen Gründe, Amin und allgemein Personen aus dem Norden des Landes (aus dem Amin stammte) als ungeeignet für Regierungsverantwortung zu beschreiben. In diesem Zusammenhang bemühten sie diverse ethnische Stereotype, wie etwa Henry Kyemba, ehemaliger Minister in Amins Regierung und im Exil in Großbritannien, der Amins Gewaltpolitik mit dessen «tribaler Herkunft» von den Kakwa (Amins Vater entstammte dieser ethnischen Gruppe) und insbesondere mit deren vermeintlich traditionellem Kannibalismus zu erklären suchte. Britische und US-amerikanische Publizisten nahmen solche Darlegungen gerne auf und argumentierten, Amins Abstammung von den «trägen Völkern» des nordwestlichen Uganda, die durch «sadistische Brutalität», den Mangel an formaler Bildung, Hexerei und Aberglaube geprägt seien, mache ihn für die komplexen Realitäten der modernen Welt ungeeignet. Zu den wichtigsten Forschern, die von Amins Regierung ins Exil gedrängt wurden, gehörte der weltweit renommierte Politologe Ali A. Mazrui, dessen Schriften eine semiotische Analyse von Amins Reden und Manierismen mit der selektiven Auswertung ethnographischer Literatur verknüpften. Mazrui kam zu dem Schluss, dass Amin ein zutiefst urtümliches, grobes, ländliches und maskulines Charisma verkörpere, welches typischer für die Bevölkerung des Landes sei als die Persönlichkeit seines Vorgängers Obote, der ein – wenn auch abgebrochenes – Hochschulstudium vorweisen konnte. Andere betonten hingegen stärker soziale, historische und ökonomische Faktoren und verorteten Amins Diktatur als Ergebnis langfristiger ethnischer Differenzierungen oder rassisch konnotierter Klassenformationen. Erst in den vergangenen Jahren ist nicht zuletzt im Zuge neu erschlossener Archive und einer Fülle von Memoiren, Autobiographien und populären Schriften ein neues Bild der Herrschaft Amins entstanden. Seine Diktatur erscheint

Andreas Eckert

nun weder ausschließlich als «Blutstaat», homogener Leviathan oder reiner Ausdruck von Amins pathologischen politischen Visionen noch als anarchisches Durcheinander, sondern als ein in vieler Hinsicht dysfunktionales Regime, an dessen Rändern jedoch Bürokraten, Schmuggler, Geschäftsleute und diverse andere Unternehmer ihre Interessen durchzusetzen suchten. Dieser jüngere Ansatz, die Besonderheiten des ugandischen Staates unter Amin differenziert zu deuten, beschönigt keineswegs den damals herrschenden entsetzlichen Machtmissbrauch, noch banalisiert er die Verantwortung Amins, dessen Aufstieg zur Macht durch Kolonialismus und Kolonialarmee, die Spezifik nachkolonialer Konstellationen sowie den Kalten Krieg entscheidend geprägt wurde.

Eine militärische Karriere

Idi Amins Geburtsjahr variiert je nach Quelle zwischen 1923, 1925 und 1928. Der Vater verließ die Familie früh, und Amin wuchs bei der Verwandtschaft der Mutter in einer ländlichen Region im Nordwesten Ugandas auf. Die Schule konnte er nur wenige Jahre besuchen. 1946 heuerte er als Hilfskoch bei den *King's African Rifles* (KAR) an, einer aus afrikanischen Soldaten gebildeten Einheit der britischen Kolonialarmee. Parallel erhielt er eine militärische Ausbildung. Später sollte Amin fälschlicherweise behaupten, er habe während des Zweiten Weltkriegs für die Briten in Burma gekämpft. Er agierte hingegen in den späten 1940er und 1950er Jahren auf Seiten der Kolonialherren in Kenia gegen verschiedene lokale Rebellengruppen, wo er insbesondere im Mau-Mau-Krieg offenbar durch besondere Brutalität hervortrat. Die Briten belohnten seinen Einsatz und verliehen ihm 1959 den höchsten für Afrikaner in der kolonialen Armee zugänglichen Rang «*Warrant Officer*». Er kehrte nach Uganda zurück und war zum Zeitpunkt der Unabhängigkeit des Landes im Oktober 1962 einer der ranghöchsten einheimischen Militärs. Seine Erfahrungen in der kolonialen Armee haben Amins späteres Verhalten sowie seine Kommunikationsstrategien als Politiker geprägt und drückten sich etwa in seinem direkten und zupackenden Führungsstil aus, der ihm in Teilen der ugandischen Gesellschaft zeitweise große Popularität bescherte. Koloniale Armeen dienten auch anderen afrikanischen Diktatoren wie Joseph Mobutu in Kongo/Zaire und Jean-Bédel

Bokassa in der Zentralafrikanischen Republik als wichtiges Sprungbrett. Bokassa etwa war ohne Zweifel ein Geschöpf des modernen Kolonialismus und insbesondere der kolonialen Armee. Er kämpfte für Frankreich im Zweiten Weltkrieg und in Indochina und putschte sich 1965 an die Macht. Frankreich hielt lange seine schützende Hand über den brutalen Autokraten und sponserte unter Präsident Giscard d'Estaing, den Bokassa «meinen lieben Verwandten» zu nennen pflegte, Ende 1977 sogar dessen absurde Krönungsfeier zum «Kaiser von Zentralafrika». Im Übrigen spielten seinerzeit viele europäische Regierungen, darunter auch die Bundesrepublik, dieses irrwitzige Spiel mit und sandten Ergebenheitsadressen.

Uganda, seit 1894 britisches Protektorat, war während der Kolonialzeit stark vom Königreich Buganda geprägt, das sich rasch zum ökonomischen und politischen Zentrum der Kolonie entwickelte. Hier entfaltete sich der bäuerliche Anbau von *export crops* (vor allem Kaffee und Baumwolle); hier und in Busoga konzentrierten sich zudem die entstehende, partiell von Südasiaten kontrollierte Industrie und die Plantagenwirtschaft (mit Schwerpunkt Zucker). Langfristig prägende regionale Ungleichgewichte entstanden, Landesteile wie West-Nil im Nordwesten (die Herkunftsregion Amins) und Kizegi im Südwesten wurden zu Arbeitskräftereservoirs für die Landwirtschaft Bugandas und die Industrie. Die Baganda konstituierten mit etwa 20 Prozent die größte ethnische Gruppe der Kolonie. Der Anteil von Christen an der Bevölkerung war mit 80 Prozent vergleichsweise hoch, etwas über 10 Prozent der Menschen waren Muslime. Die Präsenz von Südasiaten in Uganda resultierte partiell aus der Strategie der britischen Kolonialherren, sie als eine Art Puffer zwischen Europäern und Afrikanern in den mittleren Rängen von Handel und Verwaltung zu etablieren. Die Tatsache, dass die Asiaten im Bildungsbereich weit mehr Unterstützung durch die Briten erhielten als die afrikanische Bevölkerung und auch von günstigeren Handelszöllen profitierten, sorgte bereits in der Kolonialzeit für einige Spannungen.

Im Prozess der Dekolonisation in Uganda standen sich zuletzt die gut organisierte Buganda-Monarchie, die unter den Briten lange Zeit umfassende Privilegien etwa bezüglich des Landbesitzes genossen hatte, und die größte nationalistische politische Partei *Uganda National Congress* (ab 1960: *Uganda People's Congress*) unter Milton Obote gegenüber. Die britische Herrschaft endete mit einem typischen imperialen Kompromiss: Im Rahmen einer komplizierten staatsrechtlichen Konstruktion, die Buganda eine Art halbföderalen Status zugestand, die anderen drei Königreiche Ankole, Bunyoro und Toro anerkannte und den Rest des Landes in Distrikte einteilte, wurde Obote Premierminister. Seine Partei ging eine Koalition mit *Kabaka Yekka*, der politischen Partei der Buganda-Monarchie, ein. Obote ernannte das Oberhaupt des Königreichs, den Kabaka, zum Präsidenten des Landes. Doch das Arrangement hielt nicht lange. 1966 mussten der Kabaka und sein Gefolge flüchten, Obote erklärte sich zum Präsidenten, ein Jahr darauf wurde Uganda zur Republik und faktisch bald zu einem Einparteienstaat.

Bei der Vertreibung des Kabaka spielte die ugandische Armee eine zentrale Rolle. Erstmals betrat sie sichtbar die politische Bühne und nahm die Rolle als Garant von Obotes Regime ein. Idi Amin war mit der Unabhängigkeit zum Oberbefehlshaber der Armee aufgestiegen. Eine Anklage gegen ihn wegen Gräueltaten, die er in seiner Zeit bei den *King's African Rifles* in Kenia begangen hatte, wurde nicht weiterverfolgt, weil er zu den wenigen Einheimischen gehörte, die für eine militärische Spitzenposition in Frage kamen. Im Verlauf der 1960er Jahre entwickelten sich die Streitkräfte in Uganda zu einem brodelnden Kessel ethnischer Spannungen, der entscheidend dazu beitrug, Amin an die Macht zu bringen. Obotes Sturz im Januar 1971 resultierte allerdings aus dem Zusammenspiel verschiedener Faktoren. Eine wichtige Rolle spielte die verbreitete Überzeugung, Obote werde nach seiner Rückkehr von der Commonwealth-Konferenz in Singapur Amin von seinem Posten entfernen und ihn wegen Korruption und Mord unter Anklage stellen. Amin sah sich veranlasst, als Erster zu reagieren, weil er sich seines Standings unter den einfachen Soldaten sehr sicher war. Eine ethnische Dimension kam hinzu und fand ihren Ausdruck in Gerüchten über bevorstehende Säuberungen im Militär, welche Vertreter der ethnischen Gruppen der Langi und Acholi auf Kosten der Westniloten in höhere Stellungen bringen würden. Diese persönlichen und ethnischen Motive standen wiederum in einem Kontext, in dem Obote einen großen Teil der ugandischen Gesellschaft gegen sich aufgebracht hatte. Die Baganda hegten wegen der Absetzung des Kabaka ohnehin einen besonders ausgeprägten Groll, und viele von ihnen begrüßten Amins Coup als ausgleichende Gerechtigkeit. Aber auch Lohnempfänger, die seit Jahren mit fallenden Real-einkommen kämpften, wandten sich zunehmend von Obote ab. Der hatte, um die erlahmende Ökonomie und die zerfallende Partei zu regenerieren, 1970 seinen «Ruck nach links» verkündet. Die *Common Man's Charter* sollte seinem Modell eines afrikanischen Sozialismus Gestalt verleihen und versprach der Bevölkerung größere Kontrolle über ihre Wirtschaft, soziale Gleichheit und materiellen Aufstieg. Die Nationalisierung ausländischer Unternehmen führte jedoch nicht zuletzt zu großen Ängsten unter den Indern, die daraufhin ihr Kapital aus dem Land zu ziehen begannen. Die Krise verschärfte sich und traf insbesondere niedrige Einkommensgruppen, während einige der «Sozialisten» im Umfeld von Obote es sich ostentativ weiter gut gehen ließen. Als Amin zuschlug, konnte er sich daher nicht allein der Unterstützung von Teilen des Militärs, sondern auch breiter Schichten der Bevölkerung gewiss sein. Der Westen nahm den Sturz des Sozialisten Obote im Übrigen wohlwollend auf. Inwieweit auch konkrete Unterstützung durch westliche Geheimdienste und den israelischen Mossad bei Amins Putsch im Spiel war, ist bis heute umstritten.

Kurzer Honeymoon und böses Erwachen

Amin tat zunächst alles, um die breite Unterstützung in der Bevölkerung aufrechtzuerhalten. Insbesondere pflegte er sein Verhältnis zu den Baganda, die ihn als Befreier feierten. Er stellte sicher, dass der Leichnam des inzwischen im Exil verstorbenen Kabaka im März 1971 nach Uganda gebracht und öffentlich beerdigt wurde. Asiatische Geschäftsleute, durch Obotes Linksruck in Alarmzustand versetzt, äußerten ihre Zuversicht bezüglich der Fähigkeiten Amins, wieder ein zuträgliches kommerzielles Umfeld zu schaffen. Amin vermochte einige respektierte Zivilisten zu überzeugen, seiner Regierung beizutreten, um diese vom Ruch einer Militärjunta zu befreien. Und die westliche Presse wusste anfangs viel Positives über den «sanften Riesen» zu berichten, der das ostafrikanische Land wieder auf Kurs bringen würde.

Amin begann bald ernsthaft zu glauben, dass er ein Mann des Schicksals sei. Immer stärker griff er in Entscheidungsprozesse über Angelegenheiten ein, von denen er in der Regel nicht viel verstand. Sein Hang,

Andreas Eckert

sich in der Öffentlichkeit auf sehr robuste Weise auszudrücken, erfreute sich bei größeren Teilen der Bevölkerung beträchtlicher Beliebtheit. Dazu gehörte auch, dass er bei Gelegenheit – zur großen Genugtuung der Ugander – die Europäer zu ganz praktischen Demutsgesten veranlasste. Gleichsam berauscht von der großen und weitgehend positiven Publicity im In- und Ausland entschloss sich Amin, es mit größeren Drachen aufzunehmen, und entwarf sich zunehmend nicht allein als Retter Ugandas, sondern als Befreier des gesamten afrikanischen Kontinents. Die Schattenseite der Personalisierung von Amins Herrschaft bestand darin, dass er systematisch begann, jeden töten zu lassen, den er als potentielle Bedrohung für seine Position erachtete. Dahinter stand seine große Unsicherheit angesichts der Tatsache, dass er seine politische Macht vor allem Vertretern seiner – vergleichsweise kleinen – ethnischen Gruppe der Kakwa verdankte. Im Verlauf des Jahres 1971, als er in der nationalen wie internationalen Öffentlichkeit noch durchweg Lob fand, veranlasste Amin mehr als 10 000 Morde, vor allem an Offizieren und Soldaten, die den Langi und Acholi zugehörig waren. Das ganze Ausmaß dieses Pogroms kam erst später ans Tageslicht. In der Folge einer gescheiterten Invasion von Obote-Anhängern im September 1972 wurden überdies viele Zivilisten durch das Regime eliminiert, darunter der Oberste Richter Benedicto Kiwanuku.

Eine außenpolitische Bombe hatte Amin bereits im Februar 1972 gezündet, als er sich demonstrativ von den Israelis abwandte, die ihm einst ein umfassendes Militärtraining hatten angedeihen lassen und wohl auch bei seiner Machtübernahme eine wichtige Rolle gespielt hatten. Er setzte nun auf eine Allianz mit der arabischen Welt. Angesichts des kometenhaften Aufstiegs der OPEC-Staaten machte dieser Schritt in gewisser Weise pragmatischen Sinn, zumal Uganda von neuer wirtschaftlicher Unterstützung (und der Lieferung von Waffen) profitieren konnte, die der Westen in dieser Größenordnung nicht bereit war zu leisten. Zugleich entdeckte Amin zu dieser Zeit gleichsam seine muslimische Seite. Er behauptete später, «nubischer» Herkunft zu sein, und bezog sich dabei auf jene südsudanesischen Sklaven, die im 19. Jahrhundert in der ägyptischen Armee im Sudan gedient hatten und später auch für die britischen und deutschen Kolonialarmeen rekrutiert worden waren. Zu diesem Zweck hatte man sie mit ihren Familien nach Ostafrika umgesiedelt, wo sie sich zunehmend als eine als distinkt wahrgenommene ethnische Gruppe etablierten, die mit Islam, soldatischer Tätigkeit und Kleinhandel assoziiert wurde. Rückendeckung politischer und ökonomischer Art erhielt Amin in den folgenden Jahren vor allem vom libyschen Herrscher Muammar al-Gaddafi, während er Israel fortan massiv denunzierte. Nach den Anschlägen auf die israelischen Sportler bei den Olympischen Spielen in München gratulierte er nicht nur den Terroristen, sondern forderte vor der Vollversammlung der Vereinten Nationen die Zerstörung des Staates Israel.

Internationale Schlagzeilen machte schließlich im Sommer 1976 die Entführung einer Air-France-Maschine auf dem Flug von Tel Aviv nach Paris durch die *Volksfront zur Befreiung Palästinas* und ein Kommando der deutschen *Revolutionären Zellen*. Das Flugzeug landete schließlich im ugandischen Entebbe. Amins Plan, die Maschine durch das Militär so lange unter Kontrolle zu halten, bis Verstärkung für die Terroristen eingetroffen war, scheiterte. Israelische Spezialeinheiten befreiten die Geiseln. Bei der Aktion wurden rund 25 ugandische Soldaten getötet und ein wesentlicher Teil der Luftwaffe des Landes zerstört – eine offenkundige Verletzung der Souveränität Ugandas und eine schwere Demütigung Amins. Der ließ daraufhin die israelische Geisel Dora Bloch, die sich wegen eines Notfalls zum Zeitpunkt des Militäreinsatzes in einem Krankenhaus befand und nicht ausgeflogen werden konnte, ermorden. Großbritannien brach kurz darauf die Beziehungen zu Uganda ab.

Das Verhältnis der einstigen Kolonialmacht zu Uganda war bereits in den Jahren zuvor massiven Spannungen unterworfen. Im August 1972 rief Amin einen «Wirtschaftskrieg» aus und verkündete im Rahmen einer neuen Afrikanisierungskampagne, alle Asiaten hätten binnen drei Monaten das Land zu verlassen. Auch muslimische Asiaten und solche mit ugandischem Pass waren von diesen Maßnahmen betroffen. Damit verschärfte er radikal eine bereits unter Obote begonnene Politik, welche darauf ausgerichtet war, den Einfluss von Südasiaten in Wirtschaft und Verwaltung zu beschneiden. Für die Briten stellte Amins Schritt eine gewaltige Herausforderung dar, denn sie sahen sich gezwungen, einen beträchtlichen Teil der Ausgewiesenen aufzunehmen. Amin erhoffte sich von diesem Schritt hingegen nicht zuletzt die Möglichkeit, profi-

Abb. 25 Amin lässt sich 1975 von Vertretern des diplomatischen Korps in Kampala tragen.

table Geschäfte der Asiaten, die substantielle Teile der ugandischen Ökonomie, darunter Handel und Fabriken, kontrollierten, an loyale Unterstützer zu vergeben. Die Aktion erwies sich ökonomisch jedoch als Desaster, weil die meisten Unternehmen unter ihren neuen Besitzern rasch zusammenbrachen und es bald an Gütern wie Zucker oder Kleidung fehlte. Amin ließ nun auch die meisten britischen Firmen nationalisieren, woraufhin London zusammen mit den USA und der Mehrheit der westlichen Staaten seine Entwicklungshilfe sistierte. Die Bundesrepublik überwies allerdings noch 1975 Mittel in Höhe von 22,6 Millionen DM. Amins Lossagung von Israel, seine Annäherung an die arabische Welt und seine wachsenden Affronts gegen westliche Länder machten Uganda überdies zunehmend für den Ostblock interessant. Die Sowjetunion lieferte Waffen, die DDR bildete Militärs und Geheimdienstler aus, China versorgte Uganda ebenfalls mit Waffen, und Kuba eröffnete eine Botschaft. Bei zahlreichen afrikanischen Ländern punktete Amin, indem er seine Haltung gegenüber England erfolgreich als antikolonial etikettierte. Zum Erstaunen vieler westlicher Beobachter wurde er 1975 für zwei Jahre zum Vorsitzenden der Organisation für Afrikanische Einheit gewählt – lediglich Tansania, Botswana und Sambia boykottierten seine Wahl.

Innenpolitisch schuf die außenpolitische Unterstützung zwar gewisse Spielräume für Amins Regime, das Land befand sich seit 1973 gleichwohl in einer dauerhaften und von massiver Gewalt geprägten Abwärtsspirale. Schlüsselinstitution in Uganda unter Amin war das Militär, das zugleich einen beständigen Herd von Friktionen darstellte, die Amin befeuerte, indem er schamlos Ethnizität als grundlegendes Kriterium für Beförderung und geheime Exekutionen nutzte. Allerdings verschoben sich die Grenzen ethnischer Parteinahme beständig. Hatte Amin zunächst gegen Langi und Acholi agiert und Westniloten gefördert, etablierte er bald eine neue Spaltungslinie. Seine Hinwendung zum Islam ging einher mit der zunehmenden Verfolgung von christlichen Soldaten und Offizieren. Seine Unterstützerbasis in der Armee bestand zunehmend aus «Nubiern», eine freilich extrem fluide Kategorie, zumal Amin selbst verkündete, Menschen aus ganz unterschiedlichen Gruppen könnten «Nubier» werden. Die Nubier in den Streitkräften setzten sich aus Muslimen aus der Westnilregion, aber auch vielen Sudanesen zusammen. Hinzu kamen erfahrene Guerillakämpfer aus anderen Ländern, etwa Kongolesen aus Zaire und nicht-muslimische Südsudanesen. Amin hielt sich mithilfe einer mehrheitlich aus Nicht-Ugandern bestehenden Söldnertruppe an der Macht, die etwa drei Viertel der Armee ausmachte. Während er sich mit seinen «nubischen» Eliteeinheiten umgab, verwandelten sich die ländlichen Regionen in Aktionsgebiete für lokale militärische Garnisonen, die faktisch unter dem Kommando von Warlords standen, die in ihren Territorien über Besitz, Leben und Tod geboten.

Der hochgradig geschlechtsspezifische Militarismus von Amins Regime reproduzierte hypermaskuline Identitäten und Praktiken, die dazu dienten, den exzessiven Gebrauch brutaler Gewalt zu legitimieren. Zugleich entstanden im Rahmen militärischer Praktiken neue Formen von Männlichkeit und Weiblichkeit. «Schwache», das heißt «feminisierte» Männer und «unmoralische» Frauen wurden als Bedrohung für die staatliche Sicherheit identifiziert und zu Zielscheiben polizeilicher und militärischer Übergriffe, während «vermännlichte», «starke» Frauen innerhalb der Sicherheitskräfte sowie hyperfeminisierte «Mütter der

Nation» Amins Herrschaft untermauern sollten. Das Verhältnis vieler Ugandernnen zu Amin war ambivalent. Während eine Reihe von ihnen seine Politik unterstützte, fürchteten sie sich bald vor der Gewalt seines Militarismus. Zahlreiche Frauen erlangten in ihren Haushalten zudem neue Autonomie, freilich vor dem Hintergrund, dass ihre Männer oder männlichen Verwandten ins Exil gehen mussten oder ermordet wurden. Die Ausbürgerung der Südasiaten eröffnete vor allem für städtische Frauen begrenzte Möglichkeiten, sich als Unternehmerinnen zu etablieren und eigene Einkommen zu erzielen. «Amin lehrte uns zu arbeiten», bemerkte eine Ugandern gegenüber der US-amerikanischen Historikerin Alicia C. Decker (Decker 2014, 87).

Jenseits des Militärs brach die administrative Infrastruktur binnen weniger Jahre weitgehend zusammen. Amin zeigte kein Interesse an seinem Kabinett, dessen Mitglieder er ständig austauschte, oder den Strukturen der staatlichen Bürokratie. In sein Visier geriet hingegen die Makerere-Universität, wo er viele Regimegegner vermutete und die Armee daher auf dem Campus dauerhaft präsent war. Amins besonderes Misstrauen erfuhren die Repräsentanten und Mitglieder der diversen christlichen Kirchen. In den Jahren nach 1972 wurden über 100 Missionare des Landes verwiesen. Zahlreiche katholische Geistliche landeten im Gefängnis oder wurden ermordet. Später galt die anglikanische Kirche Ugandas als Sicherheitsrisiko Nummer eins und größte Bedrohung für das Regime. 1977 sandten Erzbischof Luwun und 17 weitere Bischöfe einen offenen Brief an den Präsidenten, in dem sie den Krieg gegen die Gebildeten scharf kritisierten und gegen die beständige Einschüchterung der Menschen durch Sicherheitskräfte protestierten. Diese öffentliche Missbilligung durch eine wichtige Institution empfand Amin als Majestätsbeleidigung. Seine Antwort ließ nicht lange auf sich warten. Luwum wurde beschuldigt, in einen Staatsstreich zugunsten des ehemaligen Präsidenten Obote involviert zu sein, und unter dubiosen Umständen mit zwei weiteren anglikanischen Bischöfen, einer davon ein ehemaliger Minister Amins, ermordet.

Die Ökonomie Ugandas transformierte sich unter Amins Herrschaft weitgehend in eine Schmuggelwirtschaft, in der das Abgreifen aller verfügbaren Wirtschaftsgüter, das Konfiszieren von Agrarprodukten und der Schmuggel ins benachbarte Kenia den Alltag bestimmten, der durch eine Atmosphäre der Gewalt und Gesetzlosigkeit geprägt war. Die Bevölkerung entwickelte vor diesem Hintergrund eine Reihe von Bewältigungsstrategien. Viele Bauern fuhren die Produktion von *cash crops* massiv zurück und bauten verstärkt Nahrungsmittel an, um sich ausreichend selbst versorgen zu können und ihr Überleben zu sichern. Mit Fragen etwa der Landverteilung oder der Schlichtung von Konflikten waren nun nahezu ausschließlich «gewohnheitsrechtliche» lokale Institutionen befasst. Städtische Landwirtschaft erlebte einen Boom und konnte den durch die Ausweisung der Asiaten bewirkten raschen Zerfall der urbanen Ökonomie mildern. Im Durchschnitt fiel das Realeinkommen während der Herrschaft Amins jedoch um nahezu 80 Prozent.

Das Ende von Amins Herrschaft

1978 war öffentlicher Rückhalt für Amin in Uganda kaum mehr vorhanden. Dies galt selbst für Buganda und die Westnilregion, zumal auch dort viele Ugander inzwischen Verwandte oder Freunde hatten, die vom Regime ermordet oder auf die eine oder andere Weise drangsaliert worden waren. Die Kräfte, die Amin schließlich zu Fall brachten, kamen jedoch von außen. Amin hatte seit Beginn seiner Herrschaft bereits mehrfach territoriale Ansprüche auf Grenzregionen in Kenia und Tansania gestellt. Im November 1978 entschied er sich, wohl auch, um von den inneren Krisen abzulenken, einen Teil der Kagera-Region im Nordwesten Tansanias zu besetzen. Die tansanische Regierung unter Nyerere, der Amin als eines der wenigen afrikanischen Staatsoberhäupter von Beginn an Verachtung entgegenbracht hatte, entschloss sich über die reine Abwehr hinaus zu einem offenen Feldzug gegen Amins Regime und ließ ihre Armee in Richtung Kampala marschieren. Die demoralisierten ugandischen Streitkräfte gaben bald auf, während die tansanischen Soldaten von der ländlichen Bevölkerung als Befreier begrüßt wurden. Amin konnte in letzter Minute mit libyscher Hilfe nach Tripolis ausfliegen und ging von dort aus bald darauf ins Exil nach Saudi-Arabien, wo ihn die königliche Familie großzügig beherbergte, ihm allerdings politische Abstinenz auferlegte. Einmal, 1989, riskierte Amin das traute Arrangement, brach ohne Absprache mit seinen Gastgebern aus dem Exil aus und flog in den Kongo/Zaire, wo er Truppen für seine Wiederkehr nach Uganda zu mobilisieren suchte. Das Comeback misslang, er musste nach Saudi-Arabien zurückkehren, wo ihn die Herrscher zusätzlich mit einem strikten Interview-Verbot belegten. 2003 starb er an Leber- und Nierenversagen. Seither ist er einem breiteren Publikum nicht zuletzt durch den Kinoerfolg *Der letzte König von Schottland* (2006) ein Begriff, in dem der US-amerikanische Schauspieler Forest Whitaker eine vielgelobte Darstellung von Amin lieferte.

Die politische Lage nach dem Sturz Amins erwies sich als verzwickt. Über viele Jahre kam das Land nicht zur Ruhe, auch nicht, nachdem Obote, der aus dem Exil zurückkehrte, im Dezember 1980 die von schweren Manipulationsvorwürfen geprägten ersten Wahlen seit der Unabhängigkeit gewann. Seine Herrschaft wurde sogleich von bewaffneten Gruppen in Frage gestellt, während er selbst vor Massakern und Menschenrechtsverletzungen in beträchtlichem Ausmaß nicht zurückschreckte. Im Juli 1985 putschte das Militär, Obote musste ein zweites Mal ins Exil. Doch bereits wenige Monate später übernahm die *National Resistance Army* unter Yoweri Museveni die Macht, der Anfang 1986 als Staatspräsident vereidigt wurde. Damit hatte erstmals in Afrika eine Guerillabewegung einen Umsturz herbeigeführt. Seither zeichnet sich das System durch die personalisierte, restriktive und autokratische Herrschaft von Museveni aus, die trotz einiger demokratischer Elemente auf einer Militarisierung von Politik und Gesellschaft beruht. Während seiner Amtszeit wurden wiederholt Ersuchen an ihn herangetragen, eine umfassende juristische Aufarbeitung der Gräueltaten unter Amin in die Wege zu leiten. Sein Regime zielte jedoch auf Versöhnung sowie eine inklusive Regierung, die auch einige langjährige enge Weggefährten Amins wie Moses Ali einschloss. Das Ausbleiben rechtlicher Beilegungen hatte zur Folge, dass die wohl problematischsten Entwicklungen der Amin-Jahre nicht umfassend angegangen wurden: die allgegenwärtige Gewalt und damit einhergehend der Verfall moralischer Werte. Sie repräsentieren in den Augen vieler Menschen in Uganda bis heute den langen Schatten von Idi Amin.

15
Robert Mugabe – ein Freiheitskämpfer als Tyrann?

Von Christoph Marx

Robert Mugabe, zwei Jahre zuvor durch einen Militärputsch als Staatspräsident Simbabwes abgesetzt, starb 95-jährig am 6. September 2019 in einem Krankenhaus in Singapur. Weil er das Gesundheitssystem in seinem eigenen Land erfolgreich zerstört hatte, wäre eine Krebsbehandlung in Simbabwe nicht möglich gewesen. Als die Leiche des verstorbenen Ex-Präsidenten in der Hauptstadt Harare eintraf, war das Interesse der Bevölkerung auffallend gering. Umso aufgeregter war das Gezerre zwischen der Familie und den staatlichen Behörden um den Beerdigungsort. Während seine Ehefrau ihn in seinem Heimatort bestatten wollte, legte die Regierung von Präsident Emmerson Mnangagwa großen Wert darauf, ihn auf dem «Heldenfriedhof» in der Nähe der Hauptstadt zu beerdigen, wo in den Jahrzehnten zuvor «Freiheitskämpfer» und aus Sicht des Regimes verdiente Politiker ihre letzte Ruhestätte gefunden hatten. Schließlich wurde Mugabe am 28. September in seinem Heimatort beigesetzt, was angesichts des Totenkults, den er selbst um den «Heldenfriedhof» betrieben hatte, ernüchternd und eher banal wirkte. Das unrühmliche Ende eines Gewaltherrschers, der eines der vielversprechendsten Länder des Kontinents durch Korruption und Unfähigkeit herabgewirtschaftet hatte, spiegelte sich in den Nachrufen. Dabei fällt auf, dass Mugabes Leben besonders im Westen eine fast tragische Qualität zugesprochen wurde. Denn nach guten Anfängen als idealistischer Befreier und Sozialreformer sei er irgendwann und irgendwie auf Abwege geraten und habe sich zum Tyrannen gewandelt.

So überschrieb die BBC einen Beitrag zum Tod Mugabes «From liberator to tyrant» (Winter 2019). Demgegenüber betonte der simbabwische Oppositionspolitiker David Coltart im Titel seines Buches die Kontinui-

Christoph Marx

tät: *The Struggle continues. 50 years of tyranny in Zimbabwe* (Coltart 2016). Der simbabwische Journalist Zanda Shumba nannte Mugabe 2013 «a self serving tyrant» (Shumba 2013), und Tendai Mbofana beschrieb Simbabwe als «every dictator and tyrant's paradise» (Mbofana 2017). Dagegen lobte der «Commander-in-Chief» der rechtsextremen *Economic Freedom Fighters* in Südafrika, Julius Malema, Mugabe als «Martyr and giant of the African revolution» (Guardian 2019).

Mugabe war und blieb umstritten. Während die Mehrheit seiner Landsleute ihn für einen Tyrannen hielt, bejubelten ihn Interessengruppen im afrikanischen Ausland und in Europa und den USA als Freiheitskämpfer, einige sogar ungeachtet der massiven Menschenrechtsverletzungen, für die er verantwortlich war. Mugabe wurde ein Objekt in einem Kulturkrieg, an dem er sich selbst eifrig beteiligte. Afrikanische Intellektuelle und Politiker sowie einige Afroamerikaner, die kulturessentialistisch argumentierten und die Verurteilung Mugabes im Westen als «kolonial» und rassistisch motiviert einschätzten, sahen Mugabe gar als Opfer. Demgegenüber waren die südafrikanischen Gewerkschaften eindeutig in ihrer Bewertung Mugabes, da sich die Gewalt des simbabwischen Regimes nicht zuletzt gegen die Arbeiterschaft richtete.

Die Bewertungen von Mugabes Lebensweg folgen dementsprechend entweder der Einschätzung, dass er von Anfang an ein Tyrann gewesen sei, oder der Ansicht, dass der «Freiheitskämpfer» zum Tyrannen mutiert sei. Es besteht offenbar weithin Einigkeit darin, den Politiker Mugabe nach der Jahrtausendwende einen Tyrannen zu nennen; Uneinigkeit besteht nur in der Frage von Kontinuität oder Wandel in seinem Denken und Selbstverständnis, Handeln und Verhalten. Indem ich im Folgenden seinen Weg als Politiker nachzeichne, werde ich dieser Frage genauer nachgehen.

Die Farmbesetzungen – ein Wendepunkt?

Zunächst zu dem Zeitpunkt, als er in den Augen vieler westlicher Beobachter:innen zum Tyrannen wurde. Im Jahr 2000 begannen in Simbabwe Veteranen des Unabhängigkeitskrieges der 1970er Jahre mit Duldung und teilweise aktiver Unterstützung der Behörden, die Betriebe weißer Farmer zu besetzen, die Farmer und vor allem die afrikanischen

Farmarbeiter:innen zu malträtieren und zu vertreiben. Damit einher gingen ebenso exzessive Gewaltaktionen in den städtischen Zentren, die sich gegen Anhänger:innen der politischen Opposition richteten und bald auch gegen Richter, die durch gerichtliche Anordnungen dem illegalen Treiben ein Ende setzen wollten. Angesichts dieser überbordenden Gewalt und der offen sichtbaren Entschlossenheit der Regierung, für ihren Machterhalt jede Form von Rechtsstaatlichkeit aufzugeben, vertrat der amerikanische Historiker Tim Scarnecchia die These, diese Vorgänge könne man als «faschistischen Zyklus» bewerten (Scarnecchia 2006). Ein solcher Zyklus kommt in Gang, wenn sich bedroht fühlende konservative Eliten gemeinsam mit gewaltbereiten Bündnispartnern auf der extremen Rechten eine Legitimation im Rekurs auf Nationalismus und Rassismus suchen. In Simbabwe hatte demzufolge die bedrängte Regierungspartei ZANU-PF sich ihre gewaltbereiten Bündnispartner in den Veteranen selbst herangezogen.

Dieser Befund ist zutreffend, greift aber zu kurz, da sich nach 2000 nur ein gradueller, nicht aber ein grundsätzlicher Unterschied des ZANU-PF-Regimes im Vergleich zur Zeit davor ausmachen lässt. Mugabe und seine Partei als faschistisch zu klassifizieren rührt an ein Tabu, da die Organisation in ihrer Selbstwahrnehmung eine linke sozialreformerische, für manche gar eine sozialrevolutionäre Partei war, die das Land Simbabwe in einem jahrelangen Guerillakrieg von einem rassistischen weißen Siedlerregime befreit hatte. Doch Mugabes politischer Werdegang zeigt allenfalls eine Steigerung seiner repressiven Politik, die sich im Umgang mit innerparteilichen Gegnern bereits vor der Unabhängigkeit manifestierte. Die Entwicklung der Unabhängigkeitsbewegung wiederum ist ohne die vorangegangene Repression des weißen Siedlerregimes nicht zu denken, da sie dessen Gewaltsamkeit spiegelte und fortsetzte.

Siedlerherrschaft und Gewaltkultur

Die *Zimbabwe African National Union – Patriotic Front* (ZANU-PF), eine nationalistische Organisation in Rhodesien bzw. Simbabwe, wurde von 1977 bis 2017 von Robert Mugabe geführt, der auch Regierungschef und seit 1987 Staatspräsident Simbabwes war. Die 1890 als Eigentum der

British South Africa Company etablierte Kolonie, die nach ihrem Gründer Cecil Rhodes Südrhodesien genannt wurde, zog durch großzügige Landvergabe weiße Siedler an, die 1923 Verwaltungsautonomie erhielten. In den folgenden Jahrzehnten setzten die Siedler, die durch ein rassistisches Wahlrecht das Parlament dominierten, einseitig ihre Interessen durch. 1953 schloss Großbritannien aus verschiedenen Gründen seine Kolonien Nordrhodesien (Sambia), Südrhodesien (Simbabwe) und Nyasaland (Malawi) zur Zentralafrikanischen Föderation zusammen. Dies war in allen drei Ländern der Anlass zur Entstehung nationalistischer Organisationen. Als die Briten diesen in Nordrhodesien und Nyasaland, wo kaum Weiße lebten, nachzugeben begannen, fürchteten die Weißen in Südrhodesien, dass hier ebenfalls die Macht an die schwarze Mehrheit übergeben werden sollte. In den folgenden Jahren radikalisierten sie sich, bis es 1965 zur einseitigen Unabhängigkeitserklärung eines mittlerweile diktatorisch geführten Siedler-Regimes unter Ian Smith kam.

1957 wurde in Rhodesien als erste landesweite Organisation der *Southern Rhodesian African National Congress* (SRANC) gegründet. Während der SRANC unter Führung des Gewerkschafters Joshua Nkomo zunächst noch in der Tradition der zivilgesellschaftlichen Protestbewegungen und der gewerkschaftlichen Interessenvertretung stand, änderte sich die Situation durch den Zusammenschluss mit der *City Youth League* aus Salisbury (dem heutigen Harare), die von einer Gruppe junger, gewaltbereiter Männer dominiert wurde. 1956 beschlossen sie, die Kolonialmacht unmittelbar herauszufordern, indem sie eine Preiserhöhung für die städtischen Buslinien in Salisbury zum Anlass nahmen, einen Boykott der öffentlichen Verkehrsmittel auszurufen. Dafür hatten sie keinerlei Mandat, es gab keine Abstimmung oder dergleichen, sondern sie setzten ihren Beschluss mit Gewalt und Einschüchterung durch. Eine Gruppe junger Frauen weigerte sich, den Boykott mitzutragen, benutzte die Busse und wurde anschließend von Anhängern der *Youth League* einer Massenvergewaltigung unterworfen, was Vertreter der Unabhängigkeitsbewegung noch Jahrzehnte später für eine gerechte Strafe hielten (Scarnecchia 2008, 78 ff.). Hier traten bereits die Grundmuster zutage, die die nationalistischen Parteien in der Folgezeit dauerhaft prägten: erstens eine ausgeprägte Gewaltrhetorik der politischen Führer, zweitens die Organisation gewaltbereiter, oft arbeitsloser Jugendlicher als Privatarmeen dieser Führer und drittens eine millenaristische Heils-erwartung, die den Kampf gegen die Kolonialmacht mit religiösen Ener-gien versah. Ihr bleibender Einfluss beruht darauf, dass die nationalisti-schen Bewegungen frühzeitig, das heißt schon seit den späten 1950er Jahren, alles daransetzten, den öffentlichen Raum mit Gewalt zu okku-pieren und dauerhaft zu besetzen. Hier entstand eine politische Kultur der Gewalt, die zusätzlich mit Vorstellungen von martialischer Männ-lichkeit aufgeladen war und in der auch Mugabe sozialisiert wurde (Gaidzanwa 2015).

Die Gewalt richtete sich keineswegs nur auf den gemeinsamen Geg-ner, die Sicherheitskräfte und Politiker der weißen Siedler, sondern sie wurde immer stärker zum Mittel der Auseinandersetzung auch inner-halb der nationalistischen Bewegung. Ältere Formen des gewerkschaft-lichen oder religiös motivierten Widerstands gegen die seit 1923 regie-rende weiße Siedlerminorität oder die Bereitschaft politischer Parteien, durch eine Politik der kleinen Schritte Verbesserungen für die afrika-nische Mehrheit zu erzielen, wurden verdrängt. Zu Beginn der 1960er Jahre begann die nationalistische Bewegung, sich diese Gruppierungen gewaltsam zu unterwerfen, was brutale Aktionen gegen einzelne Ge-werkschaftsführer einschloss. Innerparteiliche Gegner wurden als Ver-räter, als «Sell-Outs», diffamiert, womit gewalttätiges Vorgehen gegen sie legitimiert wurde.

In den Jahren der immer deutlicher zutage tretenden Dysfunktionali-tät der Zentralafrikanischen Föderation schaukelten sich zwei Radikali-sierungsbewegungen gegenseitig hoch. Die weißen Siedler verweigerten der schwarzen Mehrheit jede politische Beteiligung, weil sie darin den ersten Schritt zur Mehrheitsherrschaft witterten, und gingen immer rücksichtsloser gegen die schwarze Opposition vor. Die schwarzen Natio-nalisten ihrerseits reagierten auf jeden repressiven Akt des Siedler-regimes mit verstärkter Militanz und mit Gewaltaktionen, die sich bald von Sachen auf Personen ausweiteten.

Christoph Marx

Bei einer Demonstration im Juli 1960 trat Robert Mugabe zum ersten Mal in Erscheinung. Er war niemand, dem man eine politische Karriere vorhergesagt hätte. Im Beruf des Lehrers hatte er seine Erfüllung gefunden, er war introvertiert und ein Einzelgänger, kein charismatischer Redner, sondern eher farblos. Doch unterschied er sich von vielen seiner Mitstreiter und Konkurrenten durch seinen hohen Bildungsstand mit damals drei Universitätsabschlüssen, denen er noch weitere vier hinzufügte. Mugabe hatte mehrere Jahre im westafrikanischen Ghana gelebt, dem ersten subsaharischen Land, das 1957 unter dem charismatischen Politiker Kwame Nkrumah die Unabhängigkeit erreichte; Mugabes erste Ehefrau kam aus der neuen Machtelite. Nkrumah war einer der wichtigsten Vertreter des Panafrikanismus, einer Strömung, die eine politische Einheit des Kontinents anstrebte, um ihm eine Großmachtstellung zu verschaffen. Mugabe hatte davon auch eine gehörige Dosis mitbekommen, was er am Beginn seiner politischen Karriere erfolgreich ausspielte.

Schon innerhalb der Nachfolgeorganisation des SRANC, der *National Democratic Party*, zu deren Pressesprecher Mugabe ernannt wurde, begannen Parteiführer, ihre internen Widersacher zu bedrohen. Nach dem Verbot der Partei im Dezember 1961 erstand sie nur wenige Tage danach unter dem Namen *Zimbabwe African Peoples Union* (ZAPU) neu. Als sich 1963 die *Zimbabwe African National Union* (ZANU) von der ZAPU abspaltete, kam es in den Townships von Harare zu Massengewalt. Über Wochen zettelten gewaltbereite Jugendliche, die von den Politikern als Privatarmeen rekrutiert wurden, Prügeleien, Brandstiftungen und Morde an. Die weiße Regierung von Ian Smith wartete ab und ließ die Lage eskalieren, um dann umso härter zuzuschlagen. Sie sah sich in ihrer rassistischen Grundannahme bestätigt, die Afrikaner seien politikunfähige Barbaren, und internierte 1964 die führenden Politiker beider Parteien für zehn Jahre.

In dieser Zeit begannen im nördlichen Nachbarland Sambia Exilflügel beider Parteien ihre eigenen Guerillaarmeen aufzubauen und einen Unabhängigkeitskrieg zu führen, der aber lange durch interne gewaltsame Konflikte behindert und erst ab Mitte der 1970er Jahre effizient geführt wurde. Weil mit der Unabhängigkeit Mosambiks 1975 ein weiteres großes Operationsgebiet eröffnet und von der ZANU genutzt wurde, das nahe an den Shona-Gebieten Rhodesiens lag, setzte nun ein allmählicher Ethnisierungsprozess der beiden Parteien ein, durch den die ZANU immer stärker die Partei der Shona-Mehrheit (ca. 80 %), die ZAPU diejenige der minoritären, im Westen des Landes lebenden Ndebele (ca. 13 %) wurde.

Am 18. März 1975 kam der Vorsitzende der ZANU, Herbert Chitepo, durch eine Autobombe in Lusaka ums Leben, wofür die sambischen Behörden innerparteiliche Gegner verantwortlich machten. Sie verhafteten die ganze Führungsriege der mittlerweile aufgebauten Armee der ZANU. In dieses Führungsvakuum stießen jüngere Guerillakommandeure, die ein Ende der innerparteilichen Kabalen anstrebten und die beiden Armeen im Kampf gegen den eigentlichen Feind, das weiße Regime, zu vereinen suchten. Sie verliehen der neu entstandenen, aber kurzlebigen *Zimbabwe Independence Peoples Army* (ZIPA) eine marxistische Befreiungsideologie.

Unter dem Druck westlicher Politiker kam 1974 der Generalsekretär der ZANU, Robert Mugabe, wieder frei. Daraufhin verließ er heimlich das Land und schlug sich 1975 ins gerade unabhängig gewordene Mosambik durch, dessen Westgrenze mittlerweile zum Operationsgebiet der Guerillaeinheiten geworden war. Mugabe war immerhin der ranghöchste Führer der ZANU und konnte mit Unterstützung des mosambikanischen Militärs 1976/77 seine Autorität durchsetzen. Im März 1977 wurde er vom Parteivorstand zum neuen Parteichef gewählt. In seiner ersten Rede stellte er klar, was er unter innerparteilicher Demokratie verstand: «It cannot be denied that right from the Central Committee down to the smallest Party unit indiscipline pervades our entire structure.» Dies müsse dringend geändert werden: «When an individual cannot subject himself to discipline, then external discipline must apply. The Party must compel him to conform. This is where punishment comes in.» (Mugabe 1983, 37 f.) Tatsächlich verbündete er sich mit dem Oberkommandierenden seiner Guerillaarmee, Josiah Tongogara, und gemeinsam gingen sie mit Folterungen und Hinrichtungen gegen innerparteiliche Gegner und angebliche Verräter vor. Dazu gehörten auch die jungen ZIPA-Führer, die von mosambikanischen Sicherheitskräften auf Betreiben Mugabes für den Rest des Krieges inhaftiert wurden.

Mugabe knüpfte alsbald an die alten Traditionen autoritärer Führung in der ZANU an, übernahm aber geschickt die marxistische Rhetorik der ZIPA-Führer, weil er erkannt hatte, dass er damit seine chinesischen Unterstützer überzeugen und bei linken Solidaritätsgruppen im Westen Sympathien gewinnen konnte. Das Bekenntnis der ZANU zum Marxismus-Leninismus kann man auf die Jahre 1976/77 datieren, es lässt sich vorher in keiner Verlautbarung, geschweige denn in Parteistatuten oder Programmschriften irgendwo finden. Schaut man sich die Äußerungen nach 1977 an, insbesondere die gesammelten Reden Robert Mugabes, wird sichtbar, wie sehr es sich um ein rein rhetorisches Bekenntnis handelte. In keiner Rede oder Schrift findet sich auch nur ansatzweise eine marxistische Klassenanalyse. Die veröffentlichten Verlautbarungen der ZANU und die Reden Mugabes im Besonderen bieten dennoch eine aufschlussreiche Lektüre. Denn er verglich seine Gegner häufig mit Tieren, indem er die Siedler als Ungeziefer bezeichnete und angebliche Kollaborateure offen mit dem Tod bedrohte. Gegen Ende des Krieges veröffentlichte die ZANU sogar eine umfangreiche Todesliste. Die nach Mugabes Wahl erfolgte Umwandlung der Partei nach sowjetischem Muster mit einem Zentralkomitee und später auch einem Politbüro war nicht ideologisch motiviert, sondern diente der Sicherung und dem Ausbau der eigenen Autorität. Mugabe ließ tatsächliche und potentielle Rivalen festnehmen und in den Militärlagern der ZANU einsperren, oft in Erdlöchern, wobei sie von den parteieigenen «Sicherheitskräften» gefoltert und misshandelt wurden.

Da Mugabe sich erfolgreich als radikaler Revolutionsführer marxistischer Prägung präsentierte, versuchten alarmierte westliche Politiker einschließlich der südafrikanischen Apartheid-Regierung zu vermitteln. Doch Mugabe hatte genau erkannt, dass demjenigen der Sieg zufallen würde, der bis zum Ende die radikalste Position aufrechterhielt. Darum war er nicht zu Konzessionen bereit, als 1979 die frisch gewählte britische Premierministerin Margaret Thatcher die Vermittlung ihrem Außenminister Lord Carrington übertrug. Mugabe ging äußerst unwillig in die Verhandlungen, schien ihm doch der militärische Sieg fast sicher zu sein. Bei Mugabe stieß selbst Carrington auf Ablehnung, während

Mugabes Rivale Joshua Nkomo sich als zugänglicher und kompromissbereiter erwies. Schließlich waren es die fortgesetzten Bombardierungen Mosambiks durch die rhodesische Luftwaffe und der Druck, den der mosambikanische Präsident Samora Machel deswegen auf Mugabe ausübte, die ihn schließlich zur Einwilligung in einen Vertrag nötigten. Dieser umfasste einen Waffenstillstand und den Übergang zur Mehrheitsherrschaft sowie die Modalitäten der ersten allgemeinen Wahlen. Die Guerillakämpfer sollten in international überwachte Auffanglager kommen und dort entwaffnet werden, doch Mugabe hielt sich nicht an die verabredeten Regeln, sondern ließ einen beträchtlichen Teil seiner Kämpfer bewaffnet in die ländlichen Distrikte einsickern, wo sie die Zivilbevölkerung einschüchterten und den Wahlkampf anderer Parteien verhinderten. So war es wenig verwunderlich, dass die ZANU-PF im März 1980 63 Prozent der Stimmen holte und allein eine Regierung bilden konnte.

Der Weg zur Gewaltherrschaft

Als neuer Regierungschef gab sich Mugabe versöhnlich, nicht zuletzt um den Exodus vieler Weißer und damit des Know-how aus Wirtschaft und Verwaltung zu verhindern, und bildete mit der ZAPU eine Koalitionsregierung. Seine Partei richtete sich bald in den neuen Machtstrukturen ein, wobei früh die ersten Anzeichen von Korruption in der neuen Machtelite sichtbar wurden.

Schon bald ging Mugabe als Premierminister mit exzessiver Gewalt gegen mutmaßliche Gegner vor. Bereits zwei Jahre nach der Unabhängigkeit begann er einen Bürgerkrieg gegen das Volk der Ndebele, dem er unterstellte, bewaffnete Regierungsgegner aus der ZAPU zu unterstützen. Bei diesen Militäroperationen gegen unbewaffnete Zivilisten kamen durch Folter, Massaker und den als Waffe eingesetzten Hunger mindestens 20 000 Menschen ums Leben. In diesem Zusammenhang tauchten die Tiervergleiche wieder auf, als etwa Emmerson Mnangagwa, der Sicherheitsminister und enge Mitarbeiter Mugabes, die Ndebele als Kakerlaken bezeichnete.

Dieser Staatsterrorismus fiel in die Zeit, als Mugabe und seine Regierung im Westen als Musterland, als geglücktes Beispiel für einen fried-

Christoph Marx

lichen und demokratischen Übergang in die Unabhängigkeit gepriesen wurden. Um diese Erfolgsgeschichte nicht zu trüben, verschwiegen die meisten westlichen Medien und Politiker die Massaker und behandelten Mugabe als einen Vorzeigedemokraten.

Der jahrelange Terror brachte für Mugabe das gewünschte Ergebnis. ZAPU-Chef Joshua Nkomo kapitulierte 1987 und erklärte sich bereit, seine Partei mit der ZANU-PF unter deren Namen zu verschmelzen. Mugabe verband damit eine Verfassungsänderung, die autoritäre Strukturen weiter verstärkte, indem sein bisheriges Amt des Premierministers mit dem des Staatspräsidenten zusammengelegt wurde. Damit liefen alle Fäden bei ihm zusammen, einschließlich der Wirtschaft und Zivilgesellschaft, die eng mit der Regierungspartei verflochten wurden.

Jede Wahl, angefangen mit der angeblich demokratischen des Jahres 1980, gefolgt von den Wahlen 1990 und 1995, war von Gewalt und Repression gegenüber Oppositionellen und kritischen Medien geprägt. Doch in den 1990er Jahren funktionierte Mugabes System der Entwicklungsprogramme mit parallelem Ausbau eines Patronagestaates immer schlechter. Deshalb musste sich das Regime einem Strukturanpassungsprogramm des Internationalen Währungsfonds beugen, dessen brutaler Austeritätskurs die erreichten Erfolge im Bildungs- und Gesundheitssektor binnen kurzer Zeit zerstörte und die Legitimation der Regierung ernsthaft gefährdete.

Gegen Ende der 1990er Jahre spitzte sich die Lage zu, als sich aus der Gewerkschaftsbewegung eine neue Oppositionspartei, *Movement for Democratic Change*, bildete und eine zivilgesellschaftliche Initiative eine neue Verfassung ausarbeitete. Es gelang der Regierung, einen eigenen Verfassungsentwurf zu präsentieren. Als sie wider ihr eigenes Erwarten am 15. Februar 2000 eine Volksabstimmung über diesen Entwurf deutlich verlor, begannen wenige Tage später gewaltsame Besetzungen weißer Farmen und massive Gewaltangriffe auf die Opposition.

Das Regime versuchte auf diese Weise ein Problem zu lösen, das es seit 1980 mit sich herumgeschleppt, aber nie ernsthaft angegangen hatte, nämlich die ungleiche Landverteilung. Bis dahin war eine Umverteilung nur möglich, wenn ein Landbesitzer zum Verkauf bereit war. Doch hatte das Regime die sich dadurch bietenden Gelegenheiten oft gar nicht wahrgenommen, weil die kommerzielle Landwirtschaft die Hauptein-

Abb. 26　Porträt Robert Mugabes.

nahmequelle des Landes war und die Regierung mit den Farmern bis dahin gut zusammengearbeitet hatte. Mugabe machte sie nun pauschal für alle Probleme verantwortlich und ging mit Gewalt gegen sie vor. 2003, auf dem Höhepunkt der Farmbesetzungen, bekannte er sich zu ganz neuen Vorbildern: «I am still the Hitler of the time. This Hitler has only one objective, justice for his own people, sovereignty for his people, recognition of the independence of his people, and their right to their resources. If that is Hitler, then let me be a Hitler tenfold. Ten times, that is what we stand for» (Thornycroft 2003). Das Ergebnis war der Kollaps des Agrarsektors, wodurch Versorgungsengpässe und bald darauf ein endemisches Hungerproblem entstanden.

An diesem Vorgehen beteiligte sich seit 2000 die Armee, die in den folgenden Jahren ihre politische Mitsprache so weit ausdehnte, dass Simbabwe eine Quasi-Militärdiktatur wurde. Den Höhepunkt erreichte dieses Vorgehen mit der «Operation Murambatsvina» im Mai 2005, deren Name – «Den Dreck wegspülen» – offenbarte, was Mugabe von seinem Volk hielt. Bei dieser Aktion gingen die Sicherheitskräfte gegen die informelle Wirtschaft in den Städten vor, weil sie den zahlreichen Kleinhändlerinnen, Handwerkern und generell den durch die Regierungspolitik

　　　　　　　　　　　　　　　　　　　　Christoph Marx

völlig Verarmten, die sich mit Gelegenheitsjobs durchschlagen mussten, unterstellten, Anhänger der Opposition zu sein. Von dieser Operation allein waren 700 000 Menschen direkt betroffen, deren Marktstände, Werkstätten und Unterkünfte von Bulldozern zerstört wurden (Marx 2017, 237 ff.). Obwohl die ZANU-PF im Besitz des staatlichen Gewaltmonopols war, unterlief sie es ganz bewusst durch ihre eigenen Schlägertrupps, um die Willkürherrschaft zu normalisieren und die Berechenbarkeit einer rechtsstaatlichen Ordnung zu zerstören.

Im Wahlkampf 2008, als sich ein Sieg der Opposition abzeichnete, gingen die Sicherheitskräfte und die Privatarmeen der Politiker mit solcher Brutalität vor, dass selbst Thabo Mbeki, der mit Mugabe sympathisierende Präsident Südafrikas, die Wahl nicht mehr ohne weiteres als frei und fair beurteilen konnte. Statt nach der Fälschung der Wahlergebnisse Druck auf das Regime auszuüben, nötigte Mbeki die Opposition in eine Koalitionsregierung mit dem Wahlverlierer, die zwar in den folgenden Jahren eine relative Erholung der Wirtschaft zur Folge hatte, aber signalisierte, dass Wahlfälschungen und Gewalt folgenlos bleiben würden. Bald schon richtete sich die Brutalität der ZANU-PF immer mehr gegen sich selbst, indem einst mächtige Figuren des Regimes unter merkwürdigen Umständen zu Tode kamen. Interne Säuberungsaktionen ließen die Partei personell ausbluten, und eine Konfrontation zwischen der ambitionierten Präsidentengattin Grace Mugabe und dem Vizepräsidenten Emmerson Mnangagwa um die Nachfolge im Präsidentenamt löste schließlich im November 2017 eine Intervention des Militärs aus. Der mit Mnangagwa verbündete Oberkommandierende der Armee zwang Mugabe zum Rücktritt und erhob seinen Partner zu dessen Nachfolger, ließ sich allerdings die brüderliche Hilfe mit politischen Machtpositionen für hohe Militärs bezahlen.

Mit der Übernahme der ZANU-Führung durch Robert Mugabe im Jahr 1977 hatte ein bis dahin ungekannter Personenkult um den Parteichef eingesetzt, der sich nach der Unabhängigkeit sukzessive steigerte. Als er 1987 ins Präsidentenamt aufstieg, wurde die Idolisierung, die seine Paladine betrieben, immer extremer und grotesker, was so weit ging, dass ein Minister vor Mugabe niederkniete, wenn er den Kabinettssaal betrat. Auch legte er gesteigerten Wert darauf, als «Seine Exzellenz» angesprochen zu werden, was sich gemeinsam mit dem klassenkämpferischen «Comrade» vor seinem Namen recht apart ausnahm. Mugabe sah sich nicht mehr als durch Wahlen legitimierten Politiker, sondern als von Gott eingesetzten Führer. Während das Land immer mehr verarmte und die Lebenserwartung für Simbabwer eine der niedrigsten der Welt war, erging sich die Machtelite in ihrem Luxusleben.

War Mugabe ein Tyrann?

Warum hielten so viele Robert Mugabe für einen Tyrannen? Versteht man unter einer Tyrannis die Zerstörung einer Rechtsordnung, sei es einer geschriebenen oder einer gewohnheitsrechtlichen, durch Willkür, dann heißt dies seit dem 19. Jahrhundert die Aufhebung der Gewaltenteilung. Die Tyrannis ist das Gegenteil dessen, was man als «good governance» bezeichnet. Die Entgegensetzung von Recht und Willkür, Gewaltenteilung und unumschränkter Macht liegt den Bewertungen derjenigen zugrunde, die den frühen von dem späten Mugabe nach der Jahrtausendwende unterscheiden. Sie meinen, Mugabe habe sich in den ersten beiden Jahrzehnten seiner Herrschaft noch an bestimmte Grundregeln gehalten, z. B. habe er die Unabhängigkeit der Justiz respektiert. Mugabes Übergang vom angeblich rechtsstaatlich handelnden Politiker zum Tyrannen – nämlich die Eskalation von Gewalt und die Skrupellosigkeit, mit der das Regime sich über alle Grundsätze von Recht und Gerechtigkeit hinwegsetzte – erkläre sich aus der Krise, in die sein Regime Ende der 1990er Jahre geraten war. Sie war nur zu lösen durch Mugabes Rücktritt oder durch ein Festhalten an der Macht mit allen Mitteln.

Andere, insbesondere die demokratischen Intellektuellen in Simbabwe, bezweifeln den Wandel in Mugabes Lebensweg. Sie sehen in ihm von Anfang an einen Tyrannen und verweisen auf die Massaker an den Ndebele kurz nach seinem Amtsantritt. Im Kontext dieser Interpretation war Mugabes Gewaltherrschaft ohne die vorangegangene jahrzehntelange undemokratische und rassistische Herrschaft einer Siedlerminderheit nicht erklärbar. Weil die Gewaltkultur seit den späten 1950er Jahren hegemonial wurde, stellt sich die Frage, ob die Herrschaft Mugabes mit seiner Person zusammenhing oder ob sie nicht vielmehr systemisch war. Wie die Fortsetzung aller damit verbundenen Praktiken unter seinem Nachfolger zeigt, war Mugabe als Person ohne weiteres austauschbar.

Christoph Marx

Darum sollte sich die Analyse auf das System politischer Herrschaft richten. Vieles spricht dafür, dieses System mit seiner autoritären Parteistruktur, mit Einsätzen der Armee gegen die eigene Bevölkerung, mit der Diffamierung und Dehumanisierung politischer Gegner, mit einem überbordenden Personenkult, verbunden mit einem ausgeprägten ritualisierten Totenkult, als faschistisch zu bezeichnen. Faschismus lässt sich kennzeichnen als eine moderne, gegen die Demokratie gerichtete Bewegung, die einen «Führer» ins Zentrum stellt und das «Führerprinzip» zum antidemokratischen Strukturmerkmal erhebt. Durch den Systemcharakter unterscheidet sich Faschismus von einer Tyrannis, die sich auf den Gewaltherrscher als individuelle Figur bezieht.

16
Bashar al-Assad – der Zerstörer des modernen Syrien

Von Guido Steinberg

Als Bashar al-Assad im Juli 2000 seinem verstorbenen Vater Hafiz im Amt des Präsidenten der Arabischen Republik Syrien nachfolgte, war die Erleichterung im Nahen Osten und in vielen westlichen Hauptstädten groß. Hafiz al-Assad hatte das Land über drei Jahrzehnte mit harter Hand regiert, und die Sorge war verbreitet, dass es nach seinem Tod zu einem Nachfolgekonflikt kommen könnte, der eine Phase der Instabilität in Syrien einläuten würde. Bei vielen Syrern weckte Bashar al-Assad Hoffnungen, denn er galt vielen als guter Mensch von Damaskus, der gegen seinen Willen in die Politik gegangen war und Reformen versprach. Mehr als zwanzig Jahre nach seinem Amtsantritt sind diese Erwartungen einer großen Ernüchterung gewichen. Bashar al-Assad wurde zu einem der brutalsten Despoten der Gegenwart, der 2011 einen langjährigen Bürgerkrieg begann, der große Teile Syriens verwüstete, mehr als 500 000 Todesopfer forderte und fast die Hälfte der ehemals 21 Millionen Syrer in die Flucht ins In- und Ausland trieb.

Der despotische Vater

Indem Hafiz al-Assad seinem Sohn die Herrschaft über Syrien vererbte, schuf er eine Familiendiktatur, wie es sie in den Republiken des Nahen Ostens noch nicht gegeben hatte. Zwar versuchten auch Zeitgenossen wie der Iraker Saddam Hussein (1937–2006), der Ägypter Hosni Mubarak (1928–2020) und der Libyer Muammar al-Gaddafi (1942–2011), Söhne zu Nachfolgern aufzubauen, doch verloren sie die Macht, bevor sie ihre Pläne verwirklichen konnten. Dass es gerade dem langjährigen syrischen Präsidenten Hafiz al-Assad gelang, Bashar zu seinem Nachfolger zu machen, überraschte jedoch nicht. Mit dem Herrschaftsantritt von Hafiz im November 1970 begann in Syrien eine lange Phase innenpolitischer Stabilität. Zwischen 1946 und 1970 hatte es zahlreiche Staatsstreiche des Militärs gegeben. Der Putsch von Verteidigungsminister Hafiz al-Assad sollte der letzte bleiben, denn dieser festigte seine Herrschaft nachhaltig.

Hafiz al-Assad wurde 1930 als Sohn einer in bescheidenen Verhältnissen lebenden alawitischen Bauernfamilie in Qardaha nahe Latakia geboren. Die Alawiten waren damals eine Minderheit von wenig mehr als 10 Prozent der Bevölkerung Syriens, die mehrheitlich in Armut in den ländlichen Gebieten der Küstenprovinzen Tartus und Latakia lebten. Wie viele seiner Glaubensgenossen geriet der junge Hafiz unter den Einfluss des arabischen Nationalismus und schloss sich früh der Baath-Partei (dt. «Wiedererweckung») an. In den 1940er Jahren gegründet, hatte diese sich die Einheit aller Araber, die Unabhängigkeit von Frankreich und anderen ausländischen Mächten und den Sozialismus auf die Fahnen geschrieben. Die Partei war für junge Alawiten attraktiv, weil sie aufgrund ihrer Areligiosität den Minderheiten Gleichberechtigung in einem damals noch von der städtischen sunnitischen Oberschicht beherrschten Land versprach. Der junge Assad schlug wie viele andere Alawiten, Drusen, Ismailiten und ländliche Sunniten seiner Generation eine Offizierslaufbahn ein, die ihm der beste Weg zum gesellschaftlichen Aufstieg schien (Koszinowski 1992, 45).

Als 1963 ein von Alawiten dominiertes Offizierskomitee der Baath-Partei die Macht übernahm, begann Assads Aufstieg. 1964 wurde er Luftwaffenchef und nach einem weiteren Staatsstreich des linken, stärker marxistisch geprägten Flügels der Partei 1966 auch Verteidigungsminister. In den nächsten Jahren baute Assad das Militär zu seiner Hausmacht aus, setzte sich in einem Staatsstreich im November 1970 durch und ließ sich im März 1971 zum Präsidenten wählen. Er vereinte fortan dieses Amt, das des Generalsekretärs der Baath-Partei und das des Oberkommandierenden der Streitkräfte in seiner Person, doch herrschte er mithilfe des Militärs und vierer teils miteinander konkurrierender Geheimdienste, die er ausbaute und rücksichtslos gegen innen- und außenpolitische Gegner einsetzte (Seale 1988, 164–184).

Assad war der erste Alawit an der Spitze des syrischen Staates. Angehörige der Minderheit übernahmen nun noch mehr Schlüsselpositionen im Militär, den Geheimdiensten und der (staatlich gelenkten) Wirtschaft. Der zweite Mann des Regimes wurde Hafiz al-Assads jüngerer Bruder Rifaat, der das Kommando über die Verteidigungskompanien (arab. *Saraya ad-Difaʿ*) übernahm, eine loyale alawitische Elitetruppe, die einen erneuten Staatsstreich des Militärs verhindern sollte. Um die wirtschaftlichen Interessen der Familie Assad kümmerte sich sein Schwager Muhammad Makhlouf (1930–2020), der ein Geschäftsimperium aufbaute. In dem neuen politischen System Syriens war jedoch auch Platz für Sunniten aus ländlichen Regionen wie den langjährigen Verteidigungsminister Mustafa Tlas (amtierend 1972–2002) und Generalstabschef Hikmat Shihabi (amtierend 1974–1998), die in den 1940er und 1950er Jahren ebenfalls die Chance zum sozialen Aufstieg nutzten, die ihnen das Militär bot. Das Regime von Hafiz al-Assad wurde nicht nur von Alawiten und den zahlreichen religiösen Minderheiten wie Christen, Drusen und Ismailiten getragen, sondern auch von vielen ländlichen und einigen städtischen Sunniten vor allem in Damaskus (Zisser 1999, 135, 141).

Die oft sehr konservative städtische sunnitische Bevölkerung lehnte das Assad-Regime mehrheitlich ab – was in einem Land, in dem rund zwei Drittel der Bevölkerung arabische Sunniten sind, problematisch war. Sie protestierten gegen die Dominanz der Alawiten, die jahrhundertelang am unteren Ende der sozialen, kulturellen und politischen Hierarchie Syriens gestanden hatten und bis heute von den meisten Sunniten als häretische Sektierer und unzivilisierte Bauern verachtet werden. Sie wehrten sich aber auch gegen den aus ihrer Sicht unislamischen Säkularismus der Baath-Partei, der Syrien seine islamische Identität zu rauben drohte. Besondere Sprengkraft gewann der Widerstand gegen Assad, weil sich ihm auch viele Händler und Landbesitzer anschlossen. Die städtische sunnitische Wirtschaftselite in Aleppo, Hama und anderen Städten im Norden hatte durch die Verstaatlichungen und Bodenreformen der 1960er und 1970er Jahre an ökonomischer Macht verloren (Koszinowski 1985, 554 f.). So entwickelte sich ein Konflikt zwischen Alawiten und Sunniten, zwischen Stadt und Land, aber auch zwischen Aleppo und Hama einerseits – wo die Aufständischen ihre Hochburgen hatten – und Damaskus andererseits, wo sich die urbanen Eliten mehrheitlich für Assad entschieden und die Lage viel ruhiger blieb (Zisser 1999, 135, 141).

1976 begann ein von Sunniten getragener Aufstand der syrischen Muslimbruderschaft gegen das Regime von Hafiz al-Assad. Er setzte mit Anschlägen gegen Vertreter des Regimes und prominente Alawiten ein und hielt in den nächsten Jahren an. Als die Rebellen im Juni 1979 einen Anschlag auf die Artillerieschule von Aleppo verübten, dem bis zu 83 blutjunge alawitische Offiziersanwärter zum Opfer fielen, verschärfte sich die Auseinandersetzung. Die Armee und die Sicherheitskräfte gingen gewaltsam gegen die Rebellen und die Zivilbevölkerung vor. Die Aufständischen verübten Anschläge, darunter im Juni 1980 sogar ein gescheitertes Attentat auf Hafiz al-Assad selbst. Als die Muslimbrüder die Kontrolle über die Großstadt Hama (damals 250 000 Einwohner) übernahmen, reagierte das Regime mit Härte. Im Februar 1982 umzingelten die Verteidigungskompanien unter dem Kommando von Rifaat al-Assad die Stadt und begannen eine vierwöchige Offensive, in deren Verlauf große Teile von Hama mit Panzern, Artillerie und Luftwaffe in Schutt und Asche gelegt wurden. Obwohl die Rebellen wahrscheinlich nur einige Hundert Mann zählten, töteten Assads Prätorianer etwa 20 000 Menschen. Die meisten Opfer waren unbeteiligte Zivilisten, die nach der raschen Niederlage der Aufständischen zu Tausenden hingerichtet wurden (Lia 2016).

Damit war der Aufstand der Muslimbrüder beendet und Assads Herrschaft gesichert. In den nächsten drei Jahrzehnten gab es kaum Anzeichen für Widerstand; die syrische Muslimbruderschaft erholte sich nie wieder von der Niederlage. Die Ereignisse von Hama wurden zu einem Tabu, über das in Assads Syrien nicht oder nur hinter vorgehaltener Hand gesprochen wurde. So sicher konnte sich der Diktator seiner Herrschaft über Syrien sein, dass die Repression ab 1985 und erneut in den 1990er Jahren nachließ. Hafiz al-Assad saß sogar so fest im Sattel, dass er in dieser Phase die sunnitischen Wirtschaftseliten für sich zu gewinnen suchte, indem er etwas mehr Privatwirtschaft und ausländische Investitionen zuließ (Zisser 1999, 137).

Lange Zeit schien es so, als hätte Assad seinen Bruder Rifaat zu seinem Nachfolger auserkoren. Doch hatte dieser schon im November 1983 das Misstrauen seines Bruders geweckt. Assad war im November schwer erkrankt, worauf Rifaat von den übrigen Granden des Regimes forderte, ihn als Nachfolger anzuerkennen. Als loyale Truppenführer wie Mustafa Tlas, Hikmat Shihabi und viele alawitische Kommandeure sich wehrten, drohte ein Bürgerkrieg, der möglicherweise nur verhindert werden konnte, weil Hafiz sich rasch erholte und den Streit beendete (Koszinowski 1985, 566). Um einen erneuten Putschversuch des Bruders zu verhindern, wurden die Verteidigungsbrigaden aufgelöst und auf andere Einheiten aufgeteilt. Rifaat ging ins Exil, blieb jedoch einer von drei Vizepräsidenten, so dass er sich weiter Hoffnungen machen konnte, seinen Bruder zu beerben.

Ab 1991 wurde die Nachfolge erneut zum Thema, weil Hafiz begann, seinen Sohn Bassil (geboren 1962) in Position zu bringen. Der älteste von vier Brüdern war Luftwaffenoffizier und diente in der Republikanischen Garde, die seit Mitte der 1980er Jahre die Rolle der Verteidigungsbrigaden als Prätorianergarde des Regimes übernommen hatte. Bassil wurde befördert und geriet als Kapitän des syrischen olympischen Reiterteams in die Schlagzeilen. Fotos von ihm mit seinem Vater waren immer häufiger zu sehen, und auch die strikt kontrollierte syrische Presse deutete an, dass er zu Hafiz' Nachfolger auserkoren worden sei (Zisser 1999, 136 f.). Erst als Bassil im Januar 1994 bei einem Autounfall unerwartet starb, trat sein jüngerer Bruder Bashar (geboren 1965) auf den Plan.

Der zurückhaltende, fast scheue Bashar dürfte eine Notlösung gewesen sein, denn er hatte bis dahin kein Interesse an Politik und Militär gezeigt. Stattdessen studierte er Medizin und spezialisierte sich auf Augenheilkunde, zunächst in Damaskus und anschließend in London. Von dort wurde er Anfang 1994 zurückgerufen und schnell als Ersatz für seinen verstorbenen Bruder installiert. Er absolvierte in einem Schnellkurs die Offiziersausbildung an der Militärakademie Homs und trat als Hauptmann in die Republikanische Garde ein. Er wurde schnell befördert, so dass er schon 1999 Oberst war. Bereits im Vorjahr hatte er die Aufgabe erhalten, die syrische Politik im Libanon zu führen, wo syrische

Truppen als Besatzungsmacht stationiert waren. Obwohl es sich um eine informelle Funktion handelte, war sie eine der wichtigsten im Regime überhaupt, was sich auch daran zeigte, dass sie bis dahin von Vizepräsident Abd al-Halim Khaddam – einem Kindheitsfreund von Hafiz al-Assad, der seit 1984 amtierte – ausgefüllt worden war. Der einzige offizielle Posten, den Bashar al-Assad innehatte, war der des Vorsitzenden der Syrischen Gesellschaft für Computertechnologie, den er nutzte, um sich als Vertreter eines Modernisierungskurses zu präsentieren (Koszinowski 2000, 363 f.).

Als Ende 1996 Nachrichten über eine erneute ernsthafte Krankheit des Präsidenten publik wurden, begann Hafiz al-Assad, potentielle Gegner seines Sohnes aus dem Weg zu räumen. Das erste und wichtigste Opfer der Kampagne wurde Bashars Onkel Rifaat, der 1998 sein Amt als Vizepräsident für Sicherheitsfragen verlor. Es folgte der altgediente Generalstabschef Shihabi, der als prominenter Gegner einer Nachfolge in der Familie Assad galt. Außerdem wurden zwischen 1997 und 2000 weitere Schlüsselfiguren des militärisch-geheimdienstlichen Apparats entlassen und durch Personen ersetzt, die die Nachfolge Bashars befürworteten. Zusätzlich wurde dem Präsidentensohn die Gelegenheit geboten, sich als Bekämpfer der allgegenwärtigen Korruption darzustellen, indem Ministerpräsident Mahmud az-Zu'bi entlassen und angeklagt wurde – woraufhin der Politiker Selbstmord beging (Koszinowski 2000, 364–367).

Die personellen Änderungen trugen der Tatsache Rechnung, dass die Zustimmung der mächtigsten Armeeführer und Geheimdienstchefs für eine reibungslose Machtübernahme entscheidend war. Besonders wichtig war der Hafiz treu ergebene Verteidigungsminister Mustafa Tlas, der sich vorbehaltlos auf die Seite Bashars stellte. Hinzu kamen der neue Generalstabschef Ali Aslan, einflussreiche jüngere Mitglieder der Familie Assad wie Bashars Bruder Maher und sein Schwager Assef Shaukat ebenso wie die fast ausschließlich alawitischen Kommandeure der Eliteeinheiten des Regimes und die Geheimdienstchefs, die loyal zur Entscheidung Hafiz al-Assads standen. Als dieser am 10. Juni 2000 starb, gab es keinen nennenswerten Widerstand gegen die Nachfolge Bashars. Das Regime versuchte trotzdem, der ungewöhnlichen Regelung zumindest einen Anschein von Legitimität zu verleihen. Noch am Todestag des Vaters wurde das in der Verfassung genannte Mindestalter des Präsidenten von 40 auf 34 Jahre und damit genau auf das damalige Alter Bashars herabgesetzt. Am nächsten Tag wurde er zum Generalfeldmarschall befördert und zum Oberkommandierenden der Streitkräfte ernannt. Nachdem Bashar auch Generalsekretär der Baath-Partei geworden war, folgte am 10. Juli eine Volksabstimmung, in der er mit einer Zustimmung von 97,3 Prozent zum Präsidenten «gewählt» wurde (Koszinowski 2000, 370).

Der junge Präsident (2000–2011)

Viele Syrer knüpften hohe Erwartungen an den jungen Präsidenten. Vor allem in Damaskus bildeten sich Diskussionszirkel, die Foren oder Salons (arab. *muntadayat*) genannt wurden. Angeführt von prominenten Dissidenten wie Riad as-Saif formulierte die Opposition in diesen Foren Forderungen wie die nach einer Aufhebung des Ausnahmezustands, der seit dem Staatsstreich von 1963 in Kraft war. Doch als die Kritik immer häufiger in die Forderung nach einer vollständigen Demokratisierung mündete, endete der kurze «Damaszener Frühling» jäh. Die Foren wurden geschlossen und die wichtigsten Dissidenten verhaftet und zu jahrelangen Haftstrafen verurteilt (Perthes 2002, 254 f.).

Oft hieß es damals, die «alte Garde» des Regimes habe den jungen Präsidenten gezwungen, den «Frühling von Damaskus» zu beenden. Doch gilt heute als gesichert, dass Bashar selbst ebenso wie die Weggefährten seines Vaters politische Veränderungen mit aller Macht verhindern wollte. Ihm zur Seite stand dabei ein verjüngter innerster Machtzirkel, den Bashar schon seit den späten 1990er Jahren um sich scharte. Als Bashars Mann im Militär diente sein jüngerer Bruder Maher (geboren 1967), der das faktische Kommando über alawitische Eliteeinheiten übernahm. Im Geheimdienstapparat stieg Bashars Schwager Assef Shaukat (1950–2012) zur grauen Eminenz auf. Assads Cousin Rami Makhlouf wurde wie schon sein Vater Muhammad zu Zeiten von Hafiz al-Assad zum Bankier der Familie und des Regimes. In der zweiten Reihe dienten loyale Militärs und Geheimdienstler wie etwa Ali Mamlouk, der 2005 Chef des Allgemeinen Geheimdienstes wurde und später bis zum Vizepräsidenten für Sicherheitsfragen aufstieg. Die Institutionen des syrischen Staates, wie die Regierung, das Parlament und die

Guido Steinberg

Justiz, blieben unter der Kontrolle dieses fast ausschließlich von Alawiten beherrschten militärisch-geheimdienstlichen Komplexes, der Syrien überwachte. Als 2005 Verteidigungsminister Tlas und Vizepräsident Khaddam abtraten, konnte von einer «alten Garde» im Regime nicht mehr die Rede sein.

Ein Grund für die Verhärtung der syrischen Politik 2002 lag auch im Druck von außen. Assads Syrien galt der US-Regierung des Präsidenten George W. Bush (amtierend 2001–2009) als ein wichtiges Hindernis ihrer neuen Nahostpolitik nach den Anschlägen des 11. September 2001. Die Spannungen zwischen Washington und Damaskus wirkten sich vor allem im Libanon aus, wo der Widerstand gegen die syrische Präsenz seit 2000 erstarkt war. Das syrische Militär war dort seit dem Ende des Bürgerkriegs 1990 Besatzungsmacht, und der syrische Militärgeheimdienst herrschte mit harter Hand. Hafiz al-Assad hatte geduldet, dass die Hisbollah als einzige der Bürgerkriegsparteien ihre Waffen behielt, damit sie Israel bekämpfte. Die Organisation hatte im Frühjahr 2000 einen historischen Erfolg gefeiert, als die israelische Armee ihre «Sicherheitszone» im Süden des Landes nach 15 Jahren harten Kampfs gegen die islamistischen Guerillas fluchtartig räumte. Viele Libanesen forderten nun auch ein Ende der syrischen Besatzung und die Entwaffnung der Hisbollah. Als dies nicht geschah, machten sie Syrien und Assad verantwortlich.

An die Spitze der Bewegung stellte sich der libanesische Ministerpräsident Rafik Hariri (amtierend 1992–2000 und 2002–2004), ein Sunnit und milliardenschwerer Geschäftsmann mit engen Beziehungen nach Saudi-Arabien und in die westliche Welt. Der Konflikt zwischen ihm und Assad eskalierte, als der UN-Sicherheitsrat auf Initiative der USA und Frankreichs am 2. September 2004 die Resolution 1559 verabschiedete, in der der Abzug aller ausländischen (also syrischen) Truppen und die Entwaffnung und Auflösung aller Milizen im Libanon (das heißt der Hisbollah) gefordert wurde (Blanford 2006, 7). Am 14. Februar 2005 starb Hariri bei der Explosion einer Autobombe in Zentralbeirut. Das Assad-Regime war der Auftraggeber, doch hatte es sich bei diesem Attentat verkalkuliert. Massenproteste und der diplomatische Druck der USA zwangen Assad, die syrischen Truppen schon im April abzuziehen.

Was zunächst eine schwere Niederlage war, erwies sich nicht als das Ende des syrischen Einflusses im Libanon. Bashar al-Assad hatte schon seit seinem Amtsantritt eine sehr viel engere Beziehung zur Hisbollah und ihrem Anführer Hassan Nasrallah gesucht. Sein Vater Hafiz hatte die Organisation zwar unterstützt, sein Misstrauen gegenüber den irantreuen Islamisten aber nie abgelegt. Bashar aber bewunderte den charismatischen Nasrallah, suchte seine Nähe und weitete die syrischen Waffenlieferungen – darunter ballistische Raketen und moderne russische Panzerabwehrraketen – aus, wohl wissend, dass die Hisbollah sich auf einen Krieg gegen Israel vorbereitete (Blanford 2011, 337 f.). Im Juli 2006 begann der 34-tägige Konflikt, der mit der Zerstörung großer Teile des Libanon und hohen Verlusten für die Hisbollah endete, die sich aber gegen die israelische Übermacht behaupten konnte. Der Erfolg bestärkte Assad darin, das Bündnis mit der Hisbollah und Iran – von den Beteiligten seit 2004 die «Achse des Widerstands» genannt – weiter auszubauen, was Syrien regional und international weiter in die Isolation führte.

Auch wirtschaftliche Probleme setzten das Assad-Regime unter Druck. Besonders wichtig war der Rückgang der Ölförderung, die im Jahr 1996 mit 600 000 Barrel pro Tag ihren Höhepunkt erreicht hatte, anschließend aber fast stetig zurückging, bis sie 2011 nur noch bei unter 400 000 Barrel pro Tag lag (Tabler 2011, 19). Zwar konnte der syrische Staat in den 2000er Jahren aufgrund meist hoher Preise etwa die Hälfte seines Haushalts mit den Einnahmen aus dem Ölverkauf bestreiten. Doch gegen Ende des Jahrzehnts traten immer größere Probleme auf (Tabler 2011, 63, 126). Dramatisch wirkte sich der rasche Anstieg der Bevölkerungszahl aus, die von gut 6 Millionen im Jahr 1970 auf mehr als 16 Millionen im Jahr 2000 und schon 21 Millionen im Jahr 2011 stieg. Da Investitionen aufgrund der Rechtsunsicherheit, der grassierenden Korruption und der verschärften US-Sanktionen ausblieben, fehlte es an Arbeitsplätzen für Hunderttausende junge Leute. Offiziell lag die Arbeitslosigkeit in den Jahren vor 2011 meist bei knapp über 20 Prozent, doch dürften die tatsächlichen Zahlen weit höher gewesen sein.

Die wirtschaftlichen und politischen Missstände in Assads Syrien führten Anfang 2011 zu Protesten. Die Demonstranten zeigten sich anfangs von den Unruhen in Tunesien und Ägypten ermutigt, die dort zum Sturz der langjährigen Diktatoren Zine el-Abedine Ben Ali und Hosni Mubarak führten. Obwohl es in Syrien lange so schien, als sei auch dort ein Machtwechsel möglich, zeigten Assad und sein Regime Beharrlichkeit. Sie bekämpften die Proteste mit Gewalt, so dass schnell ein Aufstand und ein Bürgerkrieg ausbrachen, die über ein Jahrzehnt andauerten.

Der Konflikt wurde wie der zwischen 1976 und 1982 zu einem zwischen Alawiten und Sunniten und einem zwischen Stadt und Land. Die sunnitische Mehrheit im Land lehnte die Herrschaft der Alawiten weiterhin ab, und auch die Präsenz einiger sunnitischer Politiker im Kreis um Bashar al-Assad konnte ihren Unmut nicht beschwichtigen. Verschärfend wirkte sich aus, dass die Spannungen zwischen Sunniten und Schiiten in der Region seit dem Irak-Krieg von 2003 und der Emanzipation der Schiiten dort zugenommen hatten. Viele sunnitische Schiitenhasser subsumierten die Alawiten – eine aus der Schia hervorgegangene häretische Sekte – unter die Schiiten und nahmen den Kampf auf. Viele nicht-religiös motivierte Rebellen machten die Alawiten für die Verbrechen des Assad-Regimes verantwortlich. Zentren des Aufstands waren wieder diejenigen Städte und Gegenden im Norden und Zentrum des Landes, die wie Aleppo, Hama und Idlib schon bis 1982 Hochburgen der Islamisten gewesen waren.

Der wichtigste Unterschied zu dem vorherigen Bürgerkrieg war, dass sich ab 2011 auch und vor allem die ländliche sunnitische Bevölkerung gegen das Assad-Regime stellte. Dies hatte auch wirtschaftliche Gründe, weil das Leben dort seit dem Amtsantritt Bashars immer schwieriger geworden war. Eine lang anhaltende Dürre traf in den Jahren 2006 bis 2011 mehr als die Hälfte des Landes und trieb die Menschen zur Flucht in die Außenbezirke der großen Städte. Hinzu kam, dass Bashars Wirtschaftspolitik im Gegensatz zu der seines Vaters stand. Der Bauernsohn Hafiz al-Assad hatte sich mit Landreformen eine starke Basis unter den Bauern geschaffen, in den letzten Winkeln des Landes Straßen, Schulen und Hospitäler gebaut und Arbeitsplätze für die Landbevölkerung in Verwaltung und Militär geschaffen. Bashar hingegen war ein Kind der urbanen Oberschicht und förderte die Städte und besonders Damaskus, wo in erster Linie loyale Geschäftsleute wie etwa Rami Makhlouf von den Wirtschaftsreformen der frühen 2000er Jahre profitierten. Dies führte dazu, dass die ländlichen Gebiete vernachlässigt wurden und die ersten Proteste an von Sunniten bewohnten Orten ausbrachen, die unter Hafiz al-Assad noch als regimetreu gegolten hatten.

Das Regime scheint von den Protesten, die sich von Deraa über Homs schnell auf fast das ganze Land ausweiteten, vollkommen überrascht gewesen zu sein. Dies ist erstaunlich, weil Assad sich auf Geheimdienste mit mehreren Zehntausend Mann Personal stützte, die weitgehende Befugnisse hatten und deren zentrale Aufgabe es war, jedes Zeichen von Opposition im Land aufzuspüren und im Keim zu ersticken. Auf die ersten Proteste in Deraa und andernorts reagierten die Sicherheitskräfte mit brutaler Gewalt und heizten den Widerstand so zusätzlich an. Daraufhin gab Assad bei einer von ihm geleiteten Sitzung der «Zentralen Krisenmanagementzelle» des Regimes im April 2011 den Befehl, «den Verschwörern [entgegenzutreten], indem wir, beginnend mit dem heutigen Datum, Gewalt anwenden» (Sozialistische Arabische Baath-Partei 2011). Als am 18. Juli 2012 unter bis heute ungeklärten Umständen während eines Treffens der «Zelle» eine eingeschmuggelte Bombe detonierte und neben Bashars Schwager Assef Shaukat mehrere führende Militärs und Geheimdienstler tötete, schien das Regime kurz vor dem Sturz zu stehen. Doch übernahm nun das Nationale Sicherheitsbüro unter der Führung des Geheimdienstlers Ali Mamlouk in enger Abstimmung mit Bashar und seinem Bruder Maher die Koordinierung der Bekämpfungsmaßnahmen.

Die Geheimdienste und die Armee gingen mit enormer Brutalität vor, ohne einen Unterschied zwischen friedlichen Protesten und bewaffnetem Aufstand zu machen. In den nächsten Monaten und Jahren verhafteten sie mehr als 100 000 Menschen, die in einem weit verzweigten Archipel von Gefängnissen und geheimen Haftzentren verschwanden und zu Zehntausenden nicht wieder auftauchten. Folter, Misshandlungen und Hinrichtungen waren an der Tagesordnung. Im Zentrum dieses Systems stand das Militärgefängnis von Saidnaya nördlich von Damaskus, das seit den frühen 2000er Jahren zum bekanntesten und gefürch-

Abb. 27 Assad und Putin bekräftigen per Handschlag ihren Pakt,
November 2017.

tetsten Symbol der Gewaltherrschaft von Bashar al-Assad geworden
war – ähnlich wie das von Palmyra unter seinem Vater.

Noch mehr Aufsehen als diese Verbrechen erregte der Einsatz von
Chemiewaffen durch Assads Militär. Am 21. August 2013 beschoss es den
Damaszener Vorort Douma mit chemischen Kampfstoffen und tötete
dabei bis zu 1400 Menschen, unter ihnen viele Zivilisten. Zwar kündigte
US-Präsident Barack Obama einen Militärschlag gegen das Assad-Regime an, doch sagte er ihn wieder ab, nachdem die syrische Führung
einen Beitritt zur Chemiewaffenkonvention und die Herausgabe seiner
Chemiewaffen zugesagt hatte. Mit diesem Schritt rettete Assad möglicherweise seine Herrschaft. Es schadete ihm auch nicht mehr, dass
seine Truppen in den nächsten Jahren noch mehrfach Giftgas einsetzten.
Trotzdem hatte er große Probleme, sich der Rebellen zu erwehren, da es
an Personal fehlte. Die soziale Basis des Regimes war so sehr ge-
schrumpft, dass fast nur noch Alawiten freiwillig für Assad ins Feld
zogen. Nach einigen besonders schweren Niederlagen in der Provinz
Idlib intervenierten im Sommer 2015 Russland und ein iranisch geführ-
tes Milizenbündnis an der Seite der Regierungstruppen und retteten

Assad und sein Regime. Als die Verbündeten im Dezember 2016 den Ostteil von Aleppo einnahmen, der mehr als vier Jahre von Rebellen gehalten worden war, hatte sich Assad durchgesetzt.

Der gescheiterte Sieger

Obwohl Assads Truppen in den Jahren 2017 und 2018 im Süden, Osten und Norden des Landes große Geländegewinne erzielten, gelang es ihnen nicht, die Kontrolle über das ganze Land wiederherzustellen. Dies lag an der Schwäche des Regimes selbst, dem es an Soldaten und Geld fehlte. Hinzu kam, dass der syrische Bürgerkrieg nach der Intervention Russlands und Irans in eine neue Phase trat, in der mehrere ausländische Mächte – darunter neben diesen beiden vor allem die Türkei – Truppen entsandten und so eine Wiederherstellung der territorialen Einheit des Landes verhinderten. Nur Russland hatte ein Interesse an einem starken Assad-Regime. Zu diesem Zweck bemühte sich das russische Militär darum, das syrische Militär zu reformieren und die seit 2011 entstandenen Milizen in die Armee einzugliedern. Daraufhin entwickelte sich eine Konkurrenz zwischen Russen und Iranern, die viele der irregulären Einheiten ausgebildet und anfangs auch angeführt hatten. Die iranischen Revolutionsgarden arbeiteten besonders eng mit Maher al-Assad und den von ihm angeführten Armeeteilen und auch den Paramilitärs des starken Luftwaffengeheimdienstes zusammen, während die russische Armee Truppenteile wie das 5. Korps des syrischen Militärs und den Militärgeheimdienst förderte.

Bashar al-Assad konnte so zwar seine Macht sichern, doch wurde Syrien erstmals seit den 1960er Jahren wieder zum Spielball auswärtiger Mächte. Damit verspielte Bashar das politische Erbe seines Vaters, der sich von seinen Anhängern gerne und nicht zu Unrecht als «Gründer des modernen Syrien» hatte feiern lassen (Dagher 2019, 6). Trotzdem konnte sich Bashar an der Macht halten, denn er setzte weiter auf ungezügelte Repression. Schon Anfang 2017 wurden erste Berichte über die heimliche Hinrichtung von Zehntausenden Häftlingen in Saidnaya publik. Die Opfer wurden über die nächsten Jahre hin massenhaft erhängt und anschließend in Massengräbern verscharrt (Barnard 2019). Assad beseitigte die Verlierer mit genau der Brutalität, die seinen Vater und ihn über

Guido Steinberg

Abb. 28   Assad als Kriegsverbrecher, Karikatur aus Middle East Monitor,
17.07.2020.

fünf Jahrzehnte an der Macht gehalten, Hunderttausende Opfer gefordert und Syrien am Ende in den Ruin getrieben hatte.

Trotz der eindeutigen Faktenlage herrscht im In- und Ausland keine Einigkeit, wenn es um die Bewertung von Bashar al-Assads Herrschaft geht. In weiten Teilen der westlichen Welt dominiert die Auffassung, dass es sich um den vielleicht schlimmsten Tyrannen der Gegenwart handelt. Als Belege werden etwa die brutale Verfolgung friedlicher Oppositioneller, die hohe Zahl der Opfer des Bürgerkriegs und der Einsatz von Chemiewaffen gegen Rebellen und Zivilbevölkerung genannt. Die russische und die iranische Führung dagegen unterstützen das aus ihrer Sicht legitime Assad-Regime und leugnen beispielsweise, dass Damaskus für die Chemiewaffenangriffe verantwortlich ist. Vielmehr konzentrieren sich von Moskau und Teheran gesteuerte Medien auf tatsächliche und vorgebliche Untaten der Assad-Gegner, die sie samt und sonders als Terroristen kategorisieren.

Die meisten Syrer sehen in Bashar al-Assad heute einen blutigen Tyrannen, der das Land zerstört hat. Dies gilt vor allem für die arabisch-sunnitischen Bevölkerungsteile in den Vorstädten und auf dem Land, die besonders unter dem Bürgerkrieg gelitten haben und von denen Millionen ins Ausland oder innerhalb Syriens geflohen sind. Auch in den vom Regime kontrollierten Gebieten gilt Assad vielen als Despot, doch überwiegt dort die Furcht vor den allgegenwärtigen Geheimdiensten, so dass die Menschen ihre Kritik für sich behalten. Volle Unterstützung genießt Bashar al-Assad nur noch in Teilen seiner alawitischen Hausmacht, die wahrscheinlich zu Recht glaubt, dass sein Sturz ihr Überleben in Syrien gefährden könnte.

17
Nordkoreas Führer – von Kim Il Sung bis Kim Jong Un

Von Eric J. Ballbach

Als der nordkoreanische Staatsgründer Kim Il Sung am 8. Juli 1994 im Alter von 84 Jahren starb, brach in Nordkorea eine kollektive Volkstrauer aus, die in einem vergleichbaren Ausmaß höchstwahrscheinlich noch nirgendwo sonst gesehen wurde. Nach dem Tod von Kim Jong Il am 28. Dezember 2011 sah sich Nordkorea zum zweiten Mal in seiner Geschichte mit der Frage und Herausforderung einer familieninternen Machttransformation konfrontiert. Auf den ersten Blick glichen sich 1994 und 2011 viele Abläufe, etwa die Ausgestaltung der nationalen Trauerzeremonien sowie die Verewigung des verstorbenen Führers sowohl durch die Einbalsamierung des Körpers als auch durch die Verstetigung von wichtigen Posten über den Tod hinaus. Bei genauerer Betrachtung zeigen sich jedoch weitreichende Unterschiede zwischen den beiden Machtwechseln, nicht nur in deren Ausgestaltung, sondern auch in den Führungsstilen der jeweiligen Herrscher. So legte sich der um sein politisches Erbe besorgte Kim Il Sung bereits sehr früh auf Kim Jong Il als seinen Nachfolger fest und bereitete dessen Machtübernahme systematisch vor. Über 20 Jahre durchlief er in dieser Zeit alle relevanten Institutionen des nordkoreanischen Regimes und baute sich so ein Netzwerk aus Verbündeten und Vertrauten aus. Im Unterschied dazu verlief die Machtübernahme von Kim Jong Un in einem sehr kurzen Zeitraum, was letztlich nicht nur den Prozess der Machtübernahme selbst, sondern auch dessen Führungsstil veränderte.

Die Grundlage: Kim Il Sungs Nordkorea

Will man das gegenwärtige Nordkorea auch nur ansatzweise verstehen, ist es unabdingbar, einen näheren Blick auf den Staatsgründer Kim Il Sung zu werfen. Dessen Legitimation speiste sich insbesondere aus seinen Aktivitäten im anti-japanischen Guerillakampf in den 1930er Jahren – ein Vermächtnis, aus dem Kim Il Sungs politische Erben bis heute einen unmittelbaren Legitimitätsanspruch ableiten. Die Staatsgeschichte bzw. die das Nationalgefühl stiftenden Erzählungen erstrecken sich linear von den frühen Tagen der anti-japanischen Aufstände bis hin zur Gegenwart. Die Vision eines starken nordkoreanischen Staates, der massive Ausbau des nordkoreanischen Militärs und die Etablierung eines Sozialismus mit nordkoreanischer Prägung – all diese späteren politischen Entwicklungen wurden unter den Begebenheiten des anti-japanischen Kampfes geformt. Trotz durchaus berechtigter Zweifel an der nordkoreanischen Darstellung hinsichtlich seines tatsächlichen Wirkens im anti-japanischen Kampf ist heute unbestritten, dass Kim Il Sung in der Mandschurei in der Tat eine nicht zu unterschätzende Rolle im Rahmen des bewaffneten Widerstands gegen Japan spielte, wo er sich bis Ende der 1930er Jahre zu einer Führungspersönlichkeit unter den koreanischen und chinesischen Guerillakämpfern entwickelte. Nach dem Ende der japanischen Kolonialherrschaft, der vorläufigen Teilung der koreanischen Halbinsel in zwei Besatzungszonen und heftigen Auseinandersetzungen mit anderen koreanischen Nationalisten und Kommunisten wurde Kim Il Sung 1945 von der Sowjetunion als Führer der nördlichen Hälfte Koreas eingesetzt, wo er am 9. September 1948 die Gründung der Demokratischen Volksrepublik Korea deklarierte. Doch Kim war keine sowjetische Marionette. Vielmehr legte er in den folgenden Jahren das ideologische und politische Machtfundament des Landes, auf welchem Nordkorea in weiten Teilen bis heute basiert: von den drei zentralen Säulen des nordkoreanischen Systems (Staatsorgane, Arbeiterpartei und Armee) über eine allumfassende Staatsideologie und einen spezifischen Personenkult bis hin zu einem robusten Überwachungs- und Repressionsapparat. Dabei sah sich Kim Il Sung mit der grundlegenden Herausforderung konfrontiert, zwischen der Abhängigkeit Nordkoreas von China und Russland einerseits und der Ausweitung nordkoreanischer

Eric J. Ballbach

Eigenständigkeit zu navigieren. Nachdem Kim seine Machtposition kurz- bis mittelfristig abgesichert hatte, ging es nun darum, diese auch langfristig zu konsolidieren. Dabei nutzte er gezielt einige zum Teil interdependente Instrumente und Strategien wie beispielsweise den systematischen Aufbau des Personenkultes sowie – eng damit verbunden – die Stärkung und Systematisierung der *Chuch'e*-Ideologie (Ballbach 2015). Diese offizielle Staatsideologie Nordkoreas war ursprünglich entwickelt worden, um den Einfluss der Sowjetunion zu beschneiden; sie postulierte wirtschaftliche Eigenständigkeit, politische Autonomie, ideologische Selbstständigkeit und militärische Selbstverteidigung. In den 1970er Jahren wurde sie zu einem integralen Bestandteil der Legitimationsstrategie des Landes für die Absicherung der Herrschaft nach innen sowie die Maximierung der Unabhängigkeit nach außen.

Wie die Anthropologin Sonja Ryang zutreffend beschreibt, wurde Kim Il Sungs Wirken abgekoppelt von seiner physischen Präsenz und Existenz. So veränderten sich der Status und die Wahrnehmung Kim Il Sungs seit den 1970er Jahren dramatisch (Ryang 2012, 17). Nordkoreanische Quellen schilderten Kim Il Sung nicht mehr nur als «Geliebter Führer», sondern als «eine Form der Existenz, die unantastbar und doch allgegenwärtig ist [...]». Er wurde (und ist bis heute) in Nordkorea omnipräsent. Jeder Nordkoreaner trägt einen Anstecker mit seinem Konterfei auf seinem Herzen; Statuen und Monumente von ihm sind über das gesamte Land verteilt. Kim Il Sung zementierte jedoch nicht nur seine Stellung als unbestrittener oberster Führer (*suryong*), dessen Geburtstag am 15. April der wichtigste nationale Feiertag des Landes ist, sondern er begann seit Mitte der 1970er Jahre auch mit der systematischen Vorbereitung seiner Nachfolge.

Die Herrschaftsübergabe an Kim Jong Il

Der um sein politisches Erbe besorgte Kim Il Sung legte sich bereits früh auf seinen ältesten Sohn Kim Jong Il als seinen Nachfolger fest. Kim Jong Ils Familienzugehörigkeit sowie seine Verbundenheit zur Guerillaclique stellten zwar unabdingbare Voraussetzungen dar, um langfristig die Macht in Nordkorea zu übernehmen. Zugleich sah er sich jedoch mit der ebenso notwendigen Vorbedingung konfrontiert, seinen politischen

Willen, seine Durchsetzungsfähigkeit sowie seine Führungsqualitäten unter Beweis zu stellen. Nachdem Kim Jong Il im Juli 1961 offiziell Mitglied der Koreanischen Arbeiterpartei (PdAK) geworden war und schließlich im März 1964 das Studium der Politischen Ökonomie an der wichtigsten Bildungsinstitution des Landes, der Kim-Il-Sung-Universität in P'yŏngyang, abgeschlossen hatte, begannen die Jahre der vorbereitenden Parteiarbeit. Während dieser Zeit erlernte Kim Jong Il die Funktionsweisen und Arbeitsmechanismen der Partei und des Kabinetts.

Offiziell begann er seine Parteikarriere in der Organisationsabteilung des Zentralkomitees im Juni 1964. Seine Führungsqualitäten stellte er in den folgenden Jahren insbesondere im Bereich der Propaganda und Agitation heraus. Bereits 1966 besetzte er eine der Führungspositionen der *Central Guidance Section*. Im Februar 1974, im Zuge der 8. Plenarsitzung des 5. ZK der PdAK, wurde Kim Jong Il dann offiziell als Nachfolger seines Vaters eingeführt, indem er einen Posten als Vollmitglied des Politbüros einnahm. Von nun an wurde Kim Jong Il in den nordkoreanischen Medien als «Parteizentrum» (*tang chungang*) bezeichnet. Er war zu diesem Zeitpunkt erst 33 Jahre alt.

In den zwanzig Jahren zwischen 1974 und 1994 bereitete Kim Jong Il seine Machtübernahme systematisch vor. Seine wesentlichen Anliegen in dieser Zeit waren einerseits der anhaltende Loyalitätsbeweis gegenüber seinem Vater und andererseits die gezielte Stärkung seiner eigenen Machtbasis. Unter der akribischen Koordination von Kim Il Sung installierte Kim Jong Il sukzessive sein eigenes Steuerungs- und Führungssystem innerhalb der nordkoreanischen Politik. Zuerst etablierte er seine Kontrolle über die Partei. Durch die Nutzung der zentralen Stellung der PdAK im politischen System Nordkoreas ging Kim Jong Il dann dazu über, seinen Herrschaftsbereich auf andere zentrale Machtinstitutionen, insbesondere das Militär, auszuweiten. Bis Mitte der 1980er Jahre war die Vorbereitung der Machtübernahme offenbar weitestgehend abgeschlossen. 1986 erklärte Kim Il Sung, dass «die Frage der revolutionären Nachfolgeregelung innerhalb der Partei zufriedenstellend beantwortet sei» (Lim 2009, 84). Seit den späten 1980er Jahren war die primäre Rolle Kim Il Sungs die eines Wächters und Unterstützers, wobei er Nordkorea nach wie vor diplomatisch vertrat. Kim Jong Il zeichnete seither für die meisten innenpolitischen Angelegenheiten verantwortlich (Hyung 2007, 103).

Eric J. Ballbach

Anfang der 1990er Jahre übernahm er dann auch die höchsten Posten seines Vaters innerhalb des Militärs: 1991 wurde er zum Oberbefehlshaber der Koreanischen Volksarmee, im April 1992 zum Marschall und im April 1993 zum Vorsitzenden der Nationalen Verteidigungskommission. Parallel zur Etablierung eines monolithischen Führungssystems auf der politischen Ebene ging Kim Jong Il dazu über, die Übernahme des ideologischen Erbes seines Vaters vorzubereiten. So wurde die von Kim Il Sung Mitte der 1960er Jahre präsentierte lose Konzeption von *Chuch'e* seit den frühen 1970er Jahren systematisch verdichtet, ein Prozess, in welchem sich die Ideologie sowohl in ihrer Form und Funktion wie auch in ihrem Status maßgeblich veränderte. Während *Chuch'e* seit Mitte der 1960er Jahre in erster Linie als eine Art lose Politikorientierung diente, so wurde sie nun zu einem integralen Bestandteil der Legitimationsstrategie des Landes – sowohl für die Herrschaft und Autorität Kim Il Sungs als auch für die seit den frühen 1970er Jahren systematisch vorbereitete Machtübergabe an Kim Jong Il (Kim 2006, 109). In diesem Kontext wurde also eine doppelte Stärkung des Personenkultes vorangetrieben.

Die in der Phase zwischen 1974 und 1994 endgültig beschlossene Machtübertragung von Kim Il Sung auf Kim Jong Il schuf einen neuen Typus eines politischen Regimes, den Lim Jae-cheon als «dynastischen Totalitarismus» bezeichnet (Lim 2009). Je stärker der Personenkult um Kim Il Sung und Kim Jong Il wurde, desto deutlicher und klarer wurden die dynastischen Charakteristika des nordkoreanischen Staates: «Die Überbetonung der Tradition machte die totalitäre Gesellschaft starrer und behinderte ihre Fähigkeit, sich an die äußere Umgebung anzupassen [...]. Anstatt auf den Zug der sich verändernden politischen und wirtschaftlichen Systeme aufzuspringen, reagierte die nordkoreanische Führung auf die Veränderungen, indem sie die *Chuch'e*-Idee in der Gesellschaft verstärkte und sie noch mehr isolierte als zuvor» (Lim 2009, 103, übers. E. B.).

Rüdiger Frank erinnert zutreffend daran, dass in Staaten, die per «Ein-Mann-Herrschaft» regiert werden, das Nichtvorhandensein eines Führers in der Regel auf eine Krise des Regimes hinausläuft. Die Machtkämpfe, die auf den Tod kommunistischer Diktatoren folgten, sind typische Beispiele hierfür. Nordkorea wäre wohl Ähnliches widerfahren, hätte man nicht minutiöse Vorbereitungen für Kim Jong Ils Machtübernahme getroffen. Nach einer auf den Tod Kim Il Sungs am 8. Juli 1994 folgenden dreijährigen Trauerperiode stellte die Wahl Kim Jong Ils zum General-sekretär der Arbeiterpartei am 8. Oktober 1997 den Übergang von der «Vermächtnisherrschaftszeit» zur «wahren» Herrschaft Kim Jong Ils dar. Im September 1998 wählte die Oberste Volksversammlung Kim Jong Il zum Leiter der mächtigen Nationalen Verteidigungskommission und machte eine neue Verfassung, die sogenannte Kim-Il-Sung-Verfassung, rechtsgültig. Ihr Vorwort ehrte den verstorbenen Kim Il Sung als den «Ewigen Präsidenten», dessen Wille weiterhin die nationale Politik vor-gab, während Kim Jong Il die spezifischen Strategien gemäß den Vorstel-lungen des verstorbenen Präsidenten entwarf. Dies verlieh Kim Jong Il einen quasi «überpolitischen» Status (Ballbach 2021).

Obwohl Kim Jong Il die zentralen Elemente des väterlichen Regimes beibehielt, darf seine Regierung nicht als eine bloß erweiterte Version des Kim-Il-Sung-Regimes gesehen werden. Vielmehr unterschied sich Nordkorea unter Kim Jong Il in vielerlei Hinsicht von jenem unter Kim Il Sung. Sowohl das externe Umfeld als auch die internen Bedingungen veränderten sich stark. Nordkorea durchlief seit der Amtsübernahme Kim Jong Ils seine wohl schwierigste Phase seit dem Koreakrieg: Extern bedrohte die sich zuspitzende Nuklearkrise die unmittelbare Sicherheit des Regimes, und auch intern wurde das lange äußerst stabile totalitäre System massiv erschüttert.

Der «Anstrengende Marsch» und die ökonomische Krise Nordkoreas
unter Kim Jong Il

Der sogenannte Anstrengende Marsch, der 1995 begann, bezeichnet eine übergreifende Krise in der nordkoreanischen Gesellschaft, die von einer schweren Wirtschaftskrise hervorgerufen wurde. Die Wirtschafts-flaute und die systemimmanenten Beschränkungen der nordkoreani-schen Wirtschaft waren jedoch schon vor Kim Il Sungs Tod zu einem Problem geworden. Nach einer beachtlichen wirtschaftlichen Entwick-lung nach dem Ende des Koreakrieges verlangsamte sich das ökonomi-sche Wachstum bereits seit den 1970er Jahren spürbar. Aus der Stagnation in den 1980er Jahren erwuchs in den 1990er Jahren dann die schwerwie-gendste Wirtschaftskrise in der Geschichte des Landes. Ausgelöst wurde

Eric J. Ballbach

die Krise durch eine Kombination aus verschiedenen Faktoren: allen voran die strukturellen Mängel einer versagenden Planwirtschaft, der Zusammenbruch des öffentlichen Verteilungssystems und eine Reihe von schweren Naturkatastrophen Mitte der 1990er Jahre. Hinzu kam, dass der Zusammenbruch der Sowjetunion und der kommunistischen Staaten in Osteuropa Nordkorea in zunehmende politische und wirtschaftliche Isolation manövrierte. Sichtbarster Ausdruck der Krise war der gravierende Mangel an Nahrungsmitteln, Gütern, Energie und Zahlungsmitteln. Die zwischen 1995 und 1997 einsetzenden Naturkatastrophen führten vor diesem Hintergrund zu den bis dahin schwerwiegendsten Hungersnöten in der Geschichte des Landes. Nach Schätzungen von Mitarbeitern des US-Kongresses starben in Nordkorea zwischen 1995 und 1998 zwischen 900 000 und 2,4 Millionen Menschen an Hunger oder hungerbedingten Krankheiten (Kirk / Brookes / Pica 1998).

Wie einschneidend die Krise zu jener Zeit war, wird nicht zuletzt daran deutlich, dass die Regierung die internationale Gemeinschaft Mitte der 1990er Jahre öffentlich um Unterstützung bat – ein bis dahin in Nordkorea beispielloser Vorgang. Internationale Hoffnungen, dass die Krise zu umfassenden Reformmaßnahmen seitens der Regierung führen würde, wurden jedoch enttäuscht. Aufgrund der Natur des Regimes, das Regimestabilität als primäres Staatsziel verfolgt und diesem alle weiteren Ziele unterordnet, zielten die Modifikationen in der Wirtschaftspolitik nicht auf eine grundlegende Reform im Sinne einer qualitativen ökonomischen Transformation ab. Vielmehr reflektiert die Wirtschaftspolitik Nordkoreas die Einsicht in die zwingende Notwendigkeit einer Anpassung des wirtschaftspolitischen Instrumentariums an grundsätzlich neue Bedingungen – jedoch mit dem alles überwölbenden Ziel der Regimestabilität (Frank 2005). Darüber hinaus wurden die eingeleiteten Veränderungsprozesse strikt staatlich, also «von oben» initiiert und so weit als möglich zentral gesteuert. Auch wenn dies im Umkehrschluss nicht bedeutet, dass solche Maßnahmen nicht auch gesellschaftliche Veränderungen bewirken können, so zeigt die verhaltene Reaktion auf die tiefgreifende Krise, wie misstrauisch die nordkoreanische Führung gegenüber einem Wandel à la China war – es spiegelt die Besorgnis der Führung vor potentiell negativen Folgen eines ökonomischen Reformprogrammes für das herrschende Regime wider.

Nordkoreas originärer Wunsch nach Nuklearwaffen lässt sich bis in die frühesten Tage des nordkoreanischen Regimes zurückverfolgen. Er entstand angesichts der japanischen Kapitulation im Nachgang der Atombombenabwürfe in Hiroshima und Nagasaki sowie der amerikanischen Drohung, während des Koreakrieges Nuklearwaffen auch gegen Nordkorea einzusetzen. Spezifische Kooperationen mit der Sowjetunion spielten eine zentrale Rolle sowohl in der Ausbildung von nordkoreanischen Wissenschaftlern wie auch im Aufbau und der Finanzierung von ersten Forschungsreaktoren. Auch und gerade unter dem außenpolitischen Eindruck der Kubakrise 1962, des Nixon-Schocks (1971/72) sowie der Meldung Mitte der 1970er Jahre, dass Südkorea unter dem ehemaligen autoritären Herrscher Park Chung-hee Anstrengungen zum Aufbau eines eigenen Nuklearprogramms unternahm, investierte Nordkorea massiv in die Ausweitung der nationalen Verteidigung (Ballbach 2015b). Innerhalb von sechs Jahren entwickelte Nordkorea einen funktionierenden Nuklearreaktor im Nuklearkomplex Yŏngbyŏn, wobei insbesondere die Entwicklung einer Wiederaufbereitungsanlage internationale Aufmerksamkeit erregte. Die sogenannte erste Nuklearkrise führte Nordkorea und die USA an den Rand eines neuerlichen Krieges; erst durch den persönlichen Besuch des früheren US-amerikanischen Präsidenten Jimmy Carter in P'yŏngyang wurde die Krise vorläufig entschärft. In den folgenden Jahren zeigten alle Konfliktparteien eine größere Bereitschaft zur Zusammenarbeit. Diese wurde nicht zuletzt durch neue und proaktivere Nordkorea-Ansätze in Seoul und Washington ermöglicht, die nicht nur auf militärischer Abschreckung beruhten, sondern auch einen umfassenden und integrativen Ansatz bei Verhandlungen mit Nordkorea einschließen sollten. Diese Entspannungspolitik erreichte mit dem historischen Gipfeltreffen der beiden koreanischen Staatsoberhäupter Kim Dae-jung und Kim Jong Il im Jahr 2000 ihren vorläufigen Höhepunkt. Die Amtsübernahme der Bush-Administration im Januar 2001 bedeutete jedoch eine Abkehr von der auf Einbindung ausgerichteten Nordkorea-Politik der Clinton-Administration, und auch P'yŏngyang kehrte zu einer Politik der Kriseninduzierung, also der gezielten Provokation und Eskalation, zurück.

2005 gestand Nordkorea erstmals öffentlich den Besitz von Nuklearwaffen ein, und ein Jahr später führte Kim Jong Il den ersten Nukleartest Nordkoreas durch. Damit führte er die Bestrebungen seines Vaters erfolgreich fort und machte Nordkorea zu einem «Mitglied» in dem elitären Club der Nuklearmächte. Die sogenannten Sechs-Parteien-Gespräche (Südkorea, Nordkorea, USA, Japan, China und Russland), die 2003 als multilaterales Forum zur Lösung der Krise etabliert worden waren, brachen 2008 ab, und sowohl die US-Nordkorea-Beziehungen wie auch die innerkoreanischen Beziehungen verschlechterten sich erneut spürbar. Dies sollte sich auch in den folgenden Jahren nicht ändern, in welchen Nordkorea sein Nuklearprogramm quantitativ und qualitativ weiter ausbaute.

Kim Jong Uns Machtübernahme

Mit der Machtübernahme Kim Jong Uns 2011 wurde das System der familieninternen Machtvererbung in Nordkorea weiter zementiert. Dabei gestaltete sich die Machtübergabe von Kim Jong Il zu Kim Jong Un jedoch völlig anders als der Machtwechsel zuvor.

Noch mehr als bei seinen Vorgängern stellt die Nachzeichnung der politischen Sozialisation Kim Jong Uns eine überaus große Herausforderung dar. Es existieren nur sehr wenige gesicherte Informationen darüber. Dies ist nicht zuletzt eine Folge davon, dass die Vorbereitung der Machtübernahme durch Kim Jong Un sehr viel später begann, als dies bei Kim Jong Il der Fall war, und sich darüber hinaus weitaus weniger öffentlich vollzog. Bekannt ist, dass Kim Jong Un, der dritte und jüngste Sohn Kim Jong Ils, einen Teil seiner Schulausbildung in der Schweiz verbrachte (1996–2001) und nach seiner Rückkehr nach Nordkorea 2002 sein Studium an der Kim Il Sung Military University aufnahm. Auch wenn die propagandistische Aufwertung von Ko Young Hui, Kim Jong Uns Mutter, als «Mutter der Nation» darauf schließen ließ, dass einer ihrer Söhne die politische Macht im Land übernehmen würde, so war noch nicht absehbar, welcher der Söhne dies sein würde. Ab 2006 mehrten sich jedoch die Meldungen in der südkoreanischen Presse, dass sich Kim Jong Uns Bruder Kim Jong Chol nach Ansicht von Kim Jong Il nicht als Führungspersönlichkeit bewährt habe. In Nordkorea selbst war all dies hingegen nicht bekannt. Erst nachträglich zeichnete die staatliche Propaganda das Bild von Kim Jong Un als dem vorbestimmten nächsten Führer Nordkoreas.

Die Vorbereitungen zur Nachfolgeregelung gewannen im Sommer 2008 nach einem Schlaganfall Kim Jong Ils neue Dringlichkeit. Anfang 2009 teilte Kim Jong Il den höchsten militärischen und zivilen Stellen im Land offiziell mit, dass er Kim Jong Un zu seinem Nachfolger ernennen werde. Die Nachricht wurde jedoch nur sukzessive öffentlich gemacht. Vielmehr lancierte die staatliche Propaganda gezielte Signale und Botschaften, die darauf schließen ließen, dass die Nachfolgefrage beantwortet war.

Mit gerade einmal 25 Jahren war Kim Jong Un eine unbekannte Variable – sowohl innerhalb als auch außerhalb Nordkoreas. Es gab keinen bereits bestehenden Mythos der staatlichen Propaganda über Kim Jong Un. Viel schwerwiegender war jedoch die Tatsache, dass ihm nur wenig Zeit blieb, sich auf die Machtübernahme vorzubereiten, seine Stellung innerhalb der verschiedenen Machtinstitutionen im Land abzusichern und sein eigenes System von Verbündeten und Vertrauten aufzubauen. Erst ab 2009 wurde er eilig in immer mächtigere zivile und militärische Positionen befördert, während die einflussreiche Propaganda- und Agitationsabteilung begann, einen Personenkult um ihn aufzubauen. Die Staatsorgane sprachen zuerst von einem «jungen General», einem «brillanten Kameraden» und einer «historischen Zeit des Übergangs». Erst dann wurde Kim Jong Un auch namentlich erwähnt. Von nun an wurde der Mythos der Paektu-Blutlinie aggressiv propagiert. Im September 2010 wurde Kim Jong Un zum Vier-Sterne-General der nordkoreanischen Armee ernannt. Darüber hinaus berief das Regime eine Konferenz der Arbeiterparteivertreter ein – die erste ihrer Art nach über vierzig Jahren. Dort wurde Kim Jong Un zum Vizevorsitzenden der Zentralen Militärkommission ernannt sowie ins Zentralkomitee der Arbeiterpartei berufen. Damit stieg er in Führungspositionen innerhalb der beiden wichtigsten Machtinstitutionen im Land auf. Von jener Zeit an begleitete Kim Jong Un seinen Vater Kim Jong Il zu allen wichtigen Anlässen. Das Regime konzentrierte sich darauf, die Erbfolge in der dritten Generation zu zementieren.

Eric J. Ballbach

Mit dem Tod Kim Jong Ils im Dezember 2011 begann für Kim Jong Un im Alter von 27 Jahren die Phase der Machtkonsolidierung, die sich auf mehreren Ebenen vollzog. Zuvorderst musste Kim Jong Un seine Machtposition innerhalb des nordkoreanischen Systems absichern. Wie bereits Kim Il Sung und Kim Jong Il zuvor, regiert auch er als Führer einer kleinen Koalition, indem er eine Politik fördert, die jene ausgewählte Gruppe von engsten Verbündeten belohnt, die ihn an der Macht hält – selbst wenn diese Politik für die breite Bevölkerung nachteilig ist. Kim Jong Un musste also entscheiden, wer in seiner kleinen Koalition der Eliten verbleiben würde – und wer nicht. Ziel war es, eine eigene Machtbasis zu etablieren, deren Loyalität direkt ihm und nicht seinem Vater galt. Dabei wurden alle als feindlich oder potentiell gefährlich geltenden Elemente ausgeschaltet. Die öffentlich zur Schau gestellte Entmachtung und die anschließende Hinrichtung seines Onkels Jang Song Thaek sendete das unübersehbare Signal nach innen, dass Kim Jong Un dabei weder die eigene Familie noch jene Elite verschonte, die seine Machtübernahme vorbereitete. Auf der anderen Seite stellte er sicher, dass die Mitglieder seines inneren Zirkels von ihrer Loyalität besonders profitierten. Nirgends wird dies deutlicher als in der Modernisierung der Hauptstadt P'yŏngyang, und niemand steht so sehr für diese Entwicklung wie die *donjus*, die «Meister des Geldes», also jener Teil der Bevölkerung, der unter Kim Jong Un zu Reichtum kam und die Modernisierungsbestrebungen Kims finanzierte. Es war jene Klasse, die von den größeren wirtschaftlichen Freiheiten unter Kim Jong Un unmittelbar profitierte.

Auch zur Absicherung seiner Legitimation gegenüber der eigenen Bevölkerung wandte Kim Jong Un einen Strategiemix aus Härte und Belohnung an. Einerseits erlaubte er größere wirtschaftliche Freiheiten und gab das Ziel aus, den Lebensstandard der Bevölkerung spürbar zu verbessern. Diese größeren ökonomischen Spielräume konnten und können jedoch nicht von allen gleichermaßen genutzt werden. Das bereits unter Kim Il Sung etablierte Klassensystem *songbun*, welches die Bevölkerung in 51 Kategorien und letztlich in drei Klassen – loyal, wankelmütig oder feindselig – einteilt, dient weiter als Grundlage zur Einordnung der Bevölkerung. Auch nutzt Kim Jong Un die bestehenden

Kontroll- und Repressionsmechanismen gegenüber der eigenen Bevölkerung vollends aus. Ein System der stetigen Angst vor Repression dient als Grundlage für die gesellschaftliche Kontrolle. Ein Bericht der UNO-Menschenrechtskommission aus dem Jahr 2014 kam zu dem Schluss, dass die nordkoreanischen Machthaber für systematische Massentötungen, Folter und andere Menschenrechtsverletzungen verantwortlich seien.

Zur Legitimation nach innen sowie zur Abschreckung nach außen forcierte Kim Jong Un bereits früh nach seinem Amtsantritt die Weiterentwicklung des nordkoreanischen Nuklearprogramms. In der 2012 revidierten Verfassung hieß es nun, dass Kim Jong Il das Land zu «einem Staat im Besitz der Atomwaffe und einer unbezwingbaren militärischen Macht gemacht» habe (Socialist Constitution of the DPRK 2014, 2). Nach 2012 weitete er die Testaktivitäten verschiedener Raketentypen, darunter auch Interkontinentalraketen, massiv aus; zwischen 2013 und 2019 führte Nordkorea vier weitere Nukleartests durch. Kim Jong Un, dies wurde zunehmend deutlich, wollte das eigene Nuklearprogramm nicht länger als Verhandlungsmasse einsetzen, sondern war bestrebt, den Übergang Nordkoreas zu einer tatsächlichen Atommacht endgültig zu vollziehen. Im April 2018 verkündete er, dass das Nuklearprogramm erfolgreich finalisiert worden sei. Die internationale Gemeinschaft reagierte auf Nordkoreas militärische Provokationen mit einer quantitativen und qualitativen Ausweitung der Sanktionen gegen das Land. Insbesondere nach der Übernahme des US-amerikanischen Präsidentenamtes durch Donald Trump, dessen Administration eine Strategie des «maximalen Drucks» verfolgte, spitzten sich die Beziehungen beider Länder dramatisch zu. Nach einer zunehmenden rhetorischen Eskalation im Jahr 2017, welche die USA und Nordkorea erneut an den Rand einer ernsten Krise führte, durchbrach die ‹Olympiadiplomatie› des südkoreanischen Präsidenten Moon Jae-in zu Beginn des Jahres 2018 die Spirale der Eskalation. Dies öffnete Räume für Diplomatie, deren sichtbarster Ausdruck die beiden historischen Gipfeltreffen zwischen Kim Jong Un und Donald Trump in Singapur (2018) und Vietnam (2019) darstellten. Doch auch diese Bemühungen auf höchster Ebene, die langfristige Nuklearkrise auf der Koreanischen Halbinsel beizulegen, gerieten alsbald ins Stocken, und die Verhandlungen brachen 2019 erneut ab.

Eric J. Ballbach

Abb. 29   Kim Jong Un spricht vor den Porträts von Kim Il Sung und
Kim Jong Il anlässlich der Feier zum 69. Jahrestag der Gründung der
Partei der Arbeit Koreas, 10. Oktober 2015.

Hatte Kim Jong Il noch nach dem Slogan «Militär zuerst» regiert, so
versprach Kim Jong Un 2013 die simultane Entwicklung der nationalen
Verteidigungskräfte und der Wirtschaft – die Strategie des *byungjin*. Die
Bevölkerung, so verhieß er bereits in seiner ersten öffentliche Rede 2012
anlässlich des 100. Geburtstages von Kim Il Sung, müsse nie wieder den
Gürtel enger schnallen (Kim 2012, 5). Die hieraus resultierenden Maßnahmen waren weit von grundlegenden Reformen oder einer systematischen Umgestaltung des Wirtschaftssystems entfernt. Dennoch waren
sie signifikant, denn Kim Jong Un beendete die vollständige Unterdrückung des Unternehmertums und tolerierte kleinere unternehmerische
Aktivitäten. Sichtbarster Ausdruck hiervon waren die *jangmadang* –
kleinere und größere Märkte, deren Anzahl sich im Land in kurzer Zeit
vervielfachte. Manche Beobachter bezeichnen diese Märkte als die
Motoren des größten Wandels, den Nordkorea je erlebt habe, und sprechen von einer neuen Mittelschicht, die dadurch entstanden sei. Angesichts der massiven Herausforderungen für die staatliche Wirtschaft
wurden die Märkte schlichtweg unverzichtbar.

All diese durchaus vielversprechenden Entwicklungen wurden letztlich jedoch durch Nordkoreas Aktivitäten im sicherheitspolitischen Bereich und insbesondere das ausgeweitete Nuklearprogramm konter-
kariert. Denn die Sanktionen der internationalen Gemeinschaft haben
sich insbesondere seit 2017 qualitativ maßgeblich verändert. Richteten
sich die Strafmaßnahmen zuvor insbesondere gegen jene Personen und
Institutionen, die mit Nordkoreas militärischer Aufrüstung in Zusammenhang gebracht wurden, so zielen die Sanktionen seit 2017 auf die
Wirtschaft als Ganzes. Nach Angaben des U. S. State Department unter-
banden diese Sanktionen etwa 90 Prozent von Nordkoreas Exporten
und beschnitten dessen Hartwährungsgewinne um etwa ein Drittel. Zusätzlich zu den internationalen Sanktionen versetzte Kim Jong Un das
Land bereits im Januar 2020, als Reaktion auf den Ausbruch der globalen
Covid-19-Pandemie, in einen vollständigen Lockdown. Wie ernst die
wirtschaftliche Lage in Nordkorea ist, belegen nicht zuletzt wiederholte
diesbezügliche Äußerungen von Kim Jong Un selbst. So räumte er im
April 2021 in seiner Eröffnungsrede auf dem 8. Kongress der PdAK in
einem beispiellosen Schritt ein, dass «[d]as Ziel der fünfjährigen nationalen Wirtschaftsentwicklungsstrategie […] in fast allen Sektoren weit
verfehlt [wurde]» (New York Times, 5. Januar 2021). Im Rahmen einer
Feier zum Gedenken an den Koreakrieg im Juli 2021 attestierte er, dass
die Covid-19-Pandemie und die internationalen Sanktionen eine «Krise
des Elends» ausgelöst hätten, die in ihrer Dramatik dem Konflikt in den
1950er Jahren in nichts nachstünde (NK News, 27. Juli 2021). Ende Juli
meldete die südkoreanische Zentralbank, dass Nordkoreas Wirtschaft
im Jahr 2020 den stärksten Rückgang seit 23 Jahren erlitten habe (Reuters, 30. Juli 2021). Und nach Angaben des Welternährungsprogramms
fehlen dem Land rund 860 000 Tonnen Lebensmittel (The Korea Times,
31. Juli 2021). Die Reaktion Kim Jong Uns auf die gegenwärtigen Herausforderungen besteht jedoch nicht in zunehmender Liberalisierung, sondern in einer Stärkung der Kontrollmechanismen. Seine 2021 vorge-
stellte Wirtschaftsstrategie zielt darauf ab, die Beziehungen des Staates zu
privaten Unternehmern neu zu gestalten, die *self-reliance* zu erhöhen
und die Kontrolle über die Wirtschaft zu konsolidieren. Da die Regierung dem Privatsektor jedoch bereits zuvor eine wichtigere Rolle zugestanden hat, könnten diese drei Ziele letztlich in Widerspruch zueinan-

Eric J. Ballbach

der geraten und zu einer weiteren Stagnation der angeschlagenen nordkoreanischen Wirtschaft führen.

Fazit

Es steht außer Zweifel, dass Nordkorea viele Merkmale klassischer Defi-
nitionen und Typologien totalitärer Staaten besitzt, etwa eine umfassende Ideologie mit absolutem Wahrheitsanspruch (*Chuch'e*), einen ausgeprägten Personenkult, eine hierarchisch organisierte Massenpartei
(PdAK) sowie ein umfassendes System der Kontrolle und Überwachung
der Bevölkerung und das staatliche Monopol der Massenkommunika-
tionsmittel. Trotz solcher grundsätzlichen Gemeinsamkeiten mit anderen
totalitären Systemen – und obwohl die internationale Berichterstattung
über Nordkorea sich regelmäßig vereinfachender Attribute bedient – entzieht sich Nordkorea einfachen Beschreibungen und Typologisierungen.
Zu spezifisch ist die politische Kultur, innerhalb derer das nordkoreanische System entstanden ist, und zu unterschiedlich der innen- und
außenpolitische Kontext, innerhalb dessen es sich über drei Generationen hinweg entwickelt hat. Internationale Beobachter divergieren dementsprechend auch hinsichtlich ihrer Beschreibungen des nordkoreanischen Systems sowie der Herrschaftstypen der drei Kims. Ob Nordkorea
letztlich als «post-stalinistisch», «post-totalitär», «erodierender Totalitarismus» oder als «Hybride zwischen modernem Stalinismus und traditionellem koreanischen Autoritarismus» beschrieben wird, hängt auch
von der Perspektive des Betrachters ab. Die entscheidende Frage ist,
inwiefern uns diese Typologisierungen dazu befähigen, Nordkorea besser zu verstehen und historisch zu verorten. Und in dieser Hinsicht gibt
es noch viele Unbekannte und noch immer große Wissenslücken, die die
Beobachter auf Jahre hin beschäftigen werden.

18
Recep Tayyip Erdoğan – neo-osmanische Herrlichkeit

Von Kader Konuk

Aufstieg zum Autokraten

Recep Tayyip Erdoğans sozioökonomischer und politischer Aufstieg vom Istanbuler Arbeiter- und Hafenviertel Kasımpaşa zum Präsidentenpalast in Ankara weist alle Elemente eines modernen Mythos auf. Der 1954 geborene Sohn einer muslimischen Familie aus armen Verhältnissen wuchs in einem Teil Istanbuls auf, welches einen Gegenpol zu den wohlhabenderen, säkularisierten Vierteln bildete. Von der Notwendigkeit einer strengen religiösen Ausbildung überzeugt, schickte ihn sein Vater auf ein Internat zur Ausbildung zum Imam. Erdoğan wuchs in einer Ära auf, in der sich anti-säkulare und ultranationalistische Politiker in Formationen wie *Milli Görüş* («Nationale Sicht») verbündeten und Ideen für die Umgestaltung der laizistischen Ordnung zirkulierten. Er befasste sich bereits früh mit dem Autor Necip Fazıl Kısakürek, der eine führende Rolle in der Ausbildung islamistischen und ultranationalistischen Gedankenguts spielte (Cagaptay 2020, 33; Genç 2018, 48). Wie viele andere seiner Generation politisierte sich Erdoğan während der Studentenrevolten und zivilen Unruhen der 1970er Jahre, die mit dem gewaltsamen Militärputsch im September 1980 ein abruptes Ende fanden. Der junge Erdoğan blieb jedoch unversehrt und bereitete mit anderen Weggenossen in den 1980er Jahren den Weg für den politischen Islam, indem er der religiös-konservativen Wohlfahrtspartei *Refah Partisi* beitrat, die ihm zu seinem ersten großen politischen Erfolg verhalf. 1994 wurde er zum Oberbürgermeister Istanbuls gewählt und verbreitete in dieser Rolle seine islamistischen Vorstellungen. Als er 1997 ein Gedicht rezitierte, welches Moscheen als Kasernen, Minarette als Bajonette, ihre Kuppeln als Helme und Gläubige als Soldaten darstellte,

Kader Konuk

wurde er inhaftiert und erhielt lebenslanges Berufsverbot. In den Augen der Richter hatte er zur Aufhebung der Trennung von Religion und Staat aufgerufen.

Die Unterbrechung seiner politischen Karriere stellte einen Affront für die religiös ausgerichtete Gesellschaft dar, die mit dem wirtschaftlichen Aufschwung zunehmend die Mittelschicht beherrschte und die traditionelle säkulare Bildungsschicht herausfordern sollte. Erdoğan mobilisierte schon in den 1990er Jahren die am Rande der säkular orientierten Gesellschaft stehenden, sich als entrechtet wahrnehmenden Türken und profitierte von der sozioökonomisch-geographischen Struktur der Türkei, in der Stadt und Land ebenso wie die Stadtzentren und die illegal errichteten großstädtischen Armenviertel voneinander getrennt waren. Trotz seines Politikverbots gelang es ihm, 2001 die AKP («Partei für Gerechtigkeit und Aufschwung») zu gründen. Es bedurfte noch einer erfolgreichen Parlamentswahl und einer Verfassungsänderung, damit sein politisches Betätigungsverbot aufgehoben und Erdoğan 2003 zum Ministerpräsidenten ernannt werden konnte.

In den Augen seiner Anhänger stellt Erdoğan einerseits den Befreier der Türkei von westlicher Hegemonie dar und löst andererseits den laizistischen Autoritarismus ab, der von jeher vom türkischen Militär – auch mittels drei Putschen in den Jahren 1960, 1971 und 1980 – gestützt wurde. Ob man den 2014 zum Staatspräsidenten erkorenen Erdoğan als Despoten oder legitimen Herrscher wahrnimmt, hängt davon ab, wie man die Werte gewichtet, die 1923 die Basis für die Gründung einer nationalistisch und laizistisch orientierten türkischen Republik bildeten. Die beiden Lager, die sich heute gegenüberstehen – die islamistische AKP und die laizistischen Anhänger Kemal Atatürks –, beruhen gleichermaßen auf einer traditionell-autoritären, nationalistischen Herrschaftsstruktur. Omnipräsente Atatürk-Statuen konkurrieren heute mit der Bildpolitik der AKP-Herrschaft. Das Nebeneinander von Erdoğan- und Atatürk-Porträts ist aber nicht überraschend. Im Gegenteil zeigt sich darin, dass die gegnerischen Positionen durch ein ideologisiertes Bild des «Türkentums» und die Autoritätshörigkeit der Gesellschaft miteinander verbunden sind.

Inzwischen hat sich der Begriff «Erdoğanismus» etabliert, der die nationalistische Ideologie des Türkentums mit einer religiösen Vision verbindet. Diese Vision hat sich in den letzten zwei Jahrzehnten ursprünglich im Bündnis mit und später in Abgrenzung von dem geistlichen Führer Fetullah Gülen herauskristallisiert. Erdoğan und Gülen instrumentalisierten ihre jeweiligen Religionsgemeinschaften, um ihre Macht auszubauen, und legitimierten ihren wachsenden Einfluss mit dem islamischen Erbe, das sie jeweils für sich beanspruchten (Çavdar 2018, 42). Die rivalisierenden Anhänger der Gülen-Bewegung und der AKP festigten über zwei Jahrzehnte hinweg nicht nur in staatlichen Institutionen wie Polizei, Justiz, Bildungsinstitutionen und Parlament, sondern auch auf der zivilgesellschaftlichen Ebene ihre islamischen Netzwerke.

2008 ließ Erdoğan – damals noch in der Funktion des Ministerpräsidenten – kemalistische Generäle, denen die Planung eines Putschs vorgeworfen wurde, inhaftieren und anklagen. Das verschaffte ihm breitere Unterstützung in der Bevölkerung und weckte auch in linksliberalen Kreisen die Hoffnung auf eine von militärischen Interventionen befreite politische Zukunft. Doch spätestens nach dem letzten Putschversuch im Juli 2017 wurden jegliche Hoffnungen auf einen Neubeginn begraben. Erdoğan griff fortan so drakonisch in die Grundrechte der Bürger ein, dass für politische Opposition, religiöse Vielfalt, säkulare Kultur und kritisches Denken kaum noch Raum blieb. In den Augen seiner Kritiker weitete Erdoğan unter dem Deckmantel demokratischer Wahlen mit der Verfassungsreform zur Einführung des autokratischen Präsidialsystems und dem Ausnahmezustand nach dem gescheiterten Militärputsch mit illegitimen Mitteln seine Herrschaft aus. Die Gewaltenteilung wurde faktisch aufgehoben, die parlamentarischen Kontrollmechanismen eingeschränkt und internationale Vereinbarungen aufgelöst. Der Philosophin Seyla Benhabib zufolge kennzeichnet es autoritäre Regime – nicht nur in der Türkei –, dass sie parlamentarische Dysfunktion und Lähmung ausnutzen, um durch Exekutivpräsidentschaft, Demokratie per Akklamation, das Verschmelzen von staatlichen Institutionen mit der Regierungspartei und die Mobilisierung von militanten Anhängern ihre Herrschaft auszubauen (Benhabib / Gambetti 2020, 8). Mit der Konsolidierung des Erdoğan-Regimes in den vergangenen Jahren wurden die Artikulationsmöglichkeiten der kritischen Zivilgesellschaft Schritt für Schritt abgeschafft. Berufsverbote, Massenverhaftungen, Ausreiseverbote, Sippenhaft und andere Formen staatlicher Sanktionen, die sich vor

Kader Konuk

allem gegen Medien- und Kulturschaffende und Hochschulen richteten, zerstörten demokratische Strukturen und festigten damit den autoritären, nationalistisch-religiösen Stil Erdoğans in der Öffentlichkeit. Betroffen sind nicht nur die rivalisierenden Gülen-Anhänger, sondern auch Kemalisten und linke Kritiker des Erdoğanismus. Um der Haft zu entgehen, ist Exil oder Selbstzensur oft die einzige Wahl.

Neo-osmanistische Herrlichkeit

Erdoğans Aufstieg als autoritärer Führer eines modernen Islam hat eine kulturpolitische Komponente, die sich des osmanischen Erbes der Türkei bedient und zu seinem Mythos beiträgt. Mit der Aneignung dieses historischen Erbes verhalf Erdoğan der türkischen Gesellschaft dazu, die langanhaltende Verdrängung ihrer Geschichte zu überwinden, die Kemal Atatürk ihr verordnet hatte. Dieser Bruch mit der Vergangenheit diente dazu, die Homogenisierung der Gesellschaft als «volkstürkisch» und die Säkularisierung der Republik zu erleichtern – ein Konstruktionsprozess, dessen Folgen der Politikwissenschaftler Barış Ünlü in seiner Studie *Türklük Sözleşmesi* (2018) beschreibt. Mit der Gründung der Republik wurde das Kalifat des letzten Sultans abgeschafft und das Fortwirken osmanischer und islamischer Machtansprüche unterdrückt. Im 20. Jahrhundert bestand in der republikanischen Türkei weitgehend Konsens darüber, dass die Republik einen totalen Bruch mit der osmanischen Zeit vollzogen habe. In Literatur, Kunst und Medien fand die osmanische Geschichte nur noch ein schwaches Echo. Fast ein Jahrhundert lang schlummerte das Osmanische Reich in schwer zugänglichen Archiven vor sich hin und zeigte sich in der breiteren Öffentlichkeit nur als heroische Vorlage für Eroberungsfilme.

Dieser Zustand verkehrte sich nach der Jahrtausendwende ins Gegenteil, als osmanische Sultane auf türkischen Kinoleinwänden und Fernsehbildschirmen in aller Pracht zu neuem Leben erweckt wurden. In historischen Panoramamuseen, Seifenopern und Architekturstilen fand die nostalgische Sehnsucht nach dem Osmanischen Reich Raum zur Entfaltung. Als Reaktion auf die kemalistische Geschichtsvergessenheit wird die Türkei nun im 21. Jahrhundert als Erbin einer glorreichen imperialen Vergangenheit re-inszeniert. Das Osmanische Reich erlebt seit den

2010er Jahren einen regelrechten Erinnerungsboom, der auch im arabischen Raum auf reges Interesse stößt. Die Rehabilitation der osmanischen Vergangenheit lässt sich als Verdrängung der kemalistischen Geschichtsmythologie zugunsten einer islamistischen und national-konservativen Überlieferung verstehen, die den Unabhängigkeitskrieg als «einen von den Gläubigen durch Glaubenskraft zum Erfolg geführten Dschihad» uminterpretiert (Bora 2018, 29). Ausdruck dieses neu erwachten Interesses an der osmanischen Vergangenheit sind aufwendige Film- und Fernsehproduktionen, Themenparks und Museen – neue mediale Repräsentationsformen der osmanischen Geschichte, die auf eine breite populäre Rezeption zielen. Damit gehen verherrlichende Narrative einher, die das Osmanische Reich rehabilitieren und dazu beitragen, dass es als Teil der eigenen Geschichte verstanden wird. Ausgelöscht wird dabei allerdings die Erinnerung an das Osmanische Reich als eine aus vielen verschiedenen Religionen, Ethnien und Kulturen zusammengesetzte, dynamische Gesellschaft. Stattdessen bietet sich der Glanz des osmanischen Hofes zur kollektiven Aneignung an und bestärkt populistische, autoritäre Strukturen.

Exemplarisch dafür steht das 2009 eröffnete Museum Panorama 1453, welches die Geschichte der osmanischen Eroberung Konstantinopels in 3D darstellt und das Erlebnis durch den Einsatz osmanischer Militärmusik steigert. Diesem Vorbild folgend wurde 2018 ein weiteres Panoramamuseum zur Eroberung von Bursa im Jahr 1326 eingerichtet. Der Themenpark Miniatürk und der Abenteuerpark Vialand wiederum öffnen einen unterhaltungsorientierten Zugang zur Vergangenheit. Im Istanbuler Stadtteil Eyüp (dem historischen Vergnügungsviertel der osmanischen Zeit) lässt ein Themenpark die Eroberung Konstantinopels nacherleben. Die Nachbildung einer historischen Straße lädt Besucher ein, einen Einblick in den osmanischen Alltag zu gewinnen. Die Simulation osmanischer Eroberungen in einer Panoramakulisse beschwört den Glanz der Vergangenheit in Form eines historischen Spektakels herauf (Konuk 2020, 145). Die Inszenierungen sind darauf angelegt, ein Geschichtsbild zu etablieren, welches auf kritische Auseinandersetzung mit der imperialen Vergangenheit verzichtet. So wird jegliche Möglichkeit ausgeschlossen, Reenactment als Mittel der kritischen Erforschung von Geschichte einzusetzen (Agnew 2004, 335). Stattdessen werden die Identi-

Kader Konuk

Abb. 30 Präsident Erdoğan, umringt von Männern in historischer Kostümierung, in seinem Palast in Ankara.

fikation mit den osmanischen Eroberern und Herrschern gefördert und das Gefühl islamischer Zugehörigkeit verstärkt.

Der Neo-Osmanismus ist nicht nur als wirtschaftliche Vermarktung osmanischer Geschichte in Film und Fernsehen oder in Form käuflicher Ottomania zu verstehen, sondern auch als Effekt der anti-kemalistischen und national-religiösen Bewegung. Berna Pekesen deutet die «Wiederkehr des Osmanischen Reiches als ein[en] elementare[n] Bestandteil der Kulturpolitik der regierenden AKP» (Pekesen 2015, 147). Auch Nagehan Tokdoğan beschreibt den zu Nostalgie und Narzissmus neigenden Neo-Osmanismus als ein Kulturphänomen, das aus einer Vermengung national-türkischer und islamistischer Überzeugungen heraus zu erklären ist (Tokdoğan 2018). Die Anthropologin Ayşe Çavdar wiederum interpretiert das Phänomen als einen Versuch, die kulturelle Leerstelle, die der politische Islam in der kemalistischen Türkei geschaffen hat, zu füllen. Demzufolge geht es nicht darum, an das ethnisch und religiös gemischte Erbe des Osmanischen Reiches anzuknüpfen, sondern darum, dem politischen Islam des 21. Jahrhunderts den bislang fehlenden kulturellen

Referenzrahmen zu verschaffen. Die Re-Inszenierung osmanischer Herrlichkeit wurde seither zunehmend auch in den Dienst der Machtinteressen der AKP im Mittleren und Nahen Osten gestellt. Das drückt sich unter anderem in der Einbindung osmanischer Motive in die Architektur des Präsidentenpalastes und in der Bildpolitik des Staatspräsidenten aus. Erdoğans Begrüßung des palästinensischen Staatspräsidenten Mahmud Abbas in dem 2015 eröffneten Palast ist beispielhaft für den symbolträchtigen Bezug auf die osmanische Geschichte.

Die Kluft zwischen Kemalisten und Islamisten, so zeigen alle diese Phänomene, liegt nicht in ihrem Verhältnis zum Autoritarismus – beide Bewegungen stützen sich gleichermaßen auf die Verehrung autoritärer Persönlichkeiten –, sondern in der unterschiedlichen politischen Ästhetik. Die strukturellen Voraussetzungen für autoritäre Herrschaft waren und sind in Erdoğanismus und Kemalismus gleichermaßen gegeben.

Liberalisierung und neuer Autoritarismus

Das Phänomen der imperialen Nostalgie ist selbstverständlich kein Einzelfall. Auch in Großbritannien lässt sich eine vergleichbare «postimperiale Wende» beobachten. Sie reagierte auf die postkoloniale Wende, die sich seit den 1990er Jahren kritisch mit dem Erbe des britischen Imperialismus auseinandersetzt (Burton 2003). Auch in der Türkei gab es eine postkoloniale Debatte. Im Anschluss an Edward Saids epochales Werk *Orientalism* wurde auch hier die Gegenüberstellung von vormodernem Orient und modernem Okzident in Zweifel gezogen. Doch Kritik an der eigenen imperialen Geschichte und am Umgang mit Minderheiten kam erst in den liberaleren 1990er und frühen 2000er Jahren in Gang, als sich die Zivilgesellschaft allmählich von der Militärdiktatur erholte, das Verbot der kurdischen Sprache aufgehoben wurde und staatliche Eingriffe in Kunst und Medien abnahmen. Seither ließ sich auf dem türkischen Buchmarkt etwa eine verstärkte Beschäftigung mit den ethnischen und religiösen Minderheiten in der Gegenwart und der Geschichte des Landes beobachten. Zu Beginn des vielversprechenden neuen Jahrtausends versuchte Erdoğan das Bild eines toleranten, modernen, inklusiven Islam zu vermitteln. Die neue Offenheit verkündete er unter anderem während einer Wahlkampagne im Jahr 2002. Auf die Frage, welche rechtliche Stel-

Kader Konuk

lung die LGBT-Community unter einer von der AKP regierten Türkei hätte, gestand Erdoğan in einer Fernsehsendung auch Homosexuellen die Notwendigkeit des rechtlichen Schutzes zu. Diese strategische Inklusionsgeste erstreckte sich später auch auf die Kurden, die er über den Appell an die muslimische Brüderlichkeit zu vereinnahmen versuchte.

Zu Beginn der AKP-Ära setzte sich diese Liberalisierung weiter fort. Zunächst schritt der Staat nicht massiv gegen die gesellschaftliche Pluralisierung ein. Erdoğan vermittelte den Eindruck, dass ein zwar islamisch geprägter, doch angesichts der Diversität des Landes toleranter, inklusiver Staat aufgebaut werden sollte. Diese Hoffnung endete spätestens mit dem Protest auf dem Istanbuler Gezi-Park im Jahr 2013. Anlässlich eines von Erdoğan geplanten Nachbaus einer osmanischen Kaserne fand sich ein breites Spektrum zivilgesellschaftlicher Gruppen zu gemeinsamem Protest zusammen. Der Gezi-Aufstand bildete eine Plattform, auf der sich muslimische Feministinnen, Umweltaktivisten, antinationalistische Aktivisten sowie kurdische Marxisten miteinander verbünden konnten. Die gewaltsame Niederschlagung dieses Aufstands markiert das Ende der Phase vermeintlicher Offenheit und Inklusionspolitik. Es stellte sich heraus, dass die frühere Anerkennung einer Bandbreite von Positionen nicht Ausdruck von sozialer Offenheit war, sondern Ausdruck einer politischen Strategie. Mit dem Gezi-Aufstand wurde unübersehbar, dass die Türkei den Weg in Richtung Despotie eingeschlagen hatte (Aktar 2021, 70). Seither intensiviert Erdoğan den islamistischen Populismus (Taşkın 2018) und verstärkt den staatlichen Druck auf alle Medien, die die Kultur der ethnisch-religiösen Minderheiten in der osmanischen Vergangenheit und türkischen Gegenwart thematisieren oder islamistische Glaubensvorstellungen kritisieren. Islamistisch gesinnte Kräfte in Justiz und Politik schränken die Wissenschafts-, Kunst- und Meinungsfreiheit stetig weiter ein und stemmen sich säkularisierenden Tendenzen entgegen.

Kreative Widerstandsformen

Der Umstand, dass Schriftsteller, Journalistinnen, Künstler und Wissenschaftlerinnen in der Türkei um ihre Meinungsfreiheit kämpfen müssen und ihre Handlungsspielräume zunehmend eingeschränkt werden, wird international beobachtet und beklagt. Die Auseinandersetzung mit und der Widerstand gegen die autoritäre Herrschaft in der Türkei haben Tradition; Literatur ist in der Türkei seit jeher ein Politikum. Sie diente als didaktisches Mittel zur Umsetzung der Kulturreformen der 1930er und 1940er Jahre, als Ausdruck des Widerstands gegen die Militärdiktaturen oder auch als Ort für die Gründung alternativer Erinnerungsgemeinschaften. Kunstschaffende wurden in der Geschichte der Türkei immer wieder als Sicherheitsproblem wahrgenommen, unterschiedlichen drakonischen Maßnahmen unterworfen und kriminalisiert. Die Inhaftierung von Künstlerinnen und Schriftstellern erzeugte paradoxerweise ein beeindruckendes Korpus von Kunst und Literatur, angefangen mit der Lyrik Nazım Hikmets bis hin zu der existentialistischen Literatur der 1970er Jahre und der Wort- und Bildgewaltigkeit der kurdisch-feministischen Gegenwartskünstlerin Zehra Doğan. In der Kulturgeschichte des Landes entfalteten sich immer neue Techniken, die totalitäre Diskurskontrolle künstlerisch zu unterlaufen: performative Praktiken der Verschlüsselung, Ambiguierung, Transgression und Hybridisierung als Formen des Widerstands gegen die autoritäre Vereinheitlichungs- und Zentralisierungspolitik.

Eines der jüngsten Beispiele der Protestkultur gegen den Erdoğanismus stammt vom BOUN Art Collective, einer Gruppe Studierender an der renommierten Boğaziçi Üniversitesi in Istanbul. Das Kollektiv protestiert gegen den Eingriff in die ohnehin eingeschränkte Autonomie türkischer Hochschulen und die Ernennung der Universitätsleitung qua Präsidialdekret. Im Gegensatz zu Deutschland ist die Freiheit der Lehre und Wissenschaft in der Türkei nicht im Grundgesetz verankert, sollte aber durch die Mitgliedschaft der Türkei in der European University Association und die Unterzeichnung der Magna Charta Universitatum Gültigkeit haben. Seit dem Putschversuch wurden jedoch die Zentralisierung der türkischen Universitäten über den türkischen Hochschulrat, den Yüksek Öğretim Kurulu, vorangetrieben und die Freiheit der Wissenschaft durch massenhafte Berufsverbote sowie Schließung von Universitäten aufgehoben. Der für den nationaltürkisch-religiösen Populismus typische Antiintellektualismus hat zur Folge, dass die Hochschulen unter erhöhtem Druck stehen, jeglichen Ausdruck von Dissens und Vielfalt auszumerzen. Das BOUN Art Collective, das sich aus Protest dagegen

Kader Konuk

formiert hat, ähnelt in seinem transnationalen Charakter, der Nutzung digitaler Kommunikationsmedien und seiner kreativen Spontaneität der Gezi-Bewegung. Mehrere Aktivisten des Kollektivs wurden aufgrund einer auf dem Campus ausgestellten Collage verfolgt, welche die Kaaba, die heiligste Stätte des Islam in Mekka, durch die hybride Şahmeran ersetzte und zusätzlich mit Regenbogenflaggen verzierte. Şahmeran ist eine in Anatolien und kurdischen Gebieten weit verbreitete mythische Figur, die den Körper einer Frau und einer Schlange vereint. Sie gilt als Göttin der Weisheit und Hüterin von Geheimnissen. Im Rahmen einer persönlichen Vendetta Erdoğans wurden Aktivisten des Kollektivs inhaftiert, wochenlang unter Hausarrest gestellt, ihre Stipendien eingestellt und das Studium verhindert.

Erdoğans Autoritarismus und die kemalistische Tradition

Die AKP prägte die Türkei wie keine politische Partei vor ihr. Der demokratische Populismus Erdoğans verhalf ihm zur Etablierung eines illiberalen Präsidialsystems, welches grundsätzliche Bürgerrechte missachtet und den Raum für die Entfaltung der Menschenwürde einschränkt. Für die Philosophin Zeynep Gambetti ist der Begriff des Autoritarismus unzureichend, um den Enthusiasmus der Massen für Diktatoren, Repressionen und die Delegitimierung von demokratischen Werten zu erfassen. Stattdessen spricht sie von der Gefahr eines neuen Faschismus und setzt sich mit dessen Entstehungsbedingungen auseinander (Benhabib / Gambetti 2020, 20). Dazu gehören auch die Traditionen der Autoritätshörigkeit und des Militarismus, die die Türkei seit ihrer Gründung durch Atatürk prägen.

Ein demokratischer Wandel erscheint nur möglich, wenn sich Zivilgesellschaft und politische Institutionen nicht nur dem politischen Islamismus entgegenstellen, der im 21. Jahrhundert auch international salonfähig gemacht wurde, sondern auch den historischen Traditionsbeständen, die die totalitären Strukturen in der Türkei erst ermöglicht haben. Vielleicht können mit den nächsten Wahlen die demokratischen Strukturen vor dem endgültigen Zerfall gerettet und der Erdoğanismus als historisches Kapitel abgelegt werden. Doch das setzt voraus, dass Raum für die Anerkennung historischer Schuld an der Ermordung und

Verfolgung von Minderheiten geschaffen wird, dass die hartnäckige Opfermentalität verabschiedet wird, die stets «den Westen» für türkische Missstände verantwortlich macht, und dass der Gründungsmythos der Republik endgültig aufgelöst wird. Nicht nur Erdoğan und die AKP-Ära, sondern auch die Traditionen von Kemalismus und Militarismus verhindern, dass sich in der Türkei eine nachhaltige Demokratie entfalten kann.

Kader Konuk

19
Donald Trump – der Milliardär
als authentischer Möchtegerndespot

Von Michael Hochgeschwender

Der Putschversuch vom 6. Januar 2021

Am 6. Januar 2021 geschah etwas, das selbst in der von Gewalttaten durchzogenen Geschichte der Vereinigten Staaten von Amerika singulär ist: Aufgewiegelt von einem amtierenden Präsidenten stürmte ein paramilitärischer Mob das Kongressgebäude in Washington, D. C., während Repräsentantenhaus und Senat tagten, um die Wahlergebnisse der 50 Einzelstaaten zu bestätigen. Selbst in vergangenen Krisenzeiten war dies nie mehr als ein bloß zeremonieller Akt gewesen, symbolischer Ausdruck der Einzelstaatensouveränität einerseits und der nationalen Identität andererseits. Nun aber starben fünf Menschen bei dem Versuch des Präsidenten, einen Staatsstreich zu inszenieren, denn um nichts anderes handelte es sich. Gewiss, es war womöglich einer der am schlechtesten organisierten Staatsstreiche der Geschichte. Das ändert allerdings am Tatbestand nichts. Das Haupt der Bundesexekutive, ausgestattet mit mehr Macht, als sie jemals etwa einem britischen Monarchen zukam (Nelson 2014), stellte sich an die Spitze einer dezidiert verfassungsfeindlichen Bewegung, um sich dann aber, mitten im Geschehen, in die Sicherheit des Weißen Hauses zurückzuziehen, alles Weitere am Fernsehgerät zu verfolgen und, wie inzwischen seit vier Jahren üblich, via Twitter zu kommentieren. Dabei hatte Donald Trump seinen Anhängern noch kurz zuvor angekündigt, an ihrer Spitze zum Kapitol zu ziehen, um die angeblich der Wahlmanipulation Schuldigen, insbesondere in der eigenen Republikanischen Partei, zur Verantwortung zu ziehen. Wohlweislich ließ Trump offen, was genau er darunter verstand, zumal zu den in seinen Augen Abtrünnigen sein eigener Vizepräsident, der hochkonservative Mike Pence, und die Vorsitzende der Hausfraktion der Republikaner, die moderat konservative Liz Cheney, immerhin die Tochter eines früheren Vizepräsidenten, zählten. Eine lautstarke Minderheit verlangte gar, Mike Pence zu lynchen (Washington Post, 11.01.2021; New York Times, 28.01.2021). Trumps militante Rhetorik an diesem Tag baute auf einer anspielungsreichen Semantik auf, die er seit seinem Wahlkampf 2016 entwickelt und – von vielen konservativen Medien unterstützt – immer weiter ausgebaut hatte. Demnach war das Wahlsystem der USA in sich korrupt und stand mithin jedweden Manipulationsversuchen seitens seiner politischen Gegner aus der angeblich linksradikalen Demokratischen Partei offen. Schon 2016 hatte Trump verkündet, kein Wahlergebnis anzuerkennen, das nicht ihn als Sieger sehen würde. Im Wahlkampf 2020 hatte er dieses Narrativ intensiviert und breiter entfaltet. Nun waren es vor allem Wahlmaschinen und die pandemiebedingte Briefwahl, die er als Instrumente einer massiven Wahlfälschung durch seine Lieblingsgegner, «das System», «die Eliten» oder den «*deep state*», also die von den Geheimdiensten durchsetzte mittlere Ebene der Bundesbürokratie, ausmachte. Interessant an dieser in sich geschlossenen Meistererzählung war, wie ausgiebig sie von klassischen Vorwürfen der Demokraten, nicht allein gegen Trumps angebliche Unterstützung durch den russischen Geheimdienst 2016, sondern vielmehr gegen Wahlmanipulationen in republikanisch regierten Bundesstaaten, Gebrauch machte. Im Grunde musste Trump die demokratische Sichtweise der Dinge lediglich umdrehen und noch einmal radikalisieren, um zum gewünschten Ergebnis zu kommen. Gleichzeitig konnten er und seine Unterstützer nahtlos an das historische Wissen um die Unzulänglichkeiten des Wahlsystems der USA zurückgreifen.

Schon in den späten 1790er Jahren hatte die damalige Regierungspartei der *Federalists* versucht, ihre demokratisch-republikanischen politischen Gegner durch gezielte Manipulationen der Wahlbezirke auszuschalten (Keyssar 2009). Dieses sogenannte *Gerrymandering* zählt nicht allein in den USA zu den nachgerade klassischen Instrumenten, im Kontext eines Mehrheitswahlrechts die Opposition nachhaltig zu schwächen oder gar zu eliminieren. Im Jahr 1800 hätte dies im Verlauf eines der schmutzigsten Wahlkämpfe der amerikanischen Geschichte beinahe

Michael Hochgeschwender

Abb. 31 Donald Trump am 6. Januar 2021 bei seiner Rede kurz vor dem Sturm auf das Capitol.

zum Bürgerkrieg geführt (Hochgeschwender 2018, 386–405). Auch danach waren Wahlen in den USA immer wieder von teilweise exzessiven Gewaltakten – allein 1868 kam es zu weit über tausend Toten – und ganz offenen Wahlfälschungen begleitet. 1876 geschah dies derart öffentlich, dass beide Parteien sich in einem Hinterzimmerkompromiss mühsam auf den Wahlausgang einigen mussten (White 2017, 89–97, 330–336). Noch 1960, bei der Wahl John F. Kennedys (Dallek 2003, 221–253), und 2000, als der Demokrat Al Gore dem Republikaner George W. Bush denkbar knapp unterlag, konnte der Verdacht auf Wahlfälschungen nie ganz aus der Welt geräumt werden. Systematisch wurden tatsächlich im konservativen Süden Wahlen manipuliert, indem man zwischen den 1880er und den 1960er Jahren Angehörige der schwarzen Minderheit ganz offen von den Wahlen ausschloss. Auf all diese Wissensbestände konnte Trump in seinen Reden und Tweets mühelos zurückgreifen, ohne sich im konkreten Fall auf gerichtsfähige Beweise stützen zu können (Kamps 2020, 46–49). Mehrere Dutzend Klagen wegen Wahlfälschung wurden zwischen November 2020 und Januar 2021 von Bundesgerichten und Gerichten der Einzelstaaten, gerade von konservativen

Richtern, abgewiesen, weil das Juristenteam Trumps um den früheren New Yorker Bürgermeister Rudi Giuliani nicht in der Lage war, den großspurigen Ankündigungen irgendwelche Belege folgen zu lassen. Im Unterschied zu früheren unterlegenen Präsidentschaftskandidaten sah sich Trump allerdings, wohl vorrangig infolge seiner offen narzisstischen Persönlichkeitsstruktur (Trump 2020), außerstande, eine Niederlage einzuräumen und an einem geordneten Machtübergang zu seinem Nachfolger mitzuwirken. Erstmals seit dem Wahlsieg des Republikaners Abraham Lincoln, der zum Austritt der sklavenhaltenden Südstaaten zwischen Dezember 1860 und April 1861 und damit zum Bürgerkrieg führte, war nicht in erster Linie der Wahlkampf von Gewalt gekennzeichnet, sondern der Versuch, das Wahlergebnis zu annullieren.

Tatsächlich mussten Trump und seine Gefolgsleute davon ausgehen, Gewaltakte zu initiieren, als sie vom November 2020 an die Vorstellung in die Welt setzten, diese Wahl sei von den Demokraten gestohlen worden. Bereits in den Fernsehdebatten hatte der Präsident sich in eindeutiger Weise an die rechtsradikale Miliz der *Proud Boys* gewandt und sie aufgefordert, sich bereitzuhalten – für was auch immer. Parallel dazu hatte eine andere nationalistische Gruppierung, die *Oath Keepers*, sich bereit erklärt, Wahllokale zu beobachten. Beide Organisationen entstammten demselben politischen Umfeld wie jene Milizionäre aus Michigan, die laut Ermittlungen des FBI im Oktober 2020 geplant hatten, die demokratische Gouverneurin ihres Staates, Gretchen Whitmer, wegen ihrer restriktiven Coronapolitik zu entführen und unter Umständen zu exekutieren. Als Trump dann am 18.12.2020 für den 6. Januar zu Protesten aufrief, war eine Beteiligung dieser Organisationen unabdingbar und unvermeidlich. Gemeinsam mit den Verschwörungstheoretikern von *QAnon*, weißen christlichen Nationalisten, völkischen Neopaganen sowie den Trump-kritischen, libertären und ultranationalistischen Anhängern der *Boogaloo*-Bewegung, die offen auf einen neuen Bürgerkrieg hinarbeitet, bildeten sie dann den harten Kern jener Demonstranten, die mit erkennbarer Gewaltbereitschaft nach den aufwühlenden Reden Trumps und seiner engsten Gefolgsleute das Kapitol stürmten. Ihre Enttäuschung war entsprechend groß, als sich der Präsident wider Erwarten nicht an die Spitze der Bewegung setzte. Ein Teil der *Proud Boys* hat sich seitdem von Trump distanziert (New York Times, 23.03.2021). Was sich

Trump genau von diesem Staatsstreichversuch erwartet hat, bleibt unbestimmt. Ihm musste klar sein, wie wenig Chancen der Putsch haben würde, da sich kurz zuvor die Militärführung des Landes eindeutig dazu bekannt hatte, das Wahlergebnis nicht infrage zu stellen (New York Times, 25.09.2020; CNN, 14.07.2021). Bekannt ist, dass er sich dennoch lange strikt weigerte, die Demonstranten zu friedlichem Protest aufzurufen (Washington Post, 12.01.2021). Erst Stunden nach Beginn des Sturms auf das Kapitol forderte er sie auf, nunmehr nach Hause zu gehen, nicht ohne ihre Intentionen zu loben. Am Ende kollabierte die Bewegung, und Trump sah sich mit einem zweiten Amtsenthebungsverfahren konfrontiert, das freilich erneut am Widerstand der Republikaner scheiterte.

Die Krise des politischen Systems der USA

War der idiosynkratrische Putschist ein Populist? Ein Faschist? Gar ein Despot? Um diese Fragen sinnvoll beantworten zu können, ist es notwendig, einen Blick auf die Rahmenbedingungen von Trumps Präsidentschaft zu werfen, und zwar einerseits auf die politische Kultur der USA seit den 1990er Jahren (Wilentz 2009; Freeman 2013) und andererseits auf die Besonderheiten seiner Herrschaftspraxis.

Um es vorwegzunehmen: Donald Trump war nicht der Auslöser der gesellschaftlichen Spaltungen in den USA, er war ihr Symptom. Insbesondere seine spezifischen Herrschaftstechniken, darunter der inflationäre Gebrauch des autoritären Instruments der *executive order*, also des Regierens über Erlasse und ohne parlamentarische Rückendeckung, waren im 20. Jahrhundert von vielen Präsidenten, allen voran von Demokraten, wiederholt eingesetzt worden. Bis heute ist Franklin D. Roosevelt vor dem Hintergrund von Weltwirtschaftskrise und Zweitem Weltkrieg mit über 3000 *executive orders* der einsame Rekordhalter, gefolgt von Woodrow Wilson im Ersten Weltkrieg und dem progressiven Republikaner und Sozialreformer Theodore Roosevelt, die dieses Instrument beide über eintausendmal anwandten. Auch Bill Clinton, George W. Bush und Barack Obama setzten es häufiger ein als Trump, der seine *executive orders* gleichwohl als Ausdruck seines Führungsanspruchs und seiner Führertalente medial deutlich offensiver inszenierte als seine Amtsvorgänger. Insofern war diese Art des Regierens zuerst einmal nicht Ausdruck eines despotischen Herrschaftswillens, sondern ein integraler Bestandteil der strukturellen Krise der politischen Handlungsfähigkeit der USA vor dem Hintergrund eines dysfunktional gewordenen Regierungssystems. Das hatte seine Wurzeln nämlich in der aufgeklärten Weltsicht des 18. Jahrhunderts, nach der rationale, tugendhafte Männer im Interesse des gemeinen Gutes stets einen tragfähigen Kompromiss finden würden.

Diese Strukturkrise reichte in die 1960er Jahre zurück, als zum einen der generationell bedingte Wertewandel in der amerikanischen Gesellschaft zu komplett unterschiedlichen Vorstellungen davon führte, was es heißt, ein guter amerikanischer Patriot zu sein. Zum anderen sortierte sich das Zweiparteiensystem seit den frühen 1970er Jahren neu. Aus Volksparteien mit ideologisch ähnlich geprägten konservativen, moderaten und liberalen Flügeln wurden zunehmend weltanschaulich klar voneinander abgegrenzte Interessenparteien. Die Demokraten ersetzten durch die Parteireform von 1969 bis 1972 das alte, korrupte, aber effiziente und reformfähige System der urbanen Parteimaschinen und ihrer Bosse durch junge, akademisch gebildete Aktivisten, denen der Bezug etwa zu den Interessen der weißen Arbeiterschaft weitgehend fehlte. In der Folge wechselten die sozial progressiven, ansonsten aber oft konservativen weißen, irisch-katholischen Arbeiter schon unter Richard Nixon und Ronald Reagan zu den Republikanern, da sie sich etwa durch die liberale Abtreibungspolitik und den elitären Gestus der neuen demokratischen Partei abgestoßen und nicht mehr repräsentiert fühlten. Gleichzeitig wandten sich die Demokraten der schwarzen Bürgerrechtsbewegung zu, wobei sie sich, ähnlich rücksichtslos wie später die Republikaner, des *Gerrymanderings* bedienten, um einer signifikanten Anzahl schwarzer Politiker die Wahl in den Kongress zu sichern. Damit aber waren in den nunmehr parteipolitisch sicheren Wahlkreisen auf Kompromiss beruhende Bündnisse obsolet geworden, was zu einem neuerlichen Radikalisierungsschub auf beiden Seiten führte, insbesondere aber zu einer regelrechten Denunziation des Kompromisses als Mittel politischen Handelns. In der Folge verließen erwartungsgemäß die konservativ-evangelikalen Südstaatendemokraten die Partei, die nun eindeutig nach links rückte, während die Republikaner einen erkennbaren Rechtsschwenk vollzogen.

Die politische Neustrukturierung führte seit den 1980er Jahren in wachsendem Maße zu getrennten Lebenswelten. Demokraten und Republikaner lebten in unterschiedlichen Stadtvierteln, sahen unterschiedliche Fernsehserien, trugen unterschiedliche Kleidung, aßen unterschiedliche Nahrungsmittel und fuhren unterschiedliche Autos. In der wechselseitigen Wahrnehmung wurde spätestens mit der Wahl Bill Clintons der politische Gegner zum Feind. In beiden Parteien stieg der Anteil jener, die sogar bereit waren, gegen die andere Partei mit Gewalt vorzugehen, wobei erstaunlicherweise die Demokraten gewaltbereiter waren als die Republikaner. Aus Parteien waren Milieus geworden, die das jeweils andere Milieu als akute Gefahr für das Wohlergehen der Nation ansahen. Unter Bill Clinton kam es zu einer weiteren folgenreichen Entwicklung. Während er und seine marktliberalen *New Democrats* in der Nachfolge Ronald Reagans einseitig auf neoliberale Deregulation setzten, was noch mehr Arbeiter der Partei entfremdete, propagierten viele linke Demokraten in einer Art Ersatzhandlung progressive Gesellschaftsveränderungen. Diese verdankten sich dem Arsenal akademischer Aktivisten und wurden oft unter dem Stichwort der antirassistischen, postkolonialen oder postmodernen *political correctness* verhandelt. Dies ging einher mit einer offen zur Schau gestellten Verachtung für die unteren Gesellschaftsklassen in den USA, vor allem wenn sie weiß waren – ein Vorgang, der sich unter Obama und Trumps Gegenkandidatin von 2016, Hillary Rodham Clinton, noch intensivierte. Im konservativ-republikanischen Lager nahm man dies als Angriff auf traditionelle amerikanische Werte seitens autoritär-liberaler, auf Bevormundung zielender akademischer und medialer Eliten wahr, während man selbst eine noch radikalere Variante des Marktkapitalismus propagierte, die schließlich mit der Hilfe evangelikaler Prediger und konservativer Katholiken eine gewisse religiöse Weihe erhielt. Im Vordergrund der konservativen Propaganda stand jetzt ein absoluter Begriff von der uneingeschränkten Freiheit des Individuums. Dieser richtete sich gegen jede Variante von Staatsinterventionismus, Sozialstaatlichkeit und progressiver Gesellschaftsreform, vor allem wenn sie durch demokratisch im Grunde nicht legitimierte Gerichte wie den *Supreme Court* mit seiner liberal-aktivistischen Mehrheit vorangetrieben wurde. Diese *culture wars* um die gesellschaftliche und kulturelle Deutungshoheit wurden seit den 1990er Jahren vor allem an Universitäten und in den zunehmend liberal dominierten

Medien geführt (Hartman 2016). Konservative Universitätsprofessoren wurden jenseits der konfessionellen Colleges in den Geisteswissenschaften zu einer aussterbenden Spezies. In den Medien kam es zu einer strikten Trennung zwischen liberalen und konservativen Fernsehsendern, Zeitschriften und Zeitungen, die jeweils eine hysterisch-alarmistische Tonlage bevorzugten. Nicht mehr primär ausgewogene, nuancierte Argumente zählten, sondern Emotionalität, Authentizität und Klarheit der eigenen Meinung. In diesem medialen Klima wurde Trump sozialisiert – als Star einer Sendung im Reality TV. In den 1990er Jahren war es ausgerechnet der liberale Sender CNN, in dem Trump als beliebter, weil quotenbringender Talkshow-Gast immer wieder zur Präsidentschaftskandidatur aufgefordert wurde. Noch im Wahlkampf 2016 war CNN maßgeblich daran beteiligt, Trumps Positionen – wenngleich mit durchgehend negativem Unterton – zu verbreiten, weil die Führung des Senders davon überzeugt war, dies werde die Profite von CNN steigern (Sides / Tesler / Vavreck 2018, 47–69).

Die Wahl Bill Clintons im Jahr 1992 führte in der Republikanischen Partei 1994 zu einer weiteren wichtigen Entwicklung. Angeführt von Newt Gingrich und anderen Südstaatenkonservativen entwickelte die Partei eine Strategie, mit deren Hilfe man die Nation von der liberalen Bevormundung langfristig «befreien» wollte (Lichtman 2008, 379–457). Dazu wählten die Republikaner einen höchst ambivalenten politischen Standort zwischen sämtlichen Stühlen. Sie wurden gleichzeitig zur Partei des Systems, die sie zweifellos schon immer gewesen waren (*Party of Yes*), und zur Systemopposition, die sich als radikale Alternative zum etablierten Politikstil gerierte (*Party of No*). Gewissermaßen wurden sie zur antielitären Elite, wodurch sich das Parteiestablishment in eine langfristig unhaltbare Position manövrierte, die nur durch die Wahl George W. Bushs im Jahr 2000 überdeckt werden konnte, indem massenhaft Evangelikale durch einen dezidiert evangelikalen Kandidaten mobilisiert wurden. Mit dem allmählichen Niedergang und der parallelen Radikalisierung der evangelikalen Bewegung (Miller 2017, 3–9) verlor diese Strategie indes an Überzeugungskraft. Zusätzlich sorgte die Weltfinanzkrise von 2008 mit der anschließenden Rezession für eine Art Weltuntergangsstimmung. Das führte zur Gründung des radikalen *Tea Party Movement*, das lange politisch von Sarah Palin repräsentiert

Michael Hochgeschwender

wurde, die sich offen als Gegenfigur zum lavierenden Parteiestablishment gab. Umgekehrt verloren die Demokraten immer mehr ihre politische Basis in den Einzelstaaten und in den lokalen Gremien. Sie konzentrierten sich ganz auf den präsidentiellen Flügel und die nationalen Wahlen. Nach dem Sieg des Charismatikers Barack Obama in den Präsidentschaftswahlen von 2008 und 2012 suggerierten viele liberale Beobachter, die offenbar in ihrer eigenen Welt lebten, die USA befänden sich nun auf dem Weg in eine genuin liberale, postrassische und postmoderne Welt. Solange es gelang, den *blue wall*, also die eindeutig demokratischen Staaten, bei Wahlen zu halten, würde man das eigene soziokulturelle Reformprojekt im Interesse von Diversität, Pluralität und Globalität uneingeschränkt vorantreiben können. Dabei wurde ignoriert, dass im Kern beide Parteien aufgrund der geschilderten Prozesse längst zu Riesen auf tönernen Füßen geworden waren (Stricherz 2007; Fukuyama 2018). Zugleich verloren die Demokraten aus dem Blick, dass ihre reformistische Politik nicht zuletzt auf den Feldern Abtreibung und Homosexuellenehe weniger auf gesellschaftlichen Mehrheiten als auf einem liberalen *Supreme Court* basierte. Schließlich übersahen sie, wie sehr die intellektuell-messianische Selbstinszenierung Obamas weite Teile der Bevölkerung abstieß und entfremdete. Rassismus war dabei nur *eine* Komponente; die möglicherweise viel wichtigere war ein vager Antiintellektualismus und Antielitismus unter weißen Arbeitern. Ihnen war die Kombination aus Weltwirtschaftskrise, gewaltigen Subventionen für Banken und Automobilindustrie, *political correctness* und aus ökonomischen Motiven forcierter Massenmigration vorrangig aus Mittelamerika Grund genug, der Politik der Eliten beider Parteien zu misstrauen. Als dann 2016 das demokratische Parteiestablishment ganz und gar auf die weithin unbeliebte Hillary Rodham Clinton, die Ehefrau des Ex-Präsidenten Bill Clinton, setzte, kam es zur Eskalation der Krise in der demokratischen Stammwählerschaft. Von den Demokraten war aus Sicht vieler Arbeiter, der Landbevölkerung, des unteren Mittelstandes, soweit sie weiß waren, nichts zu erwarten. Und das Gros der republikanischen Kandidaten bestand aus relativ farblosen Gestalten aus der Parteielite, darunter mit Jeb Bush der Sohn und Bruder eines ehemaligen Präsidenten. Das Gefühl machte sich breit, die USA würden von einer Familienoligarchie mit engen Verbindungen zur Wall Street beherrscht.

Das System Donald Trump

In genau diese Situation stieß Donald Trump. Während die Demokraten bis in die Wahlnacht fest davon überzeugt blieben, der *blue wall* werde halten, und sich dementsprechend weder um Michigan noch um Wisconsin kümmerten, beäugten sich die eher gesichtslosen Kandidaten des republikanischen Establishments lange gegenseitig, ohne sich recht um die aggressive Dynamik von Trumps Kampagne zu kümmern (Sides / Tesler / Vavreck 2018, 12–46). Dabei spielte der die Karte sowohl der *Party of No* wie des *Tea Party Movement* ebenso gekonnt wie gezielt. Interessanterweise war der New Yorker Immobilienmogul, der seit den 1980er Jahren eng mit Wall-Street-Interessen und der lokalen Mafia verbunden war, eigentlich nicht der ideale Kandidat für eine disparate Koalition aus rechtsreligiösen Kräften, weißen Unterklassen, Verlierern der Weltwirtschaftskrise und Nationalisten. Trump war ein typischer politischer Flip-Flopper; er war schon Republikaner, Unabhängiger, Demokrat und dann wieder Republikaner gewesen, war offen promisk, mehrfach verheiratet und ein notorischer Ehebrecher, wirtschaftlich nicht durchweg erfolgreich, mal für und mal gegen Abtreibung, kein Gegner der Homosexuellenehe und trotz seines ökonomischen Hintergrunds ohne wirtschaftspolitisches Konzept. Überdies war er offen sozialdarwinistisch und eugenisch ausgerichtet, mit einer zur Schau gestellten Verachtung für Verlierer. Aber anders als Obama und Clinton thematisierte er seine Verachtung nicht klassenbezogen, sondern individuell und gegen Vertreter der Eliten, etwa gegen seine Parteifreunde John McCain oder Marco Rubio, vor allem aber gegen die Kandidatin der Eliten, Hillary Clinton, die er regelrecht als Verbrecherin abstempelte. Dies war jedoch nur möglich, weil sie sowieso bereits im Ruf stand, korrupt und machtbesessen zu sein.

Im Zentrum seines Wahlkampfes standen erwartungsgemäß weniger die Inhalte, obwohl seine Forderungen, Clinton zu inhaftieren oder eine Mauer an der Grenze zu Mexiko zu bauen, sich einiger Beliebtheit erfreuten. Viel wichtiger war Trumps erfolgreiches Bemühen, die gegenwärtige Lage der USA als desaströs und Produkt schier endlosen Verrats durch die liberalen und internationalistischen, globalisierten Eliten zu zeichnen. So schuf er im Bewusstsein seiner Anhänger ein streng dualis-

Michael Hochgeschwender

tisches Weltbild mit einer klaren Zuordnung von Gut und Böse. Das eigene Lager konnte entsprechend als im Patriotismus homogen gedacht werden, und Trump konnte sich als die einzige Person inszenieren, die noch in der Lage war, das drohende apokalyptische Chaos zu verhindern. Dieser manichäische Dualismus zielte auf die Steigerung des persönlichen Egos des Kandidaten, vorrangig aber auf rechtsevangelikale Wähler, die immer schon in apokalyptischen Endzeitvisionen gedacht hatten. Demgegenüber zeigten sich etwa die hochkonservativen Mormonen von dieser für sie nicht nachvollziehbaren Rhetorik ebenso wenig beeindruckt wie von der in ihren Augen moralisch nicht integren Person Trumps.

Als Präsident setzte Trump praktisch bruchlos seine Wahlkampagne fort. Dies dürfte das eigentliche Spezifikum seiner Amtszeit gewesen sein. Er regierte weniger, sondern agierte permanent als Wahlkämpfer. Die meisten seiner Versprechungen erwiesen sich als wolkig und wurden dementsprechend kaum umgesetzt. Von der im Wahlkampf versprochenen Mauer zur Abwehr lateinamerikanischer Migranten wurden nur Teilstücke gebaut; die angekündigten umfassenden Infrastrukturinvestitionen kamen nicht zum Tragen; den Außenhandel belastete Trump durch anhaltende Handelskriege mit China und der EU. Parallel dazu stieß er seine NATO-Bündnispartner mehrfach vor den Kopf, verweigerte sich einer internationalen Zusammenarbeit im Klimaschutz, versagte im Umgang mit der Corona-Krise und zeigte eine für einen amerikanischen Präsidenten irritierende Zuneigung zu autoritären Staatsmännern. Seine Umfrageergebnisse schwankten dauerhaft zwischen 35 und 43 Prozent Zustimmung, für einen Amtsinhaber in den USA eine ausgesprochen niedrige Quote. Dennoch standen rund 35 Prozent der Bevölkerung unbeirrt zu ihm, und in der Wahl von 2020 erzielte Trump das beste Ergebnis eines Verlierers in der amerikanischen Geschichte.

Die Unbeirrbarkeit seiner Anhänger, die sich weitgehend aus der weißen unteren Mittelschicht, Teilen der weißen Arbeiterschaft, der Landbevölkerung, der religiösen Rechten und einigen sozial aufstiegsorientierten Latinos und Schwarzen aus der Mittelklasse rekrutierten, kontrastierte auffällig mit dem Hass, der dem Präsidenten aus liberalen und akademischen Kreisen entgegenschlug. Beide Positionen stabilisierten sich gegenseitig, das heißt, je unnachgiebiger und beißender die liberalen Eliten den irrlichternden Trump angriffen, umso nachdrücklicher solidarisierten sich seine Anhänger mit dem Präsidenten, den sie mehr und mehr mit einer Art Personenkult umgaben, den er wiederum nur allzu sehr wertzuschätzen wusste. In diesem Kontext ergingen dann auch liberale und linke Despotie- und Faschismusvorwürfe, die sich freilich mehrheitlich weniger aus der aktuellen Situation als solcher speisten, sondern aus einer im Laufe der Zeit immer größer werdenden Angst vor einer weiteren Aushöhlung der legalen und systemischen Grundlagen der amerikanischen Demokratie. Der in erster Linie von den liberalen Medien erhobene Vorwurf der möglichen Despotie war mithin primär auf die Zukunft nach einem möglichen zweiten Wahlsieg gerichtet. Die Befürchtung war groß, Trump würde nach einem zweiten Wahlsieg das politische System der USA – unterstützt von einem konservativen *Supreme Court* und rassistisch-nationalistischen Milizen sowie einer ganz von ihm abhängigen Republikanischen Partei – autoritär umbauen. Sie ergab sich zum einen aus der tiefen Abneigung der Liberalen gegenüber der Person Trumps, zum anderen aus seinem andauernden Spiel mit einem manchmal ganz offenen, manchmal eher subtilen Rassismus. Im Gegensatz zu vielen Wahrnehmungen aus dem liberalen Lager entsprang dieser Rassismus, wie die relativ kohärente proisraelische Politik Trumps belegt, keineswegs aus Antisemitismus, obwohl er nichts gegen den gewaltbereiten Antisemitismus der extremen Rechten unternahm. Vielmehr speiste er sich anfangs aus offenem Hass gegenüber Latinozuwanderern und der islamischen Welt, später, jedoch subtiler, etwa aus Vorwürfen gegen die Kriminalität und Korruption in den Innenbezirken der mehrheitlich von demokratisch wählenden Schwarzen bewohnten Innenstädte. Hier war Trump bemüht, sich als autoritärer, der Polizei gegenüber freundlicher *law and order*-Politiker zu inszenieren, der sich etwa explizit für die Anwendung der Todesstrafe einsetzte, die überdurchschnittlich oft gegen arme Schwarze angewandt wurde. Dennoch scheiterte Trump auch auf dieser Ebene. Sein radikaler *Muslim ban* wurde mehrfach von Gerichten aufgehoben, ehe er in einer nur abgespeckten Version durchgesetzt werden konnte. Immerhin gelang es ihm und seiner Administration, die Migrantzahlen an der Südgrenze zu Mexiko vergleichsweise niedrig zu halten, während sein Nachfolger Joe Biden an dieser Problematik derzeit offen zu scheitern droht. Insgesamt

Michael Hochgeschwender

aber fehlte auch auf dieser praktischen Politikebene ebenso der despotische Zug wie auf der de facto nicht erkennbaren Theorieebene, zumal Trump es zu keinem Zeitpunkt seiner Amtszeit verstand, sich mit dem Geheimdienstapparat (CIA und *Homeland Security*) oder der Armee gut zu stellen, da beide in seinem verschwörungstheoretischen Narrativ vom elitären *deep state* eine wichtige Rolle spielten. Dafür spielte er durchweg zum einen mit rückwärtsgewandten, auf imaginierte 1950er Jahre bezogenen ethnokulturellen Homogenitätsphantasien vieler seiner Anhänger sowie mit deren oft sentimentaler, aus dem patriotischen Schulunterricht stammender Sicht auf die Geschichte des weißen Amerika als Hort von Freiheit und idealer Demokratie (Paul 2021), die er angeblich gegen linke Kritik und demokratieunfähige Zuwanderer, die zudem als ökonomische Rivalen um Arbeitsplätze angesehen werden, verteidigen müsse.

Erfolgreich war er, und dies wussten seine Anhänger zu schätzen, auf vier Ebenen: Im Gegensatz zum missionarischen, imperialen Liberalismus der Demokraten und neokonservativen Republikaner blieb er dem Isolationismus treu und vermied weitere Militäreinsätze im Ausland; im Namen der Religionsfreiheit bekämpfte er zentrale progressive Gesellschaftsprojekte der Liberalen, allen voran weitere Rechte für die LGBT-Community; unbeirrt setzte er ein Hauptziel des konservativen Establishments durch, nämlich die Ernennung von drei konservativen Bundesrichtern, die ihm jedoch niemals die Loyalität entgegenbrachten, die er – ausgerechnet von etablierten und erfahrenen Berufsjuristen – als Akt der Dankbarkeit gerade in der Frage der Wahlannullierung von ihnen erwartet hatte; und schließlich gelang es unter seiner Ägide dank erheblicher Steuersenkungen, von denen tatsächlich – anders als in der Reagan- und Bush-Ära – die Mittelklasse erheblich profitierte, das unter Obama einsetzende Wirtschaftswachstum zu stabilisieren, ohne es indes wirklich zu beschleunigen. All diese Punkte zahlten sich in den Augen seiner Anhänger direkt aus und begünstigten die von ihm selbst geförderten Ansätze des immer messianischer werdenden Kultus um seine Person. Fast wichtiger aber war sein persönlicher Politikstil, der bonapartistische oder gaullistische Züge trug, also zur Gänze auf dem direkten Appell an die meist leicht mobilisierbare eigene Anhängerschaft beruhte, die dann mit dem gesamten Volk gleichgesetzt wurde. Trump favorisierte, beispielsweise durch seine zahllosen Tweets oder direkte, spontane Anrufe bei seinem Haussender *Fox News*, den permanenten direkten Appell an sein Volk über sämtliche Institutionen hinweg. Dadurch und durch die gezielte personelle und finanzielle Ausdünnung des bürokratischen Regierungsapparats, in dem, wenn überhaupt, ausschließlich Trump-Loyalisten neu eingestellt wurden, entleerte er die Funktionsweise der staatlichen Institutionen. Im Unterschied zu Hitler oder Stalin schuf Trump keine rivalisierenden Doppelstrukturen aus Partei- und Staatsinstitutionen, sondern höhlte beide, Staat und Republikanische Partei, in bis dahin unbekanntem Ausmaß aus. Zusätzlich behielt er es sich vor, nur unbedingt loyale Kandidaten aus der eigenen Partei zu unterstützen und mutmaßlich illoyale Kandidaten oder Amtsträger direkt oder indirekt aus ihren Ämtern zu entfernen, indem er immer wieder direkt an seine Wähler appellierte. So schuf er sich ein Netzwerk aus personalen Loyalitäten, das weniger ideologisch als auf ihn als Person ausgerichtet war und mit dessen Hilfe er die Partei auch nach seiner Wahlniederlage fest im Griff hat. Das Parteiestablishment um Mitch McConnell, den republikanischen Anführer im Senat, hat dem aufgrund der oben ausgeführten Ambiguität von System- und prinzipieller Oppositionspartei nichts entgegenzusetzen. Die Republikaner wurden zum Opfer ihrer eigenen Strategie, an die Trump nahtlos anknüpfen konnte. Da nun seine Anhänger in der Partei sich entweder aus Opportunismus oder Überzeugung seinen verschwörungstheoretischen Vorstellungen unterworfen haben, sorgen sie weiterhin dafür, die Republikaner strukturell politikunfähig zu machen. Mittelfristig ist das für die amerikanische Demokratie gefährlicher, als es die Person Trump, despotische Neigungen hin oder her, jemals sein könnte. Wenn in einem Zweiparteiensystem eine Partei schlicht nicht mehr mitspielt, stellt das eine systemische Bedrohung ungeahnten Ausmaßes dar.

Authentizität als politischer Stil

Trumps Politikstil war und ist dabei nicht faschistisch und nur in Grenzen populistisch. Er stellt einen Solitär im politischen Betrieb dar, den im Grunde unpolitischen Antipolitiker. Der deutsche Politikwissenschaftler Torben Lütjen hat mit Recht darauf aufmerksam gemacht, dass Trump wie ein frühmoderner Fabrikherr handele, nämlich im Stil des pater-

Michael Hochgeschwender

nalistisch-autoritären Familienunternehmers ohne Rücksichtnahme auf Aktionäre oder Manager, ganz so wie die *Trump Organization* bis auf den heutigen Tag organisiert ist (Lütjen 2020, 103). Mit seinen Tweets inszeniert und suggeriert er unverstellte Transparenz, Authentizität und Massenpartizipation. Jeder Anhänger glaubt sich im direkten Kontakt mit einem Präsidenten, der geradeheraus, eben ein echter, authentischer amerikanischer Kerl sei, kein verschwurbelter Intellektueller, sondern ein Macher. Trumps «Authentizität» macht ihn für seine Wähler zum unmittelbaren Sprecher des «echten», eben auch authentischen amerikanischen Volks. Gezielte vulgäre Tabubrüche sorgen für den notwendigen antiintellektuellen und antielitären Hintergrund. Gleichzeitig dienen sie dazu, in den liberalen Medien, die sich ebenso begierig wie journalistisch fragwürdig auf die Tweets stützen, von Politikversagen und echten politischen Skandalen wie etwa der Nähe zu Putins Russland abzulenken. Obendrein offenbaren sie ein höchst gespanntes Verhältnis zur Wahrheit, das mit dem Begriff «alternative Fakten», den seine Sprecherin Kelly Conway geprägt hat, völlig unzureichend umschrieben ist. Man muss wissen, dass der religiös wenig engagierte Trump Anhänger des *positive thinking* von Norman Vincent Peale und des *gospel of prosperity* der Pfingstchristin Paula White ist (Bowler 2013). Beide Religionsformen basieren darauf, die Wirklichkeit durch «richtiges», positives Denken gemäß den eigenen Wünschen umzugestalten. Wer es versteht, sich auf das richtige Denken zu fixieren, wird am Ende seine Interessen durchsetzen. Diese Interessen aber sind fast durchweg materieller Natur. Es geht um Gewinn und Gewinnen sowie um die eigene Familie, nicht um eine kohärente Ideologie. Im Zentrum aller Überlegungen Donald Trumps steht einzig Donald Trump. Darin, nicht in einer bestimmten Ideologie, liegt die Problematik, ja womöglich die Gefahr, die von einem derartigen ausschließlich personalen Herrschaftsverständnis ausgeht.

Im Januar 2021 scheiterte Trumps verzweifelter Putschversuch an seiner eigenen Unfähigkeit, aber auch am Beharrungsvermögen ungeschriebener Konventionen der amerikanischen politischen Kultur. Weder das Militär noch der Sicherheitsapparat noch die Behörden oder selbst seine eigene Partei waren bereit, den nächsten Schritt in die Despotie zu gehen. Ob das in Anbetracht der politischen und intellektuellen Totalentleerung der Republikanischen Partei auf Dauer so bleiben wird, ist ungewiss. Mindestens ebenso ungewiss, wenn nicht noch zweifelhafter ist, ob sich das spannungsreiche System Trump, das zwischen persönlicher Herrschaft und den bürokratischen Notwendigkeiten einer modernen Industriegesellschaft, die nicht einfach ignoriert werden können, hin- und herbewegte, überhaupt langfristig hätte etablieren lassen.

(Für Hinweise und Diskussionen danke ich PD Dr. Ariane Leendertz, Köln/München.)

Michael Hochgeschwender

20
Wladimir Putin – Unvollendetes Porträt
eines Großverbrechers des 21. Jahrhunderts

Von Karl Schlögel

Die geschichtlichen Ereignisse haben den Produktionsprozess dieses Buches überholt. Die Korrekturfahnen kamen, als Putins Armeen die Ukraine angriffen und Bomben auf die ukrainischen Städte fielen. Niemand weiß, was in den Wochen bis zum Erscheinen geschehen wird. Der Text meines Porträts wurde im Juli 2021 abgeschlossen. Er erscheint unverändert, aber mit folgendem Vorspann:

Vielleicht sind die Auftritte Putins in den Tagen vor dem Angriff am 24.Februar 2022 auf die Ukraine die Szenen, in denen der ganze Putin zur Entfaltung kam, die Ankündigung der Vollendung dessen, was er zu vollbringen versprochen hatte. Worauf es ihm ankommt, macht seine Rede klar – die Vernichtung einer freien und unabhängigen Ukraine –, viel aufschlussreicher als das Was ist indes das Wie. Dazu gehören: die Abgeschiedenheit und Isolation seines holzgetäfelten Kabinetts, der Schreibtisch, an dem er sich bald festhält, bald sich zurücklehnt oder nach vorne springt, das fast wie ein Stück aus der Vergangenheit wirkende Telefon, die Eindringlichkeit, mit der er auf die imaginären Zuschauer einredet, der verächtliche und sarkastische Ton, in dem er von den «Partnern» im Westen spricht, der Hass, in dem er über die ukrainische Regierung – «Narkomanen und Neonazis der Kiewer Junta» – herfällt. Ambiente, Krawatte, die Flagge im Hintergrund lassen sich inszenieren, solche Wut, solche Maßlosigkeit des Ausdrucks, solche Verachtung indes nicht. Hier ist er ganz bei sich, getrieben und überwältigt von einem Hass, der nicht aus der Lektüre von Büchern herkommt, gepeinigt von einer Kränkung und einem Komplex, den er auch seinen Landsleuten einzureden versucht, ein Mann, der entschlossen ist, das wilde Tier des Krieges loszulassen, den nicht er selbst weitab vom Schuss, sondern andere austragen müssen. Der verzweifelte Verlierer, dessen Sieg nur darin besteht, dass er zeigt, dass er über die Macht verfügt, alle, auch sein eigenes Volk, mit in den Abgrund zu reißen. So wie er da auf sein imaginäres Publikum einredet, sein Gesicht bald von Schmerz verzerrt, bald von der Grimasse der Verachtung aufgehellt, wie er bald in eine gehässige und niederträchtige Rhetorik verfällt, bald sich als der großzügige und allzu nachsichtige Herrscher aufspielt und zu Hofe bittet, wie er gestikuliert, seufzt, stöhnt – so verkörpert er die Tragödie, in die er sein Land geführt hat, und das Unglück, das er über die Ukraine gebracht hat.

Es bricht aus ihm heraus. Die unbewältigte Geschichte des untergegangenen Imperiums, dessen Auflösung anzuerkennen er nicht die Kraft besitzt und dessen Wiedererrichtung als Drittes Imperium er mit allen ihm zur Verfügung stehenden Kräften betreibt. Dieser Mann ist Fleisch vom Fleisch des Imperiums, seines innersten und bis heute intakt gebliebenen innersten Kerns, des KGB, aus dem er hervorgegangen ist. Er kann sich ein Russland nach und jenseits des Imperiums nicht vorstellen, und die Bewirtschaftung all der Traumata, die sich aus der unbewältigten Geschichte Russlands im 20. Jahrhundert aufgestaut haben, ist die Grundlage seiner Herrschaft, Kern seiner Destruktivität. Das zum Untergang verurteilte Imperium ist ihm wichtiger als das Überleben Russlands. Putin hasst Europa, das er zugleich als schwächlich verachtet, und er hasst den Westen, dessen Lebensform eine Gefahr für seine Herrschaft ist. Er hasst die Ukraine mit seinem ganzen Wesen, da sie nichts anderes will, als ein normales Land zu sein, das keinen fremden Herrn über sich braucht. Er genießt es, den Westen zu zwingen, tatenlos zusehen zu müssen, wie die Ukraine zugrunde gerichtet wird.

Berlin, am 12. März 2022

*

Karl Schlögel

Von der Macht, der Ohnmacht und der Angst eines Autokraten

Es kann sein, dass das Scheitern des Versuches, ein Bild vom Werden des russischen Diktators Putin zu zeichnen, so aufschlussreich ist wie das Porträt selbst, wenn es denn eines gäbe. Man kennt das von den oft vergeblichen Anstrengungen bei der Errichtung eines Denkmals. Die Kontroversen im Vorfeld um Standort, Form, symbolische Bedeutung sind oft aufschlussreicher als das endlich fertiggestellte Resultat. Man nimmt mehrmals Anlauf, wechselt die Perspektive, versucht, die verschiedenen, sich widersprechenden Teile zusammenzufügen und so endlich zu einem Gesamtbild zu kommen.

«Who is Mister Putin?», lautete die Frage einer amerikanischen Journalistin auf dem Davoser Weltwirtschaftsforum im Jahre 2000 und löste damit Gelächter im Saal aus, die russische Delegation gab sich ratlos. Das ist lange her, und der Welt ist das Lachen vergangen. Schon im Jahre 2007 erkor das *Time Magazine* Putin zur «Person of the Year», und noch etwas später prägte Wjatscheslaw Wolodin, der erste Stellvertreter der Präsidial-Administration und spätere Duma-Vorsitzende, den weitgehenden Satz «Wenn es Putin nicht gäbe, dann gäbe es das heutige Russland nicht», oder noch kürzer: «Putin ist Russland, und Russland ist Putin.» Das wiederholen in Variationen die gleichgeschalteten staatlichen Medien Tag für Tag. Mit Verfassungsänderungen ist theoretisch eine Präsidentschaft Putins bis zum Jahre 2036 denkbar. Kritik am Regime Putin wird niedergemacht, Kritik an Putin wird gleichgesetzt mit Kritik an Russland, mit «Russophobie». Mit einer Flut neuer Gesetze sind unabhängige Organisationen unter dem Vorwand der Bekämpfung von Terrorismus und Spionage eingeschüchtert und verboten worden. Tausende Teilnehmer friedlicher Demonstrationen, die Anfang des Jahres 2021 gegen Verhaftung und Verurteilung Alexej Nawalnys auf die Straße gingen, sind festgenommen und viele von ihnen verurteilt worden. Die Bilder von den OMON-Truppen in den Straßen von Moskau und Sankt Petersburg, aber auch weiter draußen im Land, sind keine Erfindung westlicher Propaganda, so wenig wie die Schlägertrupps und Massenverhaftungen in den Straßen belarussischer Städte, die undenkbar sind ohne die Rückendeckung der russischen Regierung für Lukaschenka. Das russische Besatzungsregime auf der Krim und der Krieg im Donbass, der seit Beginn Tausende von Toten und Millionen von Flüchtlingen gefordert hat, hält an. In Europa und dem, was man einmal «den Westen» genannt hat, schürt Russland die inneren Widersprüche, schmiedet Allianzen mit Kräften aller Couleur und versucht, sich so die Leistungskraft Europas gefügig zu machen. Das Repertoire der Einflussnahme ist groß: systematische Desinformation, Unterwanderung und Instrumentalisierung von Organisationen, Angriffe auf sensible Infrastrukturen, energiepolitische Erpressung, militärische Einschüchterung mit Massenvernichtungsmitteln einschließlich der gezielten Tötung der «Verräter» und politischen Gegner auf fremdem Territorium.

Gewalt und Zerstörung des öffentlichen Raums

Es sind Bilder aus der Welt von Diktatoren, Bilder der schieren Willkür, der Ohnmacht derer, die in generalstabsmäßig geplanten Großeinsätzen abtransportiert werden, Bilder von der Selbstverständlichkeit, mit der bestimmte, selbst in der russischen Verfassung verbriefte Rechte missachtet und außer Kraft gesetzt werden, Bilder von Gerichtsverhandlungen mit der Zurschaustellung der wie Tiere in Käfigen gefangenen Angeklagten, Demonstrationen der professionellen Brutalität, mit der Häscher Jagd auf Beteiligte wie Unbeteiligte machen – all das zeugt nicht von einem Zwischenfall, der überall passieren kann, wo Demonstranten aufeinanderprallen, sondern von gezielter Repression aller, die den Mut haben, für ihre Freiheitsrechte und zivilen Umgang im öffentlichen Raum einzustehen. Es ist die Einübung in die Praktiken des Polizeistaates, der in Russland, das sich gerade von ihm zu befreien begann, erneut um sich greift. Es ist die demonstrative Ankündigung, die lautet: Wir machen mit euch, was wir wollen, und wir erwischen euch, wo immer ihr seid. Putins verständnisvolle Interpreten warnen vor einer «Dämonisierung». Aber es bedarf einer solchen nicht, man muss, wenn man einen Weg jenseits von Apologie und Entlarvung beschreiten will, nichts erfinden und nichts übertreiben, man muss nur beschreiben, was der Fall ist.

Karl Schlögel

Es gibt wahrlich keinen Mangel an Putiniana. Sie reichen von den wohlredigierten «Putin über sich selbst»-Erzählungen aus den Anfängen seiner Präsidentschaft, als es darum ging, einen damals dem Publikum kaum Bekannten vorzustellen, bis zu mehrteiligen Interviews, unter anderem mit dem Hollywood-Regisseur Oliver Stone. Es gibt Dokumentationen mit Zeitzeugen, die wie die inzwischen verstorbene Marina Salje, die «Großmutter der russischen Demokratie», den Mut hatten, sich über die kriminellen Machenschaften Putins in den wilden 1990er Jahren in Sankt Petersburg zu äußern, und solchen, die es vorzogen, ihre Namen nicht zu nennen. Die Bildstrecken zeigen, welch weiten Weg er zurückgelegt hat von den ersten, unsicher und linkisch wirkenden Auftritten nach der Übernahme des Präsidentenamts bis zu den fest gefügten und streng choreographierten Ritualen der Macht im Ambiente der goldstrotzenden Säle des Großen Kremlpalastes. Man kann sich bei den alljährlich live übertragenen stundenlangen Frage-Antwort-Sendungen einen Eindruck davon verschaffen, wie er sich bewegt und argumentiert. Es gibt Putin-Porträts, die sich großer, zuweilen allzu großer Nähe verdanken, und solche, die eher gewagten psychoanalytischen Ferndiagnosen gleichen. Putins Augen sind, folgt man den Urteilen von Staatsmännern, die ihm «in die Augen geblickt» haben, offenbar besonders aussagekräftig, ja faszinierend.

Am wenigsten aufschlussreich sind jene Bücher, die mehr über die Wunschbilder, sentimentalen Erinnerungen und Projektionen der Autoren sagen als über die Figur selbst. Aus dieser Sicht ist Putin der ewig Unverstandene, um Verständnis Buhlende, der Prügelknabe für alles, was «der Westen» nicht zustande bekommen oder selbst verschuldet hat. Aber wie vermeidet man die Gefahr, die eigenen Projektionen mit dem Gegenstand zu verwechseln?

Diktatur neuen Typs

Es hat etwas zu besagen, dass es bis heute keinen Begriff, keine mehr oder weniger allgemein akzeptierte Systembezeichnung gibt für das, was sich im heutigen Russland herausgebildet hat. Am meisten verbreitet, wenn auch recht vage, ist der «postsowjetische Raum», in dem alles unbestimmt bleibt. Viele Bezeichnungen sind im Spiel: autoritär, despotisch, totalitär, stalinistisch oder neostalinistisch, faschistisch, staatskapitalistisch, neopatrimonial, neoimperial, neofeudal, kleptokratisch, oligarchisch, oder Mafia-Staat, in dem die Gesetze der «Familie», der Clans, des Paten und seiner Klienten gelten. Das «Polypbüro», Putins innerer Zirkel, hat dort das Politbüro von einst abgelöst (Magyar 2017).

Man kann diese Begriffsunsicherheit als Manko empfinden, aber Begriffe stellen sich in der Regel erst dann ein, wenn sich eine Sache so weit ausgebildet hat, dass sie spruchreif werden kann. Solange dies nicht der Fall ist, sind Begriffe dazu verurteilt, Konstruktionen, «bleiche Gespenster» zu bleiben. Es ist gerade die verwirrende Vielgestaltigkeit der Formen und Prozesse, das Ineinander von Zerfall und Neubildung, das den Weg öffnet für eine analytische Arbeit, die der Falle der historischen Analogiebildung entgeht und sich einlässt auf das Neue, bisher nicht Dagewesene: das, was die Spuren der historischen Umgebung, aus der es hervorgewachsen ist, zwar nicht verleugnet, aber doch sich einem eigenen Impuls und einer einzigartigen Konstellation verdankt, in der unter Extremdruck eine Welt sich in ihre Bestandteile auflöst und sich zu etwas Neuem amalgamiert.

Die historischen Spurenelemente der langen Dauer sowjetischer und russischer Geschichte sind allenthalben auszumachen, der Alb der toten Geschlechter wiegt schwer und meldet sich zurück, wo er doch schon längst verschwunden schien. Praktiken, die überlebt schienen, brechen mit einem Mal wieder durch: die pure Willkür, die schon einmal durch die Routine der Gesetzlichkeit des «reifen Sozialismus» gebändigt erschien. Die Vorführung der Selbstkritik und Loyalitätsbekundung im staatlichen Fernsehen, die Verurteilung zu Lagerhaft im Stundentakt und die Verbannung ans Ende der Welt. Mit einem Mal ist das Vokabular der Schauprozesse – «Volksfeinde», «Spione», «ausländische Agenten», «Fünfte Kolonne» – wieder da, ebenso die beschämenden Bilder erzwungener «Selbstkritik». Die Staatsmacht schlägt zu, wo immer sich ein Anlass bietet, der sich nach Belieben findet: bei Tausenden von Unternehmern, die nicht bereit sind, Schmiergeld zu zahlen, und denen nun eine Steuerhinterziehung untergejubelt wird, oder bei Bloggern, die einen Post weiterleiten, der Putins Lesart vom Großen Vaterländischen Krieg nicht entspricht. Es ist nicht 1937. Im Jahr des «Großen Terrors» gab es keine Smartphones, das postsowjetisch-postmoderne Regime arbeitet anders als das stalinistische. Die Analogie führt in die Irre und liefert den heutigen Machthabern nur das Argument, alles, was jetzt geschieht, sei doch gar nicht so schlimm. Sogar die Serie von gezielten Tötungen – von Jurij Schtschekotschikin (vergiftet) bis Anna Politkowskaja (erschossen), von Boris Nemzow (erschossen) bis Alexander Litwinenko (mit Polonium 210 vergiftet) –, deren Auftraggeber nie aufgeklärt wurden, erscheint vor dem Hintergrund des stalinistischen Massenterrors nur als Lappalie, während sie eher etwas sagt über das Embryonalstadium einer Diktatur neuen Typs.

Zu den naheliegenden Interpretationen dessen, was heute geschieht, gehört auch der Verweis auf Jahrhunderte zurückreichende russische Traditionen: die Schwäche der Gesellschaft gegenüber dem Staat, die Unterentwickeltheit von Bürgertum und Mittelklasse, ein nach Anläufen immer wieder in sich zusammenfallendes gesellschaftliches Engagement, die konstitutive Schwäche des Instituts des Privateigentums in einem Land, das der Selbstherrscher, der Autokrat, als sein Eigentum betrachtet und darüber entscheidet, wer darüber verfügen darf und wer nicht. Revolution, Enteignung und Nationalisierung haben, so der Historiker Richard Pipes, diese Entwicklung des patrimonialen Staates nur auf die Spitze getrieben und alle Ansätze einer Verrechtlichung der Beziehungen zwischen dem Selbstherrscher und seinen Untertanen vollends zerstört. Wen kann es dann wundern, wenn heute wiederum Eigentum willkürlich weggenommen, zugeteilt, umverteilt wird – diesmal innerhalb des aus dem Zerfall der Sowjetunion hervorgegangenen Kreises ehemaliger Geheimdienstleute, Staatsfunktionäre und Oligarchen. Die Russisch-Orthodoxe Kirche wiederum ist nach Jahrzehnten der Unterdrückung, Marginalisierung und Unterwanderung durch die Geheimdienste nicht nur ins öffentliche Leben zurückgekehrt, sondern drückt ihm sogar ihren Stempel auf – symbolisiert im allenthalben sichtbaren Bauboom, ihrer medialen Präsenz, ihrem Einfluss auf Gesetzgebung und Erziehung, und nicht zuletzt in der engen persönlichen Beziehung zwischen dem Präsidenten und seinem «Beichtvater» Bischof Tichon Schewkunow.

All dies deutet auf das Wiederaufleben von nur vorübergehend ins Abseits geratenen Traditionslinien hin. Und doch verstellt der Blick auf die stalinistischen Praktiken, das Erbe des patrimonialen Staates oder die von der Russisch-Orthodoxen Kirche geprägte Kultur den Blick auf das Neue und suggeriert eine Kontinuität, die es nach all den radikalen Umbrüchen der russischen Geschichte im 20. Jahrhundert so nicht mehr geben kann. All die genannten Linien sind zerbrochen, fragmentiert oder bis zur Unkenntlichkeit transformiert worden.

Es gibt keinen Präzedenzfall in der jüngeren Geschichte für die Auflösung einer auf Staatseigentum gegründeten Gesellschaft und die über Nacht erfolgte Aufteilung und Aneignung des gesellschaftlichen Reichtums einer Nation durch eine winzige Gruppe von Einzelpersonen. Alle vermeintlichen Parallelen – die Geburt der amerikanischen *robber barons* etwa – sind schief. Alle Hinweise auf postimperiale Krisen – die Weimarer Republik nach dem Ersten Weltkrieg und dem Vertrag von Versailles – zeigen nur, dass die Situationen wohl vergleichbar, aber eben doch unvergleichlich sind mit der des postsozialistischen und postimperialen Russland. Erst recht gilt es, sich von der insgeheimen Teleologie freizumachen, die in der Vorstellung von einer zielgerichteten und planmäßigen Transformation steckt, die so lange die Sicht nach 1989/91 bestimmt hat. Sie sagte immer schon mehr über die Ordnungsvorstellungen und Sicherheitsbedürfnisse westlicher Thinktanks und Regierungen aus als über die Offenheit einer geschichtlichen Situation, in der alles möglich war – und jederzeit möglich ist.

Mann der vielen Eigenschaften

Für jene, die Putin wählten – mit zunächst überwältigenden, dann rückläufigen Zustimmungswerten –, war jemand aufgetaucht, dem man zutraute, Russland aus der Krise und ins 21. Jahrhundert zu führen. In seiner Person kam vieles zusammen. Auf den gebrechlichen und kranken Jelzin war ein junger, dynamischer Typ gefolgt, der «aufzuräumen» versprach – mit den ungeliebten oder gar verhassten Oligarchen, mit den tschetschenischen Terroristen, die er «im Scheißhaus zu ersäufen» versprach, mit der alltäglichen Korruption, mit der praktisch jeder zu tun bekam. Physische Präsenz – als Taucher, Gleitflieger, im Cockpit eines strategischen Bombers oder hoch zu Ross, im Stil Mussolinis den nackten Oberkörper zur Schau stellend. Wo gab es einen Präsidenten, der öffentlich als Judoka und Eishockeyspieler auftrat, der aber auch die Zeit findet, «ins Archiv zu gehen» und ausführliche Traktate zu verfassen, in denen er der Welt seine Sicht oktroyiert – über Wladimir den Heiligen, Stalin als «Manager», den Molotow-Ribbentrop-Pakt, die Geschichte der russisch-ukrainischen Beziehungen. Er umgibt sich mit den *celebrities* der sowjetischen Kinowelt, mit Gérard Dépardieu und Gerhard Schröder, erweist Alexander Solschenizyn die Ehre, absolviert aber auch seine Besuche bei den Belegschaften in den Kombinaten jenseits des Ural. In Biker-Montur fährt er auf einer Harley-Davidson im Pulk der Nachtwölfe, die an Easy Rider erinnern, aber überall vorneweg sind, wo – wie bei der Besetzung der Krim – das Banner des russischen Chauvinismus aufgepflanzt wird. Vor einer illustren Abendgesellschaft gibt er zwanglos «*Blueberry Hill*» zum Besten. Über amerikanische Agenturen lanciert er in der *New York Times* seine Überlegungen zur Überholtheit der liberalen Demokratie. Zur Ermordung der Journalistin Anna Politkowskaja gab es von ihm nur einen spöttisch-zynischen Kommentar, kein Wort der Anteilnahme, aber als er nach der manipulierten Wiederwahl zum Präsidenten auf dem Roten Platz vor seine Fans trat, floss ihm eine Träne über die Wange. Er pilgert zu den Klöstern auf dem Berg Athos und inspiziert die russischen Truppen, die in Assads Syrien Hospitäler bombardieren. Heiligenverehrung und Sowjetnostalgie bringt er mühelos zusammen. Für die ältere Generation holt er die Sowjethymne, den Sound des untergegangenen Imperiums, zurück (mit leicht verändertem Text), für die jüngere gibt es Rockfestivals. Viele Gesprächspartner erleben ihn als charmant, auch wenn er ihnen ohne mit der Wimper zu zucken ins Gesicht lügt – wie im Fall der «grünen Männchen» auf der Krim, die in Wahrheit, wie er ein Jahr später stolz bekannte, russische Soldaten waren. Er genießt es offensichtlich, sich breitbeinig im Sessel zu fläzen und damit die Vorurteile des liberalen Publikums vom Rowdy aus dem Leningrader Hinterhof zu bestätigen. Zu seinem persönlichen Markenzeichen hat er gemacht, die Großen der Welt, und sei es der Papst, warten zu lassen. Dass er die Namen seiner Opfer, unter ihnen den Alexej Nawalnys, nicht auszusprechen wagt, ist vielleicht einem Aberglauben, vielleicht aber auch bloß der Angst um sich selbst geschuldet. In Trump hingegen erkannte er sofort den Kumpel, mit dem sich über Deals reden ließ. Bei heikleren Themen lässt er *His Master's Voice*, Pressesprecher Dmitrij Peskow, sprechen, der, wenn nötig, den Journalisten mitteilt, der Präsident wisse von nichts.

Putin nennt die Auflösung der Sowjetunion, die die einen herbeigesehnt und andere erlitten haben, die «größte geopolitische Katastrophe des 20. Jahrhunderts». Aus dem Trauma von Millionen, die sich über Nacht jenseits der Grenzen wiederfanden und neu anfangen mussten, macht er das Schwungrad, das er immer wieder aufs Neue in Bewegung zu setzen weiß. Er ist der Meister im Schüren von Angst und in der Bewirtschaftung von Verlust- und Demütigungserfahrungen. Zur historischen Persönlichkeit konnte er werden, weil er zum richtigen Zeitpunkt an der Stelle war, an der sich alle Verzweiflung, aber auch alle Hoffnungen auf ein besseres Leben konzentrierten. Er war der Mann der vielen Eigenschaften, die jemand haben musste, der die Leerstelle auszufüllen in der Lage war, ausfüllen wollte – für eine gewisse Zeit jedenfalls. Er hatte dabei das Glück, das seinen Vorgängern in den chaotischen 1990er Jahren nicht beschieden war: dass die Preise für Öl und Gas auf dem Weltmarkt emporgeschnellt waren und jenen Strom von Geld in das Land lenkten, der über die Krise hinweghalf, für viele den Lebensstandard sichtbar anhob und Spielraum für geopolitische Manöver verschaffte. Die Kehrseite dieser üppig strömenden Naturalrente war, dass die längst überfälligen Reformen und Modernisierungsschritte aufgeschoben wurden oder ganz unterblieben – der zweischneidige Erfolg eines Ressourcenstaates. Für alles, was missglückte, wurden fortan andere verantwortlich gemacht, vornehmlich «der Westen» und dessen «Agenten» im Land.

Ein Biograph, der «Putin, wie er wurde», nahekommen möchte, müsste ihm in den Raum seiner formativen prägenden Jahre in Leningrad, Dresden, Moskau folgen. In seinem Curriculum Vitae, das man auf der Homepage des Kreml, auf wikipedia.ru oder in einer der zahlreichen Biographien nachlesen kann, finden sich die wichtigsten Daten und Bilder. Baskowa pereulok 12 in Leningrad, wo Putin, Jahrgang 1952, aufgewachsen ist, liegt nicht weit vom Litejny Prospekt, also im Zentrum der alten Hauptstadt. Die Eltern – der Vater Arbeiter, schwer verwundet im Zweiten Weltkrieg, die Mutter Fabrikarbeiterin – verweisen auf eine mehr oder weniger typische Leningrader Proletarier-Familie, die die mörderische Blockade der Deutschen überlebt und die Not der Nachkriegszeit durchgemacht hat, die raue Welt der Hinterhöfe, den so oft schon beschriebenen Raum der von vielen bewohnten Gemeinschaftswohnung. Es ist, vorbei an den Palästen und Kanälen der atemberaubend schönen Stadt, nicht weit zur Universität, an der er Jura studierte und auf seinen Mentor und späteren Bürgermeister Anatoli Sobtschak stieß, der ihn 1991 als Zweiten Bürgermeister in den Smolny, einst höhere Bildungsanstalt für Mädchen und 1917 Sitz der Räteregierung, holte. Nicht weit ist es auch zum Büro im Großen Haus, dem konstruktivistischen Bau, der allen Leningradern, besonders den zum Verhör einbestellten Dissidenten, als Sitz des NKWD/KGB geläufig war. Es gibt kaum Auffälliges über den jungen Mann zu berichten, der dem heroischen und intelligenten «Aufklärer» Stierlitz aus der Serie *17 Augenblicke im Frühling* nachzueifern scheint. Putin war in den Jahren, in denen in der Sowjetunion mit der Perestrojka etwas Neues und Unerhörtes begann, weitab vom Schuss in Dresden, mit bescheidenen Privilegien, deutschsowjetischen Freundschaftsabenden, aber auch der Abwehr demonstrierender Bürgerrechtler.

Alles, was folgt, sieht zunächst nicht nach einem strategischen Plan aus, sondern man tastet, nimmt Chancen wahr, ergreift Gelegenheiten, lernt mit der Zeit, was man sich zutrauen kann, und wird dabei immer selbstsicherer. Die «Zeit der Wirren» in einer Stadt wie Leningrad, die mit dem Beginn der Perestrojka wieder zu einem Fenster nach Europa zu werden versprach, bot für jene, die sich darauf verstanden, viele, unendlich viele Gelegenheiten des Vorankommens. Man musste nur im rechten Augenblick zugreifen und sich behaupten. Die alten Strukturen waren außer Kraft gesetzt, die Stadtverwaltung, der Putin nun angehörte – Sobtschak hatte ihn dorthin gelotst –, musste fertigwerden mit dem Zusammenbruch der Versorgung, der Schließung von Fabriken, für deren Produktion es keinen Absatz mehr gab. Der gewöhnliche Alltag mit seinen Routinen war aus den Fugen geraten, ein Raum hatte sich aufgetan, in dem die informellen Zusammenhänge – Bruderschaften, Seilschaften von Studien- und Berufskollegen, Sportklubs und Gangs – für das Überleben wichtiger geworden waren als die Institutionen, aus denen zudem Tausende entlassen waren. Wer sich in diesem Graubereich zurechtfand, in dem die Grenze zwischen staatlicher Struktur und organisierter Kriminalität verschwamm, der hatte gewonnen. Auf der Strecke blieben die Opfer der Schießereien auf der Straße, auch die Dissidenten, die für einen Augenblick den Mythos der Stadt neu entzündet hatten, aber schnell von aufgestiegenen Bodyguards und Jungunternehmern in Trainingsanzügen ausgetrickst wurden. Die Umverteilung des Eigentums – Immobilien, Produktionsstätten, Hafenrechte, Import-Export-Firmen, Hotels und Kultureinrichtungen – war in vollem Gange.

Der neue Orden

Was immer künftige Biographen recherchieren und herausfinden werden, es ist klar, dass der innere Kreis, der die Macht in Moskau ergriffen hat, aus jenem Kreis hervorging, der sich zuerst in Leningrad, vor allem in der Datschen-Kooperative Ozero gefunden hatte, «Putins Leute», deren Werdegang der inzwischen verstorbene Wladimir Pribylowski in jahrelanger Arbeit im Detail rekonstruiert hat. Diese verweist auf die Homogenität von Generations- und Lebenserfahrungen, von Typen und Charakteren, wie sie sonst nur Kampfbünden oder Ordensgemeinschaften zugeschrieben werden, der Embryo eines Staats im Staat, der sich als stählerner Kern über alle Auflösungsprozesse hinweg behauptet, sich in Form gebracht und modernisiert hat und bald schon den Kern der politischen Führung Russlands stellen wird. Lebensdaten, Herkunft, Ausbildung, Auslandsaufenthalte, Hobbys, bevorzugte Automarken, verliehene Orden, Funktionen und Mitgliedschaften ergeben zusammen mit Karen Darwishas Studie zum kleptokratischen System das soziale und kulturelle Porträt jener Gruppe, die sich bis an die Spitze vorgearbeitet und die Macht (wieder) übernommen hat, anders als die gescheiterten Putschisten vom August 1991 lautlos und mit Erfolg.

Dem harten Kern begegnen wir schon früh: ob es sich um Igor Setschin handelt, den KGB-Kollegen, der später die Zerschlagung von Chodorkowskis Ölfirma YUKOS zugunsten von Rosneft betrieb und Leiter der Präsidialadministration Putins wurde; Gennadi Timtschenko, der aus der Kooperative Ozero zum Großbankier aufstieg; Wladimir Jakunin, der einstige Kollege aus dem Leningrader KGB, der Chef der Russischen Eisenbahn und Gründer eines weltweit operierenden Thinktanks wurde. Und all die Leningrader, die es zu Führungspositionen in Moskau brachten: Alexej Miller, als Chef von Gazprom; Sergej Iwanow, KGB-Mann, später Verteidigungsminister und Leiter der Präsidialverwaltung; Boris Gryslow, KGB-Mann und später Vorsitzender der mächtigen Partei

«Einiges Russland»; Juri Kowaltschuk, Mitgründer der Datschen-Kooperative Ozero, Vorsitzender des Verwaltungsrates der Bank Rossija, einer der reichsten Männer Russlands; Walentina Matwienko, die spätere Vorsitzende des Föderationsrates; Dmitrij Medwedjew, der Studienkollege, der zweite Mann im «Tandem», der ihn später als Präsident ablöste, um den Weg frei zu machen für eine dritte Amtszeit; Sergej Naryschkin, Putin-Bekannter aus KGB-Zeiten und später Vorsitzender der Staatsduma; Witali Mutko, der weltweit bekannt wurde im Zusammenhang staatlich geförderten Dopings; Wiktor Tscherkessow, der KGB-Verfolger der Leningrader Dissidenten und spätere Beauftragte für die Nordwest-Region. Dann die Kameraden aus dem Judo- und Sambo-Sport-Verein, die Brüder Arkadi und Boris Rotenberg, die es in der Zeit der Putin-Regierung zu den reichsten Männern Russlands gebracht haben – mit staatlichen Bauaufträgen für die Brücke von Kertsch, die Bauten für die Olympiade in Sotschi und viele andere. Nicht zu vergessen der Cellist Sergej Roldugin, Freund Putins seit seiner Jugend, später vor allem bekannt geworden über die in den Panama Papers aufgedeckten Geldströme.

Hier vollzog sich im Kleinen, was sich im ganzen Land abspielte: die Verwandlung von Staatsbanken in Privatbanken, von staatlichen Kombinaten in Aktiengesellschaften; Lehrer des Marxismus-Leninismus wurden Professoren für Kulturologie, Offiziere und Geheimdienstleute wurden CEOs internationaler Firmen. Hier zahlten sich die Verbindungen aus alten Sowjetzeiten, die Erfahrung der «zweiten Ökonomie» aus, hier konnten fähige Komsomolführer endlich zeigen, wie man Gründer erfolgreicher Start-ups wurde, oder wie man – wie im Falle Wladislaw Surkows – von einem begabten Poeten zum Leiter der Public Relations bei Chodorkowski und später sogar zum «Grauen Kardinal» in der Präsidialverwaltung Putins werden konnte.

Niemand außer der organisierten Kriminalität war auf den Fall der Auflösung der sowjetischen Welt besser eingestellt als die Geheimdienste, die schon aus professionellen Gründen Bescheid wussten, wie es um die Gesellschaft stand, und die über die Verbindungen verfügten, die man kennen musste, um den neuen Reichtum zu verteilen oder ins Ausland zu schaffen – ein wahrer Umbau, eine wahre Perestrojka.

Für Putin und seine Leningrader bot sich diese Chance in dem Augenblick, als Boris Jelzin, der erste Präsident der Russischen Föderation, ins Wanken geriet und die Suche nach einem geeigneten Nachfolger in Gang kam. Die Wahl fiel überraschend auf Putin, der seit 1996 in Moskau in der Präsidialadministration arbeitete und zum Direktor des Föderalen Sicherheitsdiensts (FSB) ernannt worden war. Jelzin übergab das Amt und mit ihm auch die außerordentliche Macht, die die neue Verfassung von 1993 dem russischen Präsidenten zuerkannte. Damit begann ein neues Kapitel.

Diktatur des Rechts und Recht der Diktatur

Einige hatten es sogleich erkannt, viele brauchten längere Zeit, und manche haben es bis heute nicht verstanden, dass sich aus dem «Orden», dem Staat im Staat, eine Diktatur neuen Typs zu entwickeln begann. Vieles nahm man in Kauf, weil er wenigstens für Sicherheit, Stabilität, Schutz zu stehen schien.

Putin hatte die «Diktatur des Gesetzes» verkündet, doch sie galt nur für die Oligarchen, die sich seinen Forderungen nicht fügten. So verlor der «Medienmogul» Wladimir Gussinski seine Fernsehsender, weil sie es gewagt hatten, Putin in Karikaturen und in für ihn unvorteilhaften Situationen wie nach der U-Boot-Katastrophe zu zeigen. So trieb er Boris Beresowski zur Flucht ins Exil, wo er unter ungeklärten Umständen starb. So wurde Michail Chodorkowski, der Widerspruch angemeldet hatte, unter dem Vorwurf der Steuerhinterziehung verurteilt und für zehn Jahre ins Lager geschickt, während der Konzern, den er aufgebaut hatte, an Igor Setschin, Putins Kompagnon aus gemeinsamen KGB-Zeiten, ging. Putin beseitigte die Unabhängigkeit der Gouverneure, die nun nicht mehr gewählt, sondern einer neu geschaffenen Machtvertikale untergeordnet wurden. Er ließ Wahlen durchführen, bei denen es in Wahrheit nichts zu wählen gab, weil unabhängige Parteien und Kandidaten vorab ausgeschaltet wurden, und es entstand ein Parlament, für das nicht einmal Max Webers Terminus des «Schein-Parlamentarismus» zutrifft. Während Putins Freunde unvorstellbare Reichtümer ansammelten, außer Landes schafften, Empfänge in Davos organisierten, ganze Straßenzüge in Kensington («Londongrad») aufkauften, zu den Partys in Courchevel und Antibes pendelten, selbstverständlich über mehrere

Abb. 32   Putin vor der Zarenkrone Peters I.

20 Wladimir Putin

Pässe verfügten und ihre Kinder in den teuersten Schulen Englands unterbrachten, war die Hetze gegen den Westen und die Nachbarn, die ihren eigenen Weg gingen, der Kitt, um das Land zusammenzuhalten: «negative Integration» durch Feindbild-Konstruktion (Gudkow 2004) anstelle der längst überfälligen und schmerzlichen Modernisierung. Das reiche Land verlor viele seiner energischsten, tatkräftigsten, unternehmungslustigsten Kräfte, die nicht noch einmal um ihre Lebenszeit gebracht werden wollten – ein Exodus, der die Zahlen der Emigration nach der Russischen Revolution übertrifft.

Russland ist dreißig Jahre nach dem Ende der Sowjetunion ein verändertes Land. Millionen haben sich jenseits der Grenzen umgesehen und haben eine Vorstellung davon, wie ein modernes, endlich «normales» Russland aussehen könnte. Die Kluft zwischen den Metropolen und dem weiten Land draußen ist riesig, so als lebte das Land zugleich in zwei verschiedenen Zeitaltern. Das Regime Putin ist nervös, nicht anders lassen sich die «unverhältnismäßig» brutalen Schläge gegen angeblich doch so bedeutungslose gesellschaftliche Bewegungen wie die um Nawalny erklären. Es gibt eine Öffentlichkeit, die sich jenseits der staatlichen Fernsehkanäle gebildet hat, und eine Generation, die sich den allabendlichen Hassreden eines Wladimir Solowjow oder Dmitri Kisseljow auf den Staatssendern entzieht. Wie die Macht auf die Situation «Der König ist nackt!» reagiert, konnte man an der Enthüllung von «Putins Palast» an der Schwarzmeerküste sehen. Putin hat, was die auf Lebenszeit geplante Präsidentschaft betrifft, viel, sehr viel Zeit, aber in Wahrheit läuft sie ihm davon. Er hat kein Jahrhundertprojekt auf den Weg gebracht wie der von ihm angeblich verehrte Zar Alexander III. mit der Transsibirischen Eisenbahn. Seine Nervosität hat einen guten Grund. An die Stelle der Bewältigung der ungelösten Probleme des eigenen Landes sind Ersatzhandlungen getreten und das Spiel mit den Möglichkeiten, die sich allein aus den Schwächen des Gegners ergeben. Seine Stärke liegt in der Bereitschaft zum hohen, das heißt militärischen Einsatz, den andere – Europa, der Westen – nicht riskieren können. Mit seinem Krieg gegen die Ukraine, deren souveräne Existenz er nicht akzeptieren will, hat er die Beziehung zwischen Russen und Ukrainern auf Generationen beschädigt, wenn nicht zerstört. Mit seiner Idee der Russischen Welt – überall, wo Russen leben, ist Russland – hat er eine Rechtfertigung für Interven-

Karl Schlögel

tionen außerhalb der Grenzen formuliert. Putin ist immer noch der Meister der Eskalationsdominanz, die ihn bisher vorangebracht, Russland aber immer mehr ins Abseits geführt hat. Es sieht danach aus, dass er, der sich als Herr des Verfahrens sieht, in Wahrheit eher ein Getriebener ist, zum Unglück seiner Nachbarn und zum Verhängnis für das eigene Land.

ANHANG

Literatur

Einleitung
Barbara Stollberg-Rilinger / André Krischer

Burckhardt, Jacob, Weltgeschichtliche Betrachtungen. Über geschichtliches Studium (Gesammelte Werke, Bd. IV), Darmstadt 1956.

Greenblatt, Stephen, Tyrant. Shakespeare on Politics, New York 2018. Dt.: Der Tyrann. Shakespeares Machtkunde für das 21. Jahrhundert, München 2018.

Jones, Peter, Does Putin pass Aristotle's tyrant test?, in: The Spectator, 05.03.2022, URL: https://www.spectator.co.uk/article/does-putin-pass-aristotles-tyrant-test.

Koebner, Richard, Despot and Despotism: Vicissitudes of a Political Theme, in: Journal of the Warburg and Courtauld Institutes 14 (1951), 275–302.

Mandt, Hella, Tyrannis, Despotie, in: Geschichtliche Grundbegriffe. Historisches Lexikon zur politisch-sozialen Sprache in Deutschland, Bd. VI, Stuttgart 1990, 651–706.

Newell, Waller R., Tyrants. A History of Power, Injustice, and Terror, Cambridge/MA 2017.

Osterhammel, Jürgen, Die Entzauberung Asiens. Europa und die asiatischen Reiche im 18. Jahrhundert, München 1998.

Panou, Nikos / Schadee, Hester (Hrsg.), Evil Lords. Theories and Representations of Tyranny from Antiquity to the Renaissance, Oxford 2018.

Snyder, Timothy, On Tyranny. Twenty Lessons from the Twentieth Century, London 2017. Dt.: Über Tyrannei. Zwanzig Lektionen für den Widerstand, München 2017.

Sonderegger, Arno, Die Dämonisierung Afrikas. Zum Despotiebegriff und zur Geschichte der Afrikanischen Despotie, Saarbrücken 2008.

Strauß, Simon, Caligula, in: F. A. Z., 12.11.2016, Feuilleton, S. 11.

1. Gaius Caesar Germanicus alias Caligula – wie aus einem Kaiser ein wahnsinniger Tyrann wurde

Aloys Winterling

Alföldy, Géza, Römische Sozialgeschichte, 4. Aufl., Stuttgart 2011.

Barrett, Anthony A., Caligula. The Corruption of Power, London 1989.

Holl, Karl u. a. (Hrsg.), Caligula, Wilhelm II. und der Caesarenwahnsinn. Antikenrezeption und wilhelminische Politik am Beispiel des «Caligula» von Ludwig Quidde, Bremen 2001.

Hopkins, Keith, Burton, Graham P., Ambition and Withdrawal. The Senatorial Aristocracy under the Emperors, in: Keith Hopkins, Death and Renewal. Sociological Studies in Roman History, Bd. 2, Cambridge 1983, 120–200.

Kewes, Paulina (Hrsg.), The Uses of History in Early Modern England, Berkeley / Los Angeles 2006.

Luraghi, Nino, The Discourse of Tyranny and the Greek Roots of the Bad King, in: Evil Lords. Theories and Representations of Tyranny from Antiquity to the Renaissance, hrsg. von Nikos Panou und Hester Schadee, Oxford 2018, 11–26.

John Milton's Politische Hauptschriften, übers. u. hrsg. von Wilhelm Bernhardi, 2 Bde., Berlin 1874–1876.

Montesquieu, Charles-Louis de, Größe und Niedergang Roms. Considérations sur les causes de la grandeur des Romains et de leur décadence [1734]. Mit den Randbemerkungen Friedrichs des Großen, übers. u. hrsg. von Lothar Schuckert, Frankfurt am Main 1980.

Quidde, Ludwig, Caligula. Eine Studie über römischen Cäsarenwahnsinn, 21. Aufl., Leipzig 1894 [1. Aufl. 1894].

Sachs, Hanns, Bubi Caligula, 2. Aufl., Wien 1932 [1. Aufl. 1930].

Sidney, Algernon, Discourses Concerning Government. With his letters, trial apology and some memoirs of his life, London 1763 [1. Aufl. 1698].

Willrich, Hugo, Caligula, in: Klio 3 (1903), 85–118, 288–317, 397–470.

Winterling, Aloys, Caligula. Eine Biographie, 2. Aufl., München 2019 [1. Aufl. 2003].

Winterling, Aloys, Probleme historischer Biographie am Beispiel des Kaisers Caligula, in: Historische Anthropologie 20 (2012), 186–199.

2. Nero – kaiserlicher Künstler oder Despot?

Mischa Meier

Champlin, Edward, Nero, Cambridge, MA / London 2003.

Drinkwater, John F., Nero. Emperor and Court, Cambridge 2019.

Generaldirektion Kulturelles Erbe Rheinland-Pfalz / Direktion Rheinisches Landesmuseum Trier u. a. (Hrsg.), Nero – Kaiser, Künstler und Tyrann, Darmstadt 2016.

Hohl, Ernst, Nero, in: Paulys Realencyclopädie der classischen Altertumswissenschaft, Suppl.bd. 3 (1918), 349–394.

Malitz, Jürgen, Nero, München 1999.

3. Kaiser Heinrich IV. – für seine Gegner ein Tyrann
Gerd Althoff

Althoff, Gerd, Heinrich IV. (Gestalten des Mittelalters und der Renaissance), Darmstadt 2006.

Althoff, Gerd, Noch einmal zu den Vorwürfen gegen Heinrich IV. Genese, Themen, Einsatzfelder, in: Heinrich IV., hrsg. von dems., Ostfildern 2009, 255–267.

Anton, Hans Hubert, Fürstenspiegel und Herrscherethos in der Karolingerzeit, Bonn 1968.

Brunos Buch vom Sachsenkrieg, in: Quellen zur Geschichte Kaiser Heinrichs IV., hrsg. von Franz-Josef Schmale, Darmstadt 2000, 191–405.

Das *Carmen de bello Saxonico*, in: Quellen zur Geschichte Kaiser Heinrichs IV., hrsg. von Franz-Josef Schmale, Darmstadt 2000, 143–190.

Kern, Fritz, Gottesgnadentum und Widerstandsrecht im früheren Mittelalter. Zur Entwicklungsgeschichte der Monarchie, hrsg. von Rudolf Buchner, Münster 1954.

Lampert von Hersfeld, *Annales*, übers. von Adolf Schmidt, erl. von Wolfgang Dietrich Fritz, Darmstadt 1973, 1–423.

Mandt, Hella, Tyrannis, Despotie, in: Geschichtliche Grundbegriffe, Bd. 6, Stuttgart 1990, 651–706.

Meier, Christel, Der *rex iniquus* in der lateinischen und volkssprachigen Dichtung des Mittelalters, in: Heinrich IV., hrsg. von Gerd Althoff, Ostfildern 2009, 13–39.

Meyer von Knonau, Gerold, Jahrbücher des deutschen Reiches unter Heinrich IV. und Heinrich V., 7 Bde., Leipzig 1890–1909.

Miethke, Jürgen, Tyrannenmord im Mittelalter, in: Friedensethik im Spätmittelalter, hrsg. von Gerhard Beestermöller und Heinz-Gerhard Justenhoven, Stuttgart 1999, 24–48.

Robinson, Ian S., Henry IV of Germany 1056–1106, Cambridge 1999.

Scheibelreiter, Georg, Die barbarische Gesellschaft. Mentalitätsgeschichte der europäischen Achsenzeit, 5.–8. Jahrhundert, Darmstadt 1999.

Tellenbach, Gerd, Der Charakter Heinrichs IV. Zugleich ein Versuch über die Erkennbarkeit menschlicher Individualität im hohen Mittelalter, in: Person und Gemeinschaft im Mittelalter. Karl Schmid zum 65. Geburtstag, hrsg. von Gerd Althoff u. a., Sigmaringen 1988, 345–367.

4. Richard III., König von England – ein Tyrann, wie er im Buche steht?

André Krischer

Bellamy, John G., The Tudor Law of Treason: An Introduction, London u. a. 1979.

Buck, George, The History of the Life and Reigne of King Richard the Third. Composed in five Books, London 1647.

Bushnell, Rebecca W., Tragedies of Tyrants. Political Thought and Theater in the English Renaissance, Ithaca, NY 1990.

Ellis, Sir Henry, Three Books of Polydore Vergil's English History, Comprising the Reigns of Henry VI., Edward IV., and Richard III. from an Early Translation, Preserved Among the Mss. of the Old Royal Library in the British Museum, London 1844.

Erasmus von Rotterdam, *Institutio Principis Christiani*. Die Erziehung eines Fürsten. Einführung, Übersetzung und Bearbeitung von Anton J. Gail, Paderborn 1968.

Greenblatt, Stephen, Der Tyrann. Shakespeares Machtkunde für das 21. Jahrhundert (Originalausg. New York 2018), übers. von Martin Richter, München 2018.

Heinrich, Hans Peter, Sir Thomas Mores «Geschichte König Richards III.» im Lichte humanistischer Historiographie und Geschichtstheorie, Paderborn u. a. 1987.

Krischer, André, Der «Parkplatz-König», in: Damals 6/2016, 40–44.

Krischer, André, Die Macht des Verfahrens. Englische Hochverratsprozesse 1554–1848, Münster 2017.

McSheffrey, Shannon, Seeking Sanctuary. Crime, Mercy, and Politics in English Courts, 1400–1550, Oxford 2017.

Morus, Thomas, Die Geschichte König Richards III. Übersetzt, eingeleitet und kommentiert von Hans P. Heinrich, München 1984.

Pollard, A. F. (Hrsg.), The Reign of Henry VII from Contemporary Sources, Bd. 1, London u. a. 1913.

Rabben, Linda, Sanctuary and Asylum. A Social and Political History, Seattle / London 2016.

Ranum, Orest A., Tyranny from Ancient Greece to Renaissance France, Cham 2020.

Rexroth, Frank, Polydor Vergil als Geschichtsschreiber und der englische Beitrag zum europäischen Humanismus, in: Diffusion des Humanismus. Studien zur

---

Literatur

nationalen Geschichtsschreibung europäischer Humanisten, hrsg. v. Johannes
Helmrath, Göttingen 2002, 415–435.

Sharpe, Kevin, Selling the Tudor Monarchy. Authority and Image in Sixteenth-
Century England, New Haven 2009.

Sutton, Dana F., Polydore Vergil, Anglica Historia (1555 version). A hypertext cri-
tical edition. Last modified May 25, 2010, URL: http://www.philological.bham.
ac.uk/polverg/ (letzter Zugriff: 01.10.2021).

Taufer, Alison, Holinshed's Chronicles, New York 1999.

Walker, Greg, Writing under Tyranny. English Literature and the Henrician Re-
formation, Oxford 2005.

Walpole, Horace, Historic Doubts On The Life And Reign Of King Richard III,
London 1768.

5. Katharina von Medici, Königin von Frankreich – von der Unmöglichkeit guter Herrschaft in der Zeit der Religionskriege

Mona Garloff

Balzac, Honoré de, Katharina von Medici, übers. von Herbert Furreg, Wien 1947
[französische Originalausgabe 1830].

Crouzet, Denis, Theatres of cruelty. Outlines for an anthropology of paroxysmal
violence during the Wars of Religion, in: Sensibilités 3/2 (2017), 24–36.

Crouzet, Denis, La Nuit de la Saint-Barthelémy. Un rêve perdu de la Renaissance,
2. Aufl., Paris 2012.

Dargent, Raphaël, Catherine de Médicis. La Reine de Fer, Esqualons 2011.

Discours merveilleux de la vie, actions et déportements de Catherine de Médicis, 1575 et 1576, Edition critique sous la direction de Nicole Cazauran, Genf
1995.

Garrisson, Janine, Catherine de Médicis. L'impossible harmonie, Paris 2002.

Gentillet, Innocent, Anti-Machiavel, Edition de 1576 avec commentaires et notes
par C. Edward Rathé, Genf 1968.

Heinemann, Julia, Verwandtsein und Herrschen. Die Königinmutter Catherine
de Médicis und ihre Kinder in Briefen. 1560–1589, Heidelberg 2020.

Hotman, François, Francogallia, Genf 1573.

La France-Turquie, c'est à dire, Conseils et Moyens tenus par les ennemis de la
Couronne de France pour reduire le Royaume en tel estat que la Tyrannie
Turquesque, Orléans 1576.

Le Reveille-Matin des François, et de leurs voisins. Composé par Eusebe Phila-
delphe Cosmopolite, en forme de Dialogues, Édimbourg [Straßburg] 1574.

L'Estoile, Pierre, Mémoires-Journaux, hrsg. v. Pierre Gustave Brunet, Aimé

Literatur

Champollion et al., 12 Bde., Paris 1875–96, Journal du règne d'Henri III, Bd. 2 (1875), Bd. 3 (1876, meine Übersetzung des Zitats).

Malettke, Klaus, Katharina von Medici. Frankreichs verkannte Königin, Paderborn 2020.

Pigaillem, Henri, Catherine de Médicis. La diabolique, Paris 2018.

Sutherland, Nicola M., Catherine de Medici. The Legend of the Wicked Italian Queen, in: Sixteenth-Century Journal 9/2 (1978), 45–56.

6. Ibrahim «der Wahnsinnige» – die osmanische Dynastie am Abgrund
Christine Vogel

Börekçi, Günhan, Ibrahim I, in: Encyclopedia of the Ottoman Empire, hrsg. von Gábor Ágoston und Bruce Masters, New York 2009, 262–264.

Cantemir, Dimitrie, Geschichte des osmanischen Reichs nach seinem Anwachse und Abnehmen, Hamburg 1745.

Çelebi, Evliya, Narrative of Travels in Europe, Asia, and Africa in the Seventeenth Century. Translated from the Turkish by the Ritter Joseph von Hammer, London 1834.

Finkel, Caroline, Osman's Dream. The Story of the Ottoman Empire 1300–1923, New York 2005.

Hammer-Purgstall, Joseph von, Geschichte des Osmanischen Reiches. Fünfter Band vom Regierungsantritte Murad des Vierten bis zur Ernennung Mohammed Köprili's zum Grosswesir. 1623–1656, Pest 1829.

Matuz, Josef, Das Osmanische Reich. Grundlinien seiner Geschichte, 7. Aufl., Darmstadt 2012.

Osterhammel, Jürgen, Die Entzauberung Asiens. Europa und die asiatischen Reiche im 18. Jahrhundert, München 2010 [Originalausg. München 1998].

Peirce, Leslie P., The Imperial Harem. Women and Sovereignty in the Ottoman Empire, New York / Oxford 1993.

Rycaut, Paul, Die Neu-eröffnete Ottomannische Pforte, Augsburg 1694.

Vatin, Nicolas / Veinstein, Gilles, Le Sérail ébranlé. Essai sur les morts, dépositions et avènements des sultans ottomans (XIVe–XIXe siècle), Paris 2003.

Veinstein, Gilles, Kafes, in: Encyclopaedia of Islam. Second Edition, hrsg. von P. Bearmann et al. Online-Ausgabe 2012, http://dx.doi.org/10.1163/1573-3912_islam_SIM_8740 (letzter Zugriff: 21.5.2021).

Weiberherrschaft, in: Wikipedia, Die freie Enzyklopädie. Bearbeitungsstand: 2. März 2021, 19:13 UTC. URL: https://de.wikipedia.org/w/index.php?title=Weiberherrschaft&oldid=209382440 (letzter Zugriff: 8.6.2021).

Literatur

7. Ivan IV. «der Schreckliche» und Peter I. «der Große» – zwischen Schreckensherrschaft und aufgeklärter Despotie
Jan Hennings

Anisimov, Evgenij V., The Reforms of Peter the Great. Progress Through Coercion, übers. von John T. Alexander, London / New York 2015.

Gordon of Auchintoul, Alexander, The History of Peter the Great, Emperor of Russia, Bd. 2, Aberdeen 1755.

Herberstein, Sigismund von, Rerum Moscoviticarum Commentarii. Synoptische Edition der lateinischen und der deutschen Fassung letzter Hand Basel 1556 und Wien 1557, hrsg. von Hermann Beyer-Thoma, München 2007.

Hughes, Lindsey, Russia in the Age of Peter the Great, New Haven / London 2000.

Kämpfer, Frank, Ivan (IV.) der Schreckliche 1533–1584, in: Die russischen Zaren 1547–1917, hrsg. von Hans-Joachim Torke, München 2005, 27–49.

Madariaga, Isabel de, Ivan the Terrible. First Tsar of Russia, New Haven / London 2006.

Poe, Marshall T., «A People Born to Slavery». Russia in Early Modern European Ethnography, 1476–1748, Ithaca / London 2000.

Raeff, Marc, The Well-Ordered Police State and the Development of Modernity in Seventeenth- and Eighteenth-Century Europe. An Attempt at a Comparative Approach, in: American Historical Review 80 (1975), 1221–1243.

Riasanovsky, Nicholas V., The Image of Peter the Great in Russian History and Thought, Oxford 1985.

Ščerbatov, Michail M., Rassmotrenie o porokach i samovlastii Petra Velikogo, in: Sočinenija knjazja M. M. Ščerbatova, Bd. 2, hrsg. von I. P. Chruščeva und A. G. Voronova, St. Petersburg 1898, 23–50.

Stosch, Balthasar S. v., Von dem Praecedenz- oder Vorder-Recht aller Potentaten und Republiquen in Europa, Breslau 1677.

Trenard, Louis, Images de la Russie dans l'œuvre de Voltaire, in: Revue des études slaves 57 (1985), 577–589.

Voltaire, Geschichte des russischen Reichs unter Peter dem Grossen, Bd. 2, Frankfurt 1763.

Walicki, Andrzej, A History of Russian Thought from the Enlightenment to Marxism, übers. von Hilda Andrews-Rusiecka, Oxford 1980.

Wittram, Reinhard, Peter I. Czar und Kaiser. Peter der Große in seiner Zeit, 2 Bde., Göttingen 1964.

Literatur

8. Friedrich Wilhelm I., König von Preußen – ein selbsternannter Tyrann
Barbara Stollberg-Rilinger

Acta Borussica. Denkmäler der Preußischen Staatsverwaltung im 18. Jahrhundert, hrsg. von der Königlichen Akademie der Wissenschaften. Behördenorganisation und die allgemeine Staatsverwaltung Preußens im 18. Jahrhundert, bearb. von G. Schmoller, O. Krauske und V. Loewe, Berlin 1894–1912.

Borkowski, Heinrich (Hrsg.), Aufzeichnungen von Johann Philipp von Rebeur über seine Tätigkeit als Informator Friedrich Wilhelms I., in: Hohenzollern-Jahrbuch 8 (1904), 214–230; 9 (1905), 155–168.

Erman, Jean Pierre, Mémoires pour servir à l'histoire de Sophie Charlotte Reine de Prusse, Berlin 1801.

Förster, Friedrich, Friedrich Wilhelm I. König von Preußen. 3 Bde. und 2 Urkundenbände, Potsdam 1834–1835.

Göse, Frank / Kloosterhuis, Jürgen (Hrsg.), Mehr als nur Soldatenkönig. Neue Schlaglichter auf Lebenswelt und Regierungswerk Friedrich Wilhelms I., Berlin 2020.

Göse, Frank, Friedrich Wilhelm I. Die vielen Gesichter des Soldatenkönigs, Darmstadt 2020.

Hinrichs, Carl, Friedrich Wilhelm I., König in Preußen, Bd. 1: Jugend und Aufstieg [mehr nicht erschienen], Berlin 1941.

Hintze, Otto, Die Hohenzollern und ihr Werk, Berlin 1916.

Montesquieu, Charles-Louis de Secondat, Baron de la Brède, Meine Reisen in Deutschland 1728–1729, hrsg. von Jürgen Overhoff, aus dem Frz. übers. von Hans W. Schumacher, Stuttgart 2014.

Oestreich, Gerhard, Friedrich Wilhelm I. Preußischer Absolutismus, Merkantilismus, Militarismus, Göttingen 1977.

Schmitt-Maaß, Christoph, Fénelons «Télémaque» in der deutschsprachigen Aufklärung (1700–1832), Berlin / Boston 2018.

Weber-Krohse, Otto, Friedrich Wilhelm, König in Preußen. In: Nationalsozialistische Monatshefte 5 (1934), 646–665, 758–774.

9. Warum Napoleon Bonaparte kein Despot war
Daniel Schönpflug

Anonym, Die Republikanischen Könige Cäsar, Octavius Augustus und Alexander Neoptolem Bonaparte, Erfurt 1800.

Anonym, Du Néron, du Titus du XIXe siecle, au 20 mars 1815, et du gouvernement le plus naturel à la France, par M. R. A. O, bachelier en droit, s. l. 1815.

Literatur

336

Anonym, La vérité au Corse usurpateur par un soldat vendéen qui ne fait de phrases qu'à coup de sabre, s. l. 1800.

Anonym, Le Néron corse, s. l. 1815.

Anonym, Le dictatoriat, ou lettres transcrites de Barras, Syeyes, à Bonaparte, Paris 1799.

Bell, David A., Men on Horseback. The Power of Charisma in the Age of Revolution, New York 2020.

Condorcet, Nicolas de, Idées sur le despotisme à l'usage de ceux qui prononcent ce mot sans l'entendre, Paris 1789.

Constant, Benjamin, De l'esprit de conquête et de l'usurpation dans leurs rapports avec la civilisation européenne (1814), hg. von Éphraim Harpaz, Paris 1986.

Courtois, J. F. I., La Bonapartide ou le nouvel Attila, 1818.

Hunecke, Volker, Napoleon. Das Scheitern eines guten Diktators, Paderborn 2011.

Ivernois, François d', Des causes qui ont amené l'usurpation du général Bonaparte et qui préparent sa chute, s. l. 1800.

Mouton-Fontenille de Laclotte, La France en convulsion pendant les deux usurpations de Buonaparte, Paris 1815.

Necker, Jacques, Dernières vues de politique et de finance, offertes à la Nation française, Paris 1802.

Rougemaître, C.-J., L'Ogre de Corse, Paris 1814.

Stael, Germaine de, Des circonstances actuelles qui peuvent terminer la révolution et des principes qui doivent fonder la république en France (1797/98), Paris 1979.

Staël, Germaine de, Considérations sur les principaux événements de la Révolution française, Paris 1818.

Staël, Germaine de, Portrait d'Attila; Suivi d'une Epitre à M. de Saint-Victor sur les sujets que le regne de Buonaparte offre a la poésie, Paris 1814.

Tocqueville, Alexis de, De la démocratie en Amérique (1835), Bd. II, 3. Aufl., Paris 1850.

Tulard, Jean, L'anti-Napoléon. La légende noire de l'Empereur (1965), Paris 2013.

10. Leopold II., König von Belgien – konstitutioneller Monarch und kolonialer Despot

Julia Seibert

Bobineau, Julien, Belgiens gespaltene Erinnerung. Aufarbeitung und Verdrängung von kolonialer Geschichte in Flandern und Wallonien, in: promptus 6 (2020), 23–42.

Buelens, Frans / Cassimon, Danny, The Industrialization of the Belgian Congo, in: Colonial Exploitation and Economic Development. The Belgian Congo and the Netherlands Indies Compared, hrsg. von Ewout Frankema / Frans Buelens, London 2013, 229–250.

Emerson, Barbara, Leopold II of the Belgians. King of Colonialism, London 1979.

Goddeeris, Idesbald / Lauro, Amandine / Vanthemsche, Guy (Hrsg.), Le Congo Colonial. Une histoire en question, Amsterdam 2020.

Hochschild, Adam, King Leopold's Ghost. A Story of Greed, Terror, and Heroism in Colonial Africa, Boston 1999, überarbeitete Ausgabe Oxford 2006.

Mesquita, Bruce Bueno de, Leopold II and the Selectorate. An Account in Contrast to a Racial Explanation, in: Historische Sozialforschung 32/4 (2007), 203–221.

Roes, Aldwin, Towards a History of Mass Violence in the Etat Indépendant du Congo, 1885–1908, in: South African Historical Journal 62/4 (2010), 16–52.

Sanderson, Jean Paul, Du reflux à la croissance démographique: comment la démographie congolaise a-t-elle été influence par la colonization, in: Le Congo Colonial. Une histoire en question, hrsg. von Idesbald Goddeeris, Amandine Lauro, Guy Vanthemsche, Amsterdam 2020, 115–125.

Seibert, Julia, In die koloniale Wirtschaft gezwungen. Arbeit und kolonialer Kapitalismus im Kongo (1885–1960), Frankfurt am Main 2016.

Vangroenweghe, Daniel, Du sang sur les lianes. Leopold II et son Congo, Brüssel 1986.

Van Reybrouck, Daniel, Kongo – eine Geschichte, Ulm 2010.

Vanthemsche, Guy, Nouvelle Histoire de Belgique. La Belgique et le Congo. Empreintes d'une colonie 1885–1980, Brussels 2007.

Viaene, Vincent, King Leopold's Imperialism and the Origins of the Belgian Colonial Party, 1860–1905, in: The Journal of Modern History 80 (2008), 741–790.

11. Francisco Franco und der *franquismo* –

Grundlagen, Inszenierungen und Wahrnehmungen

Caroline Rothauge

Bernecker, Walther L., Das Franco-Regime in Spanien. Der Streit um einen chamäleonhaften Systemtypus, Frankfurt am Main 2016.

Bernecker, Walther L., Geschichte Spaniens im 20. Jahrhundert, München 2010.

Bernecker, Walther L., Der Spanische Bürgerkrieg. Materialien und Quellen, 2., veränderte und erweiterte Aufl., Frankfurt am Main 1986.

Bernecker, Walther L. / Brinkmann, Sören, Kampf der Erinnerungen. Der Spanische Bürgerkrieg in Politik und Gesellschaft 1936–2010, 5., erweiterte und aktualisierte Aufl., Nettersheim 2011.

Collado Seidel, Carlos, Franco. General – Diktator – Mythos, Stuttgart 2015.

De Galinsoga, Luis / Salgado-Araujo, Francisco Franco, Centinela de Occidente. Semblanza biográfica de Francisco Franco, Barcelona 1956.

De Madariaga, Salvador, General, márchese Usted, New York 1959.

Linz, Juan José, Ein autoritäres Regime. Der Fall Spanien, hrsg. und übers. von Raimund Krämer und Christoph Sebastian Widdau, Potsdam 2011.

Preston, Paul, Franco. A Biography, London 1993.

Romero Salvadó, Francisco J., Twentieth-Century Spain. Politics and Society in Spain, 1898–1998, Basingstoke, Hampshire / London 1999.

Saz Campos, Ismael, El Franquismo. ¿Régimen autoritario o dictadura fascista?, in: El régimen de Franco (1936–1975). Política y Relaciones Exteriores. Tomo I, hrsg. von Javier Tusell et al., Madrid 1993, 189–201.

Sevilla-Guzmán, Eduardo / Pérez Yruela, Manuel / Giner, Salvador, Despotismo moderno y dominación de clase. Para una sociología del régimen franquista, in: Revista de Sociología 8 (1978), 103–141.

12. Mao Zedong und Jiang Qing – Macht, Moral und Geschlechterrollen in der chinesischen Politik

Daniel Leese

Kojève, Alexandre, Tyrannis und Weisheit, in: Über Tyrannis. Eine Interpretation von Xenophons «Hieron», hrsg. von Leo Strauss, Neuwied 1963, 145–193.

Kubin, Wolfgang, Meng Zi. Reden und Gleichnisse, Freiburg 2012.

McMahon, Keith, Women Shall Not Rule. Imperial wives and concubines in China from Han to Liao, Lanham 2013.

Nienhauser, William (Hrsg.), The Grand Scribe's Records, Bd. 1: The Basic Annals of Pre-Han China by Ssu-ma Ch'ien, Bloomington 1994.

Pantsov, Alexander / Levine, Steven, Mao. Die Biographie, Frankfurt am Main 2013.

Song Yongyi et al., Zhongguo wenhua da geming wenku, 3. Aufl., Hong Kong 2013.

van Ess, Hans, Politik und Geschichtsschreibung im alten China. Pan-ma i-t'ung, 2 Bde., Wiesbaden 2014.

Vogelsang, Kai, Shangjun shu. Schriften des Fürsten von Shang, Stuttgart 2017.

13. Augusto Pinochet – der Despot als Modell

Stephan Ruderer

Amorós, Mario, Pinochet. Biografía militar y política, Santiago 2019.

Eckel, Jan, Die Ambivalenz des Guten. Menschenrechte in der internationalen Politik seit den 1940ern, Göttingen 2014.

Estefane, Andrés / Thielemann, Luis, El mal, la libertad y Pinochet, in: Atenea 521 (2020), 189–209.

Fermandois, Joaquín, La democracia en Chile. Trayectoria de Sísifo, Santiago 2020.

Fuentes, Carlos, Una víctima de Pinochet, in: El País, 25.1.1999.

Gárate, Manuel, El nacimiento de un monstruo, in: Caravelle 104 (2015), 87–114.

Heller, Friedrich Paul, Pinochet. Eine Täterbiographie in Chile, Stuttgart 2012.

Huneeus, Carlos, The Pinochet Regime, Boulder, Colorado 2006.

Ruderer, Stephan, Das Erbe Pinochets. Vergangenheitspolitik und Demokratisierung in Chile 1990–2006, Göttingen 2010.

Ruderer, Stephan, Hybride Erinnerung. Geschichtspolitik in Chile, in: Geschichte und Gesellschaft 36,1 (2010), 129–156.

Ruderer, Stephan, «Chile despertó». Die Proteste in Chile Ende 2019 als Konsequenzen einer rechten Politik im linken Gewand, in: Rechtswende in Lateinamerika, hrsg. von Patrick Eser und Jan-Henrik Witthaus, Wien / Berlin 2020, 200–222.

14. Idi Amin – Kolonialsoldat und Gewaltherrscher

Andreas Eckert

Asiimwe, Godfrey B., From Monopoly Marketing to Coffee *Magendo*: Responses to Policy Recklessness and Extraction in Uganda, 1971–79, in: Journal of Eastern African Studies 7 (2013), 104–124.

Decalo, Samuel, Psychoses of Power: African Personal Dictatorships, Boulder / London 1989.

Decker, Alicia, In Idi Amin's Shadow: Women, Gender, and Militarism in Uganda, Athens/OH 2014.

Hansen, Holger Bernt, Uganda in the 1970s: A Decade of Paradoxes and Ambiguities, in: Journal of Eastern African Studies 7 (2013), 83–103.

Kyemba, Henry, A State of Blood: The Inside Story of Idi Amin, New York 1977.

Leopold, Mark, Idi Amin: The Story of Africa's Icon of Evil, New Haven / London 2021.

Mamdani, Mahmood, Politics and Class Formation in Uganda, London 1976.

Mazrui, Ali, Soldiers and Kinsmen in Uganda: The Making of a Military Aristocracy, Beverly Hills 1975.

Nugent, Paul, Africa since Independence, New York 2004.

Peterson, Derek / Taylor, Edgar C., Rethinking the state in Idi Amin's Uganda: The Politics of Exhortation, in: Journal of Eastern African Studies 7 (2013), 58–82.

Peterson, Derek u. a., The Unseen Archive of Idi Amin: Making History in a Tight Corner, in: Comparative Studies in Society and History 63 (2021), 15–40.

Roberts, George, The Uganda-Tanzania War, the Fall of Idi Amin, and the Failure of African Diplomacy, 1978–1979, in: Journal of Eastern African Studies 8 (2014), 692–709.

Wiedemann, Erich, Idi Amin. Ein Held von Afrika?, Wien / Hamburg 1976.

15. Robert Mugabe – ein Freiheitskämpfer als Tyrann?

Christoph Marx

Coltart, David, The Struggle Continues. 50 Years of Tyranny in Zimbabwe, Johannesburg 2016.

Gaidzanwa, Rudo B., Grappling with Mugabe's Masculinist Politics in Zimbabwe. A Gender Perspective, in: Mugabeism? History, politics, and power in Zimbabwe, hrsg. von Sabelo J. Ndlovu-Gatsheni, New York 2015, 157–179.

The Guardian, ‹Hero Turned Tyrant›: International Reaction to Mugabe's Death, in: Guardian, 6.9.2019: https://www.theguardian.com/world/2019/sep/06/hero-turned-tyrant-international-reaction-robert-mugabe-death (letzter Zugriff: 14.9.2021).

Marx, Christoph, Mugabe. Ein afrikanischer Tyrann, München 2017.

Mbofana, Tendai Ruben, Zimbabwe Is Every Dictator and Tyrant's Paradise, in: Bulawayo24, 10.10.2017: https://bulawayo24.com/index-id-opinion-sc-colum nist-byo-119463.html (letzter Zugriff: 14.9.2021).

Mugabe, Robert, Our War of Liberation. Speeches, Articles, Interviews 1976–1979, Gweru 1983.

Scarnecchia, Timothy, The ‹Fascist Cycle› in Zimbabwe, 2000–2005, in: Journal of Southern African Studies 32 (2006), 221–237.

Scarnecchia, Timothy, The Urban Roots of Democracy and Political Violence in Zimbabwe. Harare and Highfield, 1940–1964, Rochester 2008.

Shumba, Zanda, Mugabe is a Self Serving Tyrant, in: Bulawayo24, 20.12.2013: https://bulawayo24.com/index-id-opinion-sc-columnist-byo-40530-article-‹mugabe+is+a+self+serving+tyrant›.html (letzter Zugriff: 14.9.2021).

Thornycroft, Peta, «Hitler» Mugabe Launches Revenge Terror Attacks, in: Daily Telegraph, 26.3.2003.

Winter, Joseph, Robert Mugabe: From Liberator to Tyrant, BBC, 6.9.2019: https://www.bbc.com/news/world-africa-27519044 (letzter Zugriff: 14.9.2021).

16. Bashar al-Assad – der Zerstörer des modernen Syrien
Guido Steinberg

Barnard, Anne, Inside Syria's Secret Torture Prisons. How Bashar al-Assad Crushed Dissent, The New York Times, 11.5.2019, https://www.nytimes.com/2019/05/11/world/middleeast/syria-torture-prisons.html (letzter Zugriff: 21.2.2022).

Blanford, Nicholas, Warriors of God. Inside Hezbollah's Thirty-Year Struggle Against Israel, New York 2011.

Blanford, Nicholas, Killing Mr Lebanon. The Assassination of Rafik Hariri and Its Impact on the Middle East, London / New York 2006.

Dagher, Sam, Assad or We Burn the Country. How One Family's Lust for Power Destroyed the Country, New York 2019.

Koszinowski, Thomas, Die Krise der Ba'th Herrschaft und die Rolle Asads bei der Sicherung der Macht, in: Orient 26 (1985), 549–571.

Koszinowski, Thomas, Hafiz al-Asad: Ein kalter Rechner und Pragmatiker, in: Arabien: mehr als Erdöl und Konflikte, hrsg. von Udo Steinbach, Opladen 1992, 45–48.

Koszinowski, Thomas, Bashshar al-Asad. Präsident Syriens, in: Orient 41 (2000), 363–373.

Lia, Brynjar. The Islamist Uprising in Syria, 1976–82. The History and Legacy of a Failed Revolt, in: British Journal of Middle Eastern Studies (2016), 1–9.

Perthes, Volker, Geheime Gärten. Die neue arabische Welt, München 2002.

Seale, Patrick, Asad. The Struggle for the Middle East, Berkeley / Los Angeles 1988.

Sozialistische Arabische Baath-Partei, Die Syrische Arabische Region – Regionalführung, Protokoll eines Treffens, Nummer 379, 20.4.2011 (Arabisch) (Dokument aus dem Bestand der Commission for International Justice and Accountability (CIJA).

Tabler, Andrew, In the Lion's Den. An Eyewitness Account of Washington's Battle with Syria, Chicago 2011.

Zisser, Eyal, The 'Alawis, Lords of Syria. From Ethnic Minority to Ruling Sect, in: Minorities and the State in the Arab World, hrsg. von Ofra Bengio und Gabriel Ben-Dor, Boulder/CO 1999, 129–145.

Literatur

17. Nordkoreas Führer – von Kim Il Sung bis Kim Jong Un
Eric J. Ballbach

Ballbach, Eric J., *Chuch'e*. Nordkoreas Staatsideologie, in: Länderbericht Korea, hrsg. von Eun-Jeung Lee und Hannes B. Mosler, Bonn 2015, 453–468 [2015a].

Ballbach, Eric J., Identität / Macht / Politik. Die Nuklearkrise und Nordkoreas Außenpolitik, in: Länderbericht Korea, hrsg. von Eun-Jeung Lee und Hannes B. Mosler, Bonn 2015, 508–523 [2015b].

Ballbach, Eric J., National Loss and the Politics of Mourning in North Korea, in: ASIEN – The German Journal on Contemporary Asia 154/155 (2020), 93–110.

Frank, Rüdiger, Nordkoreas Wirtschaft, in: Südkorea und Nordkorea. Einführung in Geschichte, Politik, Wirtschaft und Gesellschaft, hrsg. von Thomas Kern und Patrick Köllner, Frankfurt am Main 2005, 235–257.

Hyung, Gu Lynn, Bipolar Orders: The Two Koreas since 1989, London 2007.

Kim, Jong Un, Rede anlässlich des 100. Geburtstags von Kim Il Sung, 15. April 2012, Übersetzung verfügbar unter: https://www.ncnk.org/resources/publications/KJU%204-15-12%20Speech.pdf (letzter Zugriff 1.10.2021).

Kim, Sung Chull, North Korea under Kim Jong Il. From Consolidation to Systemic Dissonance, New York 2006.

Kirk, Mark / Brookes, Peter / Pica, Maria, Stafdel Report Final: Mission to North Korea and China August 11–23, 1998, International Relations Committee, U. S. House of Representatives, Washington 1998.

The Korea Times, North Korea's food shortage to worsen in next 4 months: UN report, 31. Juli 2021, https://www.koreatimes.co.kr/www/nation/2021/08/103_313125.html (letzter Zugriff 1.10.2021).

Lim, Jae-cheon, Kim Jong-il's Leadership of North Korea, London / New York 2009.

NK News, Kim Jong Un compares COVID-19 ‹hardships› to Korean War at veterans conference, 27. Juli 2021, https://www.nknews.org/2021/07/kim-jong-un-compares-covid-19-hardships-to-korean-war-at-veterans-conference/ (letzter Zugriff 1.10.2021).

Pak, Jung H., Becoming Kim Jong Un. A Former CIA Officer's Insight into North Korea's Enigmatic Young Dictator, New York 2020.

Pollack, Jonathan, Economic Cooperation with North Korea: Implications for the Sanctions Regime and Denuclearization, presentation at the 7th Korea Research Institute for National Strategy-Brookings Institution Joint Conference, Seoul, January 16–17, 2019.

Reuters, North Korea's economy sees biggest contraction in 23 years, South Korea's central bank says, 30. Juli 2021, https://www.reuters.com/world/asia-pacific/nkoreas-economy-shrank-most-23-years-amid-covid-19-sanctions-skorea-cbank-2021-07-30/ (letzter Zugriff 19.2.2022).

Socialist Constitution of the Democratic People's Republic of Korea, P'yongyang 2014.

18. Recep Tayyip Erdoğan – neo-osmanische Herrlichkeit
Kader Konuk

Agnew, Vanessa, Introduction: What Is Reenactment?, in: *Criticism* 46 (3), 327–339.

Aktar, Cengiz, Die türkische Malaise. Ein kritischer Essay, Remetschwil 2021.

Akyol, Çiğdem, Erdoğan. Die kritische Biographie, Freiburg im Breisgau 2018.

Benhabib, Seyla / Gambetti, Zeynep, Autoritäre Ordnungen – Regel oder Ausnahme?, hrsg. von Andreas Görgen, Esra Küçük und Jan-Hendrik Olbertz, Berlin 2020.

Burton, Antoinette, After the Imperial Turn. Thinking with and through the Nation, Durham / London 2003.

Cagaptay, Soner, A Sultan in Autumn. Erdogan Faces Turkey's Uncontainable Forces, London 2021.

Cagaptay, Soner, The New Sultan. Erdogan and the Crisis of Modern Turkey, London 2020.

Çavdar, Ayşe, Rivalität unter Gleichgesinnten. Erdoğan vs. Gülen, in: Nach dem Putsch. 16 Anmerkungen zur «neuen» Türkei, hrsg. von Volkan Ağar, Ilker Ataç und Michael Fanizadeh, Wien / Berlin 2018, 40–53.

Fanizadeh, Michael, Interview mit Tanıl Bora und Mithat Sancar. Autoritäre Wende und Nationalismus in der «neuen» Türkei, in: Nach dem Putsch. 16 Anmerkungen zur «neuen» Türkei, hrsg. von Volkan Ağar, Ilker Ataç und Michael Fanizadeh, Wien / Berlin 2018, 26–40.

Genç, Kaya, Reading between the Lines. The Slow Reveal of Recep Tayyip Erdoğans Grandiose Vision, in: World Policy Journal XXXV, 2 (2018), 47–55.

Konuk, Kader, Mimesis, in: The Routledge Handbook of Reenactment Studies: Key Terms in the Field, hrsg. von Vanessa Agnew, Jonathan Lamb und Juliane Tomann, London 2020, 142–146.

Pekesen, Berna, Vergangenheit als Populärkultur. Das Osmanenreich im türkischen Fernsehen der Gegenwart, in: Zeithistorische Forschungen 12 (2015), 140–151.

Said, Edward W., Orientalism, London 1978.

Taşkın, Yüksel, Das neue Regime in der Türkei nach dem Referendum vom April 2017, in: Nach dem Putsch. 16 Anmerkungen zur «neuen» Türkei, hrsg. von Volkan Ağar, Ilker Ataç und Michael Fanizadeh, Wien / Berlin 2018, 110–123.

Tokdoğan, Nagehan, Yeni Osmanlıcılık. Hınç, Nostalji, Narsisizm, Istanbul 2018.

Literatur

19. Donald Trump – der Milliardär als authentischer Möchtegerndespot
Michael Hochgeschwender

Bowler, Kate, Blessed. A History of the American Prosperity Gospel, New York 2013.

Dallek, Robert, John F. Kennedy. Ein unvollendetes Leben, München 2003.

Freeman, Joshua B., American Empire, 1945–2000, New York 2013.

Fukuyama, Francis, Identity. Contemporary Identity Politics and the Struggle for Recognition, London 2018.

Hartman, Andrew, A War for the Soul of America. A History of the Culture Wars, Chicago 2016.

Hochgeschwender, Michael, Die Amerikanische Revolution. Geburt einer Nation, 1763–1815, 3. Aufl., München 2018.

Kamps, Klaus, Commander-in-Tweet. Donald Trump und die deformierte Präsidentschaft, Wiesbaden 2020.

Keyssar, Alexander, The Right to Vote. The Contested History of Democracy in the United States, 2. Aufl., New York 2009.

Lichtman, Alan, White Protestant Nation. The Rise of the American Conservative Movement, New York 2008.

Lütjen, Torben, Amerika im kalten Bürgerkrieg. Wie ein Land seine Mitte verlor, Darmstadt 2020.

Miller, Steven P., The Age of Evangelicalism. America's Born-Again Years, New York 2017.

Nelson, Eric, The Royalist Revolution. Monarchy and the American Revolution, Cambridge 2014.

Paul, Heike, Amerikanischer Staatsbürgersentimentalismus. Zur Lage der politischen Kultur der USA, Göttingen 2021.

Sides, John / Tesler, Michael / Vavreck, Lynn, Identity Crisis. The 2016 Presidential Election and the Battle for the Meaning of America, Princeton 2018.

Stricherz, Mark, Why the Democrats Are Blue. Secular Liberalism and the Decline of the People's Party, New York 2007.

Trump, Mary, Zu viel und nie genug. Wie meine Familie den gefährlichsten Mann der Welt erschuf, München 2020.

White, Richard, The Republic for Which It Stands For. The United States during Reconstruction and the Gilded Age, New York 2017.

Wilentz, Sean, The Age of Reagan. A History, 1974–2008, New York 2009.

20. Wladimir Putin – Unvollendetes Porträt eines Großverbrechers des 21. Jahrhunderts
Karl Schlögel

Belton, Catherine, Putin's People. How the KGB took back Russia and then took on the West, New York 2020.

Dawisha, Karen, Putin's Kleptocracy. Who Owns Russia?, New York u. a. 2014.

Eltchaninoff, Michel, In Putins Kopf. Logik und Willkür eines Autokraten, Stuttgart 3. Auflage 2022.

Gessen, Masha, Die Zukunft ist Geschichte. Wie Russland die Freiheit gewann und verlor. Aus dem Englischen von Anselm Bühling, Berlin 2018.

Gessen, Masha, Der Mann ohne Gesicht – Wladimir Putin. Eine Enthüllung, München/Zürich 2012.

Gudkov, Lev, Wahres Denken. Analysen, Diagnosen, Interventionen, Berlin 2017.

Gudkov, Lev, Vozvratnyj totalitarism, 2 toma, Moskva 2022.

Kryschtanowskaja, Olga, Anatomie der russischen Elite. Die Militarisierung Russlands unter Putin, Köln 2005.

Laqueur, Walter, Putinismus. Wohin treibt Russland?, aus dem Englischen von Klaus-Dieter Schmidt, Berlin 2015.

Magyar, Bálint / Vásárhelyi, Júlia (Hrsg.), Twenty-Five Sides of a Post-Communist Mafia State, Budapest 2017.

Pribylovskij, Vladimir, Vokrug Putina. Biograficeskij spravocnik, Moskva 2016.

Putin, Vladimir, Über die historische Einheit der Russen und der Ukrainer, in: Osteuropa 7/2021, S. 51–66.

Putin, Vladimir, «Unser Vorgehen dient der Selbstverteidigung». Rede vom 24.2.2022, in: Osteuropa 1-3/2022, 141–148.

Schmid, Ulrich, Technologien der Seele. Vom Verfertigen der Wahrheit in der russischen Gegenwartskultur, Berlin 2015.

Wehner Markus, Putins Kalter Krieg. Wie Russland den Westen vor sich hertreibt, München 2016.

Zygar, Michail, ‹Vsja kremlevskaja rat›. Kratkaja istorija sovremmenoj Rossii, Moskva 2016.

Zapol'skij Dmitrij, Putinburg, PVL Consulting Ltd: Cheltenham 2019.

Die Autorinnen und Autoren

Gerd Althoff war von 1986 bis 2011 Professor für Mittelalterliche Geschichte an den Universitäten Gießen, Bonn und Münster, in Münster danach bis 2018 Senior-Professor. Seine Forschungsschwerpunkte sind Fragen der mittelalterlichen Staatlichkeit, der Spielregeln der Politik und des Stellenwerts von Ritualen und Symbolen. Zuletzt ist erschienen: *Gott belohnt, Gott straft. Religiöse Kategorien der Geschichtsdeutung im Frühen und Hohen Mittelalter* (2022).

Eric J. Ballbach ist Gastwissenschaftler/Korea Foundation Fellow in der Forschungsgruppe Asien der Stiftung Wissenschaft und Politik. Zuvor forschte und lehrte er am Institut für Koreastudien der Freien Universität Berlin. Sein Forschungsschwerpunkt ist die Außen- und Sicherheitspolitik Nord- und Südkoreas, insbesondere EU-Korea-Beziehungen, Nordkoreas Partizipation in internationalen Organisationen und Identitätspolitik auf der koreanischen Halbinsel.

Andreas Eckert ist Professor für die Geschichte Afrikas an der Humboldt-Universität zu Berlin und leitet das Käte Hamburger Kolleg «Arbeit und Lebenslauf in globalhistorischer Perspektive» (re:work). Seine Forschungsschwerpunkte liegen in der Geschichte Afrikas im 19. und 20. Jahrhundert und der Globalgeschichte der Arbeit. Sein jüngstes Buch ist *Geschichte der Sklaverei. Von der Antike bis zum 21. Jahrhundert* (2021).

Mona Garloff ist Universitätsassistentin am Institut für Geschichtswissenschaften und Europäische Ethnologie an der Universität Innsbruck. In ihrer Forschung beschäftigt sie sich mit Buchgeschichte, Handels-, Wissens- und Gelehrtengeschichte in Frankreich, der Habsburgermonarchie und Ostmitteleuropa in der Frühen Neuzeit. Ihr jüngstes Buch zum Thema ist *Irenik, Gelehrsamkeit und Politik. Jean Hotman und der europäische Religionskonflikt um 1600* (2014).

Jan Hennings ist Associate Professor für Geschichte am History Department der Central European University Wien. Sein Forschungsgebiet sind die diplomatischen Beziehungen Russlands in der Frühen Neuzeit. Dazu ist erschienen: *Russia and Courtly Europe. Ritual and the Culture of Diplomacy, 1648–1725* (2016).

Michael Hochgeschwender ist seit 2004 Professor für Nordamerikanische Kulturgeschichte, Empirische Kulturforschung und Kulturanthropologie an der Ludwig-Maximilians-Universität München. Er veröffentlichte u. a.: *Amerikanische Religion. Evangelikalismus, Pfingstlertum und Fundamentalismus* (2007); *Der Amerikanische Bürgerkrieg* (2010) und *Die Amerikanische Revolution. Geburt einer Nation, 1763–1815* (2016).

Kader Konuk ist seit 2014 Professorin am Institut für Turkistik der Universität Duisburg-Essen und leitet seit 2017 die Academy in Exile. Ihre Forschungsschwerpunkte sind vergleichende Literaturwissenschaft, Exil- und Migrationsstudien sowie Säkularisierungsprozesse. Zuletzt hat sie u. a. veröffentlicht: *Refugee routes. Telling, looking, protesting, redressing* (2020, hrsg. mit Vanessa Agnew und Jane O. Newman).

André Johannes Krischer ist Professor für die Geschichte der Frühen Neuzeit an der Universität Freiburg. Seine Forschungsschwerpunkte sind die Kulturgeschichte politischer Delinquenz, rechtlicher Verfahren, der Diplomatie und der frühneuzeitlichen Stadt. Zuletzt erschienen: *Höllische Ingenieure. Kriminalitätsgeschichte der Attentate und Verschwörungen zwischen Spätmittelalter und Moderne* (2021, hrsg. mit Tilman Haug).

Daniel Leese ist Professor für Sinologie an der Universität Freiburg und beschäftigt sich vor allem mit der Geschichte und Politik des modernen China. Zuletzt erschien von ihm *Maos langer Schatten. Chinas Umgang mit der Vergangenheit* (2020).

Christoph Marx ist seit 2001 Professor für außereuropäische Geschichte an der Universität Duisburg-Essen. Zu seinen Forschungsschwerpunkten zählen die Geschichte des südlichen Afrika, insbesondere Simbabwe und die Apartheid in Südafrika, sowie die Geschichte von Siedlerkolonien. Zum Thema ist u. a. erschienen: *Mugabe. Ein afrikanischer Tyrann* (2017).

Mischa Meier ist Professor für Alte Geschichte an der Universität Tübingen. Zu seinen Forschungsschwerpunkten zählt neben der Spätantike, der Geschichte Spartas sowie der Rezeptions- und Wissenschaftsgeschichte der Antike auch die frühe Kaiserzeit, insbesondere der Prinzipat Neros. Zum Thema ist zuletzt von ihm erschienen: *Die neronische Christenverfolgung und ihre Kontexte* (2020).

Caroline Rothauge ist seit September 2021 Privatdozentin mit der Lehrbefugnis für das Fach «Neuere und Neueste Geschichte» an der Katholischen Universität Eichstätt-Ingolstadt. Ihre Forschungsschwerpunkte sind: ‹Zeit› und Moderne;

Wissen(schaft)sgeschichte des ‹langen› 19. Jahrhunderts; historische Biografie-forschung; spanische Zeitgeschichte; Erinnerungskulturen und Außenbeziehungen; populärkulturelle Vergangenheitsdarstellungen. Zum Thema ist erschienen: *Zweite Republik, Spanischer Bürgerkrieg und frühe Franco-Diktatur in Film und Fernsehen. Erinnerungskulturen und Geschichtsdarstellungen in Spanien zwischen 1996 und 2011* (2014).

Stephan Ruderer ist seit Mai 2019 Professor für Lateinamerikanische Geschichte an der Pontificia Universidad Católica de Chile in Santiago. Seine Forschungsgebiete umfassen die Erinnerungs- und Vergangenheitspolitik in Chile, die Rolle der katholischen Kirche in den Militärdiktaturen Argentiniens und Chiles sowie die Bedeutung der politischen Korruption in Lateinamerika. Zum Thema erschienen ist: *Das Erbe Pinochets. Vergangenheitspolitik und Demokratisierung in Chile, 1990–2006* (2010).

Karl Schlögel ist emeritierter Professor für Osteuropäische Geschichte, zuletzt an der Europa-Universität Viadrina in Frankfurt/Oder. Zu seinen Büchern gehören: *Im Raume lesen wir die Zeit* (2003), *Terror und Traum. Moskau 1937* (2008), *Das sowjetische Jahrhundert* (4. Aufl. 2018), *Entscheidung in Kiew. Ukrainische Lektionen* (2015).

Daniel Schönpflug ist Professor für Geschichte an der Freien Universität Berlin und arbeitet seit 2015 am Wissenschaftskolleg zu Berlin als Leiter der Wissenschaftlichen Programme. Er befasst sich mit den Revolutionen der Neuzeit, mit der Entstehung der modernen Imperien und der Geschichte von Gewalt und Terror. Sein letztes Buch hieß *Kometenjahre. 1918, die Welt im Aufbruch* (2017).

Julia Seibert unterrichtete nach ihrer Promotion zur belgischen Kolonialgeschichte an der American University in Kairo afrikanische Geschichte. Ihre Forschung beschäftigt sich mit der Geschichte von Arbeit und Arbeiter*innen in Zentralafrika. Seit 2015 ist sie als Beraterin in der Entwicklungszusammenarbeit tätig. Zum Thema erschienen ist: *In die globale Wirtschaft gezwungen. Arbeit und kolonialer Kapitalismus im Kongo (1885–1960)* (2016).

Guido Steinberg ist Islamwissenschaftler und arbeitet für die Stiftung Wissenschaft und Politik (SWP) in Berlin. Seine Forschungsschwerpunkte sind die Zeitgeschichte und Politik des Nahen Ostens, Islamismus und islamistischer Terrorismus. Für die deutsche Justiz ist er als Sachverständiger in Terrorismus- und Völkerstrafrechtsverfahren zum Thema Syrien tätig. Zuletzt erschienen: *Krieg am Golf. Wie der Machtkampf zwischen Iran und Saudi-Arabien die Weltsicherheit bedroht* (2020).

Die Autorinnen und Autoren

Barbara Stollberg-Rilinger, Rektorin des Wissenschaftskollegs zu Berlin, war bis 2021 Professorin für Geschichte der Frühen Neuzeit an der Universität Münster. Ihr Forschungsschwerpunkt ist die Kulturgeschichte des Politischen und der ständischen Gesellschaft in Europa, insbesondere die Geschichte der Rituale und Verfahren, Symbole und Metaphern. Zuletzt ist erschienen: *Maria Theresia. Die Kaiserin in ihrer Zeit. Eine Biographie* (5. Aufl. 2018).

Christine Vogel ist seit 2017 Professorin für Europäische Geschichte vom 17. bis zum 19. Jahrhundert an der Universität Vechta. Ihre Arbeitsschwerpunkte sind die Mediengeschichte des Aufklärungszeitalters sowie die Neue Diplomatiegeschichte, insbesondere mit Blick auf Frankreich und das Osmanische Reich. Dazu ist zuletzt erschienen: *Zwischen Domestik und Staatsdiener. Botschaftssekretäre in den frühneuzeitlichen Außenbeziehungen* (2021, hrsg. mit Florian Kühnel).

Aloys Winterling war nach Professuren in Bielefeld, Freiburg i. Br. und Basel bis 2021 Professor für Alte Geschichte an der Humboldt-Universität zu Berlin. Nach Arbeiten zu Hof und Monarchie in Früher Neuzeit und Antike gilt sein Forschungsinteresse gesellschaftsstrukturellen Besonderheiten der griechisch-römischen Antike und der Biographie antiker Personen. Zum Thema ist erschienen: *Caligula. Eine Biographie* (2003).

Bildnachweis

Abb. 1: Caligula_Ny_Carlsberg_Glyptotek_IN1453.jpg (4400×5500) (wikimedia. org); Photo: Marie-Lan Nguyen

Abb. 2: © Avatar Press, Rantoul, Illinois

Abb. 3: bpk/Münzkabinett, SMB/Dirk Sonnenwald

Abb. 4: Staatliche Antikensammlungen und Glyptothek München/Fotografie Renate Kühling

Abb. 5: https://de.wikipedia.org/wiki/Datei:Schwoiser_Heinrich_vor_Canossa.jpg

Abb. 6: mauritius images/The Picture Art Collection/Alamy/Alamy Stock Photos

Abb. 7: © The Society of Antiquaries of London, mit freundlicher Genehmigung

Abb. 8: Workshop_of_François_Clouet_Catherine_de'_Medici_and_her_Children.jpg (679×985) (wikimedia.org)

Abb. 9: IMAGO/Leeimage

Abb. 10: Topkapı Sarayı Müzesi, Istanbul, File:Ibrahim Deli.jpg – Wikimedia Commons

Abb. 11: Universitätsbibliothek Heidelberg, Rycaut, Paul; Sagredo, Giovanni: Die Neu-eröffnete Ottomannische Pforte(Band 1) — Augsburg, 1694, B9244, Folio RES: 1, S. 467; /https://digi.ub.uni-heidelberg.de/diglit/rycaut1694bd1/0645

Abb. 12: akg-images/Fototeca Gilardi

Abb. 13: https://tinyurl.com/zu3p233k

Abb. 14: bpk/Stiftung Preußische Schlösser und Gärten Berlin-Brandenburg/ Roland Handrick

Abb. 15: File:Francois_Gerard_-_Napoleon_Ier_en costume_du Sacre.jpg –Wikimedia Commons

Abb. 16: https://fr.wikipedia.org/wiki/Prestation_de_serment_des_rois_des_ Belges#/media/Fichier:Prestation_de_serment_de_Léopold_II.jp

Abb. 17: akg-images/Science Source

Abb. 18: https://de.todocoleccion.net/

Abb. 19: https://es.wikipedia.org/wiki/Primer_franquismo#/media/Archivo:1949 _5_pesetas.jpg

Abb. 20: Universal History Archive/Getty images

Abb. 21: https://www.maoistlegacy.de/db/items/show/3298; Universität Freiburg

Abb. 22: © Chas Gerretsen/Nederlands Fotomuseum

Abb. 23: © 2006–2022 Zapiro (All Rights Reserved)